XUEQIAN JIAOYU LILUN YU SHIJIAN WENTI YANJIU

学前教育理论与实践问题研究

邓志军　卢筱红　邓佳楠　著

WUHAN UNIVERSITY PRESS
武汉大学出版社

图书在版编目(CIP)数据

学前教育理论与实践问题研究/邓志军,卢筱红,邓佳楠著．—武汉：武汉大学出版社,2018.6(2023.2 重印)

ISBN 978-7-307-20001-2

Ⅰ.学…　Ⅱ.①邓…　②卢…　③邓…　Ⅲ.学前教育—研究　Ⅳ.G61

中国版本图书馆 CIP 数据核字(2018)第 020232 号

责任编辑:谢文涛　　责任校对:汪欣怡　　整体设计：马　佳

出版发行：**武汉大学出版社**　(430072　武昌　珞珈山)

(电子邮箱：cbs22@ whu.edu.cn　网址：www.wdp.whu.edu.cn)

印刷:武汉邮科印务有限公司

开本:787×1092　1/16　印张：20.25　字数:477 千字　插页：2

版次:2018 年 6 月第 1 版　　2023 年 2 月第 2 次印刷

ISBN 978-7-307-20001-2　　定价:56.00 元

邓志军，男，1966年10月出生，江西临川人，教授，硕士生导师，江西省高校中青年骨干教师。1989年7月江西师范大学教育系毕业，现为东华理工大学教育系主任，《教育学》硕士点学科建设负责人和《学前教育》本科专业建设负责人。从教28年，共承担过6门本科课程和4门研究生课程教学，主持完成校级研究生精品课程建设1门、校级本科精品课程建设2门。长期从事学前教育和职业教育研究，并取得较好的研究成果。近年来，主持完成省部级课题14项，参与完成省部级课题10项；主持在研省部级课题2项；发表论文85篇，出版学术专著6部，主编本科专业课程教材6本；2010年获江西省第四届教育科学优秀成果二等奖，2011年获江西省第十四次社会科学优秀成果二等奖。

卢筱红，女，1971年10月出生，江西宜丰人，副教授，江西科技师范大学硕士生导师，江西省第二批幼儿教育学科带头人，江西省第三届教育督导评估专家。1994年7月江西师范大学教育系学前教育专业毕业，2009年12月江西师范大学教育学院教育管理硕士毕业。现为江西省教育厅教学教材研究室学前教育教研员、综合科副科长。从教23年，研究领域主要涉及早期阅读教育、0~3岁婴幼儿早期教育师资队伍、园本教研、教育政策法规、幼儿园教育活动及幼儿行为观察等。近年来，主持、参与完成国家级重点课题5项、省级课题5项、在研省级规划课题1项；发表论文近20篇，多篇论文获国家级、省级一、二等奖；出版专著8部、主编教材4本。先后荣获教育部人文社会科学“十一五”、“十二五”课题“优秀研究人员”、全国“2011年学前教育感动人物”、全国首届原创图画书阅读活动大赛“突出贡献奖”等荣誉称号。

邓佳楠，男，1991年9月出生，江西临川人，助教，现为东华理工大学长江学院教师。2016年7月东华理工大学《教育学》硕士研究生毕业，主要从事学前教育和职业教育研究，主要参与完成省部级课题3项，合作出版专著2部，发表学术论文5篇。

内容简介

学前教育是终身学习的开端，是我国国民教育体系的重要组成部分，也是我国基础教育的基础，更是重要的社会公益事业。加快学前教育发展，办人民满意的学前教育，日渐成为全社会关注的教育热点，也成为我国学前教育发展的宏伟目标。虽然我国学前教育近年来发展迅速，但仍然存在诸多理论与实践问题。积极探寻学前教育热点与难点问题的解决对策，为完善我国学前教育的理论体系尽点绵薄之力，是一个学前教育工作者的追求与担当。

在长期从事学前教育专业教学与研究的基础上，作者针对学前教育发展过程中诸多亟须解决的理论与实践热点问题进行了专题式的实证研究。本著作正是作者多年来关于学前教育理论与实践研究成果的综合体现。全书分为七个专题：中外学前教育基本理论研究、学前教育教学与课程改革研究、学前儿童社会行为研究、家园合作教育研究、农村学前教育研究、学前教育师资队伍建设研究、学前心理健康教育研究等。本著作对于深化和拓展学前教育的认识有重要的启示价值，对学前教育专业人才培养和幼儿园开展学前教育教学改革活动发挥积极的指导作用。

序

学前教育作为基础教育的重要组成部分，是学校教育制度的基础阶段，在国民教育体系中具有重要的奠基地位，是一项惠及亿万儿童与家庭的公益事业。随着《国家中长期教育改革和发展规划纲要（2010—2020年）》和《国务院关于当前发展学前教育的若干意见》等文件的出台以及各地“学前教育三年行动计划”的实施，大力普及学前教育、提高学前教育质量已经成为我国构建社会公共服务体系和满足民生需求的重大问题，学前教育也从解决“有园上”、“上得起”的问题向着“上好园”发展，受政治、经济、社会发展的影响，我国学前教育改革和发展取得了有目共睹的成绩，但也出现了不少新问题和新矛盾，亟须理论和实践工作者去研究和探索。

本书作者在从事学前教育专业教学与研究工作的同时，能始终关注学前教育发展中的理论和实践问题，如农村民办园的发展、幼儿教师专业化、幼小衔接的有效性、民间艺术在幼儿园艺术教育中的应用、幼儿自主性的培养、幼儿心理健康教育等，并进行了深入的研究，积累了丰硕的研究成果。本书正是他们多年来研究成果的综合体现，全书分为以下七个专题：中外学前教育基本理论研究、学前教育教学与课程改革研究、学前儿童社会行为研究、家园合作教育研究、农村学前教育研究、学前教育师资队伍建设研究、学前心理健康教育研究等。这些专题中既有国外先进学前教育理论的本土化探索，也有对我国幼教先驱学前教育思想的传承；既有对学前教育事业发展的宏观研究，也有对学前教育改革的某一方面或某个问题的专题研究。这些研究成果不是空泛的理论研究，也不是简单的经验总结，而是从学前教育改革与发展的实践出发，针对当前学前教育理论和实践发展中的新情况，进行了大量的调研和深入的分析，以追寻其产生原因，探索其解决策略，是用科学的态度和方法，进行的有目的、有计划的研究。

这些研究给我们的启示是：学前教育改革和发展不是一蹴而就的，在发展的过程中会不断地涌现新的问题，对这些问题的预测和解决，不可全盘照搬他国经验，也不可“闭门造车”，而必须以严谨的科学研究为基础。好的学前教育是相对的，不能通过模仿和抄袭而获得，而应当结合中国的国情，结合特定历史时期社会、经济、文化、人口发展的实际情况，根据具体的教育目标和教育对象，以及教育者自身的条件确定相对适宜的教育行为。教育是一种理论与实践相结合的创造性活动，每一位学前教育专业工作者都应该成为脚踏实地的研究者，为促进我国学前教育事业的健康发展出谋献策。学前教育事业发展的关键在于对事业的发展有理想有追求，同时能够脚踏学前教育实践这片沃土，还能不忘仰望星空，不断发现新问题，并秉持严谨的研究态度，持之以恒地对学前教育的理论和实践进行深入的探究。

时代在进步，学前教育在变革和发展，学前教育事业需要更多的研究者。这本书为广大学前教育工作者深化和拓展对学前教育相关问题的认识具有重要的启示，为他们参与学前教育研究提供了学习的榜样和参考的经验。我衷心地希望在未来有更多的人参与到学前教育理论与实践的研究中，涌现出更多基于长时间理论与实践探索的研究成果。

湖南师范大学

博士生导师　**杨莉君**

前　言

“国将兴，必尊师而重教；国将衰，必贱师而轻教。”学前教育是我国国民教育体系的重要组成部分，也是我国“以教立国，以教育民”的基础，更是重要的社会公益事业。加快学前教育发展，办人民满意的学前教育，日渐成为全社会关注的教育热点，也成为我国学前教育发展的宏伟目标。2010年以来，我国学前教育迎来了发展的春天，学前教育发展取得了巨大的成就，但学前教育发展中仍然存在诸多亟须解决的理论与实践问题。例如，城镇和农村幼儿园师资学历低、收入低、职业倦怠普遍、队伍不稳定，办园不规范、管理效益差、安全意识不强，教师教育教学理论不扎实、教学水平不高、教研能力差、课程开发能力不足、家园缺乏深度合作等。这些问题直接制约和影响到我国学前教育的快速发展。因此，加强学前教育理论研究和学前教育实践应用研究，梳理、归纳和总结研究成果，为幼儿园教师的教育教学活动和游戏活动提供理论和方法指导，就成为广大学前教育工作者的重要使命。正是基于此，本书以当前我国学前教育理论和实践中热点和难点问题为研究对象，在对相关幼儿园广泛、深入调研基础上，分专题进行了七方面的研究：

（1）中外学前教育相关理论研究。学前教育的基本理论是学前教育教学实践和游戏活动指导的理论基础和依据。中外自古就有重视幼儿教育的良好传统，在长期的教育实践基础上，产生了一大批有影响的幼儿教育家，形成了丰富的幼儿教育思想。梳理、归纳和总结中外学前教育理论，为当前我国学前教育改革与发展提供理论依据和实践活动参考，具有重要的现实价值。为此，本书选取了《颜氏家训》的家庭教育思想、陈鹤琴“活教育”思想、蒙台梭利学前数学教育的特色、蒙台梭利“教具”和福禄贝尔“恩物”的比较、中日儿童绘本的比较、幼儿园教育“小学化”现象等学前教育热点理论问题进行了探讨。本专题的研究角度和主题，拓展和深化了学前教育相关理论，其针对性和实践性较强，对当前学前教育教学活动的指导性也更强。

（2）学前教育教学与课程改革研究。教学活动是幼儿园的中心工作，是幼儿园教育的基本形式以及幼儿园课程的实施载体，它与幼儿园的日常生活活动、游戏活动共同构成了幼儿园教育活动的体系。学前教育教学与课程改革一直以来成为学前教育研究的热点问题和难点问题。为此，本书选取了大班幼儿早期阅读兴趣培养策略、幼儿绘本阅读教学策略、民间艺术在幼儿园艺术教育中的应用、logical儿童思维训练课程的内容体系及推广路径、幼儿园歌唱教学活动游戏化的策略等问题进行了探讨，以期为解决我国幼儿园教育教学活动和课程设置中遇到的相关难点问题提供借鉴和建议。

（3）学前儿童社会行为研究。学前儿童社会行为是学前儿童社会性发展的重要内容。幼儿园教学的重要任务之一就是要培养幼儿的积极行为，如合作、分享、谦让、助人等，但幼儿在社会性发展中也容易产生消极行为，如攻击、告状、打架、攀比等。为此，本书选取了幼儿社会性发展中出现的规则意识与行为、攻击性行为、告状行为、攀比行为等幼儿较普遍的社会性行为现象进行探讨，以期发现幼儿社会性行为中存在的共同问题，并提出相关对策与建议。

（4）家园合作教育研究。现代社会的学前教育，没有家庭的参与不可能成功。随着社会对学前教育的不断重视，家园合作越来越成为人们关注的焦点，家园合作的价值大小以及如何做好家园合作工作，都是当前学前教育发展需要注意的问题。虽然我国幼儿园的家园合作工作取得了很大的成绩，但现实中仍然存在诸多问题。为此，本书选取了父亲参与家园合作、民办幼儿园的家园合作、幼儿园家长开放日活动、农村幼儿园家园合作等问题作为研究的视角，试图发现其共同问题，并提出解决问题的对策与建议。

（5）农村学前教育研究。目前，农村学前教育仍然是我国学前教育的主力军，也是我国学前教育发展中的薄弱环节，农村学前教育发展中仍然存在诸多问题。加强农村学前教育理论与实践问题研究，成为我国学前教育研究的重点与难点。为此，本书选取了农村民办园存在的安全问题、农村留守幼儿家庭教育问题、农村幼儿家长学前教育观念现状的调查、农村幼儿园户外活动问题等进行了探讨，分析了农村学前教育存在的突出问题，并提出了相关对策与建议。

（6）学前教育师资队伍建设研究。学前教育师资水平是影响学前教育改革与发展的重要因素，加强学前教育师资队伍建设成为我国政府发展学前教育的重要职责与使命。2010 年出台的《国家中长期教育改革和发展规划纲要》明确规定，“严格制定幼儿园教师资格标准，切实加强幼儿园教师的培养培训，提高幼儿园教师队伍整体素质”，确立了我国未来幼儿园教师队伍建设的目标。2012 年《幼儿园教师专业标准》的颁布，标志着我国幼儿园教师建设进入了专业化发展阶段。近年来，我国学前教育师资队伍建设取得了明显的成绩，但仍然存在诸多问题。为此，本书选取了幼儿教师职业倦怠的成因及对策、幼儿教师专业能力存在的问题及对策、幼儿园新教师职业适应问题及对策等进行了探讨，以期为解决学前教育师资队伍建设存在的相关问题提出建议。

（7）学前心理健康教育研究。幼儿教师是幼儿的养护者、幼儿的榜样，也是沟通幼儿与社会的中介，幼儿教师保持较高的心理健康水平和工作满意度，是幼儿教育教学活动正常开展的重要保障，也是幼儿教师专业发展的必然要求。目前，我国幼儿教师的心理健康水平和幼儿的心理健康水平亟待提高，学前心理健康教育研究水平仍然有较大的提升空间，学前教育工作者的研究使命任重而道远。为此，本书对单亲家庭幼儿、新入园幼儿、虐童幼儿教师等三类幼儿园特殊群体的心理健康问题进行了探讨，并提出了解决问题的建议。

本书撰写过程中参考了国内外学前教育研究的有关成果，引用了相关数据，也借鉴了我国学前教育工作者对中外学前教育研究的相关成果，尤其是东华理工大学学前教育专业本科生邹露露、龚奕、李雅雯、廖清云、张美霞、匡琴、张小佳、曾晶等为本书提供了相关调查数据和文字校正工作，对本书出版给予的大力支持，在此一并表示衷心感谢。

由于作者水平有限，不足之处在所难免，敬请各位专家和广大读者予以批评指正。

作　者

2017 年 10 月

目　录

第一章　中外学前教育基本理论研究

学前教育的基本理论是学前教育教学实践和游戏活动指导的理论基础和依据。中外自古就有重视幼儿教育的良好传统，在长期的教育实践基础上，产生了一大批有影响的幼儿教育家，形成了丰富的幼儿教育思想。梳理、归纳和总结中外学前教育理论，为当前我国学前教育改革与发展提供理论依据和实践活动参考，具有重要的现实价值。本章就《颜氏家训》的家庭教育思想、陈鹤琴“活教育”思想、蒙台梭利学前数学教育的特色、蒙台梭利“教具”和福禄贝尔“恩物”的比较、中日儿童绘本的比较、幼儿园教育“小学化”现象等学前教育热点问题进行了研究。本章研究的角度和主题，拓展和深化了学前教育相关理论，其针对性和实践性更强，对当前学前教育教学活动的指导性也更强。

第一节　《颜氏家训》的家庭教育思想研究

在中国，高度重视家庭教育有着悠久的历史。西周时期，《韩诗外传》中就记载过周文王教导自己的儿子要有良好的品德和操守，不能恃才傲物的事迹；《论语》中记述了孔子训诫他的儿子孔鲤“不学礼，无以立”的故事；“孟母三迁”为孩子提供好的学习环境；曾子杀猪为孩子树立诚实守信好榜样；清朝曾国藩的家训、陈嘉庚“毁家兴学”等，这些都充分地表明了中国实施良好的家庭教育由来已久。随着时代的变化与发展，家庭教育不容忽视，其非凡的时代特征和重大作用已关系到我国教育的根基。当前的家庭教育暴露了许多问题，如农村留守儿童隔代养育缺乏管教，欠缺良好的心理环境；教养目标过高，单亲家庭的教育角色错位；家庭教育存在过严或过溺爱的不良教育方式等。这些问题困扰着众多家庭，很多专家学者提出了现代教育向传统学习的解决方案。被奉为“中国家训之祖”的《颜氏家训》中许多科学和进步的教育思想，对今天的家庭教育仍然有指导和借鉴意义。

一、颜之推及《颜氏家训》介绍

1. 颜之推

颜之推字介，531 年生于建康郡（今江苏南京）的一个儒士大家，祖籍琅邪临沂县（今山东临沂市），享年 60 岁，是我国魏晋南北朝至隋初时期的文学家、语言学家、教育思想家。由于父亲早逝，颜之推早承家业，深受儒学的熏染教化。12 岁的时候被江州刺史萧绎收为弟子，开始听讲老庄之学，后来因为不喜欢玄学的虚谈，转而研习《礼》、《传》。颜之推从小聪慧过人，青少年时期就已经博览群书，善于修辞写文，深得梁湘东王赏识重用，19 岁就被任命为国左常侍。亡国后奔赴北齐，历经 20 年，官拜黄门侍郎。

公元577年，北齐被北周所灭，颜之推被北周征用为御史上士。公元581年，北周被隋所灭，在隋文帝开皇年间，他被授予学士官职，《颜氏家训》就成书于这个时期，直到病逝。颜之推饱受战乱之苦，颠沛流离，三度沦为亡国之人。在这命如草芥的动乱时代，如何让颜氏家族趋利避害、立身扬名和长盛不衰，颜之推通过总结和反思自己的人生际遇和世家子弟的不良学风，撰写了《颜氏家训》来“整齐门内，提撕子孙”①。而《颜氏家训》因其系统完整、内容丰富，被世人推崇，堪称家教规范，它对中国古代的家庭教育有着深远的影响。

2.《颜氏家训》

《颜氏家训》是中国教育史上第一部理论化、系统化趋于成熟的家庭教育方面的著作，是颜之推记述个人经历、思想、学识以及告诫子孙的著作，共有七卷，二十篇，被誉为“古今家训之祖”。《颜氏家训》内容极其丰富广博：《序致》和《教子》这两篇论述了家庭教育的重要性；《兄弟》、《后娶》、《治家》等篇章突出了封建社会的家庭伦理取向；《风操》、《慕贤》、《勉学》等篇主要讲述了如何培养孩子成才的问题；《名实》、《涉务》、《省事》等篇目阐述了为人处世行事的方法；《书证》、《音辞》、《杂艺》这三篇主要介绍了考据学、音韵和技艺学；《诫兵》、《养生》这两篇告诫子女要修身养性；《归心》主张佛儒相互贯通。《颜氏家训》中蕴藏的许多家庭教育思想，被历朝历代的士族大家当做家教规范来教育子女。立足于今天的家庭教育现实，它所主张的固需早教、爱子当均、爱而有教、以德立身、重视风化等家庭教育的方法和原则，可以为当前许多家长提供一些家庭教育的思路，帮助家长更加科学、合理地进行家庭教育。

二、《颜氏家训》家庭教育的精华和特点

（一）劳动性

与传统的只重视书本知识的入仕教育相比，《颜氏家训》的家教内容更加贴近生活，强调生存教育的重要性。颜之推在《颜氏家训》中提出了孩子自理劳动的教育要求，“圣人之教，箕帚匕箸……执烛沃盥”②，即孩子从小就要学会自己穿衣吃饭、打扫卫生等力所能及的事。“文义之士，多迂诞浮华，不涉世务”③，他还认为做人要臻于世务，了解世俗民情。因此，在孩子年幼时就应教导他们“坺土耘苗”，让他们明白“耕稼之苦，劳役之勤”，懂得生活的艰辛，并提倡“省约为礼”，以培养其勤俭自立的品格。

颜之推在《颜氏家训》中倡导的是身强体健的教育，对士族子弟“出则车舆，入则扶侍”④，即出门就坐车、进屋就要人搀扶的柔弱形态无比反感。“及侯景之乱，肤脆骨柔，不堪行步，体羸脉弱，不耐寒暑，坐死仓猝者”⑤，士大夫养尊处优的生活导致其身

① 檀作文译注．颜氏家训［M］．北京：中华书局，2016：2.

② 檀作文译注．颜氏家训［M］．北京：中华书局，2016：47.

③ 檀作文译注．颜氏家训［M］．北京：中华书局，2016：176.

④ 檀作文译注．颜氏家训［M］．北京：中华书局，2016：177.

⑤ 檀作文译注．颜氏家训［M］．北京：中华书局，2016：177.

体羸弱不堪，在战乱中连自保的能力都没有，因而死伤无数。

《颜氏家训》从生存的角度，充分地肯定了杂艺的重要性，所谓“积财千万，不如薄伎在身”①。颜之推认为在兵荒马乱的时期，国家都可能覆灭，也不能长期依靠亲人，只能依靠自己，“有学艺者，触地而安”②，即有学识或技艺的人到哪都能生存。他还认为“伎之易习而贵者，无过读书也”③，即读书是最容易学会而又最可贵的技艺；“涉百家之书……得以自资”④，因而他鼓励子孙博览群书，通晓经史百家的典籍就如同拥有了一门技艺，可以养活自己了。

由此可见，《颜氏家训》的家教理念是要培养博通百家、脑体并用的人才，教育内容突出劳动性，通过做事来培养做人的品格。

（二）层次性

“夫学者犹种树也……修身利行，秋实也。”⑤ 颜之推认为人的品格的形成不是一朝一夕的事，而是一个循序渐进的过程，好比春天种树，秋天才能收获果实。

“人在年少，神情未定，所与款狎，熏渍陶染”⑥，颜之推认为人在年少的时候，没有形成独立的人格和道德观念，很容易受到他人的熏陶浸染。因此，颜之推非常重视“风化”的作用，即长辈的行为和品德会对孩子产生潜移默化的影响，使其受到道德教化，他主张“为善则预，为恶则去”⑦，长辈应该时刻注意自己的言行，做好榜样示范，让孩子受到正向的教育。他还强调要谨慎交友，要向贤者学习，因为“与善人居，如入芝兰之室，久而自芳也”⑧。

所谓“教妇初来，教儿婴孩”，颜之推主张孩子要从小养成良好的德行。他在《颜氏家训》中谈及自己家的门风家教非常严谨缜密，“规行矩步，安辞定色”⑨，在他幼时，双亲就教导他要养成言行得体，做事小心谨慎的习惯。他认为孩子行为的养成应从生活中的小事入手，在《颜氏家训》中列举了一些例子：“咳唾唯诺”⑩，学会礼貌地回应他人，恭敬地侍奉长辈盥洗，懂得谦和孝顺；在借用别人书籍的问题上，“先有缺坏，就为补治”⑪，若有损坏就应替别人修补好；“亲友之迫危难也，家财己力，当无所吝”⑫，当亲朋好友遇到困难时，应尽己所能去帮助他们，而不要吝惜钱财等。

---

① 檀作文译注．颜氏家训［M］．北京：中华书局，2016：101.
② 檀作文译注．颜氏家训［M］．北京：中华书局，2016：99.
③ 檀作文译注．颜氏家训［M］．北京：中华书局，2016：101.
④ 檀作文译注．颜氏家训［M］．北京：中华书局，2016：101.
⑤ 檀作文译注．颜氏家训［M］．北京：中华书局，2016：110.
⑥ 檀作文译注．颜氏家训［M］．北京：中华书局，2016：88.
⑦ 檀作文译注．颜氏家训［M］．北京：中华书局，2016：190.
⑧ 檀作文译注．颜氏家训［M］．北京：中华书局，2016：88.
⑨ 檀作文译注．颜氏家训［M］．北京：中华书局，2016：3.
⑩ 檀作文译注．颜氏家训［M］．北京：中华书局，2016：47.
⑪ 檀作文译注．颜氏家训［M］．北京：中华书局，2016：44.
⑫ 檀作文译注．颜氏家训［M］．北京：中华书局，2016：190.

颜之推批判当时的一些读书人“但能言之，不能行之，忠孝无闻，仁义不足”①，虽然满口仁义道德，却不去身体力行，即使通晓世间的道理对自己的修养也毫无益处。“清名登而金贝入，信誉显而然诺亏”②，他见闻过很多人在获得廉洁的赞誉后，就开始敛财，有了信誉后就开始不遵守承诺。因而，他主张要长久坚持好的行为习惯，道德操守不能因时因利而变，不然“一伪丧百诚”，做错一件事就会抹杀之前所有好的行为。

综上所述，《颜氏家训》向我们阐明了道德教育具有层次性，孩子从受到道德启蒙到良好的习惯养成，再到高尚品格的形成并能践行道义，这是一个循序渐进的过程，而不是家长空谈大道理就能达成的。

（三）契约性

《颜氏家训》提到世人教育子女多“但重于诃怒，伤其颜色，不忍楚挞惨其肌肤耳”③，在孩子犯错时，不忍心责罚他们，因而不能纠正孩子的不良行为，甚至“宜诫翻奖，应诃反笑”④，训诫孩子的时候反而夸奖，该责骂孩子的时候却一笑了之，最终导致孩子“骄慢已习……终为败德”⑤。对此，颜之推认为，父母对孩子有一种天然的爱，但家长一定要有正确的是非观，对孩子奖罚分明、恩威并施。“笞怒废于家，则竖子之过立见”⑥，他还认为，口头教育雷声大雨点小，是没有丝毫作用的，而体罚是改正孩子恶习的一种有效手段。《颜氏家训》中列举了两个正反的事例，来说明正确的奖惩制度在家庭教育中的重要作用：

王大司马已是统帅三军的将领，他的母亲魏夫人，品行严谨刚正，对儿子“少不如意，犹捶挞之”⑦，即儿子稍有品行不端就会惩罚他，母亲的严正教导才成就了他的丰功伟绩；梁元帝在位时期，有一个学士因聪慧有才而深受家人的宠爱，“一言之是，遍于行路，终年誉之；一行之非，掩藏文饰”⑧，说对了一句话，就被家人捧上天；做错了事，家人就帮他掩饰而不惩戒他，“言语不择，为周狄抽肠衅鼓”⑨，最后因自己的傲慢无礼而自食其果。

《颜氏家训》阐述了教育的契约性，要有明确的奖惩制度来规范和约束孩子的行为。

（四）父亲的参与性

颜之推以自身经历，在《颜氏家训》中论述了父亲教育对子女发展的重要性。“昔在

① 檀作文译注．颜氏家训［M］．北京：中华书局，2016：107.
② 檀作文译注．颜氏家训［M］．北京：中华书局，2016：168.
③ 檀作文译注．颜氏家训［M］．北京：中华书局，2016：9.
④ 檀作文译注．颜氏家训［M］．北京：中华书局，2016：7.
⑤ 檀作文译注．颜氏家训［M］．北京：中华书局，2016：7.
⑥ 檀作文译注．颜氏家训［M］．北京：中华书局，2016：33.
⑦ 檀作文译注．颜氏家训［M］．北京：中华书局，2016：9.
⑧ 檀作文译注．颜氏家训［M］．北京：中华书局，2016：9.
⑨ 檀作文译注．颜氏家训［M］．北京：中华书局，2016：9.

龆龀，便蒙诱诲"①，他还在换牙的时候，就受到了父亲的启蒙教育。"励短引长，莫不恳笃"②，父亲经常鼓励他，恳切地教育他克服缺点发扬优点，使他收益良多。但在他九岁那年，父亲去世后家道衰弱，自己由哥哥抚养教化，"有仁无威，导示不切"③，哥哥对他的教育仅有仁爱，不能像父亲一样严格地要求、指导他，导致他养成"肆欲轻言，不修边幅"④ 的坏习惯。等到自己十八九岁，知道应磨砺自己时，由于长久地缺失父亲的教养，"习若自然，卒难洗荡"⑤，坏习惯已经根深蒂固，很难彻底改正了。以至于从二十岁后，经常"夜觉晓非，今悔昨失"⑥，即在晚上反省白天做的错事，今天追悔昨天犯下的过错。因此"自怜无教"，他认为自己行为不端是因为没有受到父亲良好的教育。

颜之推"追思平昔之指，铭肌镂骨"⑦，自己的幼时接受的教化和平生经历使其刻骨铭心，认为在家庭教育中，父亲应积极参与其中，父亲对子女的教育极其重要。

三、现代家庭教育的困境和颜氏家训的指导作用

（一）家庭教育观念薄弱，留守儿童缺失管教

第五次全国人口普查数据显示，2000 年全国留守儿童数量将近 2300 万，其中农村留守儿童多达 2000 万人。随着外出务工人员的逐年增加，截至 2010 年，全国农村留守儿童规模约为 5800 万人。农村留守儿童的教育问题日益突出。

阮梅在《世纪之痛——中国农村留守儿童调查》中列举了这么一个案例："妈妈，这次期中考试考得很差，因为我上课不认真听，回家只顾着看电视而不写作业。妈妈，对不起，我还逃了两次课，打过两次架，但是我和好朋友在一起，打架没吃过亏。"⑧

上述案例中出现的厌学、逃学、打架斗殴等，是很多农村留守儿童都存在的问题。由于文化知识的匮乏或经济条件的限制，很多家长对孩子的家庭教育基本停留在"吃饱穿暖"的层面上，对孩子缺乏管教。其原因是多方面的，首先，家长缺乏家教意识，自己没有精力去管教孩子，只要看顾好孩子的"吃喝拉撒"就行。其次，很多家长认为教育是学校的责任，孩子没学好就应归咎于学校。最后，家长更多地关注孩子的物质生活，忽视了孩子的心理需求，也不懂心理知识，不能给孩子提供心理健康教育，因而留守儿童较易出现心理问题或行为障碍。

颜之推在《颜氏家训》中强调了家庭教育的重要性，"染于苍则苍，染于黄则黄"，认为孩子的可塑性很大，而且"稚而为学，光濯如日"，在孩子幼时就进行教育和督促，能达到事半功倍的效果。因此，留守儿童的家长应做到：①更新教育观念，重视家庭教

---

① 檀作文译注．颜氏家训［M］．北京：中华书局，2016：3.
② 檀作文译注．颜氏家训［M］．北京：中华书局，2016：3.
③ 檀作文译注．颜氏家训［M］．北京：中华书局，2016：3.
④ 檀作文译注．颜氏家训［M］．北京：中华书局，2016：3.
⑤ 檀作文译注．颜氏家训［M］．北京：中华书局，2016：3.
⑥ 檀作文译注．颜氏家训［M］．北京：中华书局，2016：3.
⑦ 檀作文译注．颜氏家训［M］．北京：中华书局，2016：3.
⑧ 阮梅．世纪之痛——中国农村留守儿童调查［M］．长沙：湖南人民出版社，2008：36.

育；②要根据时代发展要求，掌握科学的育儿经验，严格地敦促孩子，担起教育者的重大责任；③要转变陈旧的教养方式，对孩子的关注应由吃饱穿暖更多地转移到身心健康发展上，多与孩子沟通，了解其心理状况，增进感情。

（二）单亲家长的教育期望错位

近年来，随着我国离婚率的上升，单身家庭的数量呈现递增趋势，越来越多的孩子在不完整的家庭中成长。由于家庭环境的特殊性，家长的教养态度也容易出现一些特殊性。很多单亲家长（尤其是母亲）对孩子的期望值过高，遭受离异的打击后，把孩子视为唯一的精神支柱。过于在意“面子”问题，急迫地希望孩子成才，为自己争气。在教育的过程中，给孩子设立过高的目标，对孩子的兴趣、能力不加考虑。孩子幼小的心灵为此承受着巨大的心理压力：有些“懂事”的孩子为了达到家长的期许，接受家长的安排，放弃了很多东西，他们可能变得更沉默，不愿和他人交往；还有一些孩子则长期处于高压状态中，对家长的抵制心理日益明显，喜欢和家长对着干，不求上进。

颜之推是儒家思想的推崇者，在《颜氏家训》中倡导儒家的中庸之道：“唯在少欲知足，为立涯限尔”①，他认为无论做什么事，都要为自己设立一个限度，不要过于追求名利，“天地鬼神之道，皆恶满盈”。他还认为“人性有长短，岂责具美于六涂哉”②，每个人都有自己的优缺点，不要苛求完美，“处在中品”就行。因此，单亲家长在教育幼儿过程中应做到：①根据孩子的现有水平，制定适宜的期望值，让孩子经过努力能够达到而没有沉重的压力；②了解孩子的兴趣、长处等情况，加强与孩子沟通，鼓励孩子扬长避短，健康快乐地学习生活。

（三）过于严厉的家庭教育

从中国古代开始，就有“棍棒之下出孝子”教育观点。而当代社会，严厉管教更是被视为教养孩子的一种有效办法，从幼儿到大学生发展阶段，家长的严教行为都普遍存在。有关研究表明，遭受家长体罚的小学生占65%，受到家长心理攻击的小学生比例为81%；遭受家长体罚的高中生占33%，受到家长心理攻击的高中生比例为65%；97.8%的大学生表示自己在儿时受到过体罚③。因此，家长过于严苛的教育，可能会产生两种反作用：①易激起孩子的暴力行为，使其错误地认为，暴力行为是保护自己的重要手段；②孩子长期处于压抑的环境中，容易出现抑郁、退缩、焦虑等心理问题。

颜之推在《颜氏家训》中是不反对严格教育的，认为适当的“鞭挞”体罚是有必要的。但他提倡“威严而有慈”④的教育方式，认为把严教和慈爱有机结合，能达到更好的教育效果。①对于现代的家庭教育，过于严厉的管教是不值得提倡的，但适度的严格教育还是必要的。对于过分顽劣的孩子，要加以惩罚甚至适度的体罚，才能使其改

① 檀作文译注．颜氏家训［M］．北京：中华书局，2016：196.

② 檀作文译注．颜氏家训［M］．北京：中华书局，2016：175.

③ 许涛．严厉管教的现状研究［J］．山西大学报（校园心理版），1996（5）：73-76.

④ 檀作文译注．颜氏家训［M］．北京：中华书局，2016：7.

正错误。当然严厉管教不一定是冷漠和控制，家长要科学理性地进行严教。②严管程度要适当，坚决反对家长对孩子的“施暴”行为；家长要端正惩罚态度，应理解惩罚与爱并不冲突，它所针对的是孩子身上的坏毛病，而不是孩子本身；家长应该在严厉管教后，对孩子进行及时有效的沟通，当他们理解家长的教育是公正合理时，教育他们如何改掉不良习惯。

（四）放任的教养态度

在现代家庭教育中，放任的教养方式有两种：①家长对孩子的生活、学习和行为不感兴趣，从不关心，放任自流，认为“树大自然直”；②家长对孩子过于宠溺和宽容，一味地满足孩子的各种需求，使孩子养成放纵骄横、自私自利的不良品行。

颜之推在《颜氏家训》中极力反对世人放任自流的教养态度，认为“中庸之人，不教不知也”①，他还认为很多家长对孩子“无教而有爱”②，这是一种溺杀，应该在孩子幼时就加以教导。因此，现代家长应该给孩子合理的限制：正确地引导孩子什么该做，什么不该做；满足孩子的合理要求，拒绝孩子的不合理要求。

四、《颜氏家训》的家庭教育思想对现代家庭教育的启示

（一）树立和谐的家庭教育观念

伴随着现代社会激烈的竞争，家庭教育的功利性愈加明显，很多家长更加重视孩子的智力发展，或片面地追求孩子特长培养，而忽视了孩子其他方面的发展，使其没有得到和谐发展。

颜之推从立足于世和修行成才的角度出发，撰写《颜氏家训》来“整齐门内，提撕子孙”③。他把道德教育、生活劳动教育、立志教育、技艺教育、语言教育等纳入家庭教育的范畴，致力于培养适应社会生存的全面发展的人。

颜之推主张内外兼修、德才兼备的和谐教育。他认为适当学习琴、棋、书、画、数等技艺知识，不仅可以陶冶性情，还能作为生存之道。但他强调教育的首要任务，是让孩子成为堂堂正正、品行高尚、有志气担当的人，“有志尚者，遂能磨砺，以就素业”④，然后才能成为一个有知识、技能的人。在现代社会中，很多家长更加重视孩子的智力或技能的发展，而忽视了孩子道德的培养，颜之推的德才教育观值得借鉴。

颜之推倡导智育与体育并行，身心和谐发展的教育。他认为读书“本欲开心明目，利于行耳”⑤，能够延展视野、开发智力。但魏晋时期世风低靡，很多读书人虽饱读诗书

---

① 檀作文译注．颜氏家训［M］．北京：中华书局，2016：7.
② 檀作文译注．颜氏家训［M］．北京：中华书局，2016：7.
③ 檀作文译注．颜氏家训［M］．北京：中华书局，2016：2.
④ 檀作文译注．颜氏家训［M］．北京：中华书局，2016：97.
⑤ 檀作文译注．颜氏家训［M］．北京：中华书局，2016：107.

却“四体不勤，五谷不分”，士大夫们更是“无不熏衣剃面，傅粉施朱”①，每天像女人一样涂脂抹粉、身形柔弱，缺乏阳刚之气，“兀若枯木，泊若穷流”②，在战场上自保的能力都没有。因而他提出“应世经务”的教育主张，让孩子在生活中多锻炼自己，提高身体素质。

美国游泳名将菲尔普斯似乎是为游泳而生的，是极具天赋的运动员。但他儿时就患有多动症，妈妈为了治好他的多动症，听从医生的建议，让他去学习游泳。用扬长（游泳运动能力）避短（注意力不集中）的方法，练就了游泳天才。菲尔普斯的妈妈注重的是孩子整体的发展，不因孩子的缺陷而苛求孩子，取长补短的教育方法，让孩子得到和谐发展，这正契合了《颜氏家训》的和谐发展理念。由此可见，《颜氏家训》符合当今协调发展的教育要求。

（二）构建良性的亲子关系

《颜氏家训》构建的亲子关系是“父母威严而有慈，则子女畏慎而滋孝”③，它强调父母与孩子的相处应严慈结合，给予孩子亲情关怀并施以一定的控制，对现代家庭教育中严教还是慈爱这个问题作出了很好的回答。

所谓“子不教，父之过”，在《颜氏家训》中，列举了“齐武成帝教子”、“陈亢育儿观”等父亲教导孩子的事例。颜之推意识到在亲子关系和家庭教育中，父亲角色的重要性，这一点具有进步意义。而在现代家庭中，父亲的教育缺席已相当普遍，主要原因如下：一些父亲坚持“男主内，女主外”的传统观念，认为自己应以事业为重，教育孩子是母亲的事情；由于教育方式失当，很多父母认同“严父慈母”的教育方式，父亲对孩子的教育以打骂为主，导致父子之间关系疏远、对立甚至破裂，最后丧失教育孩子的权利；在母亲拥有孩子抚养权的单亲家庭中，家庭角色结构的缺失也是父教缺位的重要原因。

马克·吐温是享誉世界的短篇小说大师，不仅写作独特，对孩子的教育也很特别。他认为父母和孩子的相处应平等、民主和轻松自由，保持和谐融洽的家庭气氛。马克·吐温从来不摆家长的架子，也从不叱骂孩子，但孩子做了错事，他也绝不姑息。在他制定的家规中，有错必罚，且惩罚的方式由孩子自己提出，以加深他们的印象，不再重犯。

我国核物理学家吴健雄被誉为“东方居里夫人”，她的成功是父亲造就的。当时还是民国初期，父亲吴仲裔就已洞识女性教育的重要性，吴健雄七岁时便进校受启蒙教育，这在当时是难能可贵的事。父亲不但给她买“百科小丛书”，和她讲一些有趣的科学小故事，还经常带着她去寻觅古迹，探索郑和航海事迹碑。受父亲的熏陶，吴健雄从小就对科学和探索十分着迷。吴健雄成名后回顾往事，谈及父亲的鼓励让自己受益终生，她说：父亲教我做人要做“大我”，而不是“小我”。

《颜氏家训》对父教尤为重视，良好的亲子关系需要父亲的参与，孩子的成长更是离

① 檀作文译注．颜氏家训［M］．北京：中华书局，2016：99.
② 檀作文译注．颜氏家训［M］．北京：中华书局，2016：99.
③ 檀作文译注．颜氏家训［M］．北京：中华书局，2016：7.

不开父亲的教导，马克·吐温和吴健雄的事例也印证这一点。对此，我们认为：①父母应构建一个温馨、民主的家庭环境，关心孩子，建立良好的亲子情；②父亲应摒弃落后的家庭教育思想，学习科学的育儿知识；③爱而有教，奖惩并用，和孩子一起协商制定“约法”，形成良性的亲子关系。

（三）注重孩子的养成教育

颜之推在《颜氏家训》中阐明了孩子养成教育的重要性，所谓“少成若天性，习惯如自然”①，良好的行为习惯会使人终生受益。颜之推倡导“守道崇德”的家庭教育观。他从自身经历出发，教育孩子知道“稼穑而食，桑麻以衣”② 的艰辛，养成勤俭节约的习惯；从“饮食运为”的角度强调孩子要具备基本的生活自理能力。有关研究表明，早期的道德启蒙有利于孩子养成良好的习性和健全的人格。英国的洛克认为人的幸福来自于良好的习惯，而教育的目的就是让孩子养成好习惯。

从儿童时期就要养成良好的行为习惯，是现代社会发展对幼儿培养的必然要求。然而随着物质生活水平的提高，有些家长一味地满足孩子的物质需求，以及对孩子的生活自理方面采取包办代理的教养方式，使孩子从小就缺乏独立自主性、抵抗挫折的能力，以及勤俭生活的体验。颜之推注重培养行为习惯的教育主张，对现代教育有借鉴意义。

美国前总统奥巴马，母亲是白人，他遗传了父亲的黑色皮肤，在他两岁时父母就离异了。他不仅没有被不完整的家庭和种族歧视所打垮，还成为美国历史上第一位黑人总统。奥巴马曾说过，母亲教给了自己世界上最美好的东西：①让他懂得爱，她非常喜欢拥抱孩子，每天都饱含温情地跟孩子说“我爱你”。②教会了他自立自强。她时常告诫奥巴马，人生最重要的是诚实、坦率和独立判断的能力。她经常带民权运动的书籍、讲稿回家，让奥巴马细细品读，突破种族自卑感，做屹立生活的强者。③教导他学会尊重。母亲不允许说话刻薄，或者骄傲自大，让奥巴马从小学习从他人的视角去理清事件。④教会了他自信。她总会说：我儿子很聪明，他能做好任何想做的事，甚至是美国总统。她把这种百分百自信灌输给小奥巴马。

奥巴马虽是单亲家庭长大的孩子，缺失父爱，但在母亲和外祖父母的关爱下，他的童年是幸福的。他所受的家庭教育鼓舞他不断进取，从社区工作者、博士、教授，到州议员、国会议员一路向前，最后披荆斩棘成为美国总统。

因此，家长要学会“放手”，严格要求孩子，培养孩子的自立性；家长要理智地爱孩子，学会对孩子说“不”，让孩子知道任何事情都有一定的底线；从生活中的小事入手，促进孩子良好行为的养成。

（四）提供正向的行为示范

颜之推重视家风建设，注重“风化”的作用，即长辈通过行为示范，让孩子受到潜移默化的教育的过程。他认为孩子年幼时“神情未定”，很容易受到他人的熏陶浸染。孩

① 檀作文译注．颜氏家训［M］．北京：中华书局，2016：7.

② 檀作文译注．颜氏家训［M］．北京：中华书局，2016：35.

子的模仿能力很强，家长作为孩子最亲近的人，自己的一言一行对孩子的成长都有重要影响。因此，家长要审视和规范自己的言行，做到“言必信，行必果”。

崔永元是中央电视台《实话实说》节目主持人，他今天的成功来源于昔日父母殷切的教导。父母经常教导他做人要诚实。有一次，他家的猫叼了两条黄花鱼回家，母亲查明缘由后，就立马带着鱼去菜市场，把鱼钱付清了。父母为人和善，从不与人计较。父亲在团里做政委，部队上有探亲的家属没地方住时，母亲总是把他们安置到自己家来吃住。这种做法，激起了崔永元做好事的冲动感，把自己舍不得吃的东西留给客人。

他的家庭环境很正统、规整。父母善待他人、坦诚处世的品行一直影响着崔永元，坦率和真诚地做人是崔永元一贯的行为准则。

《颜氏家训》的“风化”教育对今天仍有启示作用，家长要做好行为示范，为孩子提供一个正向的学习榜样。①家长可以利用孩子善于观察和模仿的特性，把言传身教贯彻到日常生活中。家长不能空谈大道理，必须言行一致。要求孩子做的事，自己首先要能做到；不愿孩子做的事，自己首先应不去做。②家长应该加强自我教育。我国教育家陈鹤琴曾说过“家庭教育，对家长来说，首先是自我教育”。要教好家长，才能教育好孩子。要想孩子行为端正，家长要自我修养和自我完善，以良好的行为示范，教会孩子判断是非。

第二节 陈鹤琴“活教育”思想研究

陈鹤琴是我国现代幼儿教育的奠基人，为我国现代幼儿教育事业的发展做出了非常重要的贡献，被誉为“中国幼教之父”、“中国的福禄贝尔”。“活教育”思想是陈鹤琴教育思想的核心，它的形成有其特殊的历史背景和理论渊源，也是陈鹤琴长期从事中国化新教育运动的结晶，它对指导我国幼儿教育改革的意义非凡。本节将对陈鹤琴“活教育”思想进行深入的探讨，分析“活教育”思想的提出背景与发展完善过程以及对目前我国幼儿教育改革的启示。

一、陈鹤琴“活教育”思想产生的背景

任何一种教育思潮和流派都是社会历史的产物，都有与它相对应的历史背景。20世纪初，随着欧美国家第一次工业革命的完成，西方资本主义制度得到完善，从而发生了一场针对传统教育的改革，即“新教育运动”，又称“新学校运动”，主要内容是在教育目的、教育内容、教育方法上建立与旧式传统学校完全不同的新学校。在此期间，出现了一批新的教育家，如美国实用主义进步教育运动的代表人物杜威、克伯屈，在欧洲以提倡新教育著称的新教育流派的代表人物蒙台梭利、爱伦·凯、罗素等。他们反对传统教育，主张尊重儿童个性，以儿童活动为中心，他们认为教育就是生活，而不是生活的预备，提倡从实际的生活经验中学习。他们说法不一，基本的理念却是相同的，即突出学校教育和社会生活的联系。同时，20世纪初，在经历过第一次世界大战后，有很多国家从原来的殖民地国家或半殖民地国家解放出来，成为独立自主的国家，它们有强烈的发展需求，并反映在教育上，就是有强烈的建立适合自己国家国情的教育的愿望。

清朝末期，由于受到外国列强的入侵，国外的相关教育思想相继传入中国，中国幼儿

教育出现了“外国病”现象。20世纪20年代，美国实用主义教育家杜威来到中国，并在各地发表有关“进步教育”的演说，对中国的教育运动产生了重大的影响。陈鹤琴等一批有识之士从追随杜威的教育学说起步，最终走上了为中国幼儿教育重新寻找出路、进行探索改革的实践与理论研究的本土化、科学化的变革道路。陈鹤琴“活教育”理论直接的来源是美国实用主义教育流派的代表人物杜威的教育思想，但是陈鹤琴“活教育”思想并不等同于杜威的实用主义教育思想，而是杜威教育思想中国化的创造。陈鹤琴“活教育”的课程论思想突出一个“活”字，就是专门针对传统教育提出的。到了民国时期，我国社会处于半殖民地半封建状态：一方面饱受列强剥削，割地赔款导致经济低迷，百姓生活在水深火热之中；另一方面各大军阀之间争权夺利，战火纷飞，社会动荡不安，封建思想深深影响着当时的教育。孙中山在三民主义思想指导下所建立的共和国也未能改变这一现状，而蒋介石执政的国民政府，虽有心整改教育，但社会弊端积重难返，教育依旧死板。政府对各个阶段的教育重视程度不同，尤其忽视学前教育，对它的投入和重视远比不上小学教育和中学教育。正如陈鹤琴所说：“谈到中国的教育，真是可怜！我们办学校快四十年了，到了今天，一切的一切仍是停在几十年前的状态，少改进少创造。”① “教育应是‘活’的，应顺应时代的潮流，要把那种死气沉沉的、腐化的教育，变为前进的、自动的、活泼的、有生气的教育。”② 面对这种情况，当时许多爱国教育家希望打破传统专制和洋化的影响，努力探索实践。陈鹤琴“活教育”思想正是在这样的背景下产生的。

二、陈鹤琴“活教育”思想的发展过程

陈鹤琴学识渊博，理论知识丰富，先后毕业于清华大学和美国哥伦比亚大学。取得硕士学位后，他一直致力于中国特色幼儿教育的实践活动探索。他的“活教育”思想的提出与完善，经历了一个长期的发展过程。

（一）酝酿与提出

陈鹤琴说过，“活教育”思想在诞生和发表之前是有一个长期的准备过程。他主张利用科学的实验方法来探索儿童心理与教育。1923年9月，他在自己创办的鼓楼幼稚园探索科学的、符合中国国情的幼儿教育之路。与此同时，他还与廖世承合作出版两部著作，创建中国科学的心理测试的先例。还和张宗麟等开办燕子矶幼稚园，这是中国最早的农村幼稚园，具有开创意义，还在南京大力推行儿童心理与教育。同时，他还提出“活教育”思想，再经过后来的实践探索与完善总结，在上海提出“活教育”思想体系。之后几年，陈鹤琴还开办了众多学校，创办了当时国内最大的中华儿童教育社。此时，“活教育”思想已初具模型。

（二）完善与发展

受陶行知提出“教死书、死教书、教书死”思想的启迪，1939年，他提出“活教

① 陈鹤琴．陈鹤琴全集（第5卷）[M]．南京：江苏教育出版社，1991：25.
② 陈鹤琴．陈鹤琴教育文集（下卷）[M]．北京：北京出版社，1991：305.

育”的主张，即一切教育都应活学活用，突出灵活应变的特点。此时明确提出了“活教育”思想。1941年，陈鹤琴创建《活教育》报刊，担任主编。在报刊中，他详细论述了“活教育”的主要内容。1945年，他创办了上海幼稚师范学校，朝实现培养优质师资的宏愿更进了一步。目的论、课程论、方法论三个目标的提出，标志着“活教育”思想在此阶段日趋完善，并得到发展。

（三）实践与创新

1949年中华人民共和国成立后，陈鹤琴对中国的教育充满希望，充满信心。他依旧怀着满腔热情从事幼儿教育的实践，“亦其心之所善兮，虽九死其犹未悔”。陈鹤琴继续发展报刊来推行他的“活教育”思想。1951年春天，陈鹤琴及“活教育”被错误批判，但是这点小小的挫折并没有动摇他坚定的意志。1952年，陈鹤琴出任南京师范学院（南京师范大学前身）的第一任校长，在幼教系授课的同时，详细论述了幼儿整个成长过程和幼儿教育的发展规律。1958年至“文革”期间，他先后遭受两次批判。1978年10月，陈鹤琴提出要为新时期国家的需要培养适合的人才，达到教育强国的目的。这些主张丰富了“活教育”思想，也推动了改革开放后幼教事业的恢复和发展。

陈鹤琴终身致力于幼儿教育的实践，开创新理念、新道路，开我国科学测验心理之先河，也开创了众多新式学校。这告诉我们，创新是教育进步的最大动力，只有坚持创新，未来幼儿教育才能保持活力。

三、陈鹤琴“活教育”思想的主要内容

陈鹤琴以儿童为中心，从中国基本国情出发，培育出国家最需要的人才，从目的论、课程论、方法论和教师观来探索中国的教育，试图探索出一条具有中国特色的教育之路。

（一）“活教育”的目的论

“活教育”的目的论讲的就是“做人”的问题，如何更好地与人相处，追求幸福，服务社会，实现人生价值。陈鹤琴先生曾说过：“活教育的目的就是做人，做中国人、做中国现代人”。① 陈鹤琴的话平凡却不简单，其中蕴含着深刻的哲理性。当前幼儿园普遍存在，教师忽视幼儿的自主性，对幼儿的显性控制过多，教师采用注入式教学等问题。这些做法影响了幼儿积极性和自主性发挥，导致幼儿丧失了自主思考、自主判断、自主行动的机会。为此，教师在教学中应处于隐性控制的地位，用孩子的朋友身份引导幼儿开展教育活动。

陈鹤琴提出的“活教育”目的论，对“做人”的要求主要包括：①要有健康的身体。身体是进行一切活动的本钱，必须有健全的身体才能为国家服务，担起救国的重任。②要有建设能力。人的建设能力是社会发展的必然要求，当时中国千疮百孔，破败不堪，亟须国人具备振兴能力。③要有创造能力。当时中国人最需要的就是创造能力，两千年的专制统治禁锢了人的思想，一千多年的科举制度严重束缚人们的创造能力。对比国外，外国教

① 陈鹤琴．陈鹤琴全集（第4卷）［M］．南京：江苏教育出版社，1989：356.

育就很注重培养幼儿的创造能力，陈鹤琴先生引用诸多实例证明了这一点。幼儿本来就善于创造，稍加引导就能事半功倍。④要能够合作。纵观中国历史，合作的事例不胜枚举。“七七事变”后，国共两党建立抗日统一战线，最终取得抗战的伟大胜利，这就是合作带来共赢的最好诠释。因此，教育者应该从小训练小朋友的合作能力。⑤要有服务精神。

陈鹤琴认为做人的道理要从小灌输给孩子。有一天，一鸣（两岁多）坐在小凳子上玩，祖母在他旁边站着，陈鹤琴进屋看见了，就俯身对孩子说：“一鸣，你去拿把椅子给祖母坐。”一鸣应了一声，立刻站起身来，“嗨唷嗨唷地”搬来一把椅子给他的祖母。祖母接过椅子，笑眯眯地坐了下来。陈鹤琴说，教一鸣做这件事除了让他练习动作外，更重要的是教他尊敬长辈。

（二）“活教育”的课程论

陈鹤琴提出了“大自然、大社会都是活教材”① 的课程论。他反对“书本中心”的传统教育，不应把书本当做学校学习的唯一教材，但是也不能全盘否定书本教学的价值。关于课程编制，他主张“整个教学法”，课程编制以活动单元或活动中心制唯一。打破学科界限，找到学科的内部联系和幼儿一日生活的结合点。陈鹤琴主张父母要带孩童到大自然大社会中去，让孩童扩大视野，增强经验，发展丰富的观察力、想象力和创造力，培养孩子“尊重事实，求真求是”的科学的人生态度。

一鸣长大后深有体会地说：“父亲让我们从小到大自然、大社会中去活动、去探索、去学习，从而陶冶了我的性情，启迪了我的审美观，孕育了我热爱大自然，热爱人民大众，热爱祖国的感情，也培养了我创造艺术的才能。”

大自然、大社会都是活教材！今天，陈鹤琴的话依然不失为真谛。

（三）“活教育”的方法论

“活教育”思想是一套成熟的理论体系，“活教育”思想的内容不仅包括目的论、课程论，还有方法论。活教育中的“做”就是实践，只有在实践中，幼儿才能切身体会，获得直观体验。他提出的“十七条教学原则”集中体现了“活教育”思想的全新教育观念，突出了以儿童为学习主体的思想，也是“活教育”的方法论思想。未来的幼儿教育以发现式学习为主。学习需要幼儿自己去发现，发现式学习体现了“活教育”思想的科学实验精神和方法论：“做中学，做中教，做中求进步”。② 总而言之，陈鹤琴把“做”贯穿于“教”与“学”中，然后做中求进步。这一方法论思想体现出“活教育”思想对传统教学模式和应试教育的批判。

（四）“活教育”的教师观

陈鹤琴认为，幼儿教师在中国幼教事业中占有重要地位，优质幼儿教师是发展幼儿教育的关键。幼儿教师在幼儿教育中占有重要地位，教师资源的优劣决定幼儿教育水平的高

---

① 陈鹤琴．陈鹤琴全集（第5卷）［M］．南京：江苏教育出版社，1991：98.

② 周玉衡，范喜庆．学前教育史［M］．上海：复旦大学出版社，2009（9）：76.

低。目前，我国幼儿教师存在许多问题：①缺少人才，学历较低。幼儿教师多数是中专、中师毕业。②职业道德较低。许多幼儿教师往往缺乏爱心、细心、耐心和责任心。近年来，幼儿教师虐童事件屡见不鲜，就是部分幼儿教师缺乏职业道德造成的。③专业知识水平较低，不懂幼儿身心发展规律，幼儿教师普遍忽视幼儿安全感的需求。为此，他从四个方面提出对幼儿教师的要求：

1. 思想方面

首先，树立儿童本位思想，要尊重幼儿。其次，要认识到幼儿教师的任务是伟大而艰巨的，幼儿教师肩负培养祖国幼苗的重任，同时幼儿园也是解放妇女的桥梁，幼儿教师应该成为改造家庭教育的助手。因此，幼儿教师在思想上应该反传统、反封建，并充分了解当代中国文化教育建设的政策，牢记培养儿童健康成长并成为国家有用之人的使命。

2. 业务方面

首先，要认真学习和掌握儿童心理学、学前教育学、学前教育心理学、学前卫生学知识等专业知识，掌握儿童各个成长期的身体和心理发展特点。其次，要懂得预防各种传染疾病的方法，认真探讨儿童良好生活习惯和优秀品德形成的科学方法。最后，要注重在增强儿童德智体美劳等方面发展的储备知识，为儿童健康成长打下基础。

3. 教学方法

一方面，幼儿教师应熟知和掌握教学基本方法，即教师要在各种游戏活动中去教，让学生从活动中去学；另一方面，幼儿教师要了解儿童的个性，应熟知和掌握最基本的教育教学技术，即着力造就自己成为多面手。要能讲故事、编歌谣，能画图、做手工，能唱歌、懂音乐且会演奏。总之，幼儿教师要知识渊博，教学技术全面。只有这样，其教学才能更科学，更加有效。

4. 品质方面

要求对待他人要和蔼可亲，乐于助人；对待自己要多做自我批评，谦虚谨慎；对待儿童要热爱、公平；用爱和公平对待孩子；以高度的热情、奉献精神和创造力对待工作。

总之，未来的幼儿教师要回归真实本性，将自己置身师生共同学习中；未来教师要以幼儿为中心，有较强的应变能力，要根据幼儿需求及时调整教育教学；未来的教师要学会从数据中认识幼儿，提高数据分析能力，通过数据和量化手段，更好地了解每一位幼儿，让其教育教学变得更加科学。

四、“活教育”思想对当前幼教改革的启示

“活教育”思想是一套完整的、科学的、合理的体系，具有丰富的内涵。陈鹤琴先生与时俱进，随着时代的发展和国情的改变，及时为“活教育”思想注入新的内容。因此，陈鹤琴先生“活教育”思想对我国当前幼儿教育改革仍然有现实的指导意义。

（一）走适合中国国情，有中国特色的幼儿教育之路

陈鹤琴用辩证法来看待传统教育，继承和发扬传统教育中积极的、适合社会发展的因素，对传统教育加以改造，使之继续服务现代教育。他对传统教育的做法，值得我们学习借鉴。因此，陈鹤琴“活教育”思想的提出，对批判传统教育和发展中国特色教育都具

有划时代的意义。

幼儿教育改革必须基于本国国情。我国东部与中、西部发展差距大，城乡差距大，各地区贫富差距大；民族多（五十六个民族），土地幅员辽阔，地域差距大，文化差异大。因此，我国幼儿教育改革在遵循总的教育方针的同时，应该鼓励各地有自己的特色，办特色园。

幼儿教育改革必须坚持为社会主义文化建设服务的基本原则。纵观中国幼儿教育发展史，存在着“否定”问题、“洋化”问题。特别是到了民国时期，“洋化”的观念根深蒂固，我国幼儿教育曾患上“外国病”、“富贵病”。这样一味的照抄，对于发展中国幼儿教育事业有害无益。因此，我们幼儿教育发展应该坚持辩证法的教育观，既批判又继承、既克服又保留。把适合中国国情的幼儿教育观念加以改造，积极探索具有中国特色的幼儿教育改革之路，以培养出当代社会教育发展所需要的各种人才。

中国两千多年的封建社会和近代半殖民地、半封建社会所遗留的传统落后思想，严重地影响了中国教育的进步与发展。因此，陈鹤琴强调：“这是中国教育的唯一特点，不苟同于其他各国的教育目的。”① 可见，陈鹤琴在寻求适合中国国情、具有中国特色教育过程中，所提出的主张是明确的。陈鹤琴用长期实践的经验和丰富的人生阅历告诉人们：不管是哪一个国家，哪一个民族，其教育改革应当立足于本国国情，应根据社会背景和现实情况制定合适的发展方针。杜威说过，教育即生活，教育是经验和优秀思想文化的传承。教育的意义就在培育服务社会的人才，促进社会进步。“活教育”思想告诉我们要立足中国国情，走具有中国特色的教育之路。

（二）构建综合化的课程模式

目前我国多数幼儿园过于重视儿童社会性的发展，忽视如何教儿童做人，教学内容与《幼儿园教育指导纲要》精神相违背。幼儿园课程超载主要表现为：①过于细化，课程名目过多；②纯知识传授。教学要求过多，学习要求过高，给幼儿布置作业，而且量多，书写时间过长。陈鹤琴认为，幼儿园的教学不能是分散的、支离破碎的，这是对幼儿生活和心理规律的一种违背。因此，陈鹤琴先生提出了“整个教学法”。为促进学前儿童全面发展的目标，他创造性地提出了“五指活动”② 理论。这五个方面相互联系、相互独立，从而形成一个整体、连贯的教育系统。当前，我国幼儿园的五大领域就是根据陈鹤琴的“五指活动”理论划分的。

加强幼儿对事物的直观体验，强调“做”来提高教学的直观性。“活教育”思想高度重视“做”。一个“做”字，让儿童获得最直观的体验与过程，在成长中体验到快乐。未来的网络学习平台将取代课堂学习。传统老师通过教，幼儿听的模式变为师生通过平台互动学习，而且老师能对幼儿进行动态分析，随时知道幼儿遇到哪些困难。大力发展在线教育平台，老师不仅可以在园内教育幼儿，在家里也可以及时指导帮助幼儿成长。互联网既可以传输文字，还可以传输声音和视频，是未来师生互动的良好手段。毫无疑问，互联

---

① 陈鹤琴．陈鹤琴全集（第5卷）［M］．南京：江苏教育出版社，1991：69.

② 周玉衡，范喜庆．学前教育史［M］．上海：复旦大学出版社，2009（9）：75.

网+教育是未来幼儿教育发展的重点，也是幼儿教育改革发展的方向。因此，构建综合化的幼儿园课程模式是今后幼儿教育改革发展的一个趋势。

（三）培养优质师资

陈鹤琴认为，幼儿教师在中国幼教事业占有重要地位，优质幼儿教师是发展幼儿教育的关键。现阶段我国幼儿优秀教师应努力朝以下几个方面进步：

1. 树立儿童本位思想

当前我国幼儿园很容易犯的一个错误就是老师以自我为中心，忽略幼儿的主体地位，在幼儿教育中对幼儿灌输式教学或填鸭式教学。因此，幼儿教师从思想上转变很重要，树立儿童本位思想，是思想上的升华。幼儿才是幼儿教育教学的中心，教师的任务是更多地引领、组织幼儿学习，扮演幼儿的引导者、参与者与合作者的角色。

2. 敬业、乐业、专业和创业

教师是人类灵魂的工程师，是辛勤的园丁，其敬业、乐业、专业、创业精神显得尤为重要，特别是幼儿教师。人之初，性本善，幼儿就像是一张白纸，倘若不好好对待幼儿，一定会对幼小的心灵产生不好的影响。因此，幼儿教师必须具备良好的职业道德：①幼儿教师必须是有爱心的，喜爱幼儿；②要对幼教事业充满信心、乐观的态度，对自己的工作非常热爱；③必须专业知识丰富，熟知幼儿心理发展在不同阶段的特点和卫生保健等知识，受过高等教育培训；④还得具有创业精神，有创造性才有更多的可能，才能培养出人才。

3. 加强教师培训

加强教师培训是提高幼儿教师素质的重要手段。主要有以下方法：①开办专题讲座，聘请专家学者或本园学有专长、富有经验的人讲座；②以老带新，由富有经验的老教师带年轻教师，使年轻教师尽快胜任教师工作；③组织老师听课，让优秀老师起到榜样示范作用；等等。

（四）坚持以幼儿为中心，树立科学的儿童观

杜威认为幼儿是教育的中心。科学的儿童观是儿童正确的观念和态度的总和。树立科学并正确的儿童观是幼儿园教育改革的前提。陈鹤琴“活教育”思想有关儿童教育的相关理论指出幼儿具有独立的人格和尊严，我们应当以科学的儿童观看待。游戏是幼儿教育的重要方式，“游戏是儿童的生命”。① 游戏帮助孩子快乐成长，获得经验与知识。因此，必须注重幼儿的个性养成。个性的发展有利于充分发挥幼儿的主观能动性，幼儿天生富有创造力，只要正确引导，幼儿的成长成才就可以事半功倍。个性化教育将成为未来幼儿教育的目标，这是“活教育”思想目的论在未来新形势下对幼儿教育提出的新目标。

（五）加强学校、家庭、社会的合作

幼儿教育是整个国民教育的重中之重，发挥三结合教育的最大优势是幼儿教育改革的

---

① 吕静，周谷平．陈鹤琴教育论著选［M］．北京：人民教育出版社，1994：16.

重中之重，必须加强幼儿园、家庭、社会的合作。今天，重温陈老的“活教育”思想，应该明白幼儿成长过程中受家庭、幼儿园和社会的影响非常大，家长、老师和社会相关人员对幼儿的健康成长影响显著。幼儿园、家庭和社会的合作是幼儿健康成长的重要途径。因此，幼儿园教师要用爱心、细心呵护幼儿成长。

总之，陈鹤琴的“活教育”实现是建立在自己的教育实验、研究和实践的基础上的。他将20世纪世界教育特别是学前教育的优秀成果与当时中国的教育实际相结合，边实验、边研究、边实践。陈鹤琴重视实验研究、重视理论出自于亲自实践的研究方式，至今值得我们敬仰与学习。

第三节　蒙台梭利学前数学教育的特色研究

数学是幼儿认识环境、适应环境的工具之一。幼儿期是数学能力发展的敏感期，是进行数学启蒙教育的关键期。蒙台梭利是世界闻名的幼儿教育专家，她善于学习、总结和批判地汲取先辈和当代教育家的研究成果，勇于实践和创新。她所创立的教育思想和教育方法被广泛地应用到了世界各国的教育发展中。尤其是蒙台梭利的数学教育方法，让幼儿在生活与操作中自然地认知数学，把大多数人认为最难学、最难懂的学科变成了最有趣、最有活力的一门课程，真正让人觉得“学习数学是有趣的，是需要方法的，孩子的数学心智是可以激发的”①。本节主要介绍蒙台梭利的学前数学教育内涵、学前数学教育特色、学前数学教育的启示及我国在引进蒙台梭利学前数学教育中应注意的问题。

一、蒙氏学前数学教育相关概念

玛利娅·蒙台梭利（意大利语：Maria Montessori，1870年8月31日—1952年5月6日），意大利幼儿教育家，意大利第一位女医学博士，女权主义者，蒙台梭利教育法的创始人。她创建的新幼儿教育法风靡世界，影响了整个20世纪幼儿教育，被誉为“幼儿教育之母”。21世纪以来，蒙台梭利教育依旧具有蓬勃的生命力，在东西方各国被传播着。

（一）学前数学教育

学前数学教育是幼儿全面发展教育的一个重要组成部分。它是幼儿在教师或成人的指导下（直接指导或间接影响），通过他们自身的活动，对客观世界中的数量关系及空间形式进行感知、观察、操作、发现并主动探究的过程；是幼儿积累大量有关数学方面的感性经验，主动建构表象水平上的初步数学概念，学习简单的数学方法和技能，发展思维能力（特别是初步的逻辑思维能力）的过程；是发展幼儿好奇心、探究欲、自信心，得到愉快的情绪体验，产生对数学活动的兴趣以及培养良好的学习习惯的过程。②

---

①　数学心智：顺利完成数学活任务的心智活动方式。它是一种借助于内部语言进行的认知活动，包括感知、记忆、思维和想象等心理成分，并且以思维为其主要活动成分。

②　黄瑾．学前儿童数学教育与活动指导［M］．上海：华东师范大学出版社，2014.

（二）蒙氏学前数学教育

物质世界的万物，都与数学密切相关，由一定的“数”和“量”，按一定的“形”和“序”构成。数学是重要的认识世界、改造世界的工具。每个孩子从来到世界那一刻起，就开始以感觉的方式和物质、直观的实体发生直接的接触。如“时间”、“邮编”、“门牌号”、“玩具形状”、“电话号码”等。数学高度的抽象性和严密的逻辑性决定了幼儿的数学学习和发展需要其他认知系统的支持，如语言、记忆、感知和空间想象。当前我国幼儿园的数学教育存在“低效”甚至“无效”的现象；教师只注重知识的灌输，不注重教学教法以及幼儿的学习兴趣；对数学教育只是存在表面的数字含义，没有延伸及扩展，使得幼儿存在一些学习困难。蒙台梭利通过对儿童及他们的生活和学习进行了长期的、深入的观察和研究后指出，儿童的一些本质的特征以及儿童的教育和他们发展之间的关系。

数学学习是蒙台梭利教育法的主要内容之一，依据数学学习的内容，蒙台梭利设计了与之配套的幼儿数学学具。蒙台梭利数学学具具有以感官教育为基础的特点；具有科学性和具体的操作方法；具有错误自我订正的功能。这种功能让幼儿在学具操作中认识到自已的错误，并检验和改正错误。蒙台梭利数学学具涉及分类、排序、对应、分解和组合、10、100和1000以内数与量的认识、加减乘除、平方立方、分数等多方面的数学知识。

蒙台梭利学前数学教育是从蒙台梭利数学教学理念和宗旨出发，通过一套“游戏”让孩子对数学产生兴趣，把抽象的数学概念、高深的数学思想融入简单有趣的教具中，孩子通过兴致勃勃地操作蒙氏数学教具，潜移默化地理解数学概念，形成形象生动的直观思维。蒙台梭利撰写的教育著作有《蒙台梭利教育方法》、《教育中的自发活动》、《童年的秘密》、《发现儿童》、《有吸收力的心理》等。数学教育是“蒙氏教育”体系中的一部分。随着蒙台梭利教育法风靡全球，现在中国很多幼儿园也创建了蒙氏班，并且以蒙氏教育作为特色吸引生源。

二、蒙台梭利学前数学教育的特色

蒙台梭利认为，生长是由于内在的生命潜力的发展使生命力显现出来，儿童的发展是一个连续的不断前进的过程，前一个阶段的充分发展是后一阶段的基础，后一阶段的发展是以前各个阶段充分发展的积累和延续。学前教育时期的儿童身体各项机能发展快速，各种感知能力都处于发展的关键期。教师和父母必须随时留心观察儿童的实际生活及其表现，发现和把握儿童在各个阶段出现的心理现象，并及时地进行引导、帮助和鼓励，否则将对儿童的发展造成难以弥补的缺陷。蒙台梭利倡导以自我教育为主，在教育活动中，儿童是主体和中心，儿童全神贯注地从事各自的“工作”，独立操作、自我发现、自我教育和发展；教师是儿童活动的观察者和指导员。其特色主要体现在以下几方面：

（一）先进的数学教育理念

1. 自然教育中的数学学习

蒙台梭利把儿童当做是可以自主活动、自主思考的生命体，儿童存在“内在潜力”，教育是使“内在潜力”外显的重要方式。发展儿童之自然活动，乃是学校首要之事。儿童教育应以活动为主，不是以“填鸭式”的方式来灌输知识。教育者要在观察和了解儿童的基础上，使儿童通过自由的活动促进其身心自然发展。数学学习是建构数学知识的过程，儿童进行自我操作活动时可将新的数学知识内化，并且与大脑中原有知识进行整合，更新原有数学知识结构，从而达到数学学习目的。

2. 实物教具对学习数学的必要性

蒙台梭利认为教具应该是儿童的玩具，可以吸引注意力并使儿童对它保持热情，能够长时间反复的进行练习和操作，使儿童大脑中形成清晰、正确的数学知识，积累相关的活动经验。蒙台梭利认为，在儿童学习时提供教具，对正处于形象思维发展期的儿童有非常大的帮助，可以使儿童学会简单的数学知识。例如，金色粒珠是高级班教具，一个金珠表示“1”，十个粒珠串起来表示“10”；十根珠串平铺为一块正方形，表示“100”，用十块正方形垒成立方体表示“1000”，形象表示出各数字间的关系。又如让幼儿表示数目“2352”，就可拿出 2 个立方体块珠，3 个正方形片珠，5 个串珠，2 个粒珠。在玩耍中感知数位与数量的关系，对一个五六岁的幼儿来说是一件愉快而轻松的事情。

3. 在生活中学习数学

数学是解决人类现实问题的工具，数学知识在生活中无处不在。让儿童在社会日常中感受数学、解决数学问题是提高幼儿数学学习兴趣的重要途径。蒙台梭利数学教育很注重让幼儿从现实生活中学数学，将学到的数学知识运用到生活中去，解决生活中的问题。例如学习四边形前，先让儿童观察窗户、橱柜，闭上眼睛用手摸这些物体的轮廓，感受四边形形状并储存于大脑中。儿童在日常生活中学习初级的数学知识，不仅有利于提高儿童对数学学习的兴趣，还给幼儿进一步探索生活中的数学知识打下基础。

（二）与传统数学教育相比具有比较优势

蒙台梭利数学教育是在针对传统数学教育弊端基础上提出的，与传统数学教育相比，在教育环境、教育手段、授课方式、教师角色、评价方式等方面具有一定的比较优势（表 1-1）。

表 1-1　**蒙台梭利数学教育与传统数学教育特点的比较**

名称 内容	传统数学教育	蒙台梭利数学教育
教育环境	座位相对固定；使用机械记忆的方法学习数学；强调单科教学，每一科限定时间学习，幼儿没有足够的时间发展	自由、现实、自然和有着各种学习材料的有准备的环境；幼儿可以根据自己的兴趣自由的操作提供的各种材料；教师不干预，不会因为时间打断幼儿的探索活动
教育手段	教具简单，只有黑板、粉笔；测试学习数学；幼儿被动地接受教师灌输的各种知识	借助设计的教具，由感官的训练，从“量”的时间体验，到“数”的抽象认识；由少到多，进入加、减、乘、除的计算，逐渐培养幼儿的数学心智和分析整合的逻辑概念

续表

内容＼名称	传统数学教育	蒙台梭利数学教育
授课方式	以年龄分班，以班为主的教学，学生集体学习；幼儿承受分数、竞争、社会适应等压力；用标准试题衡量幼儿发展进度	混龄教育，以小组和个别指导为主；根据自己的兴趣选择相应的工作，依个人步调、潜力学习，可以长期工作，不中断
教师角色	教师主导，集中授课；统一的功课、作业	教师仔细观察每个幼儿的发展，提供学习者材料；鼓励幼儿建构知识；组织大型群体活动，给每个幼儿做观察记录；发现、帮助幼儿发展潜在能力的引导者
评价方式	通过测验等形式由教师对幼儿进行评估，易使幼儿相互比较，形成急功近利的不良心态	设计的教具具有自我修正功能，通过教师的个别指导，可以客观地评价自己的成绩，学会自我评估

（三）学前数学教育具有核心优势

数学来自于生活，人们的生活也与数学息息相关。可以说，数学的概念是有限的，但是体现数据的衣食住行在日常生活中是不可缺少的。仅就最简单的物品来说，也会牵扯到数的概念。在现实生活中，人们是不可能摆脱与数的联系的。蒙台梭利强调数学教学方法必须以孩子的发展为中心，蒙台梭利教育的基本目的在于人格的形成。下面围绕蒙台梭利如何引导幼儿进入数学领域，来说明蒙台梭利数学教育的特色。

1. 以感觉教育为基础

蒙台梭利曾经说过："数学是抽象的符号，数学是抽象的科学，要使幼儿学好数学必须具备相当丰富的感觉经验以培养逻辑思考能力。"① 幼儿在操作感官教具时，会不断地积累感觉经验，并在感觉经验的基础上，将数值化的量——数量，从具体事务中抽象出来，以实物、数量、数字三者的结合，逐步形成数概念。例如，感觉教育中的"配对"：在圆柱体蒙台梭利教具中，找出一样大小（或一样高低、粗细）的一类，或者色板上寻找同样颜色的操作，这样可以让幼儿了解"等于"的概念；"序列"的操作：圆柱体大—小的顺序，长棒长—短的顺序，棕色梯粗—细的顺序等；"分类"的操作：收集具有相同属性的事物放在一起。这三种基本操作练习可以培养幼儿明确事务或现象结构的能力。

2. 科学原理与具体操作方法相结合

蒙台梭利所设计的各种教学活动，并不要求幼儿一定形成相应的抽象的数学概念及掌握计算技能，而是满足幼儿学习数学的愿望，使其获得具体的数学感知经验为主要目的，是为了给幼儿将来学习与此有关的抽象的数学概念做好具体的经验准备。蒙台梭利有一句

---

① 李鹏．蒙台梭利数学学具操作与幼儿数学加减运算能力发展研究［D］．西安：陕西师范大学，2009.

名言："让我听……我随后就忘记，让我看……我就能记住，让我做……我就能理解。"①依据数学学习的内容，蒙台梭利设计了相应配套的幼儿数学学具，让幼儿在数学学具的操作中感受系统的数学，获得生活经验，把数值化的量抽象为数概念。如数棒的合十练习，幼儿会发现 1 与 9、2 与 8、3 与 7 等组合为 10，并会发现 123456789 相加的总数为 55 等有趣的现象，从而对自然等差数列产生兴趣（图 1-1）。

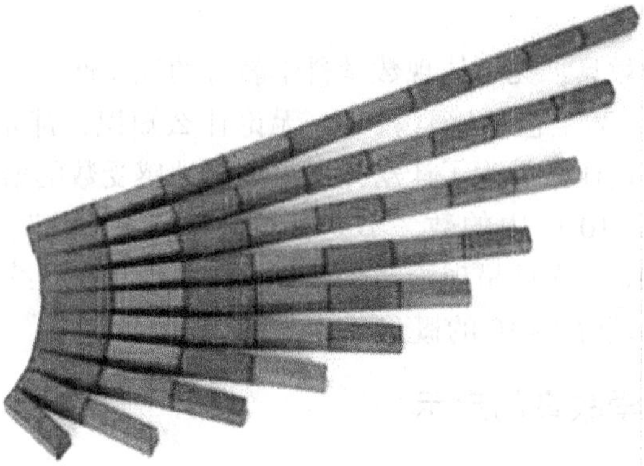

图 1-1　数棒

3. 具有"错误订正"功能的教具

蒙台梭利认为"错误订正"是使蒙氏教具操作效果趋于完美的科学原则之一。她发现幼儿的天性倾向于得到准确的结论，获取准确的结论的方法能够引起他们的极大兴趣。因此，蒙台梭利为幼儿设计的每一个教具都有严格的错误订正的标准，以便在操作过程中让幼儿对照该标准自己发现并自己纠正错误，从而提高幼儿学习数学的自主性，培养细心、耐心、认真学习的学习习惯，提高学习的自觉性和独立思考能力。幼儿可以凭借自己的智慧去发现和改正错误，而无需成人提醒。因此，这也是一种"不教的教育"，如"插座圆柱体"（图 1-2）。

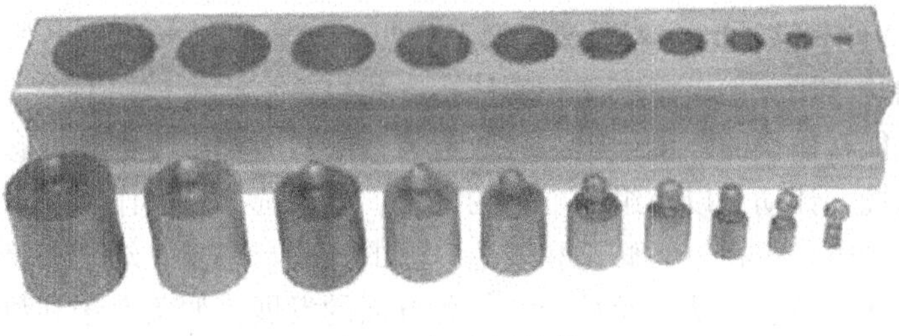

图 1-2　插座圆柱体

① 蒙台梭利．童年的秘密［M］．北京：中国发展出版社，2003.

4. 重视个体发展

蒙台梭利幼儿数学体系满足不同发展水平的幼儿的求知需要。幼儿数学学习的敏感期出现在 4 岁左右。根据幼儿的实际水平指定教育方案，而且幼儿的学习内容不受年龄的限制，接受快的可继续学习新内容，不强求同一年龄段的幼儿必须学习同一内容，达到同一水平。这样不仅可以满足那些发展较快的幼儿的求知需求，也减轻了学习困难的幼儿的心理压力。

5. 注重系统教育

蒙台梭利所设计的教具，无不体现数学科学教育的规律性。所有教具都是按照数学的“十进制”原理设计的，甚至包括感官教具。无论什么知识，都是以 10 为单位呈现，一次呈现一组连续的数。这样做是为了让幼儿尽可能多地感受数的增减是如何按十进制规律变化的。如让幼儿认识 10 以内的数，不是让幼儿先认识“1”，再认识“2”，再认识“10”，而是将数棒 1~10 一次性呈现给幼儿，让幼儿看到一组连续的数。幼儿在摆弄数棒时，从短到长排列就能理解 1~10 的概念。

三、蒙台梭利数学教育的启示

（一）蒙台梭利学前数学教育的启示

数学启蒙教育会影响孩子日后学习数学的兴趣。把握幼儿的数学能力的特点，选择适当的指导方法，才能让幼儿产生浓厚的兴趣，对未来智力发展有益。20 世纪初蒙台梭利教育思想就已传入我国，因为教育环境、文化背景不同，使得蒙台梭利教育思想在中国改革开放后才逐渐被推广。① 蒙台梭利的教育思想告诉我们，应关注儿童的内心世界，引导儿童在自由中认识和发展自我，不是压抑其本性，把教师和家长的意志强加给幼儿。

1. 创设良好的教学环境，调动幼儿数学教学的感官反应

幼儿的发展和环境有着重要的关系，良好的教学环境是指适合幼儿发展节奏与步调的环境。必须把环境作为幼儿学习的重要资源，重视幼儿的自主活动。

孩子对环境的美丑是非常敏感的。在旧金山的蒙台梭利学校，有一个小女孩，有一天她到一所公立学校去参观，进入教室后，她发现桌椅上有许多灰尘。于是，她对那里的老师说：“你知道为什么孩子们都不喜欢打扫卫生吗？知道为什么教室里脏兮兮的吗？因为他们没有漂亮的抹布用，如果没有漂亮的抹布，我也不喜欢去打扫卫生。”

为了使幼儿能在愉快的环境中正确将数量与数字对应，了解数的概念，蒙台梭利运用游戏特征创设情境，让幼儿以小组或个别的方式，自主选择、操作、探索、学习，从而在和环境的相互作用中获得积累、修正和表达自己的经验与感受。幼儿在获得游戏般体验的同时，也获得身体、情感、认知及社会性等各方面的发展，如蒙台梭利数学教具彩色串珠棒和加减法板的使用（图 1-3）。

2. 借助多种教学用具和教学方法，加强幼儿的体验环节

数学教育中，教师应供给幼儿足够的实物材料，创设一定的情境，保证幼儿有充足的

---

① 穆子丹．蒙台梭利教学方法在幼儿园数学教学中的运用［J］．学周刊，2015（4）：134-135.

图 1-3　彩色串珠棒

时间进行操作活动，让幼儿在操作材料的过程中进行探索，掌握数学知识和技能。操作活动结束后，教师应和幼儿一起讨论操作结果，帮助幼儿在操作中获得感性经验。例如，家长和教师可以选择幼儿喜闻乐见的游戏或形式，来训练儿童对数字的听、说、识、读等方面的能力，这种教学往往可以轻松地开启他们的学习兴趣，收到事半功倍的效果。

蒙台梭利设计的配套的长棒、数棒、纺锤箱、砂数字板和分数小人等数学学具，让幼儿在数学操作中感受系统的数学，获得生活经验，把数值化的量抽象为数概念。例如，在纺锤棒和纺锤箱的练习中，幼儿通过纺锤棒的数量来认识 1、2、3 等抽象的数字，从而感知数、数与数量的配对（图 1-4）。

图 1-4　幼儿操作纺锤棒

3. 注重幼儿在学习中的主体地位，发挥教师在教学中的引导作用

想办法让孩子做自己的主人。在儿童之家中蒙台梭利利用曲线图来测量孩子从事活动的过程中发现：教师只有尊重孩子的自主权，不随意干预和指导孩子，才能让幼儿专心的投入到活动中；只有认真聆听孩子发自内心的声音，才能帮助他们选择真正需要的工作。

幼儿正处于自我意识发展的关键期，允许其按照自己的意愿选择教具，自觉地对其保持热情并长时间反复地练习和操作，不仅可以学会自主学习获得简单的数学知识，还可以在大脑中形成清晰、正确的数学知识，积累相关的活动经验。在蒙氏园中幼儿按照自己的兴趣选择教具，教师鼓励幼儿自由地学习、发展、自己动手，引导幼儿主动获得知识和实践经验。

4. 注重操作材料的实用性和系统性

蒙台梭利的数学教具具有自身的系统性，由数棒到长棒、由金色串珠到数字卡，由“0 的游戏”到邮票游戏，都存在密切联系。① 操作材料给幼儿带来生动丰富的想象空间，数到形、排列到数字间的联系都渗透在教具中。蒙氏教具大多都是由木制成，贴近幼儿的生活。我们经常认为幼儿的思维是具体形象性的，因此用一些动物的形象吸引幼儿，这是片面地理解幼儿思维的特点。蒙台梭利的教具虽然没有鲜艳的颜色和形状，但是却很受欢迎。因此，我们要注重操作材料的实用性和系统性，不要只注重材料的表面形象。

5. 改变个别教育到整体教育的顺序

蒙氏数学教育有这样一个特点，无论什么知识，开始都是以 10 为单位呈现出来的。一次就呈现给幼儿一组连续的数，如让幼儿认识 10 以内的数，一次性将数棒 1～10 呈现给幼儿，让幼儿开始有一个整体记忆，对数之间的相互关系和规律有初步认识，再在操作中巩固和迁移。这样的教学方式可以减少很多重复的讲解，让幼儿在活动中有更多的操作时间。

6. 将蒙台梭利教育理念与中国幼儿园教育大纲有机结合

数学是一门因果关系紧密、逻辑严谨、推理性强的学科。数学教育的最终目的并不仅仅是为了学习一些计算方法，更重要的是通过数学的学习与演练，提高儿童的逻辑思维能力，增强儿童独立工作的能力，从而使儿童将来能够成为一个独立的有智慧的人。《3—6 岁儿童学习与发展指南》对“科学”领域针对幼儿“数学认知”按照幼儿不同发展阶段提出了教育目标和教育建议。针对该指南提出的教育建议，结合蒙台梭利数学教育，可以从日常生活教育和感觉教育来进行施教。通过日常生活练习，激发和培养幼儿的秩序感、专注力、判断力、手眼协调能力以及独立思考能力，使幼儿的一些内在特质得以发展。

（二）蒙氏数学教育在幼儿园应用时需注意的问题

蒙台梭利数学教育给我们提供了丰富的借鉴经验。但随着社会的进步，蒙台梭利教学方法也应该不断地吸收和融入新的教育思想。借鉴蒙氏经验时，应该结合本国文化取其精华，挖掘蒙氏教具潜在的功能，开展有利于幼儿思维发展的练习，适应我国现代社会的要求，不能盲目照搬。

1. 学习蒙氏教育注重实质而不是形式

引进蒙氏教育是服务幼儿，让我国幼儿教育更好地发展，而不是跟随大众或追求幼儿

---

① 郭玉凤．蒙台梭利学前数学教育的特点及启示［J］．开封教育学院学报，2006，26（2）：64-66.

园经济效益。① 我们在借鉴蒙氏教育的时候要正确地解读，取其精华、去其糟粕。蒙氏教育的实质是给予幼儿自由与充分的尊重，提供良好的环境让其自主和健康地发展。在实践过程中教师不能片面地将蒙氏教育理解为蒙氏教具的操作，对蒙氏教育的本质没有正确的认识。例如，儿童生活导师作用的体现、为幼儿提供有准备的环境、对幼儿的观察等方面没有按照蒙氏教育的需要进行，对蒙氏教具制作原则缺乏认识。因此，要使蒙氏教育可以更好地服务于中国，教师应全面、系统地学习蒙氏教育精髓。

2. 创造性地运用蒙氏教具

蒙台梭利研制的教具广为流传，许多教具都堪称“经典”，影响着许多国家、地区的孩子们，不但可以启迪他们的智慧、发展他们的能力，而且还能帮助幼儿养成良好的品质习惯。② 蒙氏教具强调木质材料，劣质的教具会因木材变形而无法正常使用，因此价格昂贵，对于普通幼儿园是无法承受的。因此，幼儿教师及管理人员应针对本园情况，注重吸取蒙氏理念，并根据幼儿的年龄、兴趣，制作美观、耐用的教具，或者自己设计教具，或者寻找相关的代替品，以达到相同的教育效果。

第四节 蒙台梭利“教具”和福禄贝尔“恩物”的比较研究

“教具”和“恩物”分别是著名的教育家蒙台梭利和福禄贝尔为更好地促进幼儿的成长与发展创作出来的幼儿游戏玩教具。自从“教具”和“恩物”产生以后，便迅速地流传于世界各地，受到世界各地学者的欢迎和研究，并且迅速应用于我国的幼儿园中提供给幼儿尝试。当前我国幼儿园蒙氏教育盛行，蒙台梭利的思想广为人知，各种蒙氏幼儿园鳞次栉比，蒙氏“教具”也充斥着各个幼儿园。随处走访幼儿园，都能看到蒙氏“教具”的身影。然而福氏的“恩物”却鲜为人知，知道有福禄贝尔这个大教育学者，而“恩物”却较少应用于幼儿园教学活动中。“教具”和“恩物”分别是蒙台梭利和福禄贝尔教育体系中的重要内容，两者虽然都是作为玩教具被创制出来，但是却有着不同的特点。对二者进行比较深入而细致的分析和比较可以有助于我们更好地认识蒙氏和福氏的教育思想，也可为“教具”和“恩物”在我国幼儿园中的正确应用和投放提供更好的指导，而且还可为我国幼儿玩具的设计提供指导思路。

一、相关概念的界定

（一）“教具”（Montessori aids）

“教具”是蒙台梭利教育体系中的重要部分，是“蒙台梭利方法”的重要工具。“蒙台梭利方法”包括四个方面内容：①肌肉训练。主要包括走步、坐摇椅、摆球、爬小圆梯以及自由体操、呼吸体操等，目的在于对儿童身体的正常发展提供帮助和保护；②感觉训练。包括触觉、温觉、压觉、立体感觉、味觉、嗅觉、视觉、听觉等训练，目的在于使

① 蒙台梭利．蒙台梭利早教全书［M］．北京：北京理工大学出版社，2013.

② 洪明．蒙台梭利教具及其使用方法研究［D］．福州：福建师范大学硕士学位论文，2013.

幼儿通过重复的训练来改善对不同刺激的感觉能力并完善内心感觉的过程；③实际生活练习。即脱衣、戴围裙、洗手、刷牙、打扫教室、掸除灰尘等事情，目的是锻炼儿童的生活能力，为适应社会生活方式做准备；④知识教育。即让幼儿在感觉训练的基础上再获得一些相关的诸如重量、大小、形状、颜色、名称等的知识，主要包含了绘画、泥塑、书写、阅读等操作。蒙台梭利使用自己开发的“教具”对幼儿开展训练和练习。

（二）“恩物”（Froebel gifts）

“恩物”源于裴斯泰洛齐的“形式教学法”，是一套从简单到复杂、从统一到多样化的循序渐进、合乎逻辑联系的游戏和作业体系以及与此相配合的一套活动玩具①。“恩物”共分为六种：

（1）第一种恩物是6个不同颜色（红、绿、蓝、黄、紫、橙）的绒线球。每个球各系一线，线色与球色一致。当儿童在尚未说话之前或稍后，母亲指引着儿童观察、抓弄这些柔软的小圆球，让他初步熟悉它们的形状、颜色和动静状态，从而发展儿童的辨色能力。随着儿童知觉和思维语言的发展，母亲一边把球向各方甩动，一边说前后、上下、左右，以发展儿童的空间观念，还可把球放于掌心，表示“有”，然后吸起来，空出掌心，表示“无”，借以发展儿童肯定和否定的观念。福禄贝尔从观察和实验中运用6个小球设想出了50种玩法，系统地训练了儿童的各种能力。

（2）第二种恩物是木制的球体、立方体和圆柱体，其高度和直径都是一寸半，后二者有穿孔，并附有木棒和细绳。球代表动，立方体代表静，圆柱体则动、静兼备。通过这种“恩物”，可以使儿童认识物体的各种形状、性质和彼此的关系，并且可以用它们拼成小桌子、小凳子、炉灶及其他物体。通过种种玩法和组合方法，来发展儿童的创造力想象力。

第一、二种恩物供3岁以前儿童游戏之用，其余各种恩物供3~7岁儿童使用。

（3）第三种至第六种恩物是对于木制立方体的几种变形以及不同程度的切割，让幼儿认识物体的各种形状、特点和理解整体和部分的关系。

二、“教具”和“恩物”两者的比较

理解了蒙氏“教具”和福禄贝尔“恩物”的定义，有助于我们更好地理解二者的内容。现将对“教具”和“恩物”从设计思路、材质上、颜色上、种类上以及应用上五个方面进行深入和细致的比较，并且通过举例和图片加以说明。

（一）二者设计理念的差别

1. “教具”产生于“恩物”之后

蒙台梭利在建立了独立的教育思想体系后，于19世纪创办了“儿童之家”，使其教育思想得到更明确具体的实践。此时世界上关于幼儿教育的思想也得到了发展，蒙氏认为幼儿需要一些必要的玩教具来配套使用以促进幼儿的发展。由此，蒙氏设计了“教具”

① 盛宝房．哲学思想基础下的“恩物”和蒙氏教具比较［J］．科教文汇，2012（35）：69.

来为她的思想体系提供具体的指导。

蒙氏的教育思想经过时代的发展与成长更加切合于幼儿的使用，针对对象更明确，更能够依据幼儿的年龄特点及发展能力来发挥玩具的价值，给幼儿的使用感也是更细腻更具体。因而蒙氏“教具”能够经过多年的发展仍旧活跃于当前各地的幼儿园中。

2. “恩物”设计之初的理念来源

“恩物”的产生源于福禄贝尔的游戏理念。福禄贝尔觉得，游戏是幼儿的天性，幼儿起初就是要玩游戏的，由于年龄小和各种生活能力欠缺，幼儿多在游戏中度过自己的童年。秉承福氏的游戏理念和自然理念，为了让幼儿更好地认识自然以及更好地发展自身的知识能力，在18世纪，福禄贝尔设计了“恩物”。“恩物”作为福氏游戏体系的主体，是为了能够与游戏配套且为了发展幼儿的创造能力和自我发展能力设计而成。

由于福禄贝尔作为最先提出“恩物”此想法的人，早期幼儿教育思想的不成熟和发展不完善，因而设计也有些不完善。“恩物”的种类等较少，并且主要是针对于幼儿的游戏及玩耍设计而成。

（二）材质上的比较

1. “教具”取材多样化

蒙氏“教具”取材丰富多样。不仅仅有诸如粉红塔及各种三角板、圆锥、图形板、三原色色卡、各种几何图形等木质结构材料，还有在锻炼幼儿日常生活技能如穿衣、脱衣、扣扣子等的时候所采用的布绒材料。此外，在进行触觉、知觉等锻炼时，多采用如磨砂纸、光滑纸等纸质材料。因而蒙氏“教具”取材多样，且生活中这些材料也便于利用。图1-5中显示了一部分蒙氏教具的例子，其中图（a）为衣饰和衣饰架，由布和架子构成，它们取材简单，目的为锻炼幼儿手指的灵活能力；图（b）为平方珠链，由10串珠链，55个珠棒组成，取材于生活中的珠子和绳子，用于幼儿平方的计算；图（c）是立方珠链及柜架，为一个框架，由55串珠链组成，用于理解平方的概念和学习乘法的预习。①

2. “恩物”以木质材料为主

在六种“恩物”中除了第一种“恩物”是毛线球之外，其余五种“恩物”都是木质结构，由木头制成，分为多种木制立方体。“恩物”的创制材料体现了福禄贝尔崇尚自然的东西和自由主义的教育思想，因而对恩物的创制是用体现大自然的木头来表现的。图1-6显示了福禄贝尔的部分“恩物”，其中图（a）由一个木制盒子和8块正方体组成；图（b）是一个木框架和三个垂挂的木制品。

（三）颜色上的区别

1. “教具”颜色上的丰富和统一

在颜色上，“教具”色彩较为丰富且整体统一和相对集中。由于幼儿对色彩较为敏感，尤其对于粉色、蓝色、绿色的色彩更为关注，因而在幼儿的玩具中多为这几种基础的颜色，并且一套“教具”的颜色尽量是一致的，能够让幼儿充分明白和发现这是同一套

---

① 源于蒙台梭利教具185件，国际认证蒙台梭利教具。

（a）　　（b）　　（c）

图 1-5　蒙氏“教具”示例

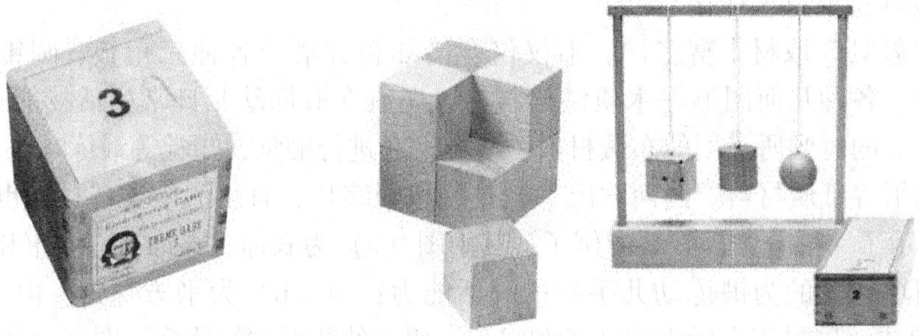

（a）　　（b）

图 1-6　福禄贝尔的“恩物”示例

的教具。就像“教具”中的粉红塔是颜色一致的立方体，棕色梯是一整套颜色一致的长方体。颜色丰富而又有规律的一整套“教具”，既可以满足幼儿对于色彩的兴趣又不至于让幼儿产生混乱。“教具”颜色都较为鲜艳和亮丽，并且都较为集中，以此来增加幼儿在游戏中操作此类玩教具的兴趣，进而加强幼儿的专注力、创新力并获得一定的知识。蒙台梭利认为，呈现给儿童的色彩是有规律的。图 1-7 中，图（a）为“教具”中的粉红塔，由一块块的粉红色立方体搭建而成；图（b）是棕色梯，即全部为棕色的长方体拼建成梯子的模样。

2.“恩物”颜色上的自然性

福禄贝尔的“恩物”大部分为木质结构，除第一种恩物为六种色彩的绒球之外，第二种到第六种恩物都严格遵循着福禄贝尔天然材料、崇尚自然的思想而保持着原木的色彩。研究者选取了几种“恩物”，从图 1-8“恩物”示例中可以看到，除图（a）的绒球为 6 种色彩外，其他图（b）~图（d）三幅图的立方体的颜色都是原木色彩，以此来维

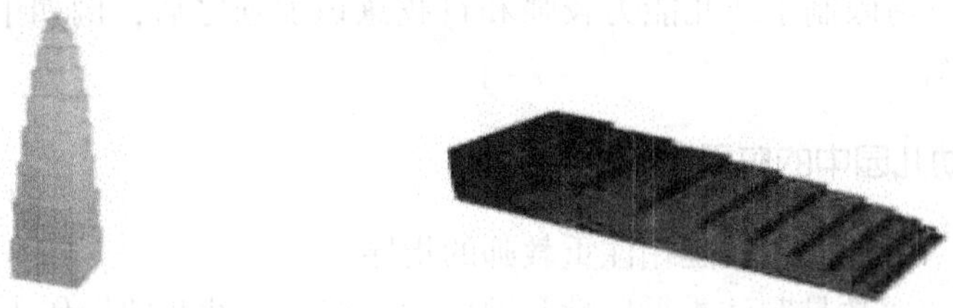

（a）　　（b）

图 1-7　“教具”中的粉红塔（a）和棕色梯（b）

持自然思想。

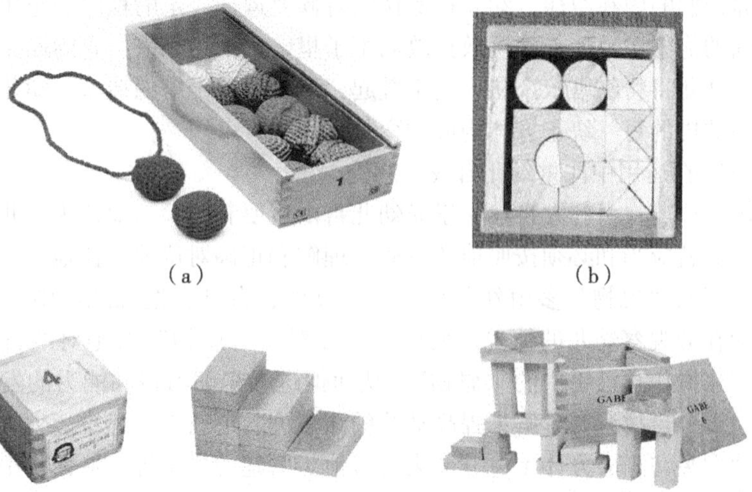

（a）　（b）　（c）　（d）

图 1-8　福禄贝尔的“恩物”合集

（四）种类上的不同

1. “教具”的种类

“教具”种类繁多，有各种薄板、砂纸卡片、木板、金属插片、图画书和画笔等，内容丰富且多样。蒙台梭利重视幼儿对于日常生活的学习和知识的获得，幼儿通过观察、触摸和玩耍能够加强对日常用品的认识，而且由于日常用品在生活中随处可见，也有利于幼儿随时处于学习当中和潜移默化中加强学习的兴趣。处于小班的幼儿更容易对“教具”充满兴趣。

2. “恩物”的种类

“恩物”的数量少且内容简单，仅仅有六种恩物，分别由绒球和木质品组成。家庭中较少拥有着恩物这些东西，除绒球外，因而幼儿对恩物的玩耍较局限于在幼儿园习得，对恩物的理解和学习限制于幼儿能力较强和自我意识加强之后，例如中班更容易理解“恩物”的实际内容。

（五）在幼儿园中的应用比较

1. “教具”在幼儿园的运用注重教师的指导

蒙台梭利的“教具”注重循序性和顺序性。在教给幼儿的操作中，强调步骤和程序，并且老师会以规范的操作对幼儿进行逐一指导，让幼儿通过触摸和观察来亲自感受“教具”的独特魅力。蒙台梭利对每个“教具”的操作流程都作了详细的讲解。“教具”设计的目的就是为了提供给一个人操作，以此为主要的考虑方向。让幼儿独自一人操作而幼儿教师在旁指导幼儿如何操作。每项“教具”的单独和联合使用，都有相应的步骤和顺序。在使用方法上，也是从简单到复杂。这样设计的主要目的是为了让幼儿了解步骤，重视秩序，同时培养他们的内在纪律。幼儿在操作的时候要遵循一定的秩序和纪律，如手拿玩具的动作和正确的跪姿以及如何将玩教具放回柜子里。例如粉红塔，它的操作是在教师的示范和引导下，幼儿将粉红塔依次从大到小叠起，形成类似于塔的造型，幼儿通过观察、触摸来感知堆高的塔的每一块正方体构成的变化过程。①

2. “恩物”在运用中注重幼儿自我的感受

福禄贝尔向往着自由和大自然，崇尚幼儿自由玩耍和体验。他认为，儿童从刚刚出生到世界上，人们就应当和必须按照他的本质去理解和正确对待他，让他自由地、全面地运用他的能力。因而“恩物”多由幼儿自己自由操作，自己去挖掘恩物中的可操作性和变化性，而教师在旁观察幼儿的情况。所以，幼儿对于“恩物”有绝对的自由支配，任由自己心中所想来操作自己手中的“恩物”，从而促进知识的习得和能力的发展。通过对立方体的旋转、拆分、拼合与分解来提高幼儿的注意力、创新力、思维能力。当幼儿玩立方体的时候，他会关注于立方体本身并会去思考他想搭建的样子等，从而从中得到注意力和思维能力的提升。通过对“恩物”的反复操作，幼儿逐渐理解整体和部分的关系。在操作过程中，幼儿和同伴分享自己的想法，在愉快的游戏中得到知识和获得语言的发展。图1-9显示了“恩物”中的一个立方体的拆分。

三、“教具”和“恩物”比较后的启示

（一）对儿童玩具设计的启示

对于儿童玩具的设计，从前文对二者的材料进行比较的过程中，我们可以知道，“教具”和“恩物”都取材于生活中的物品和材料。例如，“教具”为纽扣、布料、绳子之类；“恩物”多为木制品，都是生活中常见且环保的产品，避免浪费。采用木制品避免了原材料的污染（即环保）和塑料玩具的危害，且安全无异味，即使幼儿张嘴去咬也是安

① 王玥．蒙台梭利教具“粉红塔”在学前教育中的应用探究［J］．中国科教创新导刊，2014（15）：130-131.

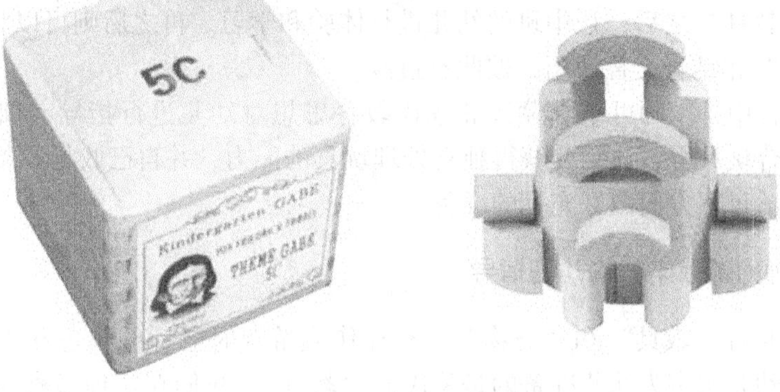

图 1-9　“恩物”中的立方体的拆分

全的。因而研究者得出结论：玩具的取材应该努力做到环保且可回收利用。由于幼儿体质较弱抵抗力较低容易感染外部的细菌等，玩具的材质应是环保无害的，即使入嘴也能够保证不会造中毒之类的。并且由于幼儿期较短，当幼儿长大之后玩具就会占据家里的空间而不得不扔掉，因而可回收利用就能够保证玩具不会造成污染和浪费。

从图 1-6 和图 1-9 可以发现，蒙氏教具和福氏恩物中，立方体盒子的边缘是圆润而流畅的。因此，这提醒我们在儿童玩具的设计中要注意玩具的安全性，以不刮伤幼儿为前提。由于幼儿年纪过小缺乏自我保护能力和对身边物品的危险警惕意识，在制作玩具时应注意玩具的边角不要过于锋利，要圆润。福禄贝尔的立方体的恩物中很好地体现了这一点。

对于木制品的“恩物”，它是不容易摔坏和损毁的，由于木头的坚韧性和可摔性，就算在幼儿玩玩具过程中掉到地上也不会因破坏了玩具的完整性而导致玩具不能继续玩，塑料玩具则易摔破。因此，在制作玩具时应该注意材料的组成，避免玩具使用的一次性。

从文中针对“教具”和“恩物”的色彩比较的研究中发现，玩教具的颜色多是鲜艳的且色彩充足的，如此容易吸引幼儿的注意力。因而，对于玩具的设计应注意色彩方面的和谐和鲜明，符合儿童的色彩认知心理，增强对幼儿的吸引力。

（二）在幼儿园应用中的启示

经过五个方面的比较，研究者得出结论：“教具”对于幼儿感官能力的训练和对幼儿基础生活能力的培养和发展是更具有优势的，因而针对幼儿感官训练及生活能力的培养，“教具”可以在我国幼儿园的小班进行推广使用，如此有助于我国小班幼儿的自我能力提高及认知的成长与发展，而“恩物”的自由操作性可以满足中大班幼儿的认知及知识的发展。

蒙台梭利和福禄贝尔都认为，在儿童发展的早期阶段，儿童最应该发展的是感官训练。但是，与“恩物”相比较，“教具”中设计的感官训练比“恩物”更为详细和直接，“恩物”中虽有训练感官的部分，但是却并未直接运用于感觉辨别能力的训练。例如，

“教具”中的感官训练中的串珠链、玩毛线等活动多为锻炼小班幼儿的手指灵活操作能力，而“恩物”更丰富多彩，更需要幼儿的动手操作和专注想象及创新。因而“恩物”更适合用于“教具”之后，让中班的幼儿进行体验和学习。再之后则可以将蒙氏“教具”和福氏“恩物”相结合交替使用，彼此有过渡。

在操作过程中，教师可结合蒙氏和福氏教育思想对幼儿进行指导，训练幼儿自己摆放、操作、整合玩具等，让幼儿获得独立处理玩具的能力，并自己收拾和整理玩具，如此也为以后的生活自理方面做好充足的准备。

（三）教师对游戏中的幼儿的指导

我们在幼儿对“教具”和“恩物”进行操作或游戏时老师的角色和指导进行比较后认为，如今的幼儿园多为幼儿准备的是蒙氏的“教具”。我们在实地考察后发现，幼儿在玩玩具时教师缺乏对幼儿的关注，只是任由幼儿自我操作没有任何指点。依据蒙台梭利和福禄贝尔的教育思想及其二者对各自的玩具提出的指导意见，教师在其中是承担着重要的角色的。在幼儿操作蒙氏“教具”时，老师要教导他们如何正确的取和放教玩具以及如何正确的操作玩教具，教师应发挥一个引导者的角色，引导幼儿以正确的步骤去进行玩教具的使用和玩耍，以达到蒙氏教育思想的目的。

从前文中的比较可发现，蒙氏教育中教师在幼儿操作教具时提供的辅助，能够更有利于幼儿了解知识和内容。在幼儿自行理解、自行操作教具的基础上综合老师的讲解使幼儿能够及早的形成循序性和秩序性以及规范性。

第五节 中日儿童绘本的比较研究
——以丰子恺儿童图画书奖和日本绘本大奖获奖作品为例

绘本，一种以图为主，文字为辅的读物，也正因为如此，使得幼儿更易于理解和接受，不管是封面还是扉页，还是环衬，都隐藏着“神秘”，精美的图画、贴近幼儿生活的故事情节、幽默诙谐的语言等都符合幼儿的生理、心理特点，在阅读绘本的过程中易引起幼儿情感的共鸣，在其中发现真善美，学会各种道理，养成生活中的好习惯。绘本阅读在近些年来受到全国幼教工作者的重视。《3—6岁儿童学习与发展指南》中也明确把阅读与书写准备列入其中，列出了“喜欢听故事，看图书”① 的目标要求。然而在社会环境以及整体国情的导向之下，国内的绘本发行仍主要是以引进国外优秀绘本为主，皆属于舶来品，中国儿童绘本缺乏原创性，原创绘本的发展落后于外国。

21世纪以来，我国儿童绘本在国内有了较快的发展。如余丽琼的《团圆》、周翔的《一园青菜成了精》、熊亮的《京剧猫》等作品都深受孩子们的喜爱，也受到各界人士的认可。但相比于其他国家，我国的绘本发展滞后，绘本创作的经验略少，以至于我国的儿童绘本的质量和数量都远不及其他国家。学习国外优秀绘本文化的精华来填补不足之处，是中国儿童绘本发展的必要途径。

---

① 《3—6岁儿童学习与发展指南》[M]. 北京：首都师范大学出版社，2012：22-24.

本节研究将中日儿童绘本以两国各具代表性的绘本奖项获奖作品为例，通过文献研究、比较研究，对两国优秀绘本进行各方面比较，从而得到中日儿童绘本的异同点。对于日本绘本的创作做到取其精华，去其糟粕。总结中国儿童绘本的优点与不足之处，形成对中日儿童绘本异同的初步认识，提出中国原创儿童绘本的建议。本研究有利于了解中日儿童优秀绘本各自的创作特色和发展趋向，有利于丰富我国儿童绘本的相关研究理论，有利于提高中国原创儿童绘本的数量和质量，从而为中国原创绘本推广提供建议。

一、相关概念界定

（一）绘本

“绘本”，在我国称为“图画书”，英文名为“picture book”。“绘本”一词最早来源于日本，经台湾流传到中国大陆，迅速在亚洲以及全世界推广、使用。佩瑞·诺曼德认为“绘本，就是一种专门为儿童设计的书籍，它们通过一系列的插图结合了少的文字或根本就没有文字来传递信息或讲述故事。绘本不同于其他任何一种文学艺术或视觉艺术，绘本中的插图和文字的关系不同于其他情况。”① 郝广才则认为“绘本”是一本书，有一组图画，表达故事并说明主题，是“画出来的书”。② 诚然，绘本即运用图画和文字共同叙述某一故事情节，表现一定主题内容的读物。

简单来说，绘本与图画书属于从属关系，绘本可以说是图画书类别中的图画故事书。一般情况下，绘本跟图画故事书相差无几，两者甚至可以通用。但是图画书的广度更大，它分有很多类别，如图画故事书、带插画的书、字母书、玩具书等等。绘本即为其中的一种特殊形式的图画书，其以图画为主，与文字融合，巧妙结合，由图画来说故事。有些绘本甚至只有图画，而其他种类的图画书虽然也含有图画和文字，但是图画与文字间的关系与绘本相反，是用图画来解释文字的内容。

（二）中国“丰子恺儿童图画书”奖

丰子恺儿童图画书奖，每两年评选一次。于 2009 年 8 月在香港成功举办，旨在推广优秀的华文原创儿童图画书，促进大众重视优质图画书及儿童阅读的重要性，及表扬为儿童图画书做出贡献的作者、插画家和出版商，是第一个国际级的华文儿童图书奖。该奖项由大力推广儿童阅读与亲子共读的陈一心家族基金会发起，在丰一吟女士的允许并大力支持下，以著名艺术家丰子恺先生之名命名。该奖项设立至今共有 8 年的历史，获奖绘本主题涉及科学、哲学、风俗、情感等多方面的内容（图 1-10）。

（三）日本绘本奖

日本绘本奖由日本全国学校图书馆协会与每日新闻社发起，始于 1995 年，每年评选

---

① Perry Nodelman. Words about Picture—The Narrative Art of Children′s Picture Books. London: University of Georgia Press, 1990: 1-20.

② 郝广才. 好绘本如何好 [M]. 南昌: 21 世纪出版社, 2009: 1-25.

图 1-10　丰子恺儿童图画书奖部分获奖作品示例

一次。“日本绘本大奖”、“日本绘本奖”、“日本绘本奖翻译绘本奖”共同组成日本绘本奖的奖项。该奖项旨在普及绘本艺术，振兴绘本的阅读，并促进日本绘本出版事业的发展(图 1-11)。

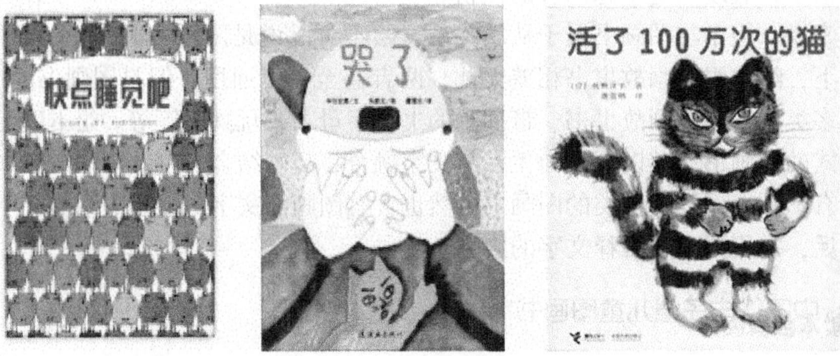

图 1-11　日本绘本大奖部分获奖作品示例

二、中日儿童绘本的比较

一本儿童绘本的发行，凝结着作者、插画师、出版商等多方的心血。在此基础上对中日儿童绘本进行比较，考虑儿童本身、绘本本身等重要因素，分析其是否符合儿童的身心发展规律，绘本内容是否合理、有价值，绘本的编排设计、图文关系、文化内涵等。因而，这里将以中国丰子恺儿童图画书奖和日本绘本大奖获奖作品为例，从内容选择、编排设计、文化内涵、儿童认知发展规律等角度，进行全面、系统的比较分析，由此得出两国绘本的异同点。

(一）中日绘本皆具本国特色，凸显文化价值

比较中日获奖儿童绘本，皆能够较好地呈现本国的文化内涵。绘本融合具有民族特色的元素，让幼儿感受时代精神，凸显文化价值性。现如今在我国，传统元素的运用渗透到各个方面，掀起了一股民族风的新潮流，民族元素在绘本中也是运用颇多。如中国丰子恺儿童图画书奖获奖儿童绘本《团圆》(图1-12 、图1-13 、图1-14)，融合了春节这一中国传统节日。从场景的布置看，有春节的传统习俗——挂红灯笼、贴春联、包汤圆等。这些场景让人感受到暖暖温情，体现出中国所特有的民俗，浓浓的中国味。《门》，别具匠心地选用当代城市日常情景中的一个微小片段，折射出“不给陌生人开门”的自我保护原则。《门》以儿童的视角，转变成了一场人与人之间暖心又特别的日常交流，构造了一个人与人和谐相处的氛围，折射出天真的善意，让人在无奈之余感慨沉思。《门》符合现代倡导的以人为本、和谐相处的时代精神。

图 1-12

图 1-13

图 1-14

而在日本绘本大奖获奖作品《亲亲小桃子》中《小桃子吃饭团》里，包含了饭团这一日本传统美食，也就是常说的寿司的另一种形式，呈现的是日本的家庭氛围。《狐狸的神仙》则以一个平常的生活情境开始叙述，一根被偶然遗落的跳绳指引着小姐弟发现一条过去没有注意过的小径，认识了十只爱玩爱笑的小狐狸，一起欢乐地玩起跳绳的游戏，想象与现实在儿童的心中顺其自然地交汇，和谐地传递温暖的爱意，是儿童对小动物的爱意，也是人类对儿童的爱意，体现出日本大和民族对神的尊敬，同时为集体牺牲自我的集体本位主义精神。

(二）中国绘本注重知识的传授，日本绘本注重主动学习

中国的绘本注重知识的传授，而日本绘本注重主动学习。中国儿童绘本中所体现的更多是儿童能够通过绘本学到什么，传递科学文化知识，在意的是儿童是否能够准确、正确地掌握科学文化知识。而日本绘本则是更多体现满足幼儿的探究欲望，体验发现的乐趣，让幼儿在读绘本的过程主动学习，潜移默化地发展各方面的能力。

例如，中国丰子恺儿童图画书奖获奖作品《我看见一只鸟》，具体详细地叙述了鸟的

形态、品种，意在介绍各种鸟的相关知识；《下雨了》则是叙述了雨水跟动物生存的关系，类似填鸭式地灌输了基础的科学知识；《池上池下》则是加以蜻蜓不同成长期的观察笔记以及物种解说，让儿童直观地获取这方面的知识，为以后的学习做准备。

而日本绘本大奖获奖作品《我们的地图旅行》以两个小学生的一段地图旅行，找寻灯塔为主要故事情节，两个人不同的心态，迷路等危机的化解，引起幼儿的探索欲望，培养幼儿的探险精神，内容充实引人注目，但未刻意传授知识；《鲷鱼妈妈逛商场》通过描写对什么都充满好奇的鲷鱼妈妈逛商场的经历，贴近幼儿生活，培养了孩子的好奇心，体验发现的乐趣，引发幼儿观察身边事物的兴趣。

（三）中国绘本内容偏重传统化，日本绘本内容传统与现代结合

通过中日绘本内容比较可知，中国儿童绘本选材多涉及中国传统文化类题材，有京戏、传统故事、民间童谣等，主题则多为让幼儿初步了解中国传统文化；日本儿童绘本选材多涉及现实生活的场景，主题较广，传统与现实结合，以发展幼儿的各方面能力，如审美、习惯养成、心理发展等。见表1-2。

表1-2　　**中日儿童绘本获奖作品内容比较表**

中国			日本		
标题	选材	主题	标题	选材	主题
门	选取日常生活的一个片段	人与人之间的互助	鲷鱼妈妈逛商场	选取常见生活事例	发展观察能力
进城	选取“父子骑驴”的故事	传承中华传统故事	圆白菜小弟	人物历险经历	“无意识”的作品，游戏化 审美意识
迷戏	京戏文化，散文改编	传承中国传统文化	狐狸的神仙	选取幼儿游戏场景	人与动物和谐相处
下雨了	自然景观	雨水与动物的生存关系	哭了	选取日常常见事件	思考哭泣的原因
一园青菜成了精	选取北方童谣	学习中国童谣、辨认各种蔬菜	亲亲小桃子	选取日常生活的小事	生活习惯的培养
阿里爱动物	自然景观	辨认动物	活了100万次的猫	原创童话	珍爱生命，关注挚爱

日本绘本文化的发展较早，在积极向西方学习的历程中，也将汲取的知识精华进行再建构，创造出有自我风格的文化与艺术体系，而绘本就是其中重要的一项。作为“绘本”一词发源国，日本绘本产业克服自身绘本题材不足的劣势，借助全球一体化发展平台，开始“采集”外来文化作为绘本题材进行改造、创新。“他们追求现代和传统并存，丰富中

不失简约、语言凝练且细腻、绚丽又不失质朴、平实中凸显个性和自我特色"①，而我国，因为对现代绘本的创作仅停留在原创的初级阶段，所以我们现在大多数作品的创作风格尚未完全定型，还处于摸索状态。已经推出的成型的作品大部分都以弘扬传统文化的本土艺术风格为主，而且这些作品好像都在刻意地打造一种"中国风格"②。

（四）中国绘本重内容轻编排，日本绘本内容与编排并重

中国绘本重内容轻编排，日本绘本则内容与编排并重。通过比较发现，中国儿童绘本多以文字为主，图画辅之的方式，内容选择带有较明显的教育目的，过多的内容却没有结合较好的编排设计。例如，造型不够生动活泼，封面封底无法相互呼应，更难抓住孩子的心，满足幼儿的内心需求。而日本儿童绘本设计编排新颖完整，图文相互融合，造型生动活泼，色彩鲜艳明丽，这也是日本系列的绘本都能够热销的主要原因。例如，《亲亲小桃子》、《圆白菜小弟》系列绘本，清晰明快的色彩搭配，有趣的文字表达，受到大众热烈追捧。

所选取的中日儿童绘本封面与封底都符合主题，具有美感，但是中国绘本封面与封底没有呼应，画面的神韵到位却没有特殊关联。例如中国丰子恺儿童图画书奖获奖作品《我看见一只鸟》，封面跟封底都有一只鸟，封面上是站在树干上的五色鸟，而封底是女孩找到的她所看到的鸟——有着长长尾巴、红红嘴巴的鸟，以水彩画的形式，细腻的画面，轻快的颜色。封面与封底的鸟皆是静止的，属不同种类的鸟。内容为各种鸟的介绍，让人感觉这是野鸟的百科解释。而日本绘本能够相互呼应，引发儿童的思考，激发继续阅读的兴趣。例如日本绘本大奖获奖作品《狐狸的神仙》，封面是小姐弟俩与一群小狐狸，封底是一只小狐狸和那根跳绳。封面与封底以绿色为主，看到画面你就应该会好奇，小姐弟俩遇到小狐狸们会发生什么呢？认真看，你会发现小男孩是有些害怕地躲在了姐姐的身后，把封面跟封底联系起来，你会想知道为什么最后剩下一只小狐狸跟跳绳了呢，画面具有故事连接性。

在图文关系方面，中国儿童绘本多以诗意的文字风格出现，绘本具有文学美，多以文字为主，加以图画辅之，图画表达文字内容，展现故事情节，图画跟文字能够共同叙述故事主题，但稍有穿插。例如《池上池下》则具有散文的美感，文中写道，"捎带着一丝凉意的夜晚，当野鸟不再吵闹鸣叫，大地逐渐进入梦乡，终龄水蛭慢慢爬离水面"③，散文化的写法，渲染安静气氛。再如《团圆》中："这天夜里，爆竹'噼噼啪啪'地响个不停。我依偎在爸爸妈妈中间睡着了，迷迷糊糊地，我听见爸爸妈妈在轻轻地说着话，他们说啊说啊……"④ 用文字来解释说明图画的内容；而日本儿童绘本则常用贴近生活化的文字风格，以图为主，文字辅之，能够较好的利用图画跟文字的特殊作用进行分别叙述，图画跟文字成互生关系。如《哭了》每一页都只有寥寥几个字，但依然表达出了整个绘本

① 朱琳琳．4—6岁儿童图画书分级创作研究［D］．北京：北京服装学院，2015：1-12.
② 王慧宁．中日现代绘本艺术比较研究［D］．苏州：苏州大学硕士学位论文，2009：1-63.
③ 邱承宗．池上池下［M］．台北：天下杂志童书出版社，2008.
④ 余丽琼．团圆［M］．济南：明天出版社，2008.

的大意。《亲亲小桃子》中写道："大泥巴，揉啊揉，揉啊揉，大泥巴"，图画则是小桃子跟小伙伴一起玩泥巴的场景，文字跟图画分别叙说又共同表现同一个主题。

三、启示与建议

对比中日儿童获奖绘本，知道中日双方的差异，也同时反映出中国儿童绘本自身存在许多不足。因此，应该汲取国外优秀绘本的精华，以此来提升中国原创绘本的品质，发展本国的绘本文化。

（一）融合传统与现代元素进行绘本创作

幼儿是中国传统文化的传承人，让其更清楚地了解中华文化的传统元素，体会深刻的文化价值与内涵，是每个绘本创造者应该考虑的问题。

综合儿童绘本的内容选材、编排设计等方面，也可以发现中国儿童绘本较多地运用中国传统艺术元素，具有"中国味"。如《团圆》中，选取春节这个传统节日为故事背景；《一园青菜成了精》中选取北方童谣；《进城》则是运用中国传统的木刻和剪纸艺术，期待通过绘本阅读让幼儿初步了解中国传统元素。

但是，"互联网 + 绘本"让小小的绘本广为人知，也让小小的绘本有了更宽广的展示平台，给绘本的发行与推广带来了新的机会。① 新的传播形式不仅拓宽了儿童阅读渠道以及对儿童的阅读水平产生影响，同时也对孩子价值观的塑造、丰富思维方式等产生影响。使用传统文化元素来创作儿童绘本，就要把创新性贯穿始终，做到敢于创新、别出心裁，② 融合传统元素与儿童喜爱的元素进行绘本创作，使之更加贴近儿童的现实生活，适应当代的文化语境要求，走具有"中国特色"的绘本创作的道路。

（二）根据儿童自身需求进行绘本创作

《3—6 岁儿童学习与发展指南》明确指出，3—6 岁幼儿在发展过程中各有鲜明的特点。创作者应该在了解各年龄阶段身心发展特点、学习特点以及应达到的目标基础上，有针对性地创作出真正适合每一个年龄段幼儿的绘本作品。

考虑到幼儿的阅读偏好，符合幼儿的心理发展特点，这才算是做幼儿喜欢的绘本。中国的原创绘本越来越多地受到成人的关注，被过多地注入成人的思想、元素。如《荷花镇的早市》，周翔用他的图画重绘了旧时代江南水乡的民风民情，图画完全做到了叙事信息的表现。整个绘本从阳阳的角度出发，但并不是儿童视角，没有文字叙述，整篇皆为图画，能够让体验过那段岁月的人们产生共鸣，但是幼儿受发展规律所限，并不能真正读懂绘本故事内容。因此，仅能够表现创作者对自己旧时光的眷恋之情。③

绘本以幼儿作为主要阅读者，当以幼儿的需求作为第一要求来创作。中国儿童绘本注

---

① 金蓉．小绘本里的大世界——互联网+绘本的新机遇［J］．出版参考，2016（11）：52-54.

② 梁瑄．传统美术元素在儿童绘本中的应用研究［D］．石家庄：河北师范大学，2014：6-24.

③ 屈聪．重绘中华文化：新世纪以来的中国传统题材儿童图画书［D］．上海：上海师范大学，2014：1-35.

重知识的传递和巩固。“中国科学绘本将巩固科学知识放在首要位置，评奖标准关注插画的正确、清晰，知识的传达正确无误。这体现了中国社会对基础知识的追求”，① 幼儿从小就了解各种科学文化知识，有利于今后的科学文化发展。然而过分关注势必影响幼儿的创造性思维、观察事物的能力、解决问题的能力等各方面的发展。

因此，中国原创绘本未来的发展趋势，应该是根据儿童的自身需求进行绘本创作，尽力为儿童创作具有神秘色彩、易于儿童接受、受儿童喜欢的绘本，以此来保护幼儿的好奇心，引起积极探索的欲望、激发积极思维、丰富艺术审美经验、充实内心世界、构建正确的世界观和人生观。② 原创绘本创作者应该努力从幼儿心理发展特点出发，尽力创作出合乎儿童需要的优质绘本作品，以此激发幼儿的各项潜能的发展。

（三）重视绘本编排设计，提高绘本编排质量

中国原创绘本虽说在编排质量上有一定的进步性，但仍然稍逊于外国。就中日儿童绘本的比较来看，中国儿童绘本造型过于写实，缺少创新有趣的造型。例如，《我看见一只鸟》中勾画的是野鸟的形态，不够创造性，几乎等同于野鸟的画册；《池上池下》介绍的是蜻蜓的成长过程，插入的蜻蜓形象生动逼真，但是缺乏特色，且多以文字为主，图画为辅，图画跟文字无法分别发挥其独特的功能；《一园青菜成了精》先选取了这首童谣，再配以图，图画成为了文字的解说词一般；《团圆》也是语言叙述故事情节，没有做到图文巧妙融合，达到共鸣效果。

当然中国原创绘本也有其优势，就是其重视图画、语言的美感。例如，《池上池下》语言表达优美雅致；《阿里爱动物》则是改编韵语，具有韵律美；《迷戏》则是显示着淡淡清雅的水墨画，充满浓郁的江南气息，尽显美学价值。但是要明确的是，儿童绘本的受众是儿童，儿童绘本的设计就是要给绘本创造更多阅读和思考的可能性。③ 绘本的编排质量的好坏直接关系到幼儿有无阅读兴趣，一本优质绘本创作，不仅需要编撰出吸引儿童的故事与合乎儿童审美经验的精美插图，更关键的是调整好文字与插图两者之间的关系，④ 尽力做到图文融合，达到共鸣的效果。

优秀的绘本编排设计能够让幼儿运用多种器官参与阅读，激发儿童积极思维，培养幼儿的良好学习动机和阅读兴趣。松居直曾说过：“孩子们期待打开图画书的封面后，能看到另一个奇妙的世界，他们可以忘我地走进那个世界，进行快乐的体验和历险，最后合上书时又回到现实中。”⑤ 这就要求绘本能够做到“图画应生动有趣，留有余地并具启发性；语言表达应该轻快易读、生动有趣、简练规范；图文配合恰当，做到图文巧妙结合”。⑥

---

① 罗无双．中美儿童科学绘本比较研究［D］．哈尔滨：哈尔滨师范大学，2015：2-48.

② 王静静．熊亮原创绘本的“中国味”［D］．郑州：河南大学，2014：5-35.

③ 张霞．儿童绘本设计研究［D］．呼和浩特：内蒙古师范大学，2012：1-35.

④ 韦思哲．儿童绘本创作方法研究［D］．武汉：武汉理工大学，2014：3-25.

⑤ ［日］松居直．我的图画书论［M］．上海：上海人民美术出版社，2009：31.

⑥ 罗无双．中美儿童科学绘本的比较研究［D］．哈尔滨：哈尔滨师范大学，2015：2-48.

第六节　幼儿园教育“小学化”现象研究

幼小衔接是我国基础教育一直关注的热点问题。幼小衔接的工作直接影响着儿童入学和今后的健康成长。幼小衔接是幼儿园和小学两个阶段的事情，但是幼儿园小学化的倾向却很普遍，单向衔接的局面长期存在，这使得幼儿园开设小学化课程的弊端与危害成为近年来学前教育领域专家学者们一直严厉批评的话题之一。

幼儿园“小学化”是指在幼儿园的教育中没有按照幼儿阶段的身心发展规律进行教育，人为地拔高了幼儿教育的层次，将小学教育的模式（包括教育内容、教学方式、评价方式）运用到幼儿园教育中的一种教育现象。新中国成立以来，学术界对幼儿园教育“小学化”问题的探索和研究从未间断，我国政府对“小学化”的整治也从未止步。近几年，我国政府及相关部门下发了多个文件，针对幼儿园教育“小学化”现象明确指出：坚持在小学一年级开展“零起点”教学，禁止在幼儿园提前教授小学的教育内容。由此可见，防治幼儿园教育“小学化”现象势在必行。

一、幼儿园教育“小学化”倾向的表现

（一）在教学形式上，游戏时间被知识教学所取代

童年时期应该是幼儿在幼儿园和小伙伴们集体快乐游戏的时期，在游戏中快乐共处，在幼儿园生活中培养良好的行为习惯。游戏在幼儿教育中是不可或缺的重要环节，游戏应该成为幼儿园最主要的活动内容，而所谓的“学习”应该是在幼儿游戏过程中衍生的附属品。我国颁布实行的法律法规也明确要求，幼儿园的基础活动应该是游戏，而游戏所占的比率也是幼儿在园生活内容的大半部分，老师应该将游戏成分运用到各种活动中，让活动中处处有游戏。在幼儿园的教育教学活动中，教师只是引导幼儿而不应该是主导幼儿的各种活动，应该尊重幼儿的自主参与性，尊重每个幼儿的个性差异，促进幼儿不同方面的发展。但是，近些年来，部分幼儿园为了迎合家长的错误需求，而忽视幼儿身心发展规律和幼儿的年龄特征，在教学形式上采取了以课堂教学为主的方式。大多数幼儿园的教学课程、一日时间安排等都是参照小学的标准设置的。在幼儿园的课程里，拼音、识字、算术等成为了主要的课程内容，就连为数不多的音乐、舞蹈、手工、体能课的课程内容都不是以游戏为主，幼儿园留给孩子游戏的时间少之又少。孩子在“学习”的课堂上背着小手成为老师话语的执行者，游戏活动已不见踪影。

（二）在教育内容上，知识的数量和难度成为教师追求的目标

在幼儿时期孩子的思维不具有可逆性，事物的表象成为幼儿思维的首要选择，处于前运算阶段的思维还不具备接受超过其能力范围的知识。只有到了相应的阶段孩子才能接受与其相匹配的教育方式。因此，幼儿园的教学活动和小学时期的学习内容有比较大的差异。幼儿园教育教学活动要求教师发挥其启蒙性和引导性来帮助幼儿参与到教学活动中来。但是还是有很多幼儿园不顾幼儿现阶段可接受的范围，将高难度的知识灌输给现阶段

的幼儿，甚至还把学习教材替换成小学的教材，将“学习”当成幼儿在园的第一任务，将原本以游戏为主的理念换成以学习为主的内容。而行为习惯、生活常识、情感和社会性的内容却不受教师的青睐，文化知识内容成为教师的首选。

（三）在制度常规上，用上学制度来规范孩子行为

孩子快乐长大的前提必须是要尊重孩子生理和心理发展的规律来科学合理地安排一日生活。幼儿在园的一日内容主要包括生活活动、游戏、学习和运动等方面。这些活动的时间必须要合理地安排好，要保证充足的幼儿游戏时间和生活时间。但是现在许多幼儿园的日常生活管理都向小学制度看齐。幼儿园制定统一的时间作息表，这样的一日活动基本上和小学的没有什么差别。幼儿园还制定行为准则要求幼儿根据准则来规范行为举动，严重抹杀掉幼儿自然好动的天性。经常可以听到大人对小孩说“要听话”，在幼儿园里教师要求幼儿的绝对服从，过分地遵守所谓的“规矩”，孩子俨然成为老师口中的“好孩子”。

（四）在教学管理上，幼儿园课程超载，幼儿被迫进行早期的专业特长开发

在学习的课程上存在课程超载现象，如拼音、识字、算术等课程大量占据活动内容，课程的超载现象严重，而且在许多办园规模较大的幼儿园开设一些课外的特色课。幼儿园的一日学习活动对于幼儿来说已是不堪重负，离园后，父母还要求幼儿去各类兴趣班。而且这些兴趣班的学习课程又超过幼儿该阶段能接受的水平，耗费许多的课后时间去训练，结果必然是差强人意的。这一现象越演越烈，其中主要原因是父母之间虚荣攀比和部分幼儿园追求效益造成的。

二、幼儿园教育“小学化”现象的危害

（一）影响幼儿身心的健康发展

儿童时期的生理器官和生理功能还未发育完全，这个时期正是身体发育的关键时期。如果幼儿园不遵循幼儿身心发展的规律，而根据小学的作息时间来安排幼儿的教育教学活动，诸如在幼儿园过多地让幼儿握笔写字、过早地进行规范性的学习等，都将不利于幼儿骨骼和肌肉的发育，会导致孩子形成不当的姿态和形体，危害孩子身体的正常成长。在学前阶段，儿童的神经系统也很脆弱，大脑还没发育完善，如果让幼儿坐在教室里几个小时，让他们过度专注某个事物，会导致他们的大脑过度劳累，会给孩子的神经系统带来很大的危害。因此，幼儿园教育要坚持保教结合原则，并且保育优先，要全面保证幼儿生理和心理方面良好的成长。

（二）挫伤幼儿的学习兴趣

孩子需要在幼儿园学习知识固然没有错，但是学习知识并不是主要的。在幼儿园期间，让幼儿形成良好的行为习惯才是最为重要的。此阶段是培养幼儿学习兴趣的基础时期，幼儿阶段获得的学习兴趣和良好学习习惯能够为将来他主动学习知识打下基础。塑造幼儿良好的品质比学习知识更为重要，让幼儿积极向上地快乐发展。在园游戏所占的比率

是幼儿在园生活内容的大半部分，老师应该将游戏成分运用到各种活动中，让活动中处处有游戏。而在现实生活中，老师却不遵循孩子的年龄特点，把传授知识看做中心任务，幼儿在幼儿园失去了欢乐游戏的机会，学习成为了他们在园生活的主要基调，这将会使得幼儿承受太大压力而对学习产生抵触情绪。幼儿会认为学习就是伴随着痛苦，这样会使他们对学习产生厌恶的心理。幼儿还没有进入真正学习阶段就产生厌学的情绪，这是极为悲哀的一件事。

（三）制约了幼儿教师的专业化成长

幼儿教育的良性发展离不开整体老师的共同努力，老师的专业化成长是教师整体素质提高的关键。幼儿园教师主要的人生价值就体现在幼儿园的教书育人过程中。因此，幼儿园有义务对老师进行专业培训，提高老师的整体素质，培养一批高素质的教育传播者。但在实际教学中，由于老师个人专业素养不足，往往导致其教学方式的不合理。老师在教育教学活动中只关注幼儿学到多少内容，不关注孩子学习的积极性调动，导致幼儿的学习非常被动，学习的兴趣不高，教师和幼儿共同成长目标就很难实现。有些农村幼儿园仅仅把教师当成是传统意义上保姆使用，缺乏教师的专业培训，使得幼儿园教师整体的专业化水平低下。同时，由于部分幼儿教师自身文化基础知识不牢，教育观念落后，容易导致教师在幼儿教育方面形成误区，导致幼儿教师在教育教学中心理压力与日俱增，容易形成职业倦怠，缺少职业成功感，也难以树立终身从事幼教事业的观念。

（四）影响幼儿教育行业的发展

家长不合理的教育期待，幼儿园追求知识教学目标 ，使得幼儿园“小学化”现象日益普遍。当这种错误的“拔苗助长”现象成为社会潮流时，家长不顾一切地选择更加优质的教育，幼儿园极力创造优质的教育，不顾一切地传授大量小学阶段的学习内容给幼儿。开设各色各样的特长班来吸引生源，给家长们施加了更多隐形的压力。因此，面对社会对幼儿教育的误解，面对家长们错误的需求，幼儿园要及时对社会喊停，要充分发挥幼儿园在幼儿教育中的主导地位，改变以往的被动局面。幼儿园作为培养幼儿成长的场所，拥有专业的幼儿教师专业的人员，教育眼光要放长远，要着眼于幼儿的未来。幼儿园应该认识到幼儿教育要从幼儿的生理、心理的特征出发，因材施教，不搞“一刀切”，针对幼儿的发展水平来促进幼儿身心健康发展。老师和家长都应该清醒地意识到“小学化”是一种不合理的观念，这将对孩子造成生理和心理上的双重危害，应该及时把它扼杀在摇篮里。

三、幼儿园教育小学化现象的成因

（一）“学历”盛行影响社会对人才的评判标准

在现代社会，学历越来越成为社会衡量一个人的硬性标准。人们越来越重视学历，各个单位对求职人员的学历也日渐重视，学历开始逐渐成为引导人们学习行为的指挥棒。“学历主义”日益盛行，人们盲目追求高学历已经成为社会常态，社会也越来越把学历当做衡量一个人能力的标尺，学历成为社会对人才的评判标准。在现代社会，最火热的公务员考试和事业单位选拔人才的时候学历也成为重要的选择标准，很多适合自己专业的岗位只因学历的限制而无奈另选他职。从种种现象来看，学历虽然不是衡量一个人的唯一标准，但是如果一个人没有学历，在社会人才竞争中必然会处于劣势地位。学历的高低直接影响到一个人的职位高低和社会地位的高低。想要在激烈的竞争中取胜，学历将会成为你最有力的武器。在提高个人素质的同时，这无疑是最简单的方便的捷径。很多人为了今后更好的生活，便全力以赴地追求高学历，早早地做好“学历储备”。严酷的学历的竞争已提前至幼儿园。幼儿园将成为大人们心中的人生的起跑线，从幼儿园时期就开始为“学历储备”做准备，这从某些方面也是为“小学化”埋下伏笔。

（二）幼儿园在生存竞争中形成错误的办学导向

近年来，幼儿园的办园形式也逐渐多种多样，公立幼儿园、私立幼儿园等各种形式并存，百花齐放百家争鸣，不同家庭根据自身条件来挑选适合的幼儿园。很多私立幼儿园主要以盈利为目的，产生幼儿园基础设施不足、场地狭小、师资力量不优等一系列问题，导致门槛低，并且没有能力开展正常的教育内容，只能实施小学的教育内容。许多家长青睐这类幼儿园导致办园条件较好的幼儿园生源的减少，于是乎，办园条件较好的幼儿园为了自身的生存，不得已来迎合家长错误的观念，也开设一系列“小学化”课程，形成一个恶性循环，使得“小学化”现象蔓延开来。

（三）家长“望子成龙”的教育期待

幼儿教育任务决定了孩子父母在幼儿园价值取向方面具有较大影响力，而家长带有功利倾向的教育期待使得他们对子女的要求也更加严苛。而家长也有一定的盲目性，在思想上认为幼儿学的越多对幼儿本身也就越好，认为幼儿园就应该让孩子学习拼音、算术，甚至是对幼儿特长的训练，认为“好的幼儿园”就应该教授知识给孩子，只有在幼儿园学好知识才能为升入小学做准备。幼儿园为了盈利只能靠盲目地去迎合家长们的这些错误观念来吸引生源，大力开展各种“学习性”的教学活动。家长为了让孩子后天拥有某项特长，也不考虑幼儿自身的兴趣爱好，将自身的考虑作为孩子报班的首选，希望孩子通过在兴趣班的学习来达到更高程度的水平。家长的这些功利理念往往也会加深“小学化”的程度。

（四）应试教育的负面影响

在当代，我国基础教育升学的标准还是以考试成绩为主的，特别是以知识评价为主的高考制度的存在，使得我国教育改革困难重重，新的教育理念也难以实施。这也同样影响了幼儿教育改革与发展。虽然我国教育部门有相关规定小学不能实行入学考试，但是还是有一些小学为了获得更好的生源而实行入学考，根据考试成绩进行分班。幼儿园为了提高升学率提高知名度也不由分说地和小学课程接轨。在应试教育的影响下，幼稚园也逐渐成为“小学赛道”的起跑阶段。于是，应试教育成为幼儿园教育“小学化”的根本原因。

（五）幼儿教师师资力量不足且整体素质水平偏低

我国幼儿教师工资待遇差、流动性强，师资力量不足等问题一直存在，培训工作也一直重视不够，使得幼师的专业素质受到一定影响。许多未达到专业标准的人士也成为幼师。他们对于学前教育专业缺乏专业化理论知识的指导，在幼儿教育这方面存在一些误区，认为幼儿教育单纯地教授知识给幼儿。这些幼师不能合理地根据幼儿身心发展的规律对幼儿开展教育教学活动，因为专业能力低下，对于幼儿的游戏活动缺乏创新，不能因材施教，只能照搬不适合本班特征的游戏。缺乏五项技能等专业基本功，对幼教方面认知的不健全，像对待小学生来进行教学，向孩子灌输拼音、识字、算术等课程。这些幼师不能合理地根据幼儿生理和心理方面对幼儿开展教学活动，使得“小学化”现象出现在幼儿园。幼师整体的专业化水平低下也是造成“小学化”现象的成因。

四、纠正幼儿园教育小学化倾向的措施

（一）政府部门要对幼儿园加大监管力度

在防止“小学化”现象方面，政府必需增强和完善幼儿园各项相关制度。虽然我国已经颁布了《幼儿园教育指导纲要》、《幼儿园工作规程》等相关法律条例，但是在实施的过程中由于缺乏各种相应的配套实施措施，使得这些法规制度难以彻底地贯彻落实。而且对不遵守科学合理教育理念的老师也没有相关的惩戒措施，使得那些老师不会意识到“小学化”现象的严重危害性。制度的完善和严格的执行力度是促进幼儿园教育科学合理化的根本保证。采取纠正“小学化”现象重在及时有效，必须在一开始出现的时候就及时采取相应的措施将其扼杀在摇篮里。基于此，政府部门要加大对这方面的研究评估，及时了解和掌握幼儿园“小学化”现象，并提出相关解决措施，这样才能更好地实行监管。强化政府的监管力度是纠正这一现象的重要保证。

（二）加强对幼儿教师的专业化培养，提高其整体素养

幼儿教师必须具备专业化水平，这是幼儿教育的重要保障。提升幼儿园水平、增强园区竞争力水平，培育一批高素质、高质量的教师团队是园区的当务之急。老师自身水平的提高有赖于自身努力，老师自身需要给自己好好充电，努力学习各方面的知识，学会经常自我反思。幼儿园要经常给老师提供珍贵的培训机会，使老师有机会去学习提高，弥补自身不足。幼儿教育主管部门要加大对幼儿教师专业化培训的重视程度，要为教师培训发展提供发展平台，为展示教师自己的理念和教育成果提供社会环境。这样才有利于老师之间交流互动的加强，有利于引领科学合理的观念成为社会主流。

（三）加大宣传力度，树立科学合理的儿童教育观

科学合理的幼儿教育必须以科学的儿童教育观为基础。幼儿园必须明确幼儿园的教育目标，这不仅有利于幼儿园自身的发展，还对幼儿健康发展很有利。幼儿园必须坚持素质观，老师设计教学活动和游戏活动都要体现这一目标。教学活动发展的不仅仅是孩子的智

力方面，良好的品德和实践经历方面也是极为重要的。老师进行教学活动时要了解孩子的年龄特征并充分利用。通过科学合理的教育理念来实现孩子生理和心理两方面的茁壮成长。面对小学化现象，我们必须加大科学、合理的儿童观宣传力度，向传统观念里的不遵循孩子年龄特征的错误观念说“不”。

（四）科学合理地处理幼小衔接的问题

幼小衔接需要幼儿园和小学的共同努力，两者之间要建立相关联系，增加两者之间的沟通交流，为幼儿顺利入学提供坚实基础。幼儿从幼儿园到小学这一过程需要一个过渡阶段，在幼儿园阶段需要培养幼儿的口语交流能力，要教会儿童树立规范的行为意识，要学会必要的“规矩”。在幼儿园阶段教师根据幼儿的智力发展水平和幼儿的年龄特征，通过游戏的方式来培养幼儿正确的书写姿势。幼儿园阶段要给幼儿营造良好的氛围，让幼儿有对小学探索的欲望，对小学产生向往之情。幼儿园、幼儿家长和小学要相互配合，相互合作，要积极建立三者的联系，一起努力营造一个良好的氛围，共同解决幼儿园教育“小学化”问题。

第二章　学前教育教学与课程改革研究

教学活动是幼儿园的中心工作，是幼儿园教育的基本形式以及幼儿园课程的实施载体，它与幼儿园的日常生活活动、游戏活动共同构成了幼儿园教育活动的体系。学前教育教学与课程改革一直以来成为学前教育研究的热点问题和难点问题。为此，本书选取了大班幼儿早期阅读兴趣培养策略、幼儿绘本阅读教学策略、民间艺术在幼儿园艺术教育中的应用、logical 儿童思维训练课程的内容体系及推广路径、幼儿园歌唱教学活动游戏化的策略等问题进行了探讨，以期为解决我国幼儿园教育教学活动和课程设置中遇到的相关难点问题提供借鉴和建议。

第一节　大班幼儿早期阅读兴趣的培养研究

自 21 世纪以来，早期阅读受到国内外教育界越来越多的重视。我国《幼儿园教育指导纲要（试行）》（2001 年）第一次明确提出“早期阅读”是语言教育的重要组成部分，足以看出早期阅读的重要性。但是现在很多人对早期阅读尚未形成统一的认识，甚至产生了很多的误解，有些人简单地认为早期阅读就是让幼儿提早识字。社会上一些教育机构为了自身的利益就开设了幼儿短期识字写字和汉语拼音速成班。虽然越来越多的家长认识到幼儿早期阅读的重要性，但依旧有一些家长认为早期阅读就是让幼儿朗读和背诵唐诗三百首、“三百千”和弟子规等等。这些误解的产生是因为现在很多人对早期阅读的相关概念缺乏科学的认识。早期阅读并不在于培养幼儿的“读与写技能”，而是应该关注阅读的过程。在指导幼儿早期阅读的时候，老师和家长应该更重视培养幼儿良好的阅读习惯，并在此基础上培养幼儿积极的情感，激发幼儿阅读兴趣，使幼儿体会到阅读带给他们的快乐。

基于上述背景，本书选取江西省抚州市十五所幼儿园的大班为研究对象，通过采用文献法、观察法、问卷调查法和访谈法等方法对大班幼儿早期阅读现状进行研究，剖析出目前幼儿早期阅读存在的主要问题和影响因素，并就大班幼儿早期阅读中存在的问题提出解决的建议与对策。

一、江西省抚州市幼儿园大班早期阅读兴趣的调查结果与分析

（一）大班幼儿早期阅读教学活动现状分析

1. 幼儿教师对早期阅读的理解与态度

教师对早期阅读的理解程度，直接影响到幼儿园中早期阅读教育活动的实施。作为实施早期阅读教育的关键角色，教师的理念和态度也会影响班级阅读教学的质量。

如图 2-1 所示，52%的教师认为早期阅读是指学前儿童凭借色彩、图像文字或讲读来理解读物的一种融观察、记忆、思维、表达等多种认知于一体的综合过程；大约有 30%的教师认为，早期阅读是师幼之间以图画书讲述为主的阅读交往活动；只有 2%的教师认为，早期阅读是教师教幼儿识字、认字的活动。但是有一半以上的教师都认为，识字对幼儿早期阅读有影响。这个调查结果说明，教师基本上已经从早期阅读就是培养幼儿识字的误区中走出来了，不再把识字和认字作为早期阅读的主要培养目标，而仅仅作为一种工具辅助阅读。

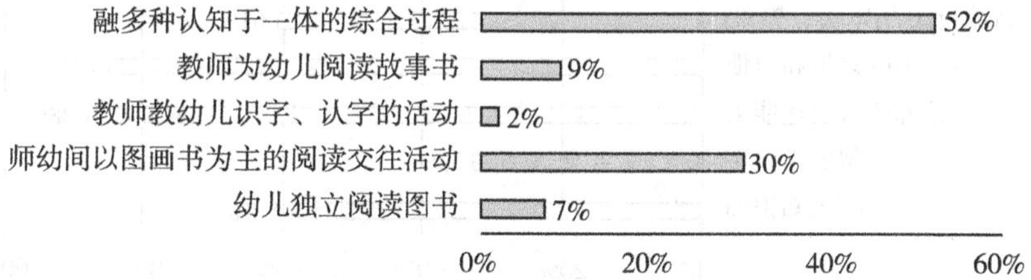

图 2-1　教师对早期阅读概念的理解

从上述调查结果我们可以发现，只有一半多教师对早期阅读概念能够清晰准确理解，还有 30%的教师基本理解，理解偏差的教师也有 16%。这说明老师对早期阅读的概念认识不到位，对早期阅读教学理解不充分，不够全面和准确。

幼儿教师自身对阅读的喜爱程度和态度，也会影响班级早期阅读教学开展的频率和水平。如图 2-2 所示，一半以上教师比较喜欢阅读，只有 18%的教师非常喜欢阅读。一般来说，教师自身对阅读兴趣越高，越会想办法设计更多早期阅读教育的活动，在幼儿园里的图书馆和班级阅读区中投放的绘本也会相对更多一些。同时，如果喜欢阅读的教师经常在班上孩子面前看书，也会潜移默化地影响到该班的孩子。

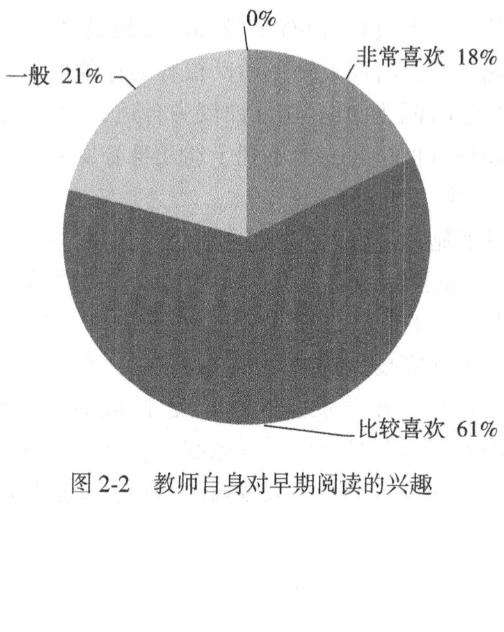

图 2-2　教师自身对早期阅读的兴趣

在早期阅读对幼儿的各方面的发展的作用上，幼儿教师们都一致认可早期阅读有很大促进作用。如图 2-3 所示，教师们的选择大部分都集中在培养幼儿的语言表达能力、培养和幼儿读书的兴趣和习惯这两个选项，而只有 24%的教师认为早期阅读对德育也有非常大的影响。说明教师们还没有认识到早期阅读在培养幼儿良好品格态度和行为习惯方面的重要作用。

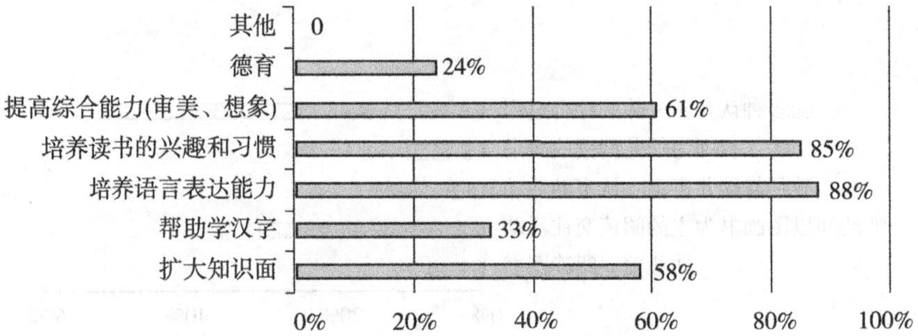

图 2-3 教师对早期阅读作用的理解

2. 早期阅读教学的时间和次数

早期阅读教育的时间和频率不仅能反映出幼儿园早期阅读现状，而且能反映出幼儿园对早期阅读教学的重视程度。在社会各界大力强调早期阅读教育的重要性和必要性的情况下，幼儿园陆续开展多种多样的阅读活动。

根据调查结果显示（图 2-4），有 49%的班级都能够保证每周开展 3~4 次阅读教学活动，42%的班级每周开展 1~2 次，不过开展 5 次以上活动的班级就比较少了。结合这些数据和我们观察到这些班级开展阅读教学活动的质量，研究发现，虽然园长和教师们有意识地去多开展一些早期阅读教育的活动，但是实际的结果却不是那么如人意，质量和创意尚待提高。该问卷结果显示，各个班级每次阅读教学活动的时间基本是合理的，符合大班年龄阶段幼儿各方面的特点。不过也有 9%的教师所在班级进行阅读教学活动的时间为 10 分钟以下，对于大班幼儿来说，时间过短的活动很容易让他们意犹未尽，刚被激起的兴趣很快就被浇灭了。大班教学时间为 20~30 分钟较为合适，但是阅读活动的时间也不宜太长，不然幼儿的阅读兴趣很难保持住，也不利于幼儿身心发展。

3. 早期阅读材料的内容

早期阅读教育活动的实施质量很大程度上取决于早期阅读材料的选择。调查结果显示（图 2-5），绝大部分教师都依据阅读材料是否适合幼儿和内容的趣味性和教育性来选择。30%的人选择了专家学者推荐的阅读材料，只有 9%的教师会根据家长的建议和要求选择阅读材料。根据幼儿的兴趣和需要来选择阅读材料在很大程度上能够调动幼儿阅读的主动性和积极性。只有阅读材料在各方面都适合大班年龄阶段幼儿特点，才足够引起幼儿的阅读兴趣。同时如果阅读内容能够与日常生活联系起来，能够有地方特色，真正做到阅读本土化与生活化，并能在一定程度上整合五大领域的知识，那这样的早期阅读内容就非常成功。

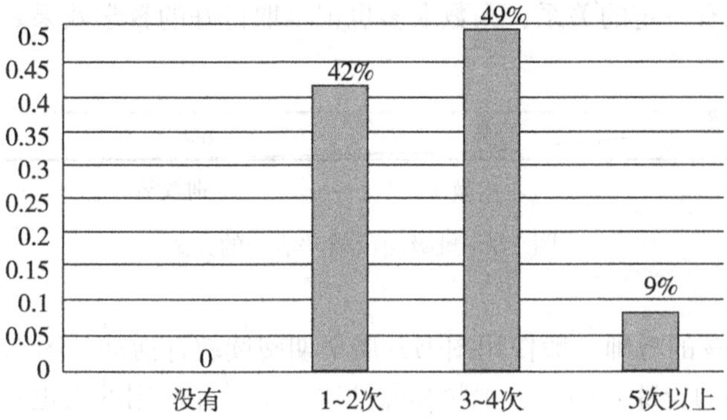

图 2-4 班级每周开展早期阅读教学活动的次数

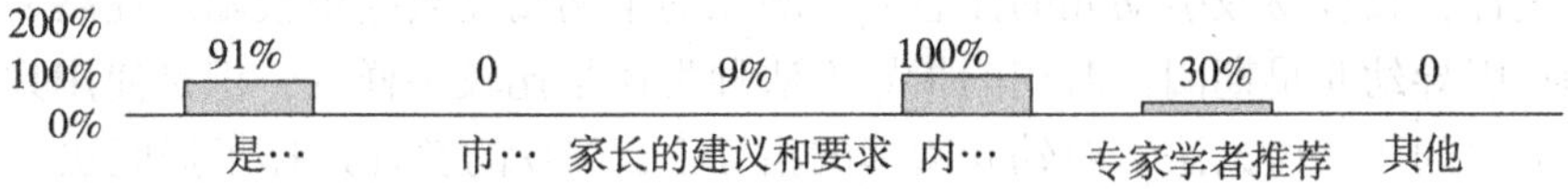

图 2-5 选取阅读材料依据

如图 2-6 所示，在教师们看来，幼儿最喜欢图画故事书，有 91%的教师们觉得图画故事书（绘本）是幼儿最喜欢阅读的类型；9%的教师认为幼儿最喜欢漫画书。但令人吃惊的是居然没有一个教师选择识字图卡、诗歌和童谣等类型的阅读材料。根据访谈，研究者发现诗歌和童谣虽然朗朗上口，但是他们却不能很好地吸引幼儿的注意，有些幼儿只是认为这些诗歌比较押韵，比较好背诵，但是感觉还是比较枯燥。甚至有些幼儿认为识字图卡一点都没有意思，他们还是喜欢图画丰富的故事书。

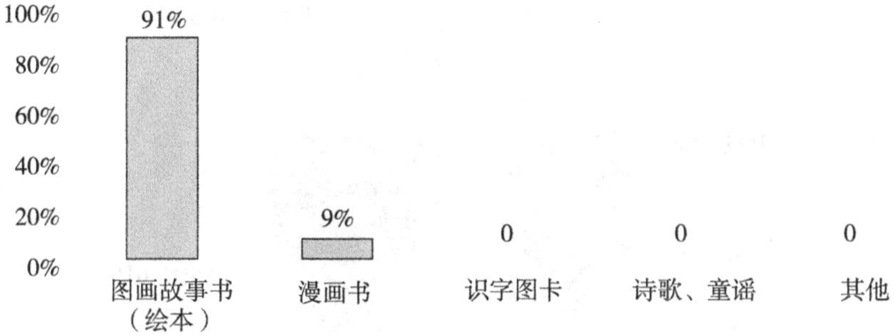

图 2-6 幼儿最喜欢的阅读材料类型

4. 教师指导幼儿早期阅读的方式

如图 2-7 所示，教师在指导过程中使用的教学方式、媒介和指导方法等都与幼儿早期阅读的效果密切相关。在班级阅读教学方式上，76%的教师使用的是集体教学，有 18%的教师选择了小组教学，只有 6%的教师使用的是个别教学的方式。集体教学虽然效率高，但是这种方式无法关注到班上所有的幼儿，不利于幼儿的个性发展。早期阅读教育活动的效果和班级人数也有一定的关系，人数太多也很难取得好的教学效果。

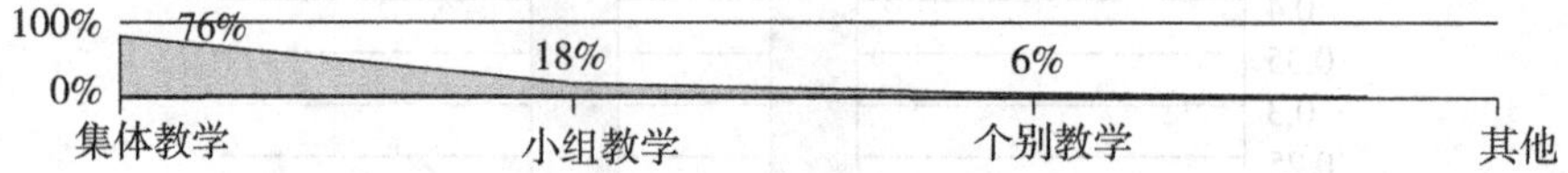

图 2-7　班级阅读教学活动的方式

调查显示，85%的教师一般使用图书开展早期阅读教育活动，图书作为阅读的主要材料，经常受到教师的青睐。图片、视频和课件这三个媒介使用的人也较多，比例都有六七十。条件较好的幼儿园也会采取投影仪来辅助早期阅读的教学。也有一半的教师使用字卡来开展早期阅读教育活动。从上述调查结果我们可以发现现在教师使用的媒介还是比较多元化的，这样比较容易吸引幼儿的注意力，幼儿的早期阅读兴趣也会随之提高。

教师在引导幼儿早期阅读时用的指导方法种类还是比较多样的，但是使用频率最高的还是简单的提问法和讨论法。对幼儿阅读的指导上，91%的教师选择了提问法。根据故事情节对幼儿进行提问，这是教师们常用的方法。也有 76%的教师使用游戏法指导幼儿阅读，一半以上的教师还选择了朗读法和讨论法（图 2-8）。除了上述方法，还有的教师选择了手指点读法、竞赛法、音乐法等方法。这说明教师们都有着有自己独特的指导方法，面对不同的对象时他们会根据不同的情境使用不一样的指导方法。教师使用多种指导方法开展早期阅读活动，增添了教学的乐趣，幼儿更容易融入其中。教师通过对幼儿阅读的指导，能够有效地帮助幼儿理解阅读内容，也有利于拓展幼儿的想象空间。通过对教师一对一的访谈，研究者还了解到有些教师也会使用角色扮演法来开展阅读活动。让幼儿扮演故事中不同的角色，加深对故事的理解，同时也能学到故事中主人公优良的品质。

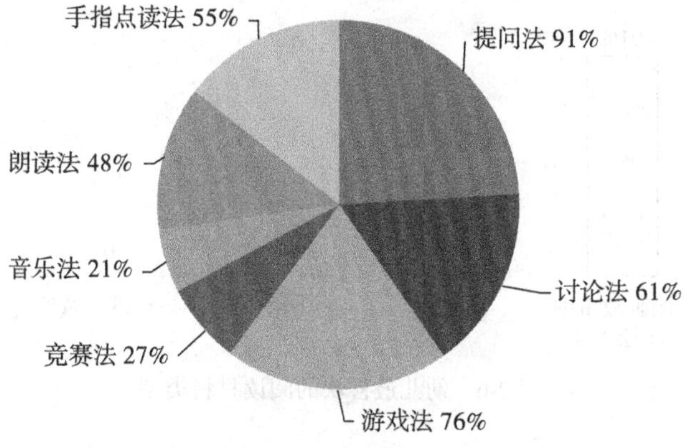

图 2-8　早期阅读指导方法

如图 2-9 所示，在对幼儿阅读进行指导的时候，有 40%的教师认为图画的观察是最重要的内容；24%的人认为语音的练习最重要，其次是词汇的掌握和句型的运用；只有 6%

的教师认为文字的识别是他们在指导幼儿阅读时需要注意的最重要的内容。这个结果表明，各位教师对于在指导幼儿早期阅读过程中什么是最重要的内容的看法具有非常明显的不同，但大部分教师还是认为图画最重要。研究者认为，在指导幼儿阅读时，这几大方面都要兼顾到，同时根据不同的阅读主题和需要，必要时应有所侧重。

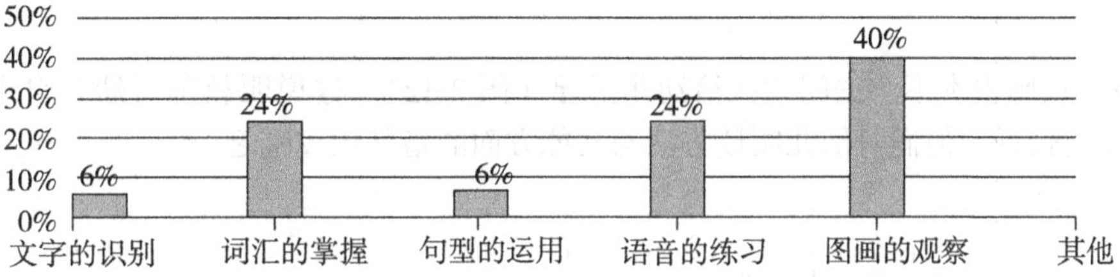

图 2-9　指导幼儿阅读的内容（认为最重要的内容）

5. 阅读区的现状与分析

班级中除了开展阅读教学活动以外，图书馆和阅读区还是一个重要的区域。阅读区能够为幼儿提供他们喜欢的图书，给幼儿自由的阅读空间，更能培养幼儿的阅读兴趣。

调查问卷结果表明，100%的教师所在班级里都有阅读区，每天都会向幼儿开放。说明这些幼儿园园方早期阅读的意识还算到位，但研究者在走访这些幼儿园时发现，很多所谓的阅读区就是在书架上简单地放了几本书。也有些幼儿园的班级则把阅读区布置得比较好，阅读区的位置安排在靠近窗户的地方，光线充足，并且在墙壁上贴有“阅读区”的卡片。还给幼儿铺了地垫，让幼儿能够坐在地垫上看书。国外相关研究表明，在一个班级中每个幼儿至少应拥有 5~8 本图书。但是这些班级阅读区的书籍都不是很多，更新速度也很慢，甚至有些书籍是班上教师拿来凑数的。阅读区中书籍大部分是图画故事书，还有绘本、童谣和漫画书等书籍。但通过对幼儿的访谈发现，阅读区的图书都不是他们目前所喜欢的，很多图书都是之前看过的。书籍种类过少，不能给予幼儿丰富的视觉信息，难以引起幼儿的阅读兴趣。

调查表明（图 2-10），根据教师们的观察，只有 3%的幼儿非常喜欢去阅读区看书，49%的幼儿比较喜欢，有 45%的幼儿不太喜欢去阅读区看书，有 3%的幼儿不喜欢去阅读区看书。笔者通过观察发现，主动去阅读区读书的幼儿比较少，阅读时间也比较短。在阅读区沉浸其中，有愉快体验的幼儿就更少了。进入阅读区的时间基本固定在早晨刚来幼儿园时和午饭前，其他时间很少去阅读区看书，去其他活动区的幼儿多于去阅读区的幼儿。说明这些班的幼儿阅读兴趣都不是特别高，这个问题的出现与教师没有组织好幼儿去阅读区看书的活动也有很大关系。同时这些教室环境布置很少考虑到阅读的因素，大部分幼儿园都没有意识到阅读环境对培养幼儿早期阅读兴趣的重要性。

根据教师对幼儿的观察结果显示（图 2-11），48%的幼儿是按照书的顺序翻看的，3%的幼儿按照相反的顺序。接近一半的幼儿是随意翻看。说明大班幼儿在看书时比较盲目，自主性太大，严重缺乏正确的阅读指导。而且幼儿在阅读区看书时，只有 46%的教师经常会在一旁指导，48%的教师偶尔会去指导，但是只有 3%的教师每次都会指导幼儿阅读。

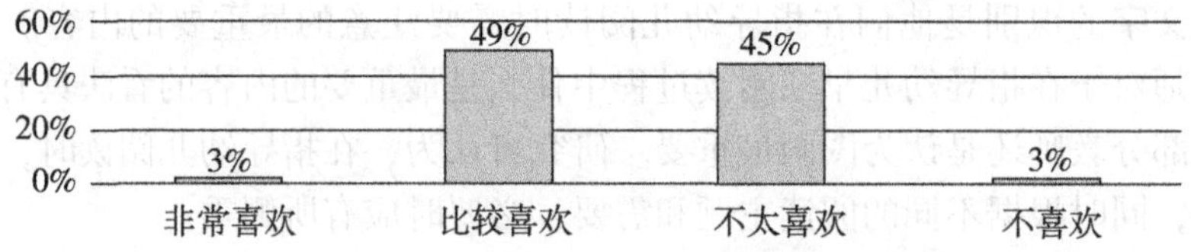

图 2-10　幼儿对去阅读区看书的喜爱程度

也有 3%的教师根本不会去阅读区给幼儿指导（图 2-12)。这说明教师对幼儿自主阅读的关注程度比较低，他们对幼儿阅读方法与技能方面的指导比较匮乏。

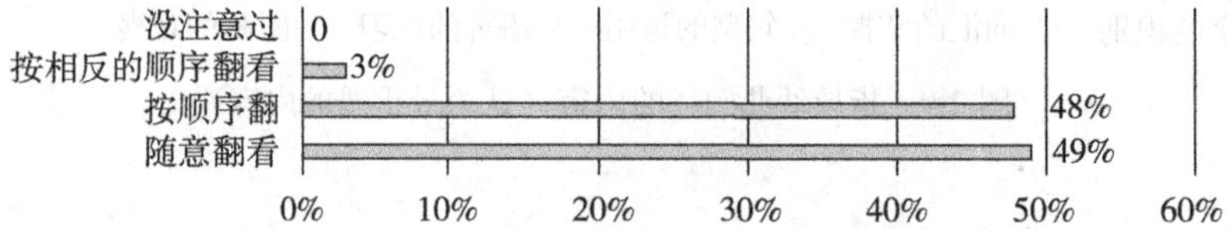

图 2-11　幼儿阅读时翻书的顺序

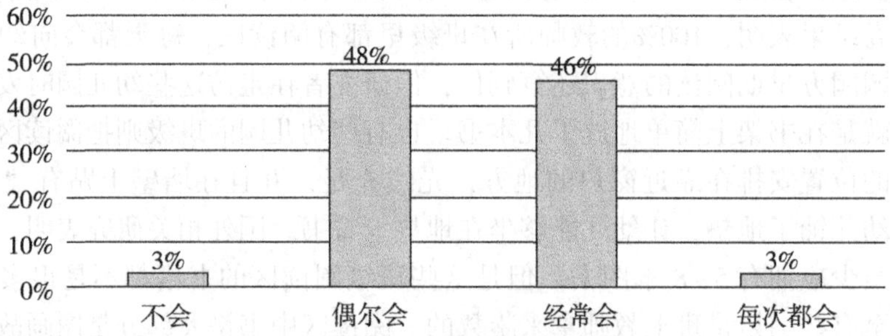

图 2-12　教师在阅读区指导的情况

6. 早期阅读的评价

对早期阅读教学的有效评价能够激发幼儿对早期阅读的兴趣，可以促进教师自我提高，有利于早期阅读教育课程进一步发展完善。有效的评价也有助于教师客观地认识到自己的优缺点，促进教师向专业化方向发展，进而提高教师指导幼儿阅读的效果。

对于指导幼儿阅读效果的评价（图 2-13)，55%的教师认为幼儿反应的评价最重要，认为幼教专家和幼儿教师的评价最重要的比例一样，都为 18%。认为幼儿家长评价最重要的教师有 9%，幼儿园和上级教育管理部门的评价没有教师选择。这说明大部分教师们都充分意识到了幼儿的反应是早期阅读教育成功与否的关键。

调查结果显示（图 2-14)，85%的教师会对自己在幼儿园早期阅读活动的指导进行自我评价，这说明大部分教师能够做到自我反思，自我升华。但通过对教师进行深入访谈，却发现这些教师虽有自评，但是很多只看到表面上的问题，没有进行下一步深入分析，究其原因，更不用说找出对策解决问题。有些教师说因为工作太过于繁忙而没有时间去思考太多问题。很多教师就只是停留在想法中，而没有付诸实践。

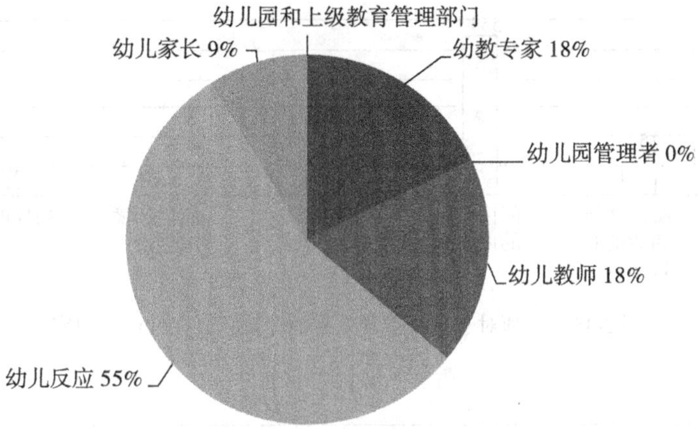

图 2-13　教师认为谁的评价最重要

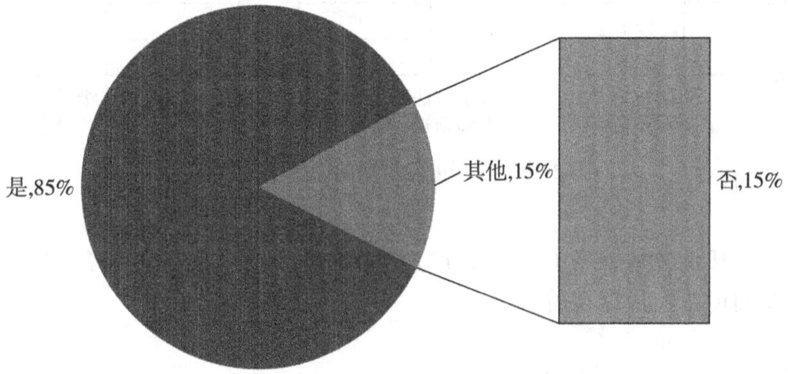

图 2-14　教师是否对自己早期阅读活动的指导进行自我评价？

对于其自身指导效果的评价（图 2-15），有 55%的教师放在首位的是阅读材料的内容是否适合幼儿当前发展的需要。接下来依次是指导的方式、方法是否合适，阅读教育计划和活动的目标是否适宜，指导的过程是否适宜，其中所占比例分别为 27%、15%、3%。没有一个教师选择阅读环境的创设是否适宜。这表明了教师们自我评价的侧重点各不相同。这个结果同样说明了教师都忽略了阅读环境创设的重要作用。

另外，如图 2-16 所示，79%的教师认为进行早期阅读教学的困难是阅读材料不够丰富，52%的教师认为困难是缺乏相关的培训和教研，48%的教师认为教学方法不够新颖是他们遇到的困难，还有 45%的教师认为班级幼儿人数过多，影响教学效果。说明幼儿园的阅读材料远远不能满足教师开展早期阅读活动的需求。缺乏科学有效的师资培训也是制约幼儿早期阅读进一步发展的重要因素。

通过观察和访谈，研究者发现很多教师对幼儿阅读的评价只关注他们的学习结果。幼儿是否学到了知识，是否积极主动发言，是否能回答与阅读内容相关的问题成为评价的主要内容，而对于阅读内容是否满足幼儿当前的需要、教学设计是否符合幼儿的兴趣等关于

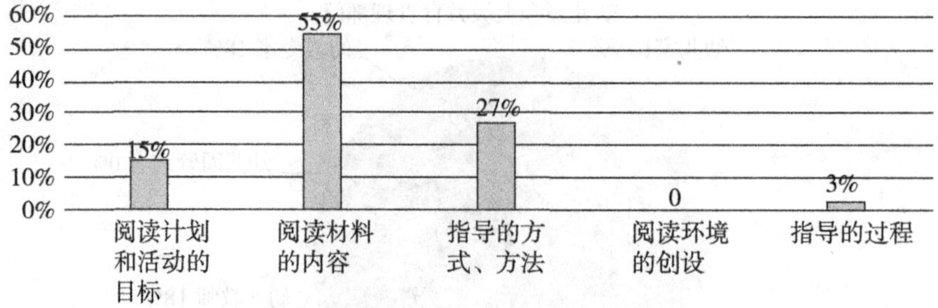

图 2-15　教师对于自身指导效果的评价，放在首位的内容

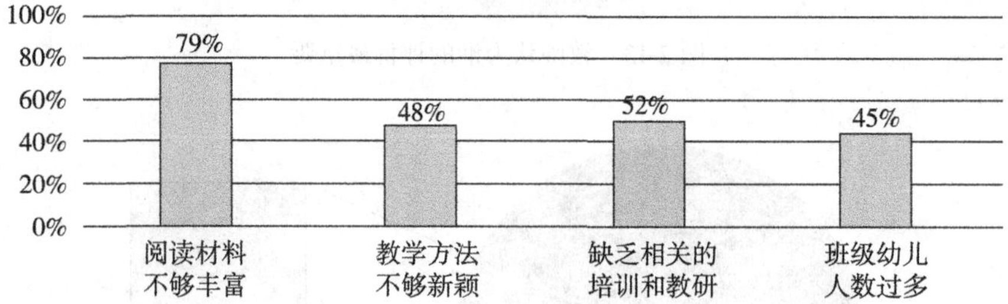

图 2-16　教师进行早期阅读教学的困难

课程本身的问题却被教师忽略了（图 2-17）。这种重知识、重经验和轻兴趣、轻情感体验的现象在幼儿园仍然大量存在着。

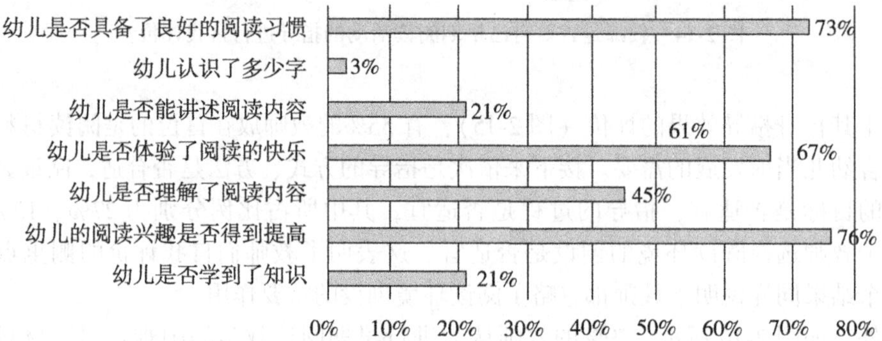

图 2-17　评价幼儿阅读学习效果最重要的方面

（二）大班幼儿家庭早期阅读现状分析

除了幼儿园之外，父母参与幼儿的早期阅读活动也非常重要，但近年来针对父母参与幼儿早期阅读的研究却比较少。因此研究者选取了江西省抚州市的 15 所幼儿园的大班幼儿家长作为研究对象，通过问卷调查与访谈来了解幼儿早期阅读在家庭中的情况。在调查

对象中，男孩有 140 人，女孩有 134 人。

1. 家长对早期阅读概念的理解

调查结果表明（图 2-18），大约有 43%的家长觉得早期阅读是师幼之间以图画书讲述为主的阅读交往活动，38%的家长认为早期阅读是融观察、记忆、思维、表达等多种认知于一体的综合过程。11%的家长认为早期阅读是教师为幼儿形象地朗读带有文字的故事书，3%的家长觉得早期阅读是教师教幼儿识字、认字的活动。这个调查结果说明了家长对早期阅读的概念理解模糊，这对幼儿阅读兴趣的培养非常不利。家长早期阅读理解有偏差的现状从另一侧面反映了家园合作的不足。

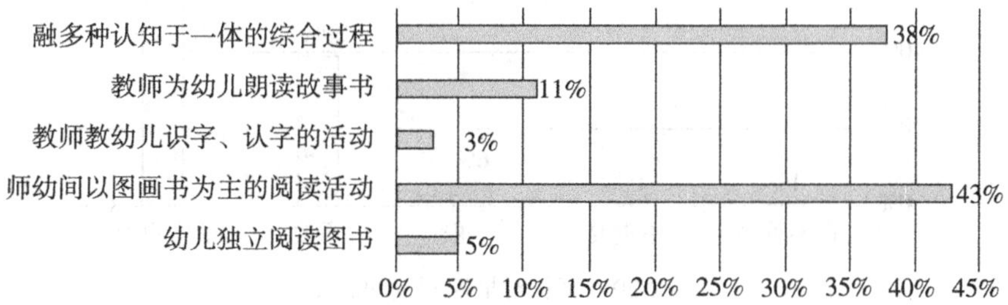

图 2-18　家长对早期阅读概念的理解

在“您认为识字对幼儿阅读兴趣是否有影响”的调查结果显示（图 2-19），40%的家长认为如果幼儿识字比较多，那么他们的阅读兴趣也会更高；相反，识字少的阅读兴趣低。39%的家长觉得识字方式恰当的幼儿阅读兴趣高，反之就低，识字数量不太重要。只有 19%的家长觉得识不识字对孩子阅读兴趣没有影响。这个结果告诉我们，如今很多家长错误地把阅读与识字等同，以为不识字就不能阅读。之所以会有这种现象，是因为家长对幼儿早期阅读的认识在某些方面存在误区。其实幼儿在还没有认识文字之前就产生了阅读行为。

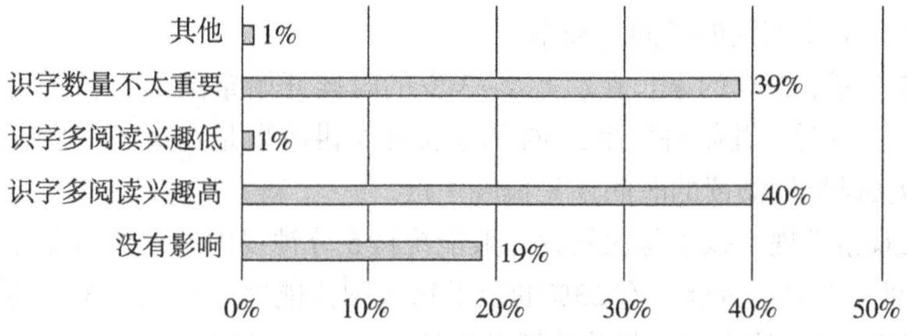

图 2-19　家长对识字与早期阅读关系的认识

问卷调查结果显示，选择家庭在幼儿早期阅读中的作用是提供幼儿阅读氛围，培养幼儿阅读兴趣和习惯的比例最高，占总体的 91%。极少数家长认为早期阅读只是幼儿园需要负责的事情，家庭不需要再花任何时间，或者认为家庭的作用只是检查幼儿在园的阅读情况，查漏补缺。说明大多数家长还是意识到了家庭在提供良好阅读氛围的重要作用。

2. 家长对早期阅读的态度

如图 2-20 所示，有 53%的家长认为早期阅读对幼儿来说非常重要，39%的家长认为早期阅读重要。少数家长认为早期阅读一般或很不重要。这说明在教育界的大力倡导下，家长们已经意识到了早期阅读的重要性。很多家长也认识到早期阅读对幼儿观察、想象、思维、审美与语言表达等能力发展的重要作用。通过对问卷的分析，研究者也发现文化程度更高的家长对幼儿早期阅读的重视程度也更高。

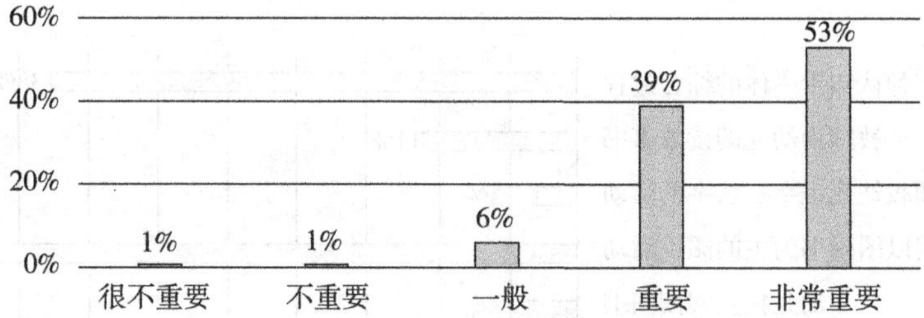

图 2-20 家长对早期阅读的态度

如图 2-21 所示，在调查中，我们发现只有 3%的家长自己喜欢阅读，对阅读感觉一般的家长占总体的 25%。不喜欢或很不喜欢阅读的家长一共占 72%。家长自身对阅读的兴趣如此的低，也就不难找出幼儿对阅读喜欢程度较低的原因了。一般来说，爱看书的家长很容易被孩子模仿，不怎么爱阅读的家长也很难带动自己孩子也去阅读。调查问卷显示（图 2-22），只有 11%家长认为自己的孩子对阅读是持很喜欢的态度，39%的孩子喜欢阅读，而 43%的孩子则对阅读是一般的感觉，7%的孩子对阅读的态度是不喜欢。家庭成员的阅读行为对幼儿的阅读兴趣和习惯的影响是显而易见的。大班幼儿正处于非常喜欢模仿成人的阶段，如果家长经常在孩子面前阅读，那么阅读就很容易成为幼儿的兴趣点和目标行为，这种模仿行为最终将发展并内化为幼儿自己的阅读行为和兴趣。

3. 幼儿在家庭中阅读的时间与频率

如图 2-23 所示，38%的家长在幼儿 2~3 岁的时候开始拿图书给孩子讲故事，27%的家长在幼儿 1~2 岁时候开始讲故事，3%的家长开始讲故事是在孩子一岁以前。这说明家长让幼儿开始接触早期阅读的时间还是偏晚一点。

经过家长观察发现，孩子每次阅读一般能维持 5 分钟以内的比例占总体的 22%，维持 5~15 分钟时间的比例是 50%。有 23%的孩子每次阅读能够维持 15~30 分钟，维持 30 分钟以上的孩子也有 5%的比例。与其他活动维持注意力的时间相比，幼儿的阅读持续时间是最短的。对于大班幼儿来说，维持的时间还是过短了，说明家长对幼儿阅读时注意力集中培养不到位。

调查结果表示（图 2-24），66%的家长偶尔会带孩子去书店，23%的家长不会带孩子去书店。只有约十分之一的家长常常会带孩子去书店。这说明家长很少创造机会让幼儿对接触阅读，很少专门培养幼儿的阅读兴趣。

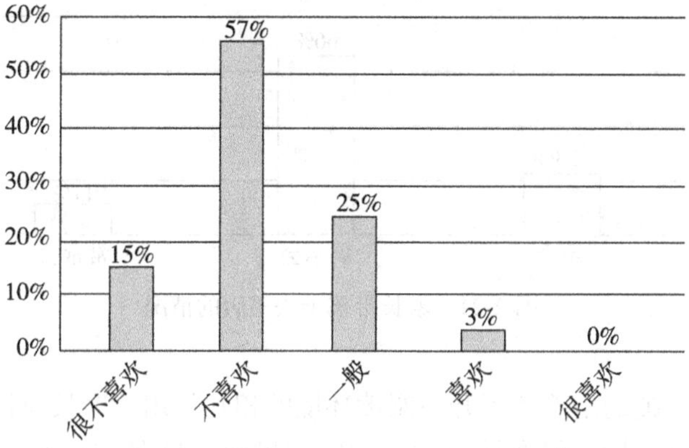

图 2-21　家长自身对阅读的喜爱程度

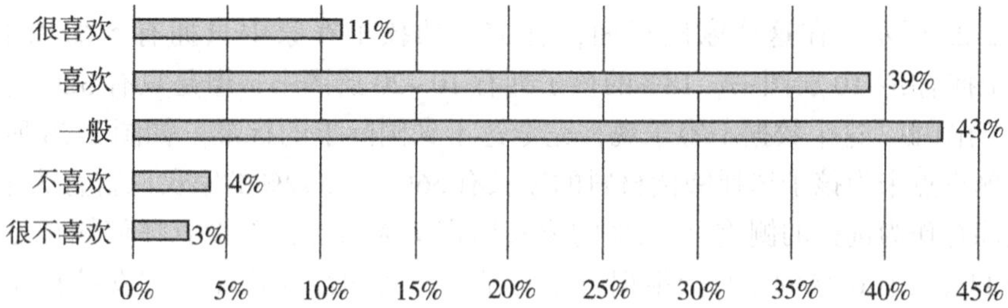

图 2-22　幼儿对阅读的态度

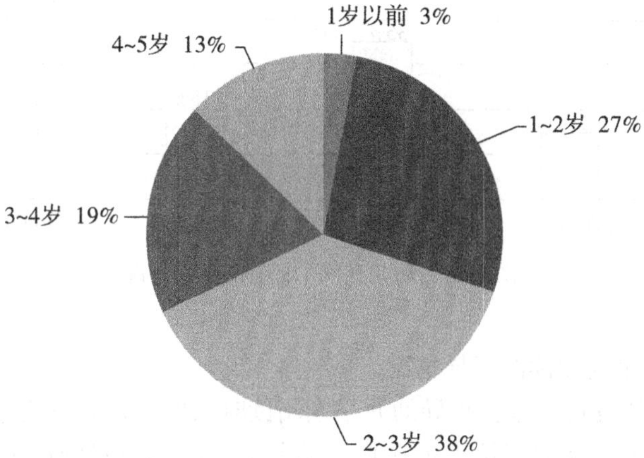

图 2-23　家长在孩子几岁时开始拿图书给孩子讲故事？

4. 家庭中幼儿阅读区与阅读材料的情况

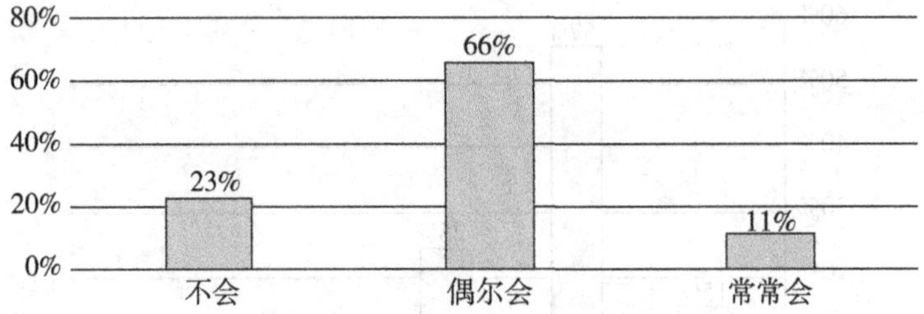

图 2-24　家长带孩子去书店的情况

幼儿早期阅读兴趣的培养离不开与阅读环境的相互作用，家长应该为儿童创设良好阅读的物质环境与精神环境。但在接受调查的家庭里面，只有 31%的家庭里有孩子专门的阅读场所。看来在环境营造方面家长的意识明显得有些不足，对环境仍不够重视。引起问题的原因可能是家长怕麻烦或者没时间等。

国外的一项研究表明，家庭给幼儿提供的阅读材料越丰富，幼儿的阅读兴趣也会越高。如图 2-25 所示，在这些家庭里面，有 15%的孩子在家中只拥有 5 册以下的图书，35%的孩子拥有 5~10 册图书，18%的孩子拥有 10~20 册图书，但是只有 32%的孩子拥有 20 册以上的图书。这个数据不容乐观，完全达不到国际上的标准。如图 2-26 所示，以孩子兴趣为侧重点来为孩子选择阅读材料的家长有 56%，有 12%的家长以智育为重点，20%的家长把德育作为选择的侧重点，1%的家长以审美为重点，而没有任何侧重点的家长只占总体的 11%。有 65%的家长会根据自家孩子的年龄和性别特征（如女孩喜欢白雪公主等童话故事，男孩喜欢奥特曼和恐龙画册）选择不同的阅读材料。说明家长在阅读材料选择这方面的工作还是做得比较好的。

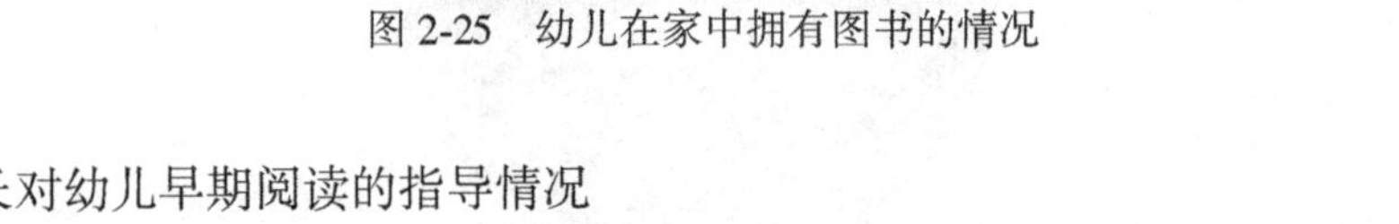

图 2-25　幼儿在家中拥有图书的情况

5. 家长对幼儿早期阅读的指导情况

研究者通过访谈发现，家长指导幼儿早期阅读时采取的指导方式比较单一。问卷调查结果显示（图 2-27），5%的家长表示在指导幼儿阅读时不会对阅读内容联系实际生活经验加以解释，51%的家长偶尔会加以解释。只有 34%的家长常常会联系日常生活向幼儿解释阅读的内容，10%的家长表示总是会耐心地回答幼儿提出的所有问题。家长如果能够重视亲子阅读中的提问和回答，可以有针对性地提高儿童的阅读理解能力，培养幼儿对阅读

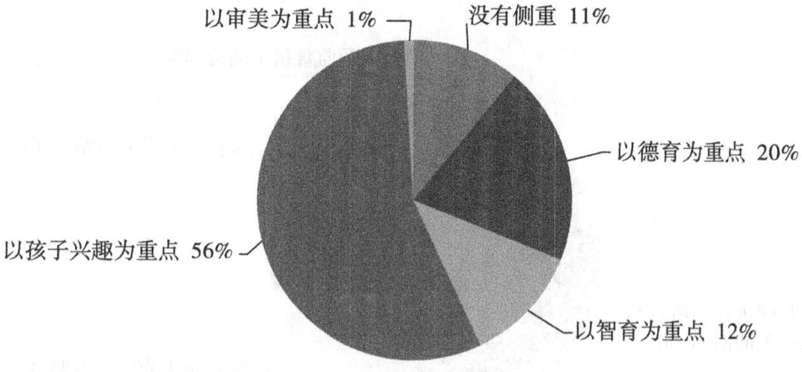

图 2-26　家长是否有重点的为孩子选择阅读材料？如果有，比较侧重哪一方面？

的浓厚兴趣。

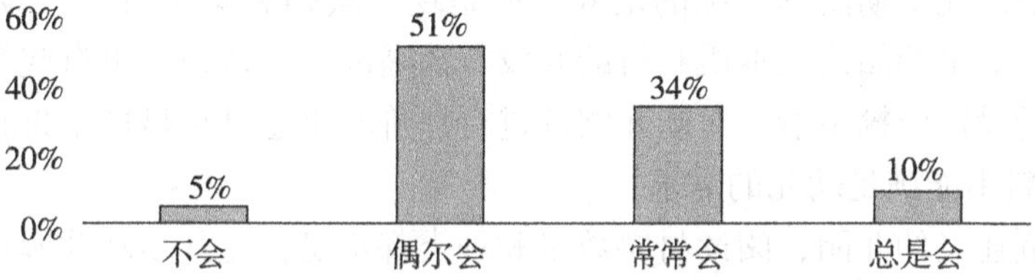

图 2-27　家长是否会对阅读内容联系实际生活经验加以解释？

调查结果表示（图 2-28），家长对亲子共读的理解也各不相同。60%的家长认为亲子共读是双方共同进行所有与阅读有关的活动，24%的家长觉得亲子共读就是家长拿书讲故事给孩子听。认为亲子阅读是家长拿书教孩子看画认字和家长在旁监督孩子阅读的家长所占比例分别为 12%和 4%。其中，会陪孩子一起阅读的家长有 61%。21%的家长表示很少陪孩子一起阅读，18%的家长只是陪在孩子身边，孩子阅读，他忙自己的。有一半以上的家长与孩子亲子共读时会注意孩子的情绪变化，从不注意孩子情绪变化的家长只有 6%，偶尔会注意的家长占总体的 26%。所谓亲子阅读（parent-child book reading）特指家庭情景中父母和孩子共同阅读故事书或图画书的一种阅读活动。看来很多家长都没有正确理解什么是真正的亲子阅读，实际开展的亲子阅读也未能取得良好的效果。

二、大班幼儿早期阅读存在的主要问题及影响因素

（一）大班幼儿早期阅读存在的问题

1. 教师与家长对幼儿早期阅读理论认识不足

早期阅读观念，是指对“什么是早期阅读、为什么要进行早期阅读以及怎样开展早期阅读”等基本问题的认识。教师和家长在幼儿早期阅读教育中都是非常关键的角色，可以说是早期阅读教育的直接执行者，而他们的观念是指导一切行为的先导。由此可见，教师和家长对于早期阅读的一些基本概念的理解与态度直接决定早期阅读教育的实践及其

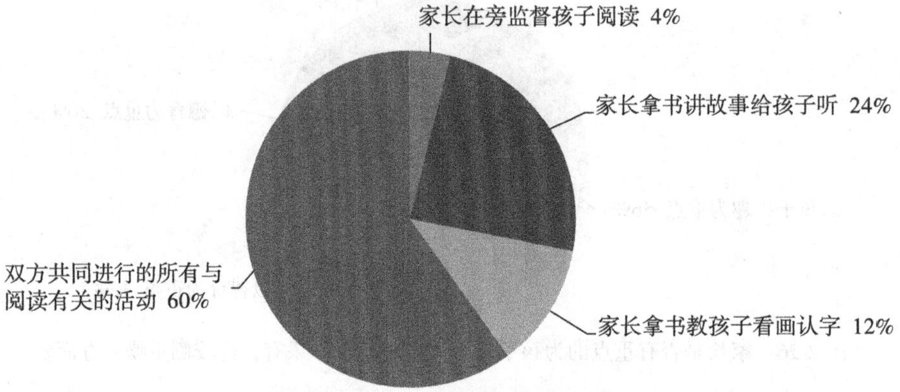

图 2-28　家长对亲子共读的理解

效果，直接影响幼儿早期阅读兴趣的培养。但是现在教师和家长对“早期阅读”的概念仍然比较模糊，对早期阅读的本质和目的并没有清晰准确的认识。也有些教师对幼儿早期阅读教学目标的设定模糊不清，对幼儿阅读进行评价时也总是重显性结果轻隐性能力。

2. 阅读材料不能满足幼儿的需求

无论是家庭还是幼儿园，阅读材料数量和种类都不足，尤其是幼儿园里很多书籍都是滥竽充数，优秀的阅读作品更是少之又少。很少幼儿园里阅读材料的幼儿人均拥有量达到了标准水平。还有些幼儿园在强调增加阅读材料数量的同时，却忽略对阅读材料质量的要求，很多提供的书籍幼儿都不理解或者不感兴趣。而且幼儿园里图书更新换代速度太慢，以至于跟不上幼儿们喜欢的潮流。还有很多老师子在阅读区投放完阅读材料后，就搁置不管了。经过幼儿们长期摆弄和翻阅过后，很多书籍都变得破旧不堪，还有很多封皮都掉落了。即使有些书籍变成这样，却没有得到及时整理与更换。阅读材料的内容可以说是阅读的载体，是幼儿早期阅读教育活动得以顺利进行的重要一环。如果幼儿接触不到优秀的图书，又何谈激发幼儿的阅读兴趣与提高其阅读能力呢?

3. 缺乏良好的早期阅读环境

一个合适的物质环境与心理环境对培养幼儿早期阅读兴趣有着很大的促进作用。但调查结果表明幼儿园和家庭都忽略了阅读环境的创设，缺乏阅读氛围的陶冶。很少家长会为孩子创造一个专门的阅读区或书房，也不会注意营造安静舒适的阅读氛围。在访谈时，研究者也了解到教师在布置教室时也很少考虑到“阅读”的因素，最多只是把故事图画贴在墙壁上。教师很少会精心布置班级里的阅读区，仅仅放一个简单的书架。很多班级的阅读区阅读物只是摆设，没有取得实际的效果。甚至有些小朋友把阅读区当做是与其他游戏区一样的活动区，在阅读区里面把书籍当做玩具一样随意摆弄，还与其他小伙伴一起在里面大吵大闹，失去了阅读区本身的意义。在阅读区自主阅读的幼儿也没有得到充分的重视，很少能得到教师的指导，有些在阅读区认真读书的幼儿也因经常受到吵闹的环境干扰而分散注意力。也有些幼儿园只注意到了阅读环境的创设而忽略了阅读心理氛围。

4. 大班幼儿早期阅读缺乏家长和教师细致有效的指导

幼儿的早期阅读兴趣需要教师和家长精心维护和指导，但是通过研究却发现大班幼儿早期阅读存在非常大的盲目性，并缺乏细致有效的指导。尤其是在幼儿自主阅读时，很少的教师会给予幼儿指导，偶尔出现的指导最多只是“请爱护书籍”这样的“命令式”指导。而且有些书已经翻过10遍以上了，幼儿却说不出这本书主要讲了什么，这样的现象也频频出现在幼儿园的阅读区。如果幼儿在阅读时碰到了不会的问题，却没有得到及时的解答，长此以往便会降低他们对阅读的兴趣。当问卷问及家长是否经常陪孩子一起阅读时，居然也有不少家长选择了“孩子看书时会陪在孩子身边，但自己忙自己的”这一选项。问卷也显示了很少家长总会耐心回答幼儿在阅读中遇到的不懂的问题。这都说明家长对早期阅读的指导意识还远远不够。

现在大多数幼儿园的早期阅读教学模式和传统的教学活动一样，都采取的是集体教学，只有少数教师选择个别教学。在教学方法上，一般也是以教师为幼儿讲读故事为主，有条件的情况下，幼儿可以和教师一同看有彩图的故事大书，没有条件的就看自己的小书。而且教师语言有时过于抽象，幼儿难以理解。这种传统教学形式的弊端之一就是班级人数过多，无法关注到每一个幼儿，很大程度上影响了教师的教学效果。而且这些幼儿园的教师在指导幼儿阅读时比较重视发展幼儿的显性能力，如对内容的理解、文字的识别、童谣的背诵等，而忽视了情感、能力、习惯和兴趣等方面的隐性培养，如培养幼儿对文字和语言的兴趣。还有在指导阅读过程中，幼儿教师也很少倾听幼儿内心的想法，这些都是教师们所忽略的地方。

5. 早期阅读教育的家园合作流于形式

成功的幼儿早期阅读教育需要家长与教师共同合作。但研究者通过对教师一对一的深入访谈，发现幼儿园与家庭之间的沟通与合作非常不充分。这些幼儿园的教师没有特别向家长介绍过早期阅读的基本理念、重要性和指导方法等。只是偶尔在家长会上介绍分级阅读课程时会大概指导下家长如何正确引导幼儿阅读，而且这些指导还过于笼统。对于如何选择和使用优秀的阅读材料，如何创设一个适宜的家庭阅读环境，如何具体指导幼儿的阅读行为习惯等这些方面，教师都没有给过家长系统的指导。就幼儿在园的阅读情况，从来都没有与家长沟通过，教师表示这些方面确实是她们工作所欠缺的地方。访谈中也了解到教师不会请家长为班级提供书籍，因此大部分家长都没有往幼儿园里投放书籍的意识。

不过家长主动了解并参与幼儿园早期阅读活动的情况也不太乐观，对早期阅读的关注度很低，只有极少数家长会主动与教师交流孩子的阅读兴趣与阅读能力，也很少家长会让幼儿带图书去幼儿园与小孩子一起分享。幼儿园大部分活动都是幼儿园作为主动的一方，幼儿园没有要求家长做的，他们就不会主动参与，只是当教师要求做什么的时候家长才做什么。由此可见，家长在主动配合和支持幼儿园早期阅读教育活动上力度明显不够，有待加强。

6. 社会各界对早期阅读活动支持力度不够

目前社会对早期阅读的重视程度还远远不够，支持系统也不够完善。幼儿早期阅读的发展需要社会各界大力支持，包括各级教育领导部门、幼儿园园长、幼儿教师、家长等。但是教育领导部门没有下达完善的重视培养幼儿早期阅读兴趣的相关政策与指导方案，家长和社区对幼儿园支持与配合的力度不够。尤其是现在有些幼儿园园长对幼儿早期阅读兴趣培养的重要性认识不充分，对教师早期阅读方面的指导不够，专门针对幼儿早期阅读的师资培训和教研活动也很少。我们在走访这些幼儿园时发现，对幼儿早期阅读教育关注度较高和教育理念较先进的园长，园里的早期阅读教育活动效果会好很多。由此可见，只有家庭、幼儿园和社会多方有效地协同合作才可以为幼儿创设一个较完美的阅读环境，才能够很好地培养起幼儿对早期阅读的兴趣。

7. 多元化的传播媒体冲淡了幼儿早期阅读兴趣

通过对家长的访谈，笔者了解到不少幼儿阅读的是电子书，他们很喜欢听手机或iPad上面播放的故事，也很喜欢手动翻阅图画丰富的绘本页面。我们认为电子书与我们传统书籍有很大的不同，阅读电子书的效果不如纸质书。幼儿过早地接触电子书，不仅对他们的视力有很大的危害，更是不利于早期阅读兴趣的培养。因为手机或iPad上爆炸式的信息量和丰富好玩的各种功能容易使幼儿阅读时分心，使幼儿变得浮躁、不专注，反而容易冲淡了幼儿早期阅读的兴趣。还有现在各种各样的动画片、少儿节目和综艺节目，吸引了幼儿大部分的注意力，使得幼儿对电视的喜爱程度远远大于书籍。

（二）大班幼儿早期阅读的影响因素

通过对大班幼儿早期阅读现状和存在问题的分析，结合问卷结果、观察记录和对教师、家长的访谈，研究者从教师、幼儿、幼儿园、家庭及社会这几个主要方面对影响幼儿早期阅读的因素进行了以下分析。

1. 教师因素

在早期阅读活动中，阅读环境的创设、阅读材料的选择、阅读活动的组织与实施都是通过教师这位使者来实现的。教师与家长相比，专业性更强，对幼儿早期阅读心理的把握也更到位，早期阅读的指导方法也使用得更好。

（1）教师对早期阅读的态度。态度是一切行动的先导，教师对早期阅读的态度决定了幼儿在早期阅读活动中的行为。早期阅读是一种综合认知过程，并不是简单的早期识字和认字活动。幼儿教师只有既充分认识到了早期阅读的重要性和必要性，又能够正确理解早期阅读的内涵，才能使开展好早期阅读活动。

（2）教师对不同年龄幼儿阅读特点的把握。幼儿时期是一个人身体和心理飞速发展的时期，其中每个阶段都有显著的发展特点。早期阅读活动中，教师应该根据不同年龄幼儿的阅读发展水平、对阅读材料的喜好开展不一样的阅读活动，才能使幼儿早期阅读兴趣的培养更有针对性。例如，大班幼儿喜欢社会科学类的阅读材料，并且对广告招牌和各种标志感兴趣，相比于中班，教师可以为他们增加一些文字量阅读，可以开展拼字组词活动，培养早期“写作”能力。

（3）教师素养。教师的素养既包括个人素养又包括专业素养。个人素养包括教师个人的阅读兴趣、儿童文学素养等；专业素养包括教师对早期阅读活动的指导策略和专业成长等。因为教师对幼儿的影响力很大，甚至可以辐射到整个班级的幼儿，所以教师的兴趣直接影响到幼儿的兴趣。教师自己热爱阅读自然会重视自己班级幼儿的阅读，这种影响是长期的、潜移默化的，在一段时间后会发现这是一种强大神奇的力量。如果教师具有比较深厚的文学素养，那么他们在分析材料的时候角度会更独特、理解内容也会更透彻，在为幼儿讲述的时候也会运用更精准和更丰富的语言和词汇量。教师指导早期阅读活动的专业素养又包括对阅读材料的选择、对阅读材料的解读、对阅读活动的设计、对师幼关系和同伴关系的促进等，这些素养都会从不同方面影响着幼儿的早期阅读。

2. 幼儿因素

幼儿是早期阅读的对象，是活动的主体，幼儿的个别差异、年龄及性别都影响着早期阅读活动的情况。同样，幼儿的身心发展水平和阅读水平影响着他们早期阅读的情况。

（1）幼儿发展水平。幼儿时期是幼儿语言学习的关键期，其中5~6岁（也就是大班幼儿的年龄）是幼儿综合语言能力开始形成的关键时期。在关键期内，大脑需要一定的外界刺激来促进语言的发展，而早期阅读是一种有效刺激，有利于幼儿语言能力的发展。

（2）幼儿阅读水平。①幼儿会在成人指导下慢慢养成初步的阅读习惯。一般来说，他们对感兴趣的页面阅读的时间比较长，会反复阅读，对不感兴趣或有难度的地方阅读的时间短并且很快就翻过去。也有很少一部分幼儿会在翻页的时候把两页当成一页翻过去，在内容上却没有发现有漏掉的地方，这与他们的阅读发展水平和手部精细动作的发展都有关系。②幼儿喜欢听故事，看故事书。在阅读内容上他们更喜欢文学故事类的图书。而大班的幼儿相比于中小班的幼儿来说，他们更侧重认知类的图书，尤其对大自然、动物和植物等与日常生活经验相近的内容更感兴趣。在阅读材料的形式上，他们更倾向于色彩鲜艳、图画丰富的图书，对图画和文字都比较大的图书感兴趣。这时候他们已经可以对每幅画进行仔细的观察，能够读懂图画之间的联系，并且开始对文字符号感兴趣。

3. 幼儿园因素

幼儿园是幼儿入学前接受教育的主要机构，幼儿一天的大部分时间都是在幼儿园里度过的，因此幼儿园的质量对幼儿的发展至关重要。幼儿园对早期阅读活动的政策、重视程度、监管及对教师的培训等都深深影响着幼儿的早期阅读情况。

（1）幼儿园对早期阅读活动的重视程度。从课程设置、硬件配备、环境创设这些方面可以看出幼儿园对早期阅读活动的重视程度。幼儿园的管理方向决定了班级的管理方向，决定了教师的教育方向，决定了幼儿的认知发展水平和整体素质，在早期阅读活动方面，只有幼儿园给予高度重视，幼儿的早期阅读水平才有更好的发展。

（2）幼儿园对教师的培训。教师在早期阅读方面的培训仍和幼儿园的重视程度有关系，幼儿园管理层应该重视教师上岗前培训和入职后培训。同时培训的内容不应该都是笼统的学前教育学或教育心理学方面的知识，操作性强的、有关具体领域的内容对教师的专业发展才有作用。

4. 幼儿家庭因素

家庭是幼儿一出生就开始接触的环境，家庭对幼儿的影响巨大到无法想象。根据布朗芬布伦纳的生态系统理论，家庭是社会的细胞，而家庭的功能就像一个社会系统功能，在这个系统中，家庭的每一个成员对别人的影响都是双向的：他既影响别人，同时别人也影响他。家长对阅读的态度直接影响幼儿阅读的态度，幼儿对阅读的热爱同样也会激励家长更加重视对幼儿早期阅读兴趣的培养。

（1）家庭的经济条件和文化水平。国内外有不少研究表明，家庭经济富裕、文化程度较高的中产阶级跟低收入家庭对待自己孩子的期望值不同，价值观也不同，因而这两类家庭对孩子的影响也有显著的差异。经济宽裕、文化水平高的家庭能够意识到幼儿早期阅读的重要性，并且愿意也有能力投入资金与时间到孩子的早期阅读活动之中；而经济紧张、文化水平程度较低的家庭则正好相反。前者往往会形成一种良性循环，后者则更容易陷入一种恶性循环。

(2) 家长早期阅读的观念。众多研究表明，不同的早期阅读观念对幼儿早期阅读兴趣和习惯会产生不同的影响。美国马里兰大学的 Linda Baker 在有关家庭对幼儿阅读动机影响的研究中发现，那些认为阅读是一种娱乐活动的父母比那些强调阅读是一种发展技能的父母更有助于提高幼儿对阅读的兴趣。阅读成绩比较落后的孩子则大多来自对阅读持有错误观念的家庭，这些孩子通常由于阅读落后而进一步导致学业成绩的落后，并有可能在持续的恶性循环中彻底失去对阅读和学习的信心与积极性。因此，有研究者指出，观念、尤其是与幼儿关系最亲密的父母的早期阅读观念，是幼儿早期阅读兴趣培养的核心影响因素。这一因素对于实现“帮助孩子爱上阅读”的教育目标起着非常重要的作用。较为宽松的阅读观念不仅可以为幼儿营造一种轻松愉悦的心理氛围，还是父母开展幼儿早期阅读的依据，使父母在引导幼儿接触早期阅读、为幼儿选择阅读材料、关注幼儿的阅读时间和指导幼儿阅读的具体方式时都能从幼儿的兴趣和喜好考虑。

(3) 家庭成员的阅读行为。家庭成员频繁的、固定的阅读行为可以使幼儿对阅读产生较高和较稳定的兴趣。家庭成员是幼儿的榜样，而幼儿通常都乐意模仿榜样的行为，这是他们的基本学习方式。如果家庭成员在家里经常阅读，幼儿就会凭着本能来模仿家庭成员的阅读行为。幼儿通过对成人的模仿，觉察到自己行为与榜样行为的相似之处而感到高兴。幼儿通过模仿阅读而学会阅读，起初对模仿的单纯兴趣也渐渐变为幼儿对阅读行为本身的兴趣。因此，对家庭成员阅读行为的模仿，是幼儿产生较高阅读兴趣的原因之一。

(4) 家庭的阅读氛围。良好的家庭阅读氛围能够使幼儿产生对早期阅读的兴趣，家庭成员的阅读行为会对幼儿的阅读行为形成正强化，家庭成员与幼儿的亲子共读不仅会促进幼儿早期阅读的发展，更能够在阅读中促进亲子关系的进一步发展。幼儿在自由、舒适的阅读环境下，思维也会更加活跃，也能大胆地表达出自己的想法，从而培养幼儿良好的阅读心态，更容易激起对阅读的兴趣。

5. 社会因素

(1) 社会舆论导向。社会舆论就像一个导向标，通常它指向哪里我们就走向哪里，尤其是像我国，每次引入国外新的事物时都会掀起巨大的浪潮，专家在前面引路，市场在前面号召，后面的人进行无条件的追捧。暂且不说这种现象的合适与否，且说这种现象的影响之大。早期阅读作为新事物，自从引入我国热度就一直没有消退过，我国很多从事学前教育的专家都在做早期阅读活动的推广工作，包括推广早期阅读活动理念、早期阅读课程、早期阅读的授课模式和早期阅读活动材料等等，在这股热潮中很多幼儿园并把分级阅读作为办园特色。这种社会舆论的导向也是影响幼儿早期阅读活动的重要因素，而这种影响是通过幼儿园、家庭、媒体等文化载体对幼儿的教育表现出来的。

(2) 社区文化的影响。这里所说的社区是指幼儿生活在农村还是城市，是在经济文化发达的地区还是贫穷落后的地区，对一座城市来说，是生活在富人区还是贫民区。如果社区占地面积很大，环境优美，安全安静，对于幼儿来说就像一个设施齐全的大花园。幼儿园可利用的资源比较丰富，这种环境就是一种潜在的文化氛围，会对幼儿会产生很大影响。

三、培养大班幼儿早期阅读兴趣的基本对策

（一）增强对幼儿早期阅读的理论认识

早期阅读中培养的阅读能力与兴趣会对幼儿的一生产生影响，对他们以后的学业成就和终身学习能力都有重大的影响。因此教师和家长必须完善更新自己的知识结构，树立科学的教育教学观，端正对早期阅读的理解与态度，而不是把它作为一件可有可无的事情来看待。

幼儿教师和家长都必须时刻更新自己的教育理论。树立科学的先进的教育观念，是提升早期阅读教育的有效方式之一。教师的各种教育理念都是影响幼儿早期阅读的重要因素。这就需要幼儿教师不断学习各种知识来充实自己，并通过实践中不断丰富自己的理论知识。只有不断学习，教师才能明白什么样的早期阅读活动是幼儿真正需要的，早期阅读活动不应该仅仅是强调知识学习或者阅读技能学习的活动，而更应该被看做促进幼儿发展的综合性活动。幼儿教师和家长也应该去了解幼儿早期阅读的最新政策，从而正确认识早期阅读的内涵，如2012年10月教育部最新颁布的《3—6岁儿童学习与发展指南》明确提出了幼儿早期阅读方面的教育目标和具体方法。首先，《3—6岁儿童学习与发展指南》提出要达到让幼儿喜欢听故事、看图书的目标，大班幼儿表现出的特点就是喜欢反复看和反复听自己喜欢的故事书；其次，要求幼儿具有初步的阅读理解能力，如对大班幼儿来说，应该能复述出故事的大概内容，并且有一定的故事创编能力；最后，指导幼儿具有书面表达的愿望和初步技能。

（二）选择适合幼儿的阅读材料并及时更新

阅读兴趣来源之一就是优秀的阅读材料，丰富的书面语言环境是培养幼儿早期阅读兴趣的重要保证。如果家长或教师给幼儿提供的是不适合他的阅读材料，那么他的早期阅读兴趣很容易被抹杀掉。因此，教师和家长选择阅读材料时应综合多方面的因素，考虑到大班幼儿最近发展区及他们的兴趣爱好，注意到大班幼儿早期阅读教育目标与小学目标的不同，进行合理和科学的选择。

1. 选择符合大班幼儿特点的图画书

幼儿的早期阅读是一个从图画到文字、从具体到抽象的系统发展过程。因此，幼儿早期阅读材料应该是符合学前儿童阅读学习特点的图文并茂的图画书，而不是机械地记忆、背诵枯燥乏味的没有具体形象作支撑的材料。在选择早期阅读材料的时候，首先内容的选择上要符合大班幼儿日常生活经验，能够让他们产生共鸣，同时又要富有情趣和教育意义。除此之外，还应具有一定的挑战性。给大班幼儿的阅读材料的可以适量增加一些文字，但是文字也不宜过长。大班幼儿可以阅读故事情节较长略复杂的读物，读物也可以从故事慢慢向简单的百科知识过渡，诸如像《十万个为什么》。

2. 图书题材要多样化

教师和家长为幼儿提供的图画书应该题材多样化，如日常生活、科学知识、亲情、友谊、生命健康和环境保护问题等方面。同时阅读材料应该有多样性的特色，除了绘本和故事书之外，散文、童谣、古诗、童话、常识等都可以供家长和教师选择。为增添阅读的趣味，还可以准备一些辅助幼儿阅读的玩具和道具，如照片、卡片、录音、视频、玩偶、头饰和服装等。家长和教师在选择阅读材料的时候也可以挑一些有声故事放给幼儿听，声图并茂的阅读材料有助于幼儿更生动形象地理解故事情节。幼儿一边看一边听讲解，对其听力和观察力都有很大的帮助。

3. 要保证图书的质量

图书的排版同样很重要，图文难易程度、对应与否是直接影响幼儿对阅读的兴趣的因素之一。色彩和画面也是我们在选择阅读材料的时候需要考虑的，布局应尽量简单一些，颜色要鲜艳点，语言要流畅偏口语化，才足够吸引幼儿的兴趣。还有在图书形式的选择上，尽量多挑一些印刷美观漂亮、情节发展符合幼儿身心发展特点的书籍。优秀的阅读材料应该兼具新颖性、时代性、趣味性、文学性和艺术性，要有教育价值，同时也要生活化，要符合幼儿思维直观形象性这一特点，以便诱发幼儿对早期阅读的兴趣。

（三）营造良好的阅读环境和氛围

一个轻松愉快的阅读环境可以使幼儿饶有兴趣地接触图画和文字，逐渐培养起对阅读的动机和兴趣。物质环境和心理环境同等重要，我们可以从这两个方面入手创设一个良好的环境。

1. 创造一个安静舒适的显性物质环境

例如，幼儿园可以为幼儿设置专门的阅读区、立体阅读墙和图书室。教师应该根据大班幼儿认知特点和兴趣爱好，有针对性地提供一些图书，并放在幼儿容易拿到的地方。还可以在阅读区铺上柔软的地毯，让幼儿可以席地而坐，让幼儿按照自己喜欢的方式进行阅读。家庭阅读环境也是十分重要的，有条件的家庭最好设置一个阅读角或书房。同时社区在建立图书馆、社区阅读室的时候，也应该考虑设立专门的幼儿阅读区。

我们还可以将图画、文字和故事情节等阅读信息融入幼儿园或家庭的环境布置当中，创造一个让幼儿随时随地都能够感受到阅读的平台，以“春雨润物细无声”的方式影响幼儿。比如可以在幼儿经常接触到的玩具和其他生活用品上贴上形象的标签，有机会的时候带读幼儿认识这些文字。幼儿园还可以在教室或楼梯走廊上贴上温馨的提示语，像“上下台阶慢慢走、小心滑倒要谦让”和“排队喝水有秩序，轻拿轻放不拥挤等”提示语。在这样的环境中，幼儿不仅能够熟悉一些文字，而且潜移默化地培养了幼儿对文字的感性认识。这样幼儿就仿佛置身于知识的海洋之中，再加上生动形象的图画，就更容易提高幼儿对阅读的兴趣。

2. 营造一种开放性的阅读心理氛围

开放性阅读氛围是指家长、教师及同伴悄然之间营造一种愉悦轻松的隐性心理环境，能够潜移默化地影响幼儿。教师应在欢快的气氛中在指导幼儿阅读，同时与幼儿建立一种民主平等、友好温馨的师生关系，逐步引导幼儿对阅读的兴趣，并积极回应对幼儿提出的疑惑。在幼儿阅读时，教师和家长应关注幼儿的阅读行为和习惯，必要时对好的行为给予鼓励，对不好的行为给予纠正。及时的鼓励可以让幼儿获得成就感，从而促使幼儿对阅读产生自信和愉悦感。与好朋友的集体阅读和亲子阅读还可以使幼儿体验到阅读的快乐，进一步提升幼儿对早期阅读的兴趣，如幼儿同伴之间的阅读互助、分享阅读。

（四）注重幼儿早期阅读方法的指导

在幼儿阅读的过程中，家长和教师给予幼儿正确的指导是培养幼儿早期阅读兴趣和阅读习惯的重要保证。

1. 设置对应的情境激发幼儿的阅读欲望

在幼儿进行阅读之前，教师和家长可以使用提问法引导幼儿猜想故事里可能会发生什么，以此作为悬念吸引幼儿的兴趣，再开始慢慢讲述故事，边讲边提问，看幼儿能不能猜到故事的内容。但是因为大班幼儿的思维能力和生活经验还远远不及成人，所以提问时应该注意提问的方式与难易程度，同时问题还应该具有开放性与启发性，并带有一定的悬念来刺激幼儿萌发继续读下去的欲望。

2. 在游戏中阅读

教师和家长可以设计一些小游戏加入进幼儿早期阅读教育当中。游戏的加入既可以缓解幼儿在阅读时产生的疲劳，又可以增强阅读内容的趣味性，从而促进幼儿阅读兴趣的提高。教师在设计游戏活动时，可以将阅读环境、内容和阅读形式这三者有机地结合起来，必要时可以利用幼儿园里的其他活动区。还可以引导幼儿在阅读之后把故事内容表演出来或是进行讲故事比赛等。除此之外，猜谜语、说唱法、抢答赛和改错法都是增强阅读趣味性的有效方法。

3. 及时表扬和奖励，培养幼儿良好的阅读习惯

家长和教师可以使用一些简单而鼓励的语言激发幼儿的阅读热情，比如像“太棒了”“你太厉害了”和“这个想法很好，除了这个想法你能不能想到其他东西呢?”之类的鼓励性的话语会增强幼儿对阅读的信心和热情。

4. 重视幼儿自主阅读活动中的指导

幼儿园和家庭都应为幼儿留出更多的自由阅读时间，并且每次自由阅读时间不能低于10分钟。沉浸在自主阅读中的幼儿，可以自由地在知识的海洋里畅游，自由阅读对幼儿的注意力训练同样很有帮助。在指导幼儿自由阅读的时候，我们要根据不同幼儿的特点进行指导。对于不知道看什么书好的幼儿，我们可以向他们推荐合适的书籍，并逐渐引导他们学会自主选择阅读材料；对阅读方法不对或阅读行为不好的幼儿提供正确的阅读方法与技能指导，对不规范的行为习惯给予纠正；对理解阅读内容有困难的幼儿进行一对一的指导，与他们一起阅读，发现他的问题所在并帮助他解决；还可以耐心倾听幼儿对故事的复述，与幼儿一起讨论故事情节的发展等。

（五）调动家长参与幼儿早期阅读教育活动的积极性

家园密切配合是培养幼儿早期阅读兴趣的重要桥梁。因此，我们必须加强家园互动，对家长进行更广泛的宣传教育，调动家长参与早期阅读教育的积极性，争取家长积极的配

合，形成强大教育合力。家长也需要与教师多多交流，对培养幼儿早期阅读兴趣的成效才会更大。

幼儿教师可以通过家长会、家长学校和家园联系本等方式与家长互动，向家长介绍早期阅读的必要性和重要性。园方也应该多开一些早期阅读的讲座，并邀请家长来聆听，向家长讲解早期阅读相关的理论和培养策略，改变家长教育理念的偏差，并推荐一些早期阅读的好书，增进其对早期阅读的理解。教师和家长可以在座谈会上就自身遇到的问题共同交流，各抒己见，最终达到经验共享的目的。除此之外，班主任最好也建立一个像微信群这样的网络社交平台，与家长进行线上互动，班主任也可以通过这个平台及时反馈每一个幼儿在园的阅读情况。幼儿园里也可以设置家园共育栏供家长阅读，展示早期阅读相关的知识和大班幼儿早期阅读中容易出现的问题。幼儿园也可以让家长亲自参与幼儿早期阅读的观摩活动，了解自己孩子在园的阅读水平，进一步了解班级的早期阅读实际教学现状，并让家长在观摩中学会指导幼儿早期阅读的理论知识和策略方法。幼儿园还可以举办一些“亲子故事大赛”和家庭图书漂流等活动，来丰富幼儿的阅读生活。阅读环境的创设也可以由教师和家长共同完成，家长不仅可以建言献策，也可以提供为幼儿更多更好的资源。

家长也应该在空闲时间多带幼儿参观图书馆、书店和绘本馆，提高和激发幼儿的阅读兴趣。在陪伴幼儿阅读的过程中又能够无形之间增加亲子间的亲情，促进父母与孩子的交流。家长应坚持每天和孩子一起阅读至少 20 分钟，并书写亲子阅读感受，并鼓励幼儿在第二天晨间活动时与大家分享在家里阅读的内容。

（六）构建完备的社会支持系统

西方发达国家和我国港台地区的幼儿早期阅读教育发展得比较好，他们的幼儿早期阅读研究起步比较早，因此这些地方的幼儿早期阅读的社会支持系统已经发展得比较完善。这些地方在幼儿早期阅读方面的经验值得我们学习和借鉴。政府、社区、家庭、幼儿园以及各种早教机构，应该高度重视早期阅读对幼儿一生发展的影响。教育部应该推出相关政策，引起社会各界对幼儿早期阅读的重视。当地政府应该在公共图书馆的建设上加大财政投入，完善图书馆的基础设施，增大图书的投放数量。教育部门也可以开展一些丰富有趣的主题活动，组织幼儿广泛参与，如“快乐小主播”和“阅读小明星”等活动。社区也可以组织幼儿早期阅读的经验交流活动，或开展相关的咨询活动，帮助家长树立全面科学的早期阅读理念，共同为培养幼儿早期阅读兴趣贡献出一份力量。

（七）充分利用信息媒体

随着现代科学的发展，电脑、电视和手机等现代电子科技产品普遍走进了各家各户，教师和家长应该合理利用互联网和各种媒体资源来促进幼儿早期阅读兴趣的培养。但是注意利用这些媒体的时间与程度，不可让幼儿沉溺于此。任何事物都有两面性，信息媒体对幼儿的利与弊是肯定存在的，但只要正确引导幼儿运用现代媒体，利用信息媒体的优势，指导幼儿以达到比较好的效果。这样是能够避免信息媒体对幼儿身心发展的负面影响的，发挥信息媒体在幼儿早期阅读中的积极作用的。

第二节　基于支架式教学的幼儿绘本阅读教学策略研究

近十几年来，绘本在童书中逐渐流行起来。绘本，作为幼儿文学的重要形式之一，以图文结合的形式向幼儿展现了一个个丰富有趣的故事，对儿童生活的情趣与幸福的体验把握得十分到位，不仅带给幼儿最初的文学体验，也潜移默化地影响着幼儿的生活，促进其健康成长。幼儿经常阅读绘本，不仅可以丰富其认知经验，也能够开阔其视野，体验不一样的生活。绘本阅读不但能培养幼儿的敏锐的观察力，也能培养其丰富的想象力，促进其思维能力的发展。绘本是孩子心灵的陪伴者，徜徉于绘本的世界中，幼儿能够不断地获得美的和幸福的体验，带给他们无穷的乐趣，因而有学者称其为“人生的第一本书”。同时，《幼儿园教育指导纲要》（试行）在语言教育领域中也明确指出：“教师要引导幼儿接触优秀的儿童文学作品，使之感受语言的丰富和优美，并通过多种活动帮助幼儿加深对作品的体验和理解”，使他们“在快乐的童年中获得有益于身心发展的体验。”

在西方，绘本是家庭中亲子共读首选的读本，儿童阅读绘本早在一百多年前就有了，而在中国大陆，关于绘本的阅读与研究还处于刚刚萌芽的阶段。随着我国开放水平不断提高，国际间的文化交流日益密切，大量世界上优秀的绘本已被引入，绘本受关注的程度也越来越高。绘本阅读的巨大价值逐渐得到公众认可，将绘本引入课堂已称为一种趋势。2004 年，深圳市南山后海小学开展了“绘本快乐阅读”的校本研究课题。2006 年，该课题已经在实践层面得到落实。但是，由于绘本阅读教学在很多地区并没有进行系统性的研究，对幼儿教师没有开展有针对性的培训，当前绘本阅读教学还有值得改善的空间。例如，幼儿教师对绘本阅读教学活动的价值认识存在偏差，绘本选材比较盲目被动，绘本阅读教学的实施过于死板以及对绘本阅读教学的评价过于传统化等等。这些问题的存在不仅影响发挥绘本阅读教学的价值，还可能影响幼儿绘本阅读的参与性与积极性。本书基于绘本阅读教学已有的问题以及支架式教学的启发，目的在于提供绘本阅读教学的相关建议，为改善幼儿绘本阅读教学提供一定的借鉴。

一、支架式教学相关概念的界定

（一）支架式教学

什么是支架式教学？在了解支架式教学前，首先我们应该明白什么是支架。“支架”在英文中的翻译为“scaffolding”，又与“supporter”，“holder”同义，可见“支架”是一种支持性的构架，一种辅助性的事物。“支架”一词最早来源于建筑行业的术语“脚手架”（Scaffolding），即工人们在施工作业时使用的能够为他们提供支持的临时性辅助结构，建筑物一旦完成，这些支架也就及时撤离了。后来“支架”一词应用十分广泛，不仅在建筑行业中，在医学、农学、机械以及教育学等方面都有应用。在教育学中，“支架”常被用来隐喻教师根据学生的发展需要而提供的暂时性、渐撤性的支持与帮助，逐渐将学习任务转移到学生自己，最后撤去支架，以实现学生对知识信息的自主建构。

支架式教学的理论基础源于维果茨基的社会建构主义思想，一是建构主义的心理起源说，二是最近发展区理论。前者非常强调学习活动中的社会支持，认为不管什么学习活动都应在互动的情境中促进高级心理机能的发展；后者则强调教学是不断地为学生创造最近发展区，帮助学生从某种水平发展到更高一层次的水平。关于支架式教学国内外没有统一的定义，表述虽有不同，但都体现了建构主义的思想。根据欧共体“远距离教育与训练项目”的有关文件，支架式教学定义为：支架式教学应为学习者建构对知识的理解提供一种概念框架，这种概念框架是发展学习者对问题的进一步理解所需要的，为此，就需要事先把复杂的学习任务加以分解，以便于把学习者的理解引向深入。迪克（Dickson Chard & Simmons，1993）提出，支架式教学是系统有序的，包含了提示性的内容、材料、任务以及相应的为改善教学所提供支持的过程。罗森赛恩等（Barak Dosenshine & CarlaMoister，1992）认为，支架式教学是教师或更有能力的同伴为帮助学习者解决独自不能解决的问题，也即帮助学习者跨越当前水平和目标之间的距离而提供帮助、支持的过程。当然也有其他学者对此提出了不同的表述。根据以上的表述，我们可以把支架式教学理解为教师为了促进学生的发展，依据学生当前发展水平而采取的一系列帮助学生进一步发展的教学策略。

（二）绘本

针对这绘本这一概念，国内外学者做过不同界定。绘本一词在英文中被翻译为“picture book”或者“picture story books”，因此绘本又被称为“图画书”。绘本是指一种图文结合，以图为主，以文为辅的书籍。通俗来说，绘本就是指以图画形式呈现的书籍，主要以丰富的视觉讯息表现故事内涵的文学作品，可以说是一种图像和文字语言结合的综合艺术。绘本与书籍的插图不同，删除书籍中的插图并不会影响内容，但是绘本不同，图画是整部作品主题和内涵的重要承载体，前后的画面具有很强的连贯性，它起着传达讯息的重要作用。以绘本作品《大卫，不可以!》为例，整部作品只有简单的几个字，文字相当精练，但是图画却传达了更多的信息，表现了大卫顽皮的性格。

绘本最初出现于欧美国家，夸美纽斯 1968 年出版的《世界图解》是世界上公认的第一本儿童绘本。20 世纪 50 年代后，绘本传入亚洲，主要以日本为主，如今，绘本在日本的发展状况非常好。20 世纪 60 年代，中国台湾地区的绘本刚刚起步，80 年代后发展态势渐好。在中国大陆，绘本为起始阶段，最初主要集中在沿海地区，后逐渐向内地辐射。由于绘本的主题丰富，表现形式独特，符合儿童心理发展需求，有益于培养儿童的多元智能，绘本的受欢迎度日渐上升。

（三）幼儿绘本阅读教学

幼儿绘本阅读具有多种形式，自主阅读、亲子阅读等都是比较常见的形式。随着研究者对绘本的不断探索，绘本阅读教学已在逐步列入幼儿园课程之中，是一种通过教学来促进幼儿绘本阅读的方式。幼儿绘本阅读教学是指在幼儿园的特定教学环境下，教师通过运用绘本图文并茂的特性，透过图画来叙述故事，让幼儿从图画及文字汇总了解一本图画的内容这种正式的教学形式。绘本虽然可以通过视觉画面让幼儿获取信息，但考虑到幼儿的年龄阶段与心理发展水平，其对事物的认知和理解还比较粗浅，让幼儿独立读懂绘本还是有困难的，因而通过有效的绘本阅读教学，更能够深度挖掘绘本的价值，取得更好的成效。

二、幼儿绘本阅读教学的作用与意义

（一）有效促进幼儿自主阅读，奠定终身学习基础

根据皮亚杰的认知发展阶段理论，0~2 岁的儿童处于感知运动阶段，他们不能对符号进行表征；2~7 岁的儿童进入具体形象思维，需要具体事物的支持，这个阶段的幼儿主要借助夸张的造型、鲜艳的色彩以及大小与声音来认识世界，他们能够对贴近自身生活实际的事物很感兴趣。绘本正好契合了幼儿的需求与兴趣。在绘本阅读教学中，教师借助生动活泼的形象帮助幼儿理解绘本，组织幼儿对绘本进行讨论、游戏与表演，并鼓励幼儿自己绘画等，有利于激发幼儿进一步阅读的兴趣，逐步提高自主阅读的能力。许多研究表明，自主阅读能力不是天生就有的，它有着自身发展规律，需要在父母和教师的悉心陪伴下，才能逐步获得。

早期阅读是儿童成为成功阅读者的基础，同时也是儿童成为终身学习者的开端。早期阅读的研究者周兢教授提出了早期阅读与终身阅读的关系。在知识繁杂、信息爆炸的时代，我们不仅仅要培养的儿童成为知识信息的被动接受者，而是成为主动建构知识的自主学习者和终身学习者。因此，在幼儿教师有意识地对幼儿进行绘本阅读教学，有利于培养其阅读兴趣，激发阅读潜能，帮助幼儿养成自主阅读的好习惯，为终身学习奠定良好的基础。

（二）有效促进幼儿心理发展，增强社会适应能力

在绘本阅读教学中，幼儿经常会出现移情现象。幼儿在体验绘本中人物形象的情感历程后，自己的情绪情感也会跟着发生变化，在这种变化之中，幼儿能够收获一系列重要的品质。因而帮助幼儿达成积极的情绪状态，抑制消极的情绪情感，促进幼儿社会情绪发展是幼儿绘本阅读教学的又一重要价值。例如，《鳄鱼爱上长颈鹿》、《搬过来，过去》和《天生一对》这一系列绘本阅读的教学，能够帮助幼儿对爱情进行简单的理解，鳄鱼和长颈鹿因为彼此爱着对方能够取长补短，克服重重困难，这种温馨和美好通过生动有趣的画面和夸张的艺术表现形式在幼儿的内心播下了爱和坚强种子。在绘本阅读的体验后，幼儿能够将这种积极的情感体验带入日后的生活中。再如，绘本作品《我好担心》中，幼儿教师可引导幼儿克服恐惧焦虑的情绪。

当前，绘本对幼儿社会情绪发展价值的干预研究有很多。相关研究表明，通过绘本阅读教学和干预，能够有效增进幼儿对情绪情感的理解，增强其社会适应性。例如，社会情绪发展的研究学者李燕教授通过实践研究得出结论：以图画书为媒介开展情绪教育活动，有助于促进幼儿情绪能力发展。因为绘本的内容取材于社会生活，幼儿在绘本阅读教学中能够不断以自己的经验来理解绘本中的内容，并通过感知和体验绘本主人公的情感，克服一些心理问题，了解社会规则，增强对人际关系的认知，促进亲社会行为的养成，增强其

社会适应性。

（三）有效促进幼儿能力提升，发挥绘本多元价值

1. 提升幼儿的语言能力和数学思维能力

绘本阅读教学最基本的价值就是提升幼儿的语言发展水平。在绘本阅读教学中，教师能够有效引导幼儿借助绘本的画面内容自由地表达。幼儿根据自身已有的经验和对图画的印象将自己对绘本粗浅的理解自然而然地表述出来。同时，通过倾听老师和同伴的交流，能够增强其表达的多种可能性。实践表明，绘本阅读教学能够很好地激发幼儿的阅读兴趣，而热爱阅读的幼儿在语词使用的丰富性和语句表达的流畅性和语言理解等方面都发展更具优势。

绘本阅读教学也能培养幼儿的数学思维能力。目前，贴近生活的数学类的绘本不占少数，如《三只小猪》、《好饿的毛毛虫》、《白雪公主省钱记》等。这些与幼儿实际生活相联系的绘本，将数的概念融入趣味盎然的绘本里，能够激起幼儿探究学习的欲望。幼儿数学意识的培养就是在贴近生活的绘本素材中悄然渗入的，这样能使幼儿获得最初的数理思维能力。

2. 促进幼儿认知能力的发展

绘本作品的创作源于社会生活，绘本阅读能够帮助幼儿结合自己生活经验感知绘本里描述的世界，以独特的视角拓宽自己的知识经验。对于幼儿来说，绘本中描写的就是真实的生活，在绘本中能够潜移默化地获得新的知识经验。例如，在绘本《小黄和小蓝》中，幼儿能通过简单有趣的故事获取对颜色的认知，不仅能够识别黄色和蓝色，也能了解到黄色和蓝色混在一起就能变成绿色。再如，绘本《妈妈买绿豆》中，场景与幼儿的生活十分贴切，妈妈带小朋友去买绿豆，并通过画面展现了煮绿豆的过程。绿豆刚买回来时，小朋友问妈妈：“为什么还不煮？”原来绿豆是要浸泡一段时间才能煮。在这里，幼儿在阅读绘本的过程中也获得了生活经验。煮完绿豆后小朋友又发现煮好的绿豆汤还可以做绿豆冰糕。后来，小朋友在桌子上发现了一颗没有煮的绿豆，在妈妈的提示下种在土里，后来发芽长大了。这一系列的情节都是在促进幼儿认知能力的发展。因此，幼儿绘本阅读教学对幼儿认知方面的发展具有重要的价值。

3. 培养幼儿的观察力、推理能力以及想象和思维能力

绘本阅读教学对于发展儿童的观察力、推理判断力以及想象力、思维能力等都发挥着良好的促进作用。观察力是幼儿在观察中受到系统的培养和训练而逐渐形成的稳定的个性品质。3~6 岁的儿童正处于好奇心强，对未知世界着强烈探究欲望的时期。绘本阅读可以说是培养幼儿观察力的重要途径，在绘本世界中，幼儿所表现出的观察与发现的能力着实使人感到惊奇。绘本的魅力就在于它以夸张有趣的人物造型、能引起幼儿兴趣的丰富背景以及紧凑的细节勾勒紧密地联系故事的画面性和故事的情节性。幼儿能迅速地从图画中获取文字没有表述的信息。幼儿在绘本阅读中，总能在画面中发现成年人忽略的有趣元素，并且乐此不疲，在这当中，幼儿敏锐的观察力就慢慢培养起来了。比如，在绘本作品《鼠小弟的小背心》中，幼儿能够细心地观察到海獭和狮子的胡子时有时无。绘本阅读也能够培养幼儿的推理判断能力，幼儿会根据图画中的线索进行一些符合逻辑事理的推理。

例如，绘本《逃家小兔》就是很典型的代表。小兔子想离家出走，有一天对妈妈说："我要跑走啦!""如果你跑走了"，妈妈说，"我就去追你……"小兔就说如果妈妈追，就变成小鳟鱼，之后妈妈说如果小兔变成小鳟鱼，她就要变成捕鱼的人去抓小兔子，小兔又说如果妈妈变成捕鱼的人，他就变成山上的大石头……依此类推，到最后小兔子不打算走。可以说，这部绘本作品的逻辑推理性是很强的，对发展幼儿的推理能力十分有帮助。这样，儿童的观察力和推理能力在阅读中慢慢培养起来了。

幼儿天生就爱幻想，优秀的绘本创作家能把握住幼儿天马行空的想象天性，给幼儿留下广阔的想象空间。在绘本阅读中，幼儿能够根据绘本的画面感及整体意境，对故事情节展开丰富的联想。画面中的小亮点小细节使幼儿浮想联翩，拓展与延伸作品原有的内涵。一位乐于与幼儿相处的优秀幼儿教师，可以利用绘本的优势，使孩子在温暖轻松的氛围中，带着探究好奇的心情，融入绘本的故事情境当中，借助有效的引导，调动其已有的经验进行合理的想象。绘本是通过连贯性的画面来表述故事内容的，幼儿不仅要懂得每一页面所发生的故事，还要迅速地将前后的事件联系起来，进行有效的整合，这就需要其充分发挥思维的灵活性。儿童文学家曹文轩曾充分肯定过儿童文学带来的价值，它能充分调动一个人的情感，具备不一样地看待事物的思维维度。

4. 提升幼儿的审美能力

绘本作为一种图画结合的综合艺术，具有高度的审美价值。优质的绘本教材在设计中动用了许多小心思，一方面绘本的线条，色彩以及构图的艺术性使得每本绘本都尤为精致，另一方面作品内容构建的故事情节十分有意蕴。绘本是文学与艺术完美结合的产物。在绘本阅读中，幼儿不仅能享受视觉上的盛宴，带来美感体验，更能在美好的故事情境中带来精神上的愉悦满足，情感受到陶冶和熏陶。徜徉在绘本世界里，他们能不断地感知和体会绘本形式美与内在美，体会故事主人公的情感起伏，感受童趣与美好。例如绘本《下雪了》，封面的色调对比鲜明，漫天飞舞的白雪与房子，小朋友以及小狗的颜色形成对比，一见到封面，小朋友就会喜爱它。尤其是带着围巾的小朋友与小狗在雪地奔跑的场景让人感受到下雪的欣喜，这些场景，足够吸引小朋友们在绘本里感受下雪的过程，体味那种激动的情感。绘本阅读教学能够带给幼儿美的情趣体验，感受生活的美。

三、当前幼儿绘本阅读教学现状分析

绘本已经在有意识与无意识中纳入了幼儿园课程体系之中，绘本阅读教学在幼儿园也在如火如荼地开展。那么绘本阅读教学在没有系统化与理论化的指导下，开展的又如何呢？存在哪些问题？

（一）绘本阅读教学的目标不够全面合理

依据新一轮课改及《3—6 岁儿童学习与发展指南》、《幼儿园教育指导纲要》的相关要求，现代化的教育理念与意识在幼儿园教师中逐渐得到认可和实践。根据对部分教师的访谈及课堂观察发现，幼儿教师能够充分意识到幼儿绘本阅读的教学价值，明白在教学中应该充分尊重儿童，以幼儿为主体展开教学活动。但是在具体的实践中，却存在不少问题。在访谈过程中发现，支架式教学作为体现现代化教育理念的重要教学理念，许多幼儿教师却对其缺乏了解，支架式教学在绘本阅读教学的过程中处于一种无意识的状态。根据访谈结果和课堂观察，在绘本阅读教学目标方面的情况如下：

（1）幼儿教师对绘本阅读教学活动的价值认识方面不够全面。关于绘本阅读教学的价值在上一章已经作了详细的阐释。幼儿教师认为绘本阅读的价值主要集中在幼儿的语言发展方面，另外，绘本阅读教学能够帮助幼儿获得生活经验，培养良好的道德品质。而绘本阅读对幼儿心理的发展的作用，帮助幼儿社会情绪得到发展，以及培养幼儿的观察力、想象力、创造力和审美意识方面的作用没有得到很好的认识。因而在绘本阅读的教学目标的完成过程中，不可避免地加强了知识性语言性的发展目标，以及生活经验与道德情感的培养，其他方面的目标被幼儿教师给弱化了。

（2）绘本阅读教学目标存在不符合幼儿年龄特点的现象，缺乏差异性。例如，我在小班的课堂中发现，老师在给幼儿上绘本课，采用的是科学类的绘本，目的是了解影子是怎么来的。对于小班的幼儿来说，理解光与影子的关系就比较难了。另外，即使是同一个班级的幼儿，其各方面发展水平也会有所差异，那么教学目标应该因人而异。在课堂观察中发现，幼儿教师在绘本阅读教学中较少考虑到这个问题，甚至一个同样的问题问遍班上每一个小朋友。

（3）注重绘本阅读教学的知识性目标，弱化情感性目标与技能目标。在调查的过程中发现，幼儿教师在制订绘本阅读教学计划时都会涉及布鲁姆提出的三种目标，即认知目标、情感目标、动作技能目标。但是在绘本教学实践中，幼儿教师过于注重知识性，忽视了幼儿对绘本故事的情感体验，弱化了技能的培养。一些教师甚至希望幼儿能够多识字，却忽视了幼儿对绘本内容的整体感知。幼儿教师在目标的完成上显得模糊不定，缺乏明确具体的步骤。

（4）绘本阅读教学中幼儿教师大多以行为目标导向为主，生成性目标与表现性目标较少。绘本作为儿幼儿早期阅读的重要载体，其完美之处并不完全在于创作者，幼儿作为读者也应该有很大的想象空间和表现空间，只有这样绘本才会显得更加丰满。在绘本阅读的教学中，教师一般是按照预设的目标完成教学，以教师为主体，没有回归儿童本位的理念。幼儿在绘本阅读教学中产生的有趣的想法及强烈的好奇心有时会被老师打压下去。

幼儿教师在绘本阅读教学目标的设定上，理念上了解的较多，而在实践过程中缺乏整体性和系统性，显得比较空泛。有的老师逐渐认识到了绘本阅读教学活动的文学性与审美性方面的目标，但很多老师仍然停留在以知识教育、道德教育方面，缺乏整体的目标设计。幼儿绘本阅读教学活动的知识教育和道德教育的目标价值固然重要，但老师更应从幼儿主体地位出发，深入挖掘绘本的文学性和审美性特征，注重绘本的多元价值，促进幼儿审美感知、审美理解、审美情感和审美想象和创造的发展，注意幼儿的智力因素（观察、注意、想象、思维等）及非智力因素（情感态度、个性心理等）多方面的发展，兼顾幼儿的个别差异，以促进“整个幼儿”及“整个方面”的健康发展。

影响幼儿绘本阅读教学目标的因素除了幼儿园没有加强培训之外，另外一个很重要的原因在于幼儿园办学的市场化。绘本阅读教学活动的目标依据除了依据儿童自身发展特点、幼儿园保教目标以及社会需求外，还来自家长的需求。由于家长育儿观念中过分注重智育、德育，轻视审美情感，以及家长的虚荣心，纯粹希望孩子能够多识字、书写以及能够讲故事等。许多幼儿园尤其是私立幼儿园为迎合家长的这种需求，更加注重显性知识的传递，而忽略了诸如幼儿绘本文学性、审美性的本质特征和多元价值，忽略了幼儿的情感需求。

（二）绘本阅读教学的选材比较盲目被动

在幼儿园早期阅读教学活动中，选材尤为重要，选材的恰当与否直接影响幼儿语言能力的发展和幼儿阅读的兴趣。在绘本阅读教学活动中，教师能否选择科学恰当的绘本教材是提高幼儿绘本阅读质量的前提条件。我们通过访谈以及在幼儿园的课堂观察中了解了当前幼儿园的绘本阅读选材的情况。

1. 绘本教材选用来源情况

当前幼儿园的绘本教材多是由幼儿园采购一部分，其余大多数是由幼儿家长提供。幼儿园图书馆收集的绘本多为某个出版社出版的系列绘本，绘本的来源不够丰富。家长提供的绘本五花八门，绘本质量与层次性良莠不齐。教师在开展绘本阅读教学活动时，对绘本选材带有很大的盲目性与随意性，目的性不强。部分幼儿教师认为，只要是幼儿绘本，都能很好地帮助幼儿学习，因而盲目地给幼儿灌输各种各样的绘本教材。

2. 选用绘本依据的原则

当问及“您是依据什么原则来选择绘本的?”L老师说会选择教育性意义比较强的绘本。比如绘本《三只小猪》就十分具有教育意义，第一只小猪叫懒懒，盖了草房子；第二只小猪叫凑合，盖了木房子；第三只小猪叫聪聪，砌了砖房。在大灰狼的破坏下，只有第三只小猪的房子好好的，并赶走了大灰狼。第三只小猪的勇敢与聪明就很值得小朋友学习。Y老师说会选择比较有童趣的绘本，这样能够让孩子们开心。当然也有老师提及选择符合幼儿认知水平的幼儿绘本。选择绘本时首先就应考虑是否符合幼儿心理发展水平，还应考虑是否满足幼儿的兴趣需要，是否符合幼儿的审美需求，是否符合当前的教学主题等等。关于绘本选用的原则，老师们都回答的比较科学合理。但是，在观察中却发现，现实的实践中一些教师并不能依据以上原则展开绘本教学活动。一些绘本并不符合本班幼儿的年龄水平，与幼儿的阅读水平和能力并不相适应，幼儿难以理解其内容。

3. 关于绘本类型和质量

在幼儿园实习的过程中，我们发现在班级的阅读角中，绘本多是摆放得杂乱无章，侧重于知识型的绘本，而且绘本的质量堪忧，有些并不适合幼儿阅读。在访谈中问及Z老师“您在绘本阅读教学时会考虑绘本的类型吗?”，老师说会，但是一般都是在幼儿园已有的绘本里选择，选择的类型比较受限。还有，比较缺乏层次性分类，在小班里的一些绘本对孩子来说还有一定难度。可见，幼儿园及园里的教师并没有有意识地去对一些经典优秀的绘本进行整理及归类，缺乏系统性和层次性。另外，在选择绘本教材时，一部分教师只会根据其知名度来选择，有时候追风选择很多外国的绘本。虽然装帧精美很有艺术感，但是却没有考虑到国内外文化的差异，其实有很多绘本是中国幼儿无法理解的，并不适合国内的小朋友阅读。

总之，幼儿园教师在绘本教材的选用上有一定的教育意识，但是由于一些原因在实践中仍然存在不足。造成这种不足的原因可简单归为以下几个方面：①当前国家对幼儿园的管理与监督还处于相对宽松的状态，对幼儿绘本教材的质量缺乏有效的评价标准；②当前幼儿园在市场化的背景下比较浮躁，对绘本阅读教学缺乏足够的重视，没有进行有效和长期的研讨活动；③幼儿园教师的文学素养有待提升，教师应不断加强学习，仔细研究，认真分析绘本的内容，能够迅速筛选出优秀的绘本教材。

（三）绘本阅读教学的实施机械单一

绘本阅读教学的实施是发挥绘本阅读教学价值最关键的环节。一部分幼儿教师在绘本的选材方面能够选择符合幼儿年龄特点的绘本，在绘本阅读教学的内容设计方面也会参考一些优秀绘本教案和精品绘本课程。但是由于很大一部分幼儿教师受学历层次以及个人文学素养的影响，对绘本的内容不能进行恰当的分析和设计，更多的是注重知识以及智育、德育等方面的内容，忽视了幼儿的情感需要和兴趣，忽视了绘本教学内容的生成性。

周兢、张明红认为，幼儿文学活动主要包括四个环节：①学习文学作品的内容。活动开展的首要环节就是将文学作品呈现给幼儿，让幼儿理解和熟悉作品。②理解体验作品。在幼儿理解幼儿文学作品的基础上，老师应进一步引导幼儿体验文学作品，感受文学作品的情感。③迁移作品经验。理解体验文学作品只是间接经验，在此基础上，丰富幼儿的直接体验，获得相关情感渲染。④创造性想象和语言表述。① 完成以上环节后，教师可引导幼儿自由表达、想象创编，体验文学作品的形式与意境美，培养幼儿的审美情趣。

经过查阅文献和相关幼儿教师课程方案了解到，幼儿绘本教学活动的实施还有待提升，有些地方值得反思和改进。绝大部分幼儿教师能够顺利完成第一个环节和第二个环节，但是能够引导幼儿迁移绘本的老师大幅度减少，能够顺利完成整个文学活动环节的教师就更少了。因此大多数教师在开展绘本阅读教学活动时还停留在前两个阶段，对绘本内容的延伸及对审美情趣的培养等环节相对来说忽略得多一些，绘本阅读教学活动的设计和开展过程总的来说不太完善。

许多幼儿教师虽然在理论层面上已经认识到，绘本阅读教学活动应符合不同年龄阶段幼儿身心发展的特点，应该循序渐进的展开。生动有趣的绘本能够很快吸引幼儿，幼儿自身缺乏认知经验决定着幼儿教师应为他们提供相应的帮助。但是，在幼儿绘本阅读教学活动开展的具体实践中，更多的教师倾向于高结构的绘本阅读教学活动，整个活动的流程设计紧密衔接，始终是教师进行严密调控，幼儿自我表现的机会相对较少，绘本阅读教学活动中互动比较少。在访谈过程中了解到，其实许多幼儿老师已经认识到开放有序的绘本阅读教学活动更有利于幼儿发展，但是受自身水平的限制，总觉得难以把控，因而在具体的教学策略上显得束手无策。另外一部分幼儿教师虽然采用低结构教学方式，但是流于形式，并没有起到实质性的效果。

另外，幼儿教师在绘本阅读教学活动中对运用有效语言引导幼儿这一方面感到棘手。也就是说，运用恰到好处的教学言语促进师幼互动，并给予幼儿真正有效的提示，使幼儿能够在此基础上独立达到相关目标，在这个方面，老师还需加强学习，不断地提高自身的

---

① 张亚．幼儿园文学教育活动设计的现状研究［D］．重庆：西南大学，2012.

言语运用水平。

在课程实施的价值取向上，大多数老师持忠实取向和相互调试取向，持创生取向的较少；课程实施方法上，注重老师单方面的解读，或是简单的PPT放映，教学形式机械化、单一化；无功利的欣赏活动太少，只是简单的幼儿听讲活动。总的来说，部分幼儿教师文学素养匮乏，忽视了绘本阅读教学活动的多元价值，对儿童的日常生活和幼儿经验与绘本内容的联系组织不够，能力有待进一步提高。

（四）绘本阅读教学的评价传统守旧

在观察的过程中发现，幼儿绘本阅读的教学评价还是采用传统的教学评价机制。传统的教学评价机制更加注重外显的、即时的评价，而忽视活动发生的过程及设计教学活动的教学反思。由于目前社会竞争压力大，许多幼儿园，尤其是私立幼儿园为了迎合自身市场竞争的需要，不得不去迎合家长过分重视智育结果的需要，从而在教师评价中片面强调教学短期和外显的效果。因而教师受到幼儿园功利化价值取向的影响和制约，不得不将知识传授作为自己首要的教学任务，而忽视的支架式教学及幼儿绘本自身所蕴含的巨大价值。

幼儿园评价制度的标准性、非动态性的特点造成了教师对幼儿的最近发展区、活动情境创设、幼儿的自主性、师幼互动的价值等方面的忽视。正确合理的评价制度的缺失造成教师在设计教学活动时变得束手束脚，不敢大胆尝试新的教学方法，只关注幼儿在安全的环境中被动接受知识的结果。这种强调结果忽视过程的功利主义评价制度既牺牲了幼儿的长远利益，也不利幼儿教师的专业成长

幼儿绘本阅读教学活动的评价与幼儿绘本教学活动的目标息息相关。幼儿园绘本阅读教学活动的评价范畴比较小，主要侧重于教师对幼儿的评价以及活动开展的有效性评价。教师评价的内容比较单一，十分注重幼儿语言知识及德育目标的评价，却相对忽视了情感态度及审美情趣等目标的评价；更加注重目标评价，而过程评价和主体评价较少。具体来说，老师更注重于幼儿学会了多少绘本故事内容，懂得了什么道理。课程评价中形成性评价和多元性评价较少。

四、基于支架式教学的幼儿绘本阅读教学策略

绘本阅读教学应该有效地发挥绘本阅读的价值。在支架式教学理念的启发下，本书从绘本目标制定，内容选择以及绘本阅读教学的实施过程与评价等角度提出相关策略，为改善幼儿绘本阅读教学提供一定的借鉴。

（一）研判最近发展区，确定概念框架

1. 研判最近发展区，及时撤离支架

通过前文对支架式教学的论述，以及支架式的理论基础“建构主义学习观 ”和“最近发展区”的简要介绍，我们对支架式教学的内涵和实质有了初步的了解。从最近发展区的观点中，我们知道幼儿的学习是在社会交往中获得的，幼儿的学习能力的提高需要“更有能力的他人”来引导，促进其达到更高的发展水平。最初，幼儿的发展水平比较低，其独立解决问题的水平比较低下，教师作为比幼儿更有能力的重要他人，应积极运用

有效支架支持幼儿的学习活动，当幼儿相关能力得到发展，能够自己独立解决问题时，也就表明幼儿已经达到更高的水平，跨过了这一最近发展区，到达新的发展起点，教师这时可撤离支架。幼儿达到新的起点时，也就意味着产生了新的最近发展区，必然需要产生新的学习活动，这是一个动态发展的过程。最近发展区并不是将学习者的学习目标定位于过去，而是指向能够在未来下一个最近发展区内能够达到的最佳能力水平。这对幼儿教师开展教学活动带来极大的启示：一个学习语言活动的最佳化最近发展区的上限和下限都不能超过幼儿的最近发展区，如果超过上限，幼儿就会显得无所适从；如果低于下限，学习并没有发生，不会产生任何意义。

因此，要开展一个高效的绘本阅读教学活动必须将目标聚焦于如何让幼儿朝向最佳化的最近发展区贴近，即我们的幼儿绘本阅读教学活动设计得是否恰当，应该看幼儿是否需要幼儿教师的暂时性支架支持，学习经验是否得到丰富，学习态度是否更加积极，个人情感是否得到充分满足，表达能力、想象力及思维力是否得到发展，是否逐步完成了个人的学习任务。另外，能不能与老师进行良好的师幼互动，能不能与同伴进行良好的合作与交流。如果将最近发展区的观点运用于具体的幼儿绘本阅读教学活动中，幼儿教师在幼儿绘本阅读教学活动的设计中，在目标设计、内容设计和实施指导中的教学设计应稍微领先于幼儿现时的水平，在教学过程中，教师给予一定的支架协助，如情境支架、图谱支架和经验支架等，使幼儿在学习绘本时能够在最近发展区内逐渐向最佳化的最近发展区靠近。

2. 提升教师的素养，确定概念框架

幼儿的认知水平遵循由低级到高级、由简单到复杂的学习规律。因此，在充分了解和分析幼儿的最近发展区的前提下，应选择适宜幼儿发展水平的绘本。如果幼儿教师自身拥有较高的文学素养，能够有效把握绘本的内涵和价值，能够合理有效分析其内容，在绘本阅读教学活动中便能游刃有余地运用支架式教学策略。①在绘本阅读教学中，教师具备良好的幼儿文学素养是提升其支架式教学策略的基础。支架式教学在绘本阅读教学活动中强调从幼儿的经验与兴趣入手，激发幼儿热爱事物的情感，提高其审美能力和感受能力，丰富其阅读经验，促进其想象力和思维力的发展。因此，幼儿教师在进行教学活动前，应具备良好的对绘本进行分析的能力，以便抓住绘本的核心经验和内涵。②幼儿教师应在绘本阅读教学活动的实践中不断反思提炼，促进自身支架式教学策略水平的提升。首先，在教学理念中要深刻理解支架式教学的内涵，在进绘本阅读教学活动时要有意识的运用；其次，要逐步熟悉支架式教学的核心要素、原则及方法，并进行不断的尝试修正；最后，要加强幼儿教师间的交流，反复实践，不断提升支架式教学技巧。

（二）制定合理的教学活动目标与内容

1. 根据幼儿的年龄特点和绘本的类型制定合理的绘本阅读目标

教学目标的确立应考虑多方面的要求，不仅要考虑幼儿当前的发展水平，还需要根据绘本的内容和社会的需要制定适合幼儿发展的目标。①绘本阅读目标的制定应符合幼儿的年龄特点。小班幼儿的绘本阅读目标应该单一，以增强感知为主。随着年龄的增大，可以制定多元化和有表现力的目标。②应该根据不同的绘本类型制定不同的目标。绘本的类型种类繁多，体现的主题也有所不同，幼儿教师可以细心挖掘绘本的精髓，根据实际需要进行拓展与延伸。③绘本阅读的教学目标也应考虑到社会方面的需求。绘本的一个重要功能是促进幼儿的社会性发展。因此，可以利用绘本促进幼儿社会情绪等方面的发展。

幼儿课程目标的制定也取决于幼儿课程的价值取向，幼儿课程价值取向主要有三种：行为目标取向、过程目标取向和表现性目标取向。传统的课程目标十分注重行为目标取向，强调预期目标的实现。而当前十分推崇过程目标取向和表现性目标取向，重视幼儿主体性作用的发挥，注重课程的生成性。在绘本阅读中主要表现在持行为目标取向的幼儿教师往往注重绘本本身的内容，尊重作品的原创性，而后两者则重视幼儿对绘本内容的再创造和表现。可以说，尊重绘本的原创性和发挥幼儿的创造性都很重要，但是却有许多人走向了二者的极端。王海澜老师对这两种阅读价值取向进行了制衡，她将上述两种阅读称为"作者创作理论"和"读者反应理论"。《幼儿园教育指导纲要》所主张的语言教学，并不在早期的"作者创作理论"和目前的"读者反应理论"之间作出非此即彼的选择，而是主张达成这两方面的目标。① 因此，在制定绘本阅读目标时应该兼顾尊重作品的原创性和发挥幼儿的创造性。

一般来说，绘本阅读教学的目标通常为下面四个层次：①理解绘本的内容。包括绘本的主题，主人公，故事脉络情节，画面构成等。②感受绘本中人物的情感，表达自己的情绪，促进幼儿社会情绪的发展。③在幼儿熟悉绘本的基础上，进行情境性表演。④创编与迁移。鼓励幼儿对图画内容进行再创造，帮助幼儿将绘本中学习到的知识情感态度价值观迁移到生活中，形成对事物的积极认识。

2. 依据幼儿的兴趣与需要和绘本的质量选择丰富的绘本阅读内容

教学内容是整个教学方案的主体，对教学内容的选择是教学活动实施的一个重要步骤与关键。选材恰当与否是绘本阅读教学活动能否有效开展的影响因素之一。因此，在设计绘本阅读教学内容时，应该始终坚持科学性与合理性的原则，从多角度多方面出发，严格审视其内容，具体应注意以下几点：①绘本阅读的内容应贴近幼儿的生活实际。选择经典的、生活化的儿童绘本，更有益于幼儿理解绘本。脱离幼儿生活实际的绘本难以引起幼儿进一步探索的兴趣。②幼儿绘本内容应具有趣味性，有利于表达。绘本的趣味性主要体现在画面应与幼儿的绘画特征及其审美体验相适应。生动有趣的绘本不仅能使幼儿乐于倾听、乐于表达，更有利于提高表达表现的质量。也能吸引幼儿投入到故事中去，受其影响和感染，产生共鸣。③绘本应该符合幼儿的年龄特点和心理发展水平。小班的幼儿主要以形象思维为主，应选择简单生动一点的作品；中班幼儿语言发展相对成熟，可选择稍微丰富一点的作品；大班幼儿思维由表象向逻辑思维过渡，但仍以表象为主，可选择更加丰满一点的绘本材料。④根据实际需要选择高质量的，合适的有益于幼儿发展的儿童绘本。经

---

① 王海澜．怎样对待幼儿的故事"诠释"［J］．上海教育科研，2008（01）：92-95.

典优秀的绘本在故事主题和情节设计中，以及人物造型，色彩的选择和整个艺术构图中都是别出心裁的。因此，幼儿教师在开展绘本阅读教学之前，应该花时间去选择一些优秀的绘本读一读，深刻领悟作品的内涵，思考它是否适合儿童，是否能够满足幼儿的兴趣。

（三）搭建合理有效的教学支架

1. 搭建情境支架，激发幼儿阅读兴趣

适宜的情境能够使幼儿乐于参与教师设计的教学活动。在绘本阅读教学中，情境支架的搭建可以通过环境创设、游戏与问题情境的设计等来实现。①在环境创设方面，教师应营造与绘本主题相关的绘本阅读教学氛围，并准备相关教具。这可作为一种有效的支架让幼儿更快地融入绘本当中。绘本阅读教学活动是一种多感官的体验过程，借助教具与环境，幼儿更乐于对绘本故事进行探究，深刻体验故事的情节，体味绘本带来的无穷乐趣。②在游戏组织方面，教师可以游戏的形式为儿童搭建一个情景支架。游戏是幼儿生活的主要部分，利用游戏能够帮助幼儿在自然愉悦的氛围中体会相关概念和经验。有些绘本的内容非常简单，文字精练且不断重复，通过游戏的方式可在循环往复的体验中熟悉绘本内容，体会绘本的童趣。③设置问题情境，进行有效的提问。绘本阅读教学是层层递进的过程，教师的提问也应该是有层次性的。幼儿教师可根据绘本故事发展的情节给幼儿设置一些有价值的问题，鼓励幼儿在观察中发现、思索，鼓励幼儿积极地表达。

2. 运用经验支架，帮助幼儿突破难点

绘本本身是社会知识、认知知识和语言知识的结合物，任何一个绘本的学习活动都对幼儿这三方面的知识经验提出了一定的挑战①。绘本虽然文字简单，画面感强，但是对于幼儿来说，由于社会经验比较匮乏，对事物的认知较为粗浅，语言的运用水平也较为低下，因此在绘本的阅读过程中不可避免地存在困难。幼儿教师在开展幼儿绘本阅读的过程中，应充分调动幼儿已有的认知经验，将绘本中涉及的新概念与其认知经验相联系。在这样的基础上，逐步设置有挑战性的任务，帮助幼儿攻破各个难点。例如，生命教育类的绘本《一片叶子落下来》，书中关于叶子在春夏秋冬的变化以及关于生命的意义、死亡的探讨对于幼儿来说是非常难以理解的。只有突破了这些难点，才能使幼儿真正读懂绘本与生活。那么幼儿教师首先就应该明白难点在哪，从幼儿熟悉的叶子入手，采取一些图谱等帮助幼儿理解四季这个概念，以及叶子在春夏秋冬颜色都是会发生变化的。其次，逐步推进教学进程，运用其已有经验加深幼儿对四季轮回的理解。最后，在幼儿理解叶子最后落下的原因后，再增添关于生命意义探讨之类的环节。

3. 借助多媒体支架，促进幼儿多感官参与

信息传播技术的应用与传播加速了屏媒时代的到来。与传统的纸媒相比，屏媒不仅承

① 胡剑红．支架幼儿语言学习的教学策略［J］．学前教育研究，2010（01）：67-69.

载了文本和图画，更融合了多种媒体的综合特征，融文字、图画和声音等于一体，更是增进了绘本的生动性与灵活性。在幼儿园绘本教学中，幼儿教师可以适当使用现代多媒体手段，促进幼儿的视觉、听觉等多感官参与，使幼儿在绘本阅读过程中的意义建构和阅读过程本身变得多模态和多感官。例如，在绘本《兔子先生去散步》中，原有的纸质绘本是由一幅幅连贯的平面图形展示给幼儿的，幼儿在理解故事情节时很可能会忽略图画中呈现的各类标志。幼儿教师若是动用一些小心思，运用现代多媒体技术辅助绘本教学，将绘本的画面感由静化动，将绘本中的标志扩大且以鲜艳的颜色标出来，并设置为动态的形式，之后再加以声音的渲染，幼儿便能很快识别图画当中的标志，帮助兔子先生找到回家的路。这样一来，该绘本阅读的主要目的很快就能够达到。

4. 注重情感支架，营造温暖的心理氛围

在这里，情感支架指的是幼儿在绘本阅读教学过程中对幼儿的一种情感性支持。支架式教学十分倡导教学过程中营造轻松的氛围。绘本阅读教学的过程中，幼儿难免会遇到难以理解的问题，会出现消极的情绪表达。教师在绘本阅读教学中营造温暖的心理氛围，这种情感性支持能够帮助幼儿敢于表达自己的想法，使幼儿以自由轻松的心态走进绘本。绘本阅读教学重要的价值之一就是进行社会情绪的学习。幼儿教师应善于提供情感性支持，帮助幼儿获得积极的情绪体验。例如，在绘本作品《糟糕，身上长条纹了!》的教学活动中，卡米拉因为与小伙伴不同，喜欢吃青豆而感到自卑，教师可以一步步帮助让幼儿了解卡米拉喜欢吃青豆却不敢承认的心理特点。其实有部分幼儿肯定也有类似的心理体验，教师可以营造宽松的心理氛围，鼓励幼儿能够自由地表达出自己与卡米拉相似的经历。而后可以以理解者的角度引导幼儿讨论，让幼儿明白这样的事不值得自卑，帮助幼儿一步步走出心理的困境。

（四）构建合作互动的教学组织

支架式教学的实质应是以学习社群内的学习文化为取向，幼儿的学习对象，学习内容不限定在教学活动上的机制，教学活动的学习才是支架式教学理论所强调的重点，支架式教学特别强调合作的重要性，如何建立教学活动外的有利学习机制，要有周详的学习型组织，即如何设置有效的学习机制。基于支架式教学的幼儿绘本阅读教学也应十分强调互动讨论，这种学习不应只限制在教学活动的机制内，幼儿教师应在教学活动外鼓励幼儿形成有效的合作学习机制。在现代教育理念中，师幼关系由传统的教师主体转向儿童主体，经过交融互补，再转向双主体，强调教师对幼儿发展的引导。注重有效的师幼互动沟通和有效的提问策略。有效的提问是作为一名合格幼儿教师必备的技能之一，在幼儿绘本阅读教学活动的实践中，教师的有效提问可以激发幼儿的思考，帮助幼儿针对绘本内容进行判断、预测、对比、想象和推理等，同时能激发幼儿对绘本内容的表演与迁移。因此，有效的提问设计不仅需要教师针对幼儿的身心发展水平和生活经验及兴趣为依据，还需要幼儿教师从不同的角度去发现活动内容与幼儿经验之间的联系，从而为教师设计的有效提问作铺垫。

协作学习是支架式教学的重要特征。在运用绘本进行教学时，应该营造一种自由开放的心理氛围，使幼儿在教师和同伴面前能够自由地表达自己的想法。幼儿教师根据绘本内容递进式的引导幼儿观察、思考、推断和讨论，可以为幼儿认知思维的发展起到重要的作用，使其思维更加灵活，有益于其对整个故事结构情节的了解，增进对绘本内容的独特感受，使其认知、能力和情感都得到发展。在这当中，既有师幼互动，也有同伴讨论，这两者都是作为一种支架促进其达到新的发展水平。幼儿教师在幼儿绘本教学中应紧扣以下三个方面的内容展开。

(1) 根据绘本故事内容展开讨论。感知体验绘本内容是绘本阅读教学中最基本的环节，因而紧扣绘本故事内容的讨论也是最基本的内容。通过对绘本内容的讨论，幼儿能够对绘本中人物的遭遇、内心的想法和解决的方法等有个连贯的感知。因而这种层面的讨论可以有：绘本中有些谁？他们都在做什么？他们碰到了什么事？又是怎么解决的等。

(2) 调动幼儿已有认知与生活经验的讨论。幼儿已有的认知与生活经验是其进一步认知的基础。这种讨论应充分调动幼儿已有的认知经验，意在协助幼儿将绘本中的事物、故事情节与自己的亲身体验结合起来，从而达到新的认知层面。因而这种层面的讨论可以有：你有没有与故事中小动物相似的经历呢？你当时是怎么想的等。

(3) 协助幼儿迁移绘本内容的讨论。绘本阅读的最后阶段是将绘本中学习到的事物迁移到实际生活中来。换句话说，幼儿对具体事物的认知，对情绪情感的学习要在他们的生活中表现与应用出来。这种讨论是为了帮助幼儿将在绘本里学到的知识、解决问题的方法能够在行为态度表现出来。这一层面的讨论可以有：今后碰到类似的事情你会怎么做呢？你还会担心害怕吗等。

维果斯基认为合作是认知发展的来源，他主张个体从出生开始就受到社会环境的影响，社会中的人际互动是智力发生的根源。支架式教学强调师幼互动的对话沟通和幼幼间的合作交流，在对话沟通的互动中，不仅可以强化儿童的学习，而且可以增进师幼和幼幼间的情感，营造一种宽松温暖的学习环境。师幼间和幼幼间的合作交流学习，是一种相互启发、相互受益的教学模式，有助于幼儿的组织、表达、规划、运用学习资源和调整学习方式、解决问题等能力的培养。教学过程中，幼儿教师的有效提问策略，能够促进幼儿自主建构、独立思考的自主学习能力。在教学活动中，对于幼儿提出的问题，教师可不立即做出回答，鼓励幼儿自主探究，教师可适时加以引导，使幼儿在交流、探讨中归纳得出结论。因此，在幼儿绘本阅读教学活动中，教师应悉心观察，洞察幼儿的发展水平，从而提出有效的问题引导幼儿独立思考。

（五）构建多元的教学评价方案

支架式教学理论所倡导的教学评价既包括对幼儿的评价，也包括对教师的评价；既有对幼儿自主合作学习能力和知识经验获得方面的评价，也有教师对自我教学过程的反思。支架式教学十分倡导动态性的评价以及多元的教学评价方案。具体的评价方案主要表现在以下几个方面：

1. 评价主体多元化

在绘本阅读教学评价中，应改变以往单独由幼儿教师评价幼儿的状况，应更加注重评价主体的多元化。在评价过程中，可由幼儿教师、幼儿自己以及幼儿家长参与评价。评价主体多元化无论是对幼儿的发展还是对教师的成长都发挥着重要的作用。教师在绘本阅读的评价过程中起主导作用，是幼儿绘本阅读教学评价的主要实施者，也是幼儿评价和家长评价的重要指导者。幼儿通过自我评价，有利于增强幼儿的自我意识，激发绘本阅读的兴趣。家长评价有利于增进家长对绘本阅读教学的理解，增强对子女成长的了解，更好地形成家园合作，促进幼儿成长。

2. 评价内容多元化

包括：①自主学习的能力。幼儿自主学习能力的获得是绘本阅读教学活动设计运用支架式教学的重要价值体现。在教师精心设置的情境支架及语言支架等支架的辅助下，幼儿能积极主动的参与到幼儿绘本阅读教学活动中来，能够积极表达，乐于表现。而不是游离于绘本阅读教学活动之外，胆怯退缩。只有当幼儿积极主动地投入到绘本阅读教学活动中，才能真正爱上阅读，才能真正获得自主学习的能力。②合作学习的能力。语言的学习是在相互交往中逐步发展起来的，幼儿的合作学习能力对其科学知识的建构具有重要意义。为了更好地了解幼儿合作能力的开展，评价方案应从这几个方面考察：幼儿能否大胆而清楚地向同伴表达自己的想法；能够理解和接受同伴表达的想法；能否积极主动交往，并持友好态度等。③是否完成有意义的建构。教师应鼓励幼儿在绘本阅读教学活动中大胆地表达和表现自己，鼓励幼儿在绘本阅读教学文学活动中进行多种形式的创造性活动，以完成对绘本内容有意义的建构。

3. 评价方式多样化

目前教学活动的评价方式比较单一，主要以教师为中心对幼儿进行评价。而支架式教学理论强调教学评价方式的多元化，既有教师的自我评价，也有对幼儿的评价。幼儿园教学活动评价方式主要包括：①教师自我的评价反思。教师要及时对自己设计的教学活动进行反思，发现教学过程中产生的有价值的东西，并反思自己的不足。②对幼儿的评价。对幼儿的评价应从多主体出发，如教师评价、幼儿自评、同伴评价等。

第三节　民间艺术在幼儿园艺术教育中的应用研究

民间艺术作为文化的瑰宝，是民族文化的一抹亮色。我们不得不承认，在时代洪流的冲击下，随着民众的观念或者说民间艺术的生存环境的转变，已经使得这一文化黯然失色。而民间艺术的保护性开发，对其生存道路立体交叉式的开发是必要的。摆在面前的情况是，我们必须去重拾这一遗忘的文化。从教育的角度出发，就需要我们的教育工作者不断地考察本地区的实际资源，因地制宜地展开调查，从“娃娃抓起”，使得生于斯长于斯的民众都能熟悉并且珍爱自己的文化。

当前人们对民间艺术的研究很多，国外对民间艺术的研究可见之于民间音乐与幼儿教育方面，开发得也较为系统全面。在幼儿民间艺术教育应用上，通过多领域、多种教学方式进行整合。也有许多可借鉴的成功经验。我国对于民间艺术的研究起步稍晚，但成果颇丰，有相对完整的学科理论体系。但幼儿园民间艺术教育的相关研究，较民间艺术而言，就显得相对薄弱许多。尤其缺乏对本地民间艺术在幼儿园课程、环境等的策略研究。

如何在传承民间艺术的任务面前，加强对幼儿园民间艺术教育的研究，使研究对我们的教育事业真正有所裨益。本书通过调查了解江西省赣州市幼儿园民间艺术教育活动的现状，从艺术教育课程内容选择、目标厘定、课程实施及不同向度来对其结果进行描述，结合赣州市的艺术教育教学活动并分析问题尝试给出可行的解决方案。

一、民间艺术在幼儿园艺术教育中的应用

（一）幼儿园民间艺术教育应用现状：一线教师的问卷反馈

1. 调查内容

幼儿园民间艺术教育问卷内容涉及以下五大方面：（表2-1）

表2-1　　民间艺术应用调查问卷主要内容情况表

维　度	题　号
民间艺术活动现状	（1题）
课程目标厘定	（2~7题）
课程内容选择	（8~11题）
课程实施	（12~17题）
课程评价	（18~20题）

2. 调查结果

本次调查共发放50份电子问卷，收回50份，统计有效问卷50份，问卷使用spss18.0分析内部一致性信度检测，问卷信度为0.827。但问卷调查范围有限，导致结果具有局限性、非普遍性。

问卷数据分析结果如下：

（1）教师基本信息。

调查的50名幼儿教师均为女性，调查结果显示赣州地区幼儿园教师学历普遍不高：中专及以下学历占64%，大专学历占30%，本科学历占6%（表2-2）。调研中了解到，有一些幼儿教师并非科班出身，没有幼师资格证，仅接受过国培项目或是在进修学校学习。教师所在幼儿园的性质如表2-3所示。

表2-2　　教师学历情况

选项	小计	比例
中专及以下	32	64%
大专	15	30%
本科及以上	3	6%
人次	50	

表 2-3　**教师所在幼儿园的性质**

选项	小计	比例
公立	30	60%
私立	20	40%
人次	50	

分析表 2-4 可知，目前赣州市十年以上教龄的教师偏少，以年轻教师为主，三年以内教龄的占了 92%，说明幼儿教师仍然处于新教师的“生存关注”阶段。从侧面说明教师专业能力尚未成熟。幼儿教师的学历水平和教学水平的现状，使得我们对幼儿园能否保证民间艺术教育活动的教学质量，打上了一个问号。

表 2-4　**教师教龄情况**

选项	小计	比例
3 年以内	46	92%
3~5 年	4	8%
6~10 年	0	0%
11~30 年	0	0%
人次	50	

（2）民间艺术活动开展较少。

调查结果显示（表 2-5），多数幼儿园都会开展民间艺术教育，但没有组织过的民间艺术教育的幼儿园也占到了 30%。结合收集到的基本信息来看，不管是私立或是公立幼儿园在民间艺术在组织现状，尤其是开展的频次上，都是较少的。

表 2-5　**幼儿园民间艺术教育活动现状**

选项	小计	比例
经常	3	6%
偶尔	32	64%
没有	15	30%
人次	50	

（3）能从家校两方考虑课程目标厘定。

如表 2-6 所示，从收集到的 50 份问卷中可知，44 位教师（88%）支持幼儿园开展民间艺术教育，说明大多数教师肯定了民间艺术教育在幼儿园的作用。当教师从幼儿的角度出发，预测幼儿对民间艺术教育的反应时，44%的教师认为幼儿会持喜欢的态度，只有 3 位教师（6%）认为幼儿会不喜欢民间艺术教育活动，可见民间艺术的趣味性对于幼儿还是有一定的吸引力的（表 2-7）。

表 2-6　　教师对幼儿园开展民间艺术教育的态度

选项	小计	比例
支持	44	88%
不支持	2	4%
无所谓	4	8%
人次	50	

表 2-7　　您认为在幼儿园开展民间艺术活动幼儿的反应

选项	小计	比例
喜欢	22	44%
较喜欢	25	50%
不喜欢	3	6%
人次	50	

对于教师而言，在制定民间艺术教育的目标时，首先要明确对民间艺术目标选择的价值取向。由表 2-8 可知，有 48 位教师（96%）都选择了有利于传统文化的继承，可见教师对于民间艺术教育课程的文化传播功能有一定认识；大多数教师（70%）也认同民间艺术教育资源的开发对于艺术教育课程有一定的帮助；相对较少选择（56%）的教师专业发展这一有利因素，也与教师教龄普遍年轻，没有将关注点投放在自身专业建设上有关。在制定目标的依据上，如图 2-29 所示，有 32 位教师（64%）会参照幼儿的兴趣；39 位教师（78%）会依据幼儿的身心发展水平，多数教师会选择孩子的立场作为制定目标的依据。其余有 29 位教师（58%）选择了教师自身能力水平；32 位教师（64%）选择了园所的实际条件；28 位教师（56%）选择了民间艺术的价值。教师在制定课程目标时，能够综合的考虑，结合幼儿与自身的内部因素以及来自园所和社会的外部条件。

表 2-8　　您认为幼儿园开展民间艺术教育的理由

选项	小计	比例
利于幼儿素质提高	34	68%
利于教师专业发展	28	56%
利于传统文化的继承	48	96%
利于艺术教育课程开发	35	70%

续表

选项	小计	比例
其他	1	2%
人次	50	

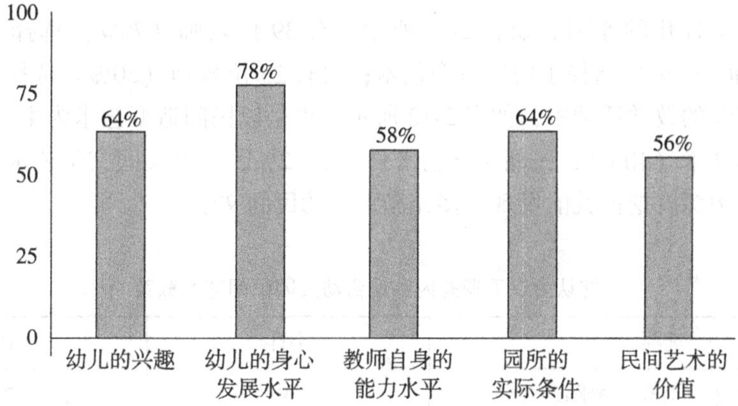

图 2-29　您认为幼儿园民间艺术教育目标的依据

（4）民间艺术课程资源开发滞后。

由表 2-9 可知，仅有 28 位（56%）组织过民间艺术教育活动的教师，没有组织过民间艺术教育活动的教师占了半数（44%），究其原因，可能是民间艺术教育活动对于教师还有一定的难度。如表 2-10 所示，教师在组织课程活动时，有 29 位（58%）教师是依照教师用书来进行的。使用园本课程的仅有 11 位（22%），即使有许多因素影响了园本课程的开发，但现实却是，各地的特色民间艺术更需要以园本课程的形式去挖掘。10 位教师（20%）选择了其他，整理后发现有教师回答了日常生活、本地风俗、岁令时节等答案，分别从幼儿经验，地域等角度回答了这个问题。

表 2-9　**您是否组织过有关民间艺术的教学活动**

选项	小计	比例
是	28	56%
否	22	44%
人次	50	

表 2-10　**您认为组织活动选用的教材应来源于**

选项	小计	比例
教师用书	29	58%
园本课程	11	22%

续表

选项	小计	比例
其他	10	20%
人次	50	

民间艺术内容丰富，按照本研究的分类依据，在选择适合幼儿的民间艺术教育内容时，也要体现多样化的原则。如表 2-11 所示，有 39 位教师（78%）选择了民间表演艺术；46 位教师（92%）选择了民间造型艺术；仅有 25 位教师（50%）选择了民间文学艺术。在教师组织的教学活动中，如表 2-12 所示，也是以民间造型艺术为主（48%），其次就是民间表演艺术（40%），民间文学艺术只占了 12%。虽然民间文学艺术的趣味性较之前两者稍弱，但深度挖掘就能发现许多充满童趣的民间文学。

表 2-11　　**您认为以下哪些内容适合幼儿园民间艺术教育**

选项	小计	比例
民间表演艺术（音乐、舞蹈、戏曲）	39	78%
民间造型艺术（绘画、手工）	46	92%
民间文学艺术（神话、传说、民谣）	25	50%
人次	50	

表 2-12　　**您所组织过的活动主要有哪些方面的内容**

选项	小计	比例
民间表演艺术（音乐、舞蹈、戏曲）	20	40%
民间造型艺术（绘画、手工）	24	48%
民间文学艺术（神话、传说、民谣）	6	12%
人次	50	

本研究的样本主要以赣州地区的幼儿园教师为主，因此，也有对赣州本地的民间艺术进行调查。作为客家文化的分支，赣州地区的民间艺术也是多种多样的。如表 2-13 所示，在生活中，有 34 位教师对于客家文化都有所接触（68%），同时也说明赣州地区幼儿园的赣州本地教师偏多。而在更进一步的调查中发现（表 2-14），教师对于赣州地区的民间艺术知之甚少，整理答案后大致有这几类：民间表演艺术（54%）如赣南采茶戏，民间造型艺术（10%）如石城灯彩，民间文学艺术（18%）如客家童谣，也有 9 位教师（18%）没有回答本题，可见赣州地区的民间艺术的开发也是比较滞后的。

表 2-13　　您平时会接触到赣州地区的民间艺术资源吗

选项	小计	比例
经常	1	2%
偶尔	34	68%
完全没有	15	30%
人次	50	

表 2-14　　您知道的赣州地区的民间艺术有哪些

选项	小计	比例
民间表演艺术	27	54%
民间造型艺术	5	10%
民间文学艺术	9	18%
（空）	9	18%
人次	50	

（5）课程实施方式制约了课程的多样。

在组织活动的形式上，如表 2-15 所示，26 位教师（52%）选择了集体教学活动；18 位教师（36%）选择了区域活动；6 位教师（12%）选择了日常活动。相应的在组织方式上，如表 2-16 所示，也以集体活动为主（60%），18 位教师（36%）选择了相对开放程度更高一些的小组活动。而渗透式的日常活动的组织形式与自由活动的组织方式，通常在组织上比较考验教师的教育水平，以及对幼儿课堂状态的把控。教师在实施组织民间艺术教育时，惯性地也把它作为一种集体教学为主的活动。

表 2-15　　您组织过的活动的主要形式有

选项	小计	比例
集体教学活动	26	52%
区域活动	18	36%
日常活动	6	12%
人次	50	

表 2-16　　您认为实施民间艺术教育最合适的组织方式

选项	小计	比例
集体活动	30	60%
小组活动	18	36%

续表

选项	小计	比例
自由活动	2	4%
其他	0	0%
人次	50	

在实施的最佳途径上，如表 2-17 所示，教师也倾向教学活动为主（60%）；其次是游戏活动（22%）；仅有 9 位教师（18%）选择了生活活动。民间艺术来源于生活，而在课程的实施上却偏离了它的本源，幼儿在生活中感受到的风土人情是教学无法传授给他们的。

表 2-17 **您认为实施民间艺术教育的最佳途径**

选项	小计	比例
生活活动	9	18%
游戏活动	11	22%
教学活动	30	60%
人次	50	

在实施民间艺术教育活动的困难方面，也主要是围绕教师和幼儿两方面的困难。如图 2-30 所示，有 13 位教师（26%）发现幼儿对民间艺术不感兴趣；31 位教师（62%）认为幼儿不能够理解民间艺术没办法操作。其他的包括教师自身的专业知识储备，对于民间艺术的了解程度，有 30 位教师（60%）不知道本地区的民间艺术资源；有 25 位教师（50%）不知道选择什么合适的教学内容；也有 18 位教师（36%）受到自身专业能力的限制；不知道如何去组织一次民间艺术教育活动。

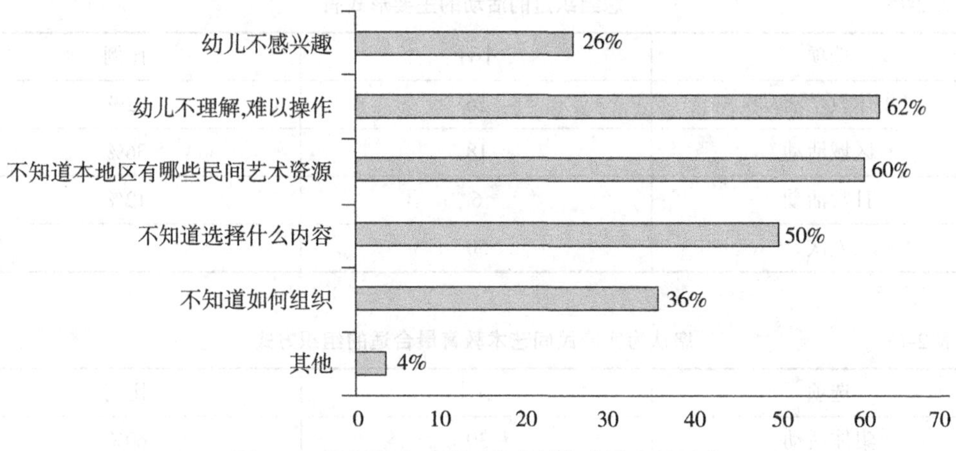

图 2-30 民间艺术运用到艺术教育中最大的困难

而在具体的实施课程中，对于民间艺术课程的主要影响因素如表 2-18 所示。有 26 位教师（52%）从幼儿园的微观条件出发，认为是园长与教师本身的素养限制；有 14 位教师（28%）认为课程计划是限制民间艺术教育课程的主要原因。这也从侧面说明，课程计划是否合理是需要商榷的。课程计划在指导的前提下，也要体现灵活性；一项课程的实施，不仅仅立足于微观的幼儿园环境，也需要考虑社会的宏观环境。调查表明有 10 位教师（20%）认为来自外部的教育行政部门的支持是主要的。

表 2-18　**影响幼儿园民间艺术课程实施的主要因素是**

选项	小计	比例
课程计划的限制	14	28%
幼儿园园长及教师的素养限制	26	52%
教育行政部门的支持	10	20%
人次	50	

在民间艺术教育实施对象上，大部分教师选择的是中班和大班的幼儿。如表 2-19 所示，有 33 位教师（66%）认为大班最适合开展民间艺术教育，16 位教师（32%）认为中班是最适合的；仅有 1 位教师（2%）认为小班适合开展民间艺术教育。实际上，教师们主要是考虑小班幼儿的身心特点以及民间艺术的复杂性，在教学上多选择年龄大的幼儿。而民间艺术的多样化，也就表明它是可以有多种多样的艺术形式的，主要是要找到民间艺术与儿童生活，儿童文化共鸣之处。

表 2-19　**您认为实施民间艺术教育最合适的年龄班**

选项	小计	比例
小班	1	2%
中班	16	32%
大班	33	66%
人次	50	

而在民间艺术活动实施上，如表 2-20 所示，从领域上进行划分，有 18 位教师（36%）认为民间艺术活动的实施应集中在艺术领域的美术教育上；14 位教师（28%）认为集中在音乐教育上；还有 18 位教师（36%）两个方面的艺术教育都需要；应该以艺术领域的综合为活动实施的主要方面。但是从收集到的数据来看，没有教师选择艺术与其他领域的综合这一选项。这也就说明，教师对于民间艺术的理解是比较浅层次的，对于艺术教育的理解也比较片面，没有充分意识到各领域之间的联系。

表 2-20 **民间艺术活动实施主要集中在哪方面的活动**

选项	小计	比例
美术教育	18	36%
音乐教育	14	28%
艺术领域的综合	18	36%
艺术与其他领域综合	0	0%
人次	50	

3. 课程评价重结果轻过程

评价作为一次教育活动的最后环节，对于课程活动至关重要。在从什么方面评价的问题上，如图 2-31 所示，有 29 位教师（58%）认为要从幼儿的参与度来评价；各 10 位教师（20%）认为从幼儿作品完成度和活动目标的达成度出发来评价；仅有 1 位教师（2%）会从教师在活动中的课堂表现来评价。可见对于评价课程效果的主要依据，教师开始关注幼儿在课堂或活动中的状态了，评价也从外部的作品和目标转向幼儿本身。

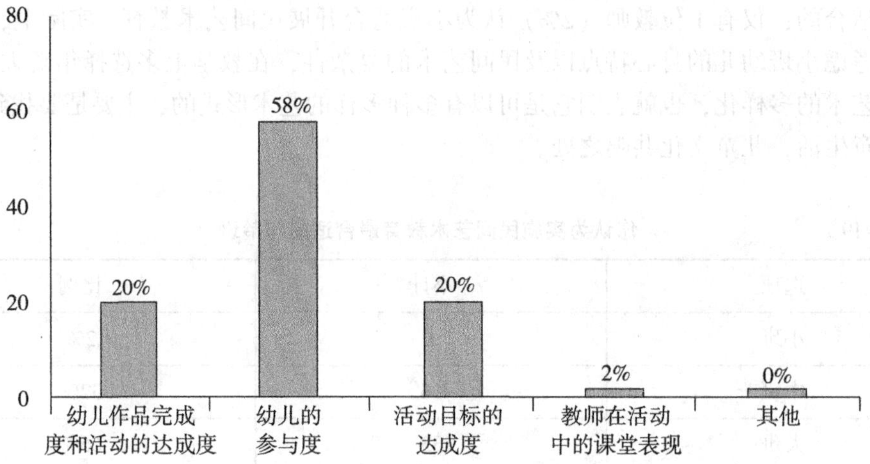

图 2-31 从哪一方面评价民间艺术教育活动教学效果

在由谁来评价的问题上，如表 2-21 所示，54%的教师认为应该以师为主；44%的教师认为幼儿是活动评价的主体；1 位教师（2%）认为家长应成为评价主体。对于什么时候评价，如表 2-22 所示，35 位教师（70%）认为在活动结束后进行终结性评价；12 位教师（24%）持形成性评价的观点，认为在活动中就要进行评价；而诊断性评价却往往遭到忽视。其实活动开始之前的评价是有必要的，可以帮助我们获得幼儿的基本能力水平，也为随后的课程改进提供了方向。

表 2-21　　活动评价主体

选项	小计	比例
教师	27	54%
幼儿	22	44%
家长	1	2%
人次	50	

表 2-22　　进行评价的阶段

选项	小计	比例
活动开始之前	3	6%
活动进行时	12	24%
活动结束后	35	70%
人次	50	

（二）问卷调查结论

1. 教师对于民间艺术知识的欠缺

在对教师问卷进行整理后发现，教师们对于赣州本地的民间艺术了解得不多，知道的都是日常的艺术形式。在民间表演艺术中，很多教师不会唱采茶戏，甚至很多连采茶戏都没听过，更别说了解客家戏曲背后的文化背景了；多数教师在学校学习期间学过各种类型的民间舞蹈，但缩小到地域上，就完全不会了，甚至有的教师表示不喜欢赣南采茶戏。在民间造型艺术中，很多民间工艺就连教师自己都没有尝试过，比如灯彩制作、围屋等。对于民间文学艺术也是知之甚少，对于民间童谣和故事，听过一些，了解的也不深入。

2. 课程把控能力较弱

我们常说巧妇难为无米之炊，在民间艺术的开发上就存在着这么一个窘境。一方面是触手可及的民族民间艺术资源，但是也面临一个残酷的现实，从数量和质量上都无法达标的师资。如果幼儿教师没有足够细致的观察力，或者没有对民间艺术资源的兴趣，很多好的民间艺术课程资源也就此搁浅。教师的把控课程能力贯穿整个活动的始末。从活动开始前准备适宜的材料，活动过程中根据幼儿状态，灵活机动的调整活动的环节，以调动起幼儿参与活动的积极性与热情。

3. 民间艺术活动开展较少

从上面的调查结果的信息可知，多数幼儿园都会开展民间艺术教育，结合收集到的基本信息来看，不管是私立或是公立幼儿园在民间艺术在组织上，尤其是开展的频次上，都是较少的。即使开展了，也很少有教师用心备课，准备适合自己班级的民间艺术教育活动。赣州地区作为一个客家文化聚居地，文化构成相对单一。但是，我国蕴含了丰富的民间艺术，不能因为某些原因而使其退出课程的舞台。让孩子们去接触这些文化的载体，是可以通过耳濡目染在生活中学习的。

二、幼儿园民间艺术教育的应用分析与策略

（一）影响幼儿园民间艺术教育应用的因素

1. 教师的素养

对于课程与教师的关系，本研究较为认同的是“课程即教师”这一观点。一体化的课程满足不了各地的差异性，而广大幼儿教师作为课程产品的开发者，却时常很被动，成为课程的消费者。究其原因，幼儿园教师的素质成为开发具有特色的课程的制约因素之一。民间艺术本身的地域性，也就要求幼儿园课程必须灵活可变，这样的课程自然对幼儿教师有较高的要求，教师的能力是否能跟上课程的变化是个问题。

2. 社会各系统的支持

民间艺术的流传方式主要是依靠祖祖辈辈的继承，而真正有影响力的得以为后世所知的经典之作就已经很少。随着时代的变迁，民间艺术的传承或者说生存环境也随之变迁，以民间节日为例子。节日仪式、庆典原是民间大众生活中不可或缺的一部分，而现在的春节年味寡淡，甚至新年里的舞龙灯活动也不再开展了。可以明显感受到的是，现在的年节已经一年不如一年了。春节已经如此，其他节日的处境就可想而知了。失去了人们的关注，民间文化与艺术也就失去踪迹。民间艺术注入日常生活才是使得其成为一种文化常态，孩子们从生活中体会到的民间艺术才是熏陶的。本研究还注意到社会各界对于本地区文化是陌生而淡漠的，方言也日渐成为了长辈们沟通交流的语言。不解的是，对于民间艺术的宣传几乎处于空白状态。因此，许多的幼儿教师对于本地区的民间艺术也是陌生的没有共鸣。

教育作为社会的子系统，必然需要其他社会系统的支持，才能得以顺畅运行。一种教育的实施离不开社会各界的支持和幼儿园本身的努力。目前备受瞩目的意大利瑞吉欧幼儿教育体系就是广纳多种理论营养之后的一种生动实践，在这一教育实践中我们不仅惊叹于瑞吉欧的各种观念，如儿童观、教育观。在《儿童的一百种语言中》前言部分可以很清晰地了解到，瑞吉欧小镇从市政府到全体社区民众对幼儿教育的全力支持①。可见社会各系统的支持，对于幼儿园民间艺术教育课程的影响有多大了。前面的应用调查可知，民间艺术生存环境的变迁，有很大一部分是由于社会对文化的逐渐遗弃，不再选择这样的文化，慢慢的民间艺术就将变成书上的符号。

（二）融民间艺术于幼儿园艺术教育的策略

1. 首先教师应具备一定的民间艺术方面的知识储备

在分析调查结果过程中，发现教师关于民间艺术知识的欠缺，这必然使得教师处于现学现卖，捉襟见肘的境地。对于教师自身，我们可以通过以下几个方面去改善目前的状

---

① Carolyn Edwards. Children’s one hundred language . New York. 2003：58-69.

况：①深入民间艺术、习俗保持较好的地方，进行民间艺术资源的挖掘。利用暑假和寒假，组织教师深入本地区民艺团体体验生活；②通过组织职前职后培训，加深教师对民间艺术的了解。例如，在大多数师范大学的学前教育培养计划中都会开设艺术类的课程，学习的内容大多包括民族民间舞蹈和民间音乐，高校可结合本地区的特色民族舞蹈开设相应的课程。

2. 学会幼儿留白以激发主动学习兴趣

教师在教学活动中要重视幼儿的情感体验，创设生活化的课程，除了专门的教学活动，也可以利用一些日常渗透的课程，比如组织一些社会体验活动。再者，幼儿园也要根据自身的条件，去尝试一些项目式学习的课程。回到本文最初对民间艺术的认识，艺术源自生活，从儿童的生活出发，选择适合孩子的内容也是至关重要的。幼儿园是一个开放的系统，包括园内园外，幼儿在园外，主要是在家庭和社区中的经验，会不同程度影响园内教育，因此要结合幼儿的兴趣点开发幼儿园民间艺术课程，而不是架空的。教师在教学中也要不断地去体验，幼儿的兴趣。给幼儿留白，让他们有足够的空间和时间思考探索。可以预见的是，环境作为一种隐性因素，对幼儿的影响是潜在、间接而内隐的①。园内也要结合园外生活环境，创设一种潜移默化的影响。

3. 积极利用一切可利用的资源

民间艺术的地域性，也就决定了幼儿园的民间艺术课程开发的多样性。正是由于各个地区的文化差异，才产生了和而不同的美。考虑到各地区的差异、幼儿园的差异，就不难得知差异才是园本的课程教研的资源。许多关于民间艺术在幼儿园的应用策略研究，从教师专业核心素养出发。其中重复频率最高的就是“问题”、“反思”、“研究”。而教师之间是有差异的，正视这种差异，用差异来发展，用个体来发展，也是一种有效的手段。而考虑到园际差异，如何让享有优势资源的幼儿园，发挥一个示范作用，从而产生辐射效应。公立示范园可以做的是，培养一批骨干教师，再由试点园的教师向各个乡镇的教师进行培训。这样的辐射效应，是双向的互动，也不是单方面的输入或输出。

第四节　幼小衔接中的数学教育问题及对策研究

幼儿园的教学内容包括健康、语言、社会、科学、艺术五大领域。其中，数学是科学教育中的一个重要组成成分，也是幼儿生活中必不可少的一门知识。知识的抽象性和逻辑性是数学学科独有的特点。数学教育注重幼儿思维结构的发展，重视幼儿的动手能力培养。幼儿园与小学的教育既是差别较大的两个教育阶段，又是相互衔接的两个阶段。幼儿园数学教学和小学的数学教学具有连续性，两者之间的顺利衔接关系到幼儿的数学学习能力的形成与发展。教育部 2001 年颁布施行的《幼儿园教育指导纲要》明确指出，幼儿园应该加强与小学相互衔接，其中，幼儿园数学教育的目标可以在生活和游戏中感受事物的数量关系并体验到数学的重要和乐趣。教育部颁布实施的

① 许卓娅．幼儿园课程理论与实践［M］．南京．南京师范大学出版社，2006：221.

《九年义务教育数学课程标准》中也指明，要向学生提供的学习内容要结合实际生活，能够激发学生的学习兴趣，同时要重视学生的情感体验，向学生渗透创新的思想。这两个文件提出的数学教育理念大致相同，即在数学的教学过程中要重视儿童的动手操作能力，让幼儿在生活中感受数学的魅力，而且在数学教育的目标、内容、方法的衔接上指明了方向。本研究以江西省上高县部分乡镇幼儿园的大班和乡镇中心小学一年级为研究对象，采用观察法和问卷调查法，对该乡镇幼小衔接中出现的数学教育问题进行了调研，并从小学和幼儿园两方面入手提出切实可行的解决策略，以促进幼儿在数学方面从幼儿园向小学顺利过渡。

一、幼儿园与小学数学教育衔接的现状调研

1. 教学目标方面

教学目标是指在实际的教学活动中，通过引导相对应的教学活动设计，使学生掌握老师要求的学习任务，使预期和生成结果相近。在问卷调查中发现，幼儿园和小学一年级的数学教学目标的侧重点不一致。

如图 2-32 所示，幼儿园学前班与小学一年级数学教学目标的设定确实存在许多差异。在幼儿园数学教学目标中，教师最在乎的是幼儿是否积极参与了数学教学活动，在活动中是否动手体验了，在这一教学目标方面占到了 40%，对是否激发了幼儿的数学学习兴趣、是否有利于幼儿数学思维品质的培养这一教学目标方面教师也非常重视，而在积累生活经验和数学知识方面，教师关注的较少，只有 10%；而在小学一年级数学教学的目标要求中，教师最在乎的是是否激发了学生学习数学的兴趣，在这一教学目标方面达到 40%，当然也重视数学知识于经验的积累，小学教师不是非常在意培养幼儿的动手和参与能力。但在实际的数学教学中，我发现农村幼小数学教学目标衔接“单一化”，即注重读、写、算等知识技能的衔接，幼儿园和小学的数学活动均以追求知识为本位，把幼小数学教学目标的衔接仅仅理解为知识的获得，没有做到让幼儿在生活中学数学。

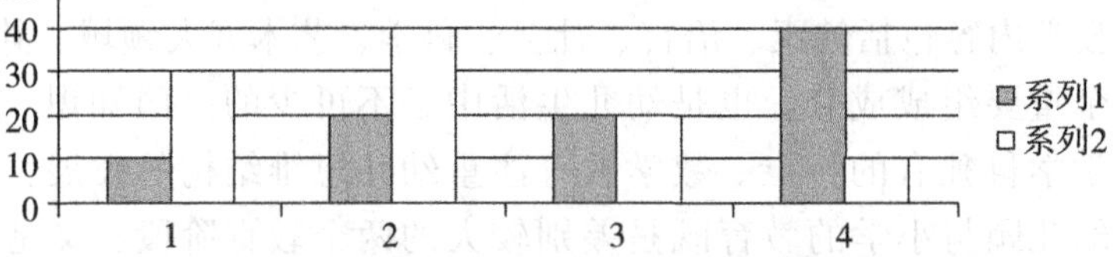

系列 1 幼儿园数学教学目标　系列 2 小学一年级数学教学目标

1 积累生活经验和数学知识　2 激发数学学习兴趣

3 注重培养幼儿数学思维品质　4 培养幼儿动手和参与能力

图 2-32 上高县部分乡镇幼儿园与小学一年级数学教学目标的对比

2. 教学内容方面

教学内容是教学目标达成的手段，是教学活动促进学生身心发展的重要途径。这要求教师以形式多样，生动有趣的教学方法和手段把教学内容系统而全面的建构起来。同时教师应该了解相邻教育阶段整体与部分之间的关系，以便这一时期的儿童更好地学习。表 2-23 从数的认识、数的运算、量的认识、几何图形、认识时间、创编应用题等方面分析幼小数学衔接的教学内容的差异。

表 2-23　　**幼儿园学前班和小学一年级数学教学内容的比较**

	幼儿园数学教学内容	小学一年级上册数学教学内容
数的认识	会读写 20 以内的数；认识 11 至 20 的单双数；10 以内数的组成；比大小，认识“>”、“<”、“=”，理解其意义	会读、写 0 至 20 各数；掌握数的顺序和大小；认识比较大小的符号及其意义
数的运算	10 以内的加减混合运算；20 以内的加减法	理解加、减法算式各部分的名称；掌握 10 以内的加、减法运算；20 以内的进位加法
量的认识	量的比较与守恒；认识二等分和四等分	无
几何图形	认识常见的几何体和平面图形，能正确区分形和体	直观认识常见的几何体和平面图形
认识时间	初步认识整点	学会看懂钟表，会整点计时
创编应用题	通过观察图片，学会编加法，减法应用题，并列式计算	理解加、减法的意思，掌握算理，能够解决一些简单的生活问题

通过比较发现两者的教学内容大致相同，幼儿园学前班的内容有超前化的趋势，甚至有些脱离儿童的实际生活。

3. 教学方法方面

教学方法的选择和使用是否恰当直接关系到学生的学习效果和教师教学目标的完成，然而教学方法和手段的使用受到具体教学内容、教育对象的年龄和水平的影响，而且教学方法又具有多样性和多变性，因此要求我们谨慎选择。以下是江西省上高县部分乡镇幼儿园和小学一年级数学教学方法的使用频率调查结果分析。具体如图 2-33 所示。

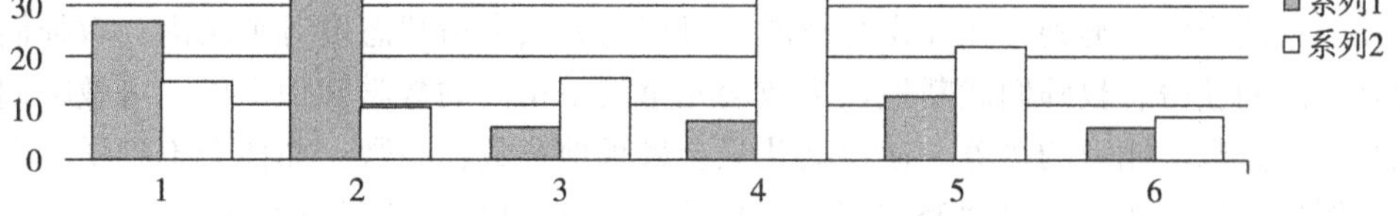

系列 1　幼儿园所用教学方法　　　系列 2　一年级所用教学方法

1. 操作法；2. 游戏法；3. 讨论法；4. 讲解法；5. 练习法；6. 其他

图 2-33　幼儿园与小学数学教学方法比较

通过观察比较，我们不难发现：操作法最受幼儿教师的欢迎，游戏法以及练习法也受到幼师的青睐，这几种教学方法都迎合了幼儿好奇好动的特点；而小学教师采用最多的教学方法是讲解法，当然也会兼顾操作和练习法，而游戏法几乎在小学阶段难以看到了。

4. 教学实施方面

教学实施是把教学设计有目的、有计划、有步骤的付之于实践，以课堂教学活动的形式表现出来。通过实地观察学前班20以内加法的活动设计和人教版一年级数学20以内的教学活动，可以发现：①在教学目标方面，两者都比较注重掌握20以内加法的计算方法以及数学抽象逻辑思维的训练，即考虑的是认知领域的目标，但前者缺少了幼儿在数学领域的从操作技能与情感态度的发展。这与游戏为幼儿园教学最受欢迎的教学方法，强调幼儿在操作中体验数学的原则相冲突。②在教学内容方面，两者都是20以内进位的加法的内容，而且几乎都是用的“凑十法”计算，这样知识的重复会降低幼儿进入小学学习数学的兴趣。

5. 教学评价方面

教学评价是按照教学目标对教学结果进行有效的判断，检查教学设计是否达到了预期的水平，换言之，这是对教学活动的一种有利督导。

从幼儿园与小学数学教育过程中研究发现，在幼儿数学发展评价上，幼儿园教师主要通过结合幼儿平时的表现及教师对学生的主观印象对幼儿数学学习进行评估，家长极少对幼儿的数学学习进行评价，教师和家长之间交流贫乏。因此，一些幼师建议幼儿园应该多开展一些亲子课程，园内互动节目，从而增强教师与家长，家长与幼儿的协作，形成评价主体多元化。

（二）幼儿园与小学数学教育衔接中存在的问题

1. 幼儿园与小学的合作性不强，小学参与不够

在调查中发现，幼儿园与小学在幼小衔接工作方面合作性不强，幼儿园与小学教师之间很少有数学教学方面的交流与探讨。小学对幼小衔接的问题重视程度不高，认为幼小衔接是幼儿园的事情，小学只需要按照小学教学大纲的教学内容来教育学生即可。调查发现，大多数小学只是在学期开始第一星期进行入学教育，其他为幼儿进入小学，习惯小学学习生活而做的事情少之又少，在数学学习方面的衔接更是鲜有见到。相对而言，幼儿园还是比较重视幼小衔接的，通常会安排一些这方面的活动，采取一些措施向小学靠拢，比如调整幼儿学习的时间、学习的方式。

2. 在应试教育的影响下，过分重视知识的教授

在问卷调查中了解到，在知识与技能、过程与方法和情感态度等范畴内，教师们最看重的是知识的获得。教师们武断地认为教会儿童简单粗浅的数学知识即可。可教师们这样做忽视了幼儿数学能力的培养，使得幼儿只会呆板地背数，写数，而体会不到学习数学的快乐。例如有许多儿童知道“35+27”等于多少，却不知道35里有几个10，几个5这样简单的数量关系，他们能背诵8能分成几和几，却不能用这个原理解决生活中的实际问题。

3. 幼儿园教学内容小学化，有超前的倾向

从之前幼儿园学前班和小学数学学习内容的对照表来看，我们可以得知两者的学习内容有相似之处，学前数学教学内容偏向于小学一年级课本知识，有小学化的倾向。据了解，有些幼儿教师或家长直接把小学一年级的课本给幼儿用，这样违背了幼儿心理发展的规律，也不是依据数学知识本身内在的完整性，系统性去编排教学内容，而是凭主观意志去教学，这样内容的简单重复会导致幼儿缺乏对知识进一步了解的兴趣，使幼儿不能专心学习其他的数学知识，抑制数学经验的获取，久而久之会限定幼儿思维水平的发展。长此下去，幼儿对小学内容有模糊的印象或已经记住，但并没有领会这些数学内容的真正理念，这不但会阻碍小学教师组织教学，还会使儿童失去学习数学的兴趣，更严重的会出现讨厌学习的不良情感。

4. 教师对两类教育机构的教学差异认识不清

在幼儿园，幼师关注的是幼儿在活动过程中的数学体验，掌握一定的数学经验，教师教授的数学知识也只是一些简单浅显的数的组成和几何图形等。虽然在学习过程中会有涉及小学一年级的内容，但这是为了让幼儿更全面地了解数学知识框架。而在小学，一年级的学生要掌握一定的数学知识，理解数学算理的意义，着重培养学生良好的数学思维品质和创新能力的培养。可是在现实的教学活动中。幼儿教师往往会模糊幼儿园和小学这两者教育机构的教学目标，出现教学目标混乱，出现用按小学生的标准来进行幼儿数学教学的情况。

二、幼儿园与小学数学教育衔接问题的原因分析

（一）教师在数学教法上整体观念不强

幼儿园数学教育和小学数学教学有着各自的任务及特征，但整个教学过程的进行是相互衔接的，每个环节应得到整体均衡的发展，这就要求任何一个层次的教学必须有整体观念，在教学时关注知识的延伸，方法上的转变。

游戏是幼儿园教学活动的主要方式，教育内容寓于各项活动中，幼师经常采用游戏的教学方式，幼儿在轻松愉悦的氛围下可以自主表达、自由动手操作，在玩中学，没有过多规矩的约束。而小学严格按照义务教育的教学标准，课堂教学是小学的教学主要形式，它有严格的课程规章制度，教师要严格按照教学标准进行课堂教学，教学方法虽然也强调有趣性、直观性，但是较少采用游戏等形式，而以谈话法、练习法为主。幼儿园教师和小学教师把握不好这两种教学形式上的差别，初入小学的幼儿更是接受困难。

（二）教师没有合理安排教学内容

从前面的幼儿园学前班和小学数学内容的对照表来看，两者的教学内容有不少重复的地方。虽然教学目标要求两个学段的学生对数学内容的掌握程度不一样，但是在升学的压力下，有些幼儿教师过分追求学生知识的获得，而忽视了数学思维的训练，把幼儿园数学知识偏小学化，在教学内容的知识结构上没有做到严格把关，使得出现了要求两个学段的教学内容掌握程度一致的状况。

(三) 家长不科学的教育理念影响幼儿教师的数学教学

有许多人非常重视幼儿园进入小学这一阶段，有的家长甚至认为这种转变的跨度相比高考，中考而言，是人生中最大的一次。因此他们希望幼儿园的老师给孩子提前上一年级的知识，自己还给孩子报各种补习班，过分重视孩子的成绩，只在乎孩子学到了什么知识，而不去关切孩子得到了什么乐趣。在家长的重压下，有些幼师也忽略了幼儿园的教学目标，在数学教学中没有注重幼儿体验数学操作的过程和数学思维品质的培养，而是一味地追求知识，学习读、写、算等技能。

(四) 小学与幼儿园之间缺乏沟通协调机制

幼儿园与小学教育是两个完全不同的阶段，相比幼儿园，人们大多对小学教育有印象，但不是很了解，比如幼儿教师，他们知道，幼儿从幼儿园毕业后进入小学，成为一名小学生，要受到学校各种准则的约束和规范，于是他们积极倡导幼儿向小学生看齐，在大班上学期就尽可能地缩短幼儿户外活动的时间，迫使幼儿能够安心规矩地坐在教室上40分钟的课，很明显，这种模式是幼儿园教师过早、过渡地让幼儿体验小学学习生活，不利于幼儿可持续的发展。大多小学教师对幼儿园的保教内容也有许多不懂的地方，对幼儿在园的一日活动、幼儿的行为特点、认知方面完全不了解，仅凭主观臆断，更别说是适应小学的数学教学方式。由于小学老师和幼儿园教师不了解彼此的教育教学方式，彼此之间又缺乏有效的沟通机制，所以在幼儿园与小学数学教育衔接上出现问题就在所难免。

(五) 教师忽视了学生的思维发展水平

皮亚杰的智慧发展的四个阶段理论对数学教育做出了非常大的贡献。理解地学习对数学学习来说是显得非常重要。[5]领会概念与获得经验性知识和程序熟练是精通数学的重要方面。但是如果学生的思维发展水平没有达到该数学思维的水平，何谈去理解地学习数学知识呢？例如，我国幼儿园的儿童在3~6岁，正是处于前运算阶段，个体开始运用简单的语言符号进行思考，开始具有表象能力，但缺乏守恒性和可逆性。可是在幼儿园数学教学中，教师们往往会忽略这一点，比如学前班的孩子还没有达到数的守恒阶段，却让他们思考同样多的水装在粗细高矮不一的水杯中，哪个水杯的水多的问题。我国小学适龄儿童的年龄在7岁左右，正是处于前运算阶段到具体运算阶段的过渡，幼儿出现了一些逻辑思维和零散的可逆运算，但一般只是对具体事物进行计算。可是有些老师却过分估计了他们的逻辑思维，给他们出一些代数和符号的知识，比如3+（）=7，这种符号体系无论老师怎么讲解，学生也是不理解的。因此，皮亚杰提出，每一阶段的学习内容必须根据学生的思维发展水平来制定。

(六) 幼儿教师的数学素养不够

目前，我国幼师大多是大专或中专毕业，在幼师学校的课程设置上，文化课的比例明显比艺术类科目小，特别是数学教学与现代科技意识的培养在学校更是不受重视，学生也没有兴趣和足够的时间与精力钻研数学学科的内容，他们把更多的精力用于学习舞蹈、音乐、绘画、手工等技能，这样导致幼师缺乏一定的数学知识素养和数学逻辑思维训练。在平时对幼儿进行数学教学活动时，幼师并没有或者是自身能力有限，不能体会数学教科书中蕴含精华，只能呆板地传递知识，忽视幼儿数学思维品质的培养。相比幼儿园，数学是小学教育中的一门主科，需要初步的数学思维和抽象归纳能力。因此当幼儿从学前班进入小学时，其数学思维水平是很难与小学生的思维水平衔接上的。

三、加强幼儿园与小学数学教育衔接的建议

（一）对小学做好数学教学衔接的建议

在幼小衔接教育中，幼儿园和小学合作并不密切，幼儿园总是努力地往小学靠拢，而小学总是以孤立的姿态我行我素，在教学中极少考虑到衔接的问题。紧随素质教育的推行，新课程教学改革的推进，小学教育要以促进学生全面发展为出发点，保证学生学习的延续性，改变这种现象已是迫在眉睫。小学教师应该和幼儿园的教师多交流，多了解刚入学的学前幼儿的学习习惯和已经掌握的生活经验，多关注儿童，因材施教，要有教学的衔接意识。在教学设计方面，小学教师应该意识到幼儿园数学教学的独有特点，努力做到把两个教育阶段的教学特点相结合以此降低他们的不适应程度。

（二）对幼儿园做好数学教学衔接的建议

1. 加强对幼小衔接阶段儿童的数学思维认知，制定数学园本性目标

在幼小衔接阶段的儿童，他们获得一些数学知识往往是依靠家长、老师或者同伴的供给，由于他们生活经验有限，数学思维认知发展水平也不足，他们对一些数学知识不能完全理解，所以很少主动地去获取数学知识。针对这种现象，教师应该思考采取一些措施帮助幼儿从依赖型学习向主动型学习转变，确定儿童现有的数学认知水平，依据儿童已有的生活体会，拟定适宜的原本性教学目标。[7]在 20 世纪 80 年代，国际上对五至六岁的儿童的认知水平的研究主要体现在皮亚杰的儿童守恒研究，格尔曼的儿童计数研究及儿童数概念理解的研究上。[8]而获得中国较多学者支持和认可的是维果茨基提出的“最近发展区”，该理论强调教育应走在儿童学习的前面，但是人们往往曲解这一观念。调查中发现，有好多幼儿园的学前班都在提前学习一年级数学的内容，教学目标小学化了。

幼儿园应该有属于自己特色的园本教学目标：①制定个性化教学目标。根据幼儿不同的兴趣爱好，采取形式各异的教学方式，激发学生的学习兴趣，培养学生优良的数学学习品质。②制定园本化教学目标。在社会竞争激烈的大背景下，一些幼儿园也向省重点幼儿园的目标看齐，而忽略了办学的最初宗旨。因此，幼儿园创办者应该在促进幼儿身心发展的前提下，结合自身的地理位置，人文特点以及自身特有的资源制定属于自己园本特色的教学目标。

2. 熟悉两种教材，注意知识结构的衔接

幼儿园教育是小学教育的预备阶段，其教育任务主要由幼儿教师承担。幼儿教师需要

具有一定的数学教学能力才能担任幼儿园数学教学任务，这样才有助于帮助幼儿发展他们的抽象逻辑思维能力。同时，幼儿教师不仅要熟练地掌握幼儿园的教材，还要钻研小学一年级教材，分析和比较两者材料，找出幼儿园数学教材和小学数学教材的共通点和发展点以及他们的不同之处，以便更好地做到幼小数学的教育衔接。[9]例如，在20以内数的加减运算教学中，幼儿教师应该把教学重点放在对数的概念的理解上，通过教师的引导，幼儿自主地观察、操作体验，理解得出“求两个数的和是用加法，两个数的差是用减法”。进入小学以后，虽然是同样的教学内容，但小学教学目标的侧重点是灵活运用“凑十”法，能自己根据条件提出相关问题以及评价其他同学的计算方法，要求进一步发展学生的语言表达能力。

3. 注意教学方式和学习环境的衔接

学前班时期教学方法的选择要考虑是否有助于幼儿适应小学数学教学方式。无论哪个学段，教学方法都必须遵循儿童的认知发展水平。[10]在幼儿园学前班的第二个学期的数学教育活动中，教学方法既要考虑到幼儿的具体形象思维，采用游戏形式和直观教具操作，又要考虑到此时幼儿抽象思维的萌芽，将进入以课堂教学为主的小学学习。因此，在教学方法的选择上应增加“引导发现法”的使用，减少“游戏法”的使用。

适当改进幼儿一日生活的结构，使学习环境与小学协调连贯。合理制定与改进幼儿园学前班第二学期的一日活动，尽量做到儿童的心理准备状况和学习环境与小学生活状况和步伐相连贯。[11]例如，幼儿园可以在上午安排两节课，课间进行40分钟的户外活动，把中午两小时的午休时间缩短为一小时左右，下午安排上两节课，每节课时间由原来的25分钟增加为30~35分钟。学前大班的幼儿通过半年学习方式与环境的适应，对于初入每节课40分钟与课间10分钟休息的小学，不会感到非常紧张与不适应，从而达到隐性教育的目的。

4. 提高幼师文化素养，加强教师的职业培训

整个中国幼师的文化水平都比较低，有些幼师对数学的概念、意义及教学策略等问题认识不清楚、不科学，以至于不能很好的培养幼儿数学思维品质，使得学前班的孩子不能很好地适应小学数学的学习环境。为了更好地做好幼小衔接中的数学教育工作，幼师学校的课程设置与教学应该适当调整，应该适当增加文化课在整个课程中的比例，而不要过分侧重幼师舞蹈、美术等艺术领域的培养。除此之外，幼师自身应该通过各种方式提升自己的教学能力。如，自学、参加培训、观摩、反思、听课等，力求做到通过操作、做游戏等教学方法，让幼儿在实践过程中主动探索，在愉悦轻松的学习氛围下主动学习数学，感受数学在生活中的魅力，形成良好的数学思维品质。[12]

5. 加强家园、幼小的沟通协作，做好小学入学的衔接工作

（1）家园合作。

我们应该加强对家长的培训。有些家长没有经过专门的幼儿机构培训，不了解幼儿园的教学模式因此对幼儿的学习行为和心理会有错误的理解，从而产生不科学的教育理念。但是在当今社会，新的教育理念层出不穷，它不仅可以指导教师的教育行为，同时也能引导家长科学地教育孩子。因此我建议家长可以安排出一些时间参加幼儿教育培训课程，普

及科学的育儿观念，增强自身对幼儿各个年龄段的身心状况的认识，明白幼儿在生活中做出的各种动作和言语表达，从而有可能在某一特定的情境下对孩子做出合理有效的指导。

同时我们应该加强家园联系。尽管有时幼儿在幼儿园玩得很开心，但是他们觉得家里更温暖，觉得在爸爸妈妈的身边才是最幸福的，因此幼儿与家长的接触时间最长，父母可以在与孩子的朝夕相处中逐渐渗透一些数学，让孩子明白数学无处不在而且形式多样，丰富有趣。同时，家长也非常关心孩子在幼儿园的一日活动，想了解孩子更多的情况，因此综合各方面考虑，家园联系显得非常重要。家园联系可以采取各种方式，如老师家访、召开家长会、召开家庭教育知识讲座、交谈、打电话等。通过有效的家园联系，教师把幼儿数学学习的情况尽快如实地与家长沟通，让父母及时了解孩子的在园学习状况，也能使幼儿把数学知识更好地运用于现实情境。例如，在认识钟表后，教师通知家长幼儿本阶段的学习内容，家长就可以在平时的生活中有针对性地帮助孩子进一步地认识钟表，巩固这方面的内容。

（2）幼儿园与小学合作和交流。

在衔接工作中，幼儿园和小学两方面相互合作和交流是不容忽视的。幼儿园教师与小学教师要确定好一个时间进行教学探讨，共同交流两个学段相同之处与差别，讨论数学衔接的教学方式，注意其中的衔接要领，研究教学对象的学习心理状况，彼此了解数学教育的内容，为更好地做好数学教学衔接工作做准备。例如，在一年级学生入学伊始，小学教师应该放慢教学的进入，适当调整教学结构。再如，20 以内数的认识，学生在幼儿园已经学习过，小学则可以把教学重点放在 20 以内数的组成与书写上，这就避免了知识重复带来的枯燥感。

第五节　Logical 儿童思维训练课程的内容体系及推广路径

从德国传入的 Logical 儿童思维升级训练课程目前是我国儿童思维训练的领头品牌，在我国翻译为“逻辑狗”。生活常识、生活用品、生活场景、交通工具、动物植物、蔬菜瓜果以及数的概念和计算等知识组成了“逻辑狗”知识体系，并且包含了各种认知能力的培养，是对科学教育的填充。其契合了五大领域中科学教育的目标，可以说将 Logical 运用于幼儿园是一种促进科学教育发展的尝试。

众多幼儿园在引入“逻辑狗”儿童思维升级训练课程体系后会发现幼儿思维发展的速度及质量都比平行班有显著的提高，主要体现在：幼儿的学习习惯和能力、思维习惯和能力提高；幼儿的观察 能力都有比较大的提高和进步；幼儿对数概念意识清晰、强烈了；幼儿的注意力时间增长了，参与活动的积极性提高了。同时，研究 Logical 课程为国家培养儿童思维能力指明方向，不仅有助于幼儿园科学教育的发展还有助于促进幼儿教师自我成长，转换教育观念，学习思维训练教学方法；有助于幼儿园结合实际运用新方法提升幼儿思维能力，发展园本特色课程；也有利于家长掌握思维训练方式教育幼儿，保持家园一致。

一、logical 课程简介

（一）logical 课程的诞生及其发展历程

第二次世界大战后，德国的一些早期教育专家和教师，试图以一种新的学习手段和方式来改变传统的学习体制，以启发孩子的智力，培养孩子的思维能力以及个体思想水平的发展。通过智力魔板与学习卡片相结合的方式，如图 2-34 所示为智力魔板，如图 2-35 所示为操作方法，如图 2-36 所示为学习卡片。“逻辑狗”便诞生了，它以促进孩子的个性化发展为前提，通过与运动及游戏相结合的方式，使孩子在快乐的活动中得到智力的开发和思维能力及学习能力的培养。

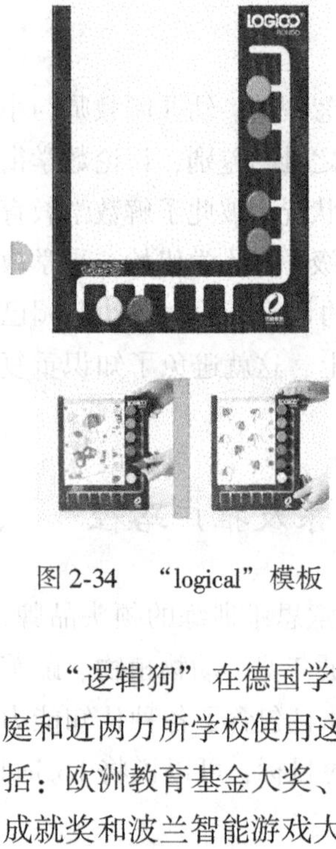

图 2-34　“logical”模板

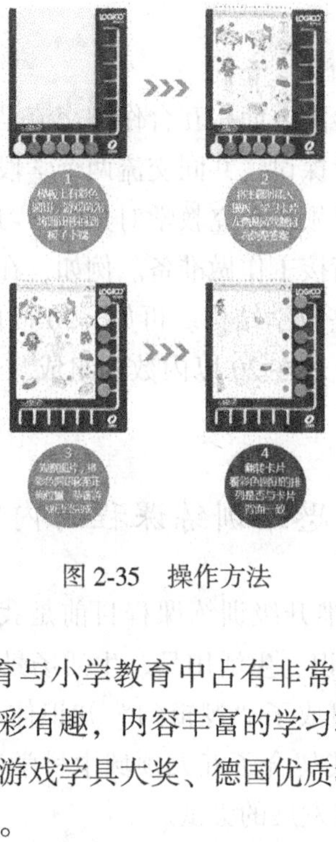

图 2-35　操作方法

图 2-36　学习卡片

“逻辑狗”在德国学前教育与小学教育中占有非常重要的位置，80%～90%的幼儿家庭和近两万所学校使用这种精彩有趣，内容丰富的学习辅助系统。其拥有众多荣誉主要包括：欧洲教育基金大奖、荷兰游戏学具大奖、德国优质教材金奖、美国教育出版协会杰出成就奖和波兰智能游戏大奖等。

“逻辑狗”自第二次世界大战后发展以来，在德、美、中、韩等中西方 38 个国家或地区推行共 28 种语种版本。

（二）logical 课程中国的发展历程

2003 年 2 月 19 日北京中德智慧教育文化公司与德国芬肯教育出版机构签订“逻辑狗”系列产品在中国大陆地区的独家版权代理协议，取得在中国的所有产品知识产权的使用以及产品的生产和推广应用权。北京中德智慧教育文化有限的公司将“逻辑狗”家族系列产品引入我国，包括：《逻辑狗儿童思维升级训练系统》、《逻辑狗儿童语言升级训练系统》、《幼儿园情景科学教育》、《春夏秋冬全景思维绘本》、《早起鸟思维英语》，都获得了来自专家和市场的肯定。

从 2003 年来，从第一批实验园包括中央警卫局幼儿园、公安部幼儿园、河北省直第二幼儿园等共 11 所优秀幼儿园。到 2004 年，河南（郑州）、山东（济南、淄博、济宁、莱芜、德州、青岛、临沂、日照）、黑龙江（大庆地区）、湖南（长沙市）、河北（邯郸地区）、陕西（延安）、四川地区、上海地区、辽宁（大连、沈阳、鞍山、盘锦、锦州）、内蒙古（赤峰）、天津。到 2005 年 5 月，又发展了扬州、潍坊、济南、南京、聊城、东莞、萍乡、漳州、保定、安阳 10 家地区代理。6 月，发展湛江、玉溪、漳州、仙桃、贵阳、平顶山、许昌、仪征等 8 家早教机构为各地区代理。10 月，香港地区代理。2006 年 9 月，发展乌鲁木齐市及北疆，东疆片区的准东文教中心第二幼儿园、哈密地区中心幼儿园、军区联勤幼儿园、财院幼儿园、伶俐第三幼儿园、69010 部队幼儿园等数十家幼儿园为合作园。再到 2007 年，海口、徐州，2008 年，西安、龙岩、营口、苏州、深圳及江门、南阳、保定、吉林、阜阳、马鞍山、金华。以上并完全数据，只是“逻辑狗”发展比较迅速、良好的地区，主要通过培训会、专家宣讲等方式招收地区代理和吸引幼儿园合作。

我国经过对 logical 的创新发展，幼儿阶段目前拥有教学版、幼儿家庭版、网络版三种版本：

（1）教学版。教学版区别于填鸭式的速成学习，引导儿童自然且愉悦的学习知识，通过寓教于乐促进孩子的个性化发展。使孩子在快乐的游戏中得到智力的开发，培养思维能力以及学习能力。

（2）家庭版。家庭版具有中英文点读和遵循儿童身心发展的特点，让幼儿在园所之外进一步提升思维能力，与教学版相比内容又更加丰富。

（3）网络版。网络版是网络专供，与家庭版相比增加了传统文化内容，如十二生肖，让幼儿在游戏中感受传统文化的美丽，在全球传播中华文化。

三个版本的学习内容比较及对应的使用建议见表 2-24 所示：

表 2-24　**教学版、家庭版和网络版学习内容**

年龄段	幼儿园年级	幼儿园教材内容	家庭版内容	网络版内容
第一阶段（3~4 岁）	小班上	1. 色彩与形状 2. 我们画、我们贴、我们建 3. 丽莎和泰姆的一天	1. 色彩与形状 2. 我们画、我们贴、我们建 3. 丽莎和泰姆的一天 4. 数数和比较	1. 色彩与形状 2. 我们画、我们贴、我们建 3. 丽莎和泰姆的一天 4. 数数和比较 5. 好玩的游戏
	小班下	1. 在儿童活动室里 2. 我们的宠物 3. 数数和比较		

续表

<table>
<tr><th>年龄段</th><th>幼儿园年级</th><th>幼儿园教材内容</th><th>家庭版内容</th><th>网络版内容</th></tr>
<tr><td rowspan="2">第二阶段
（4~5 岁）</td><td>中班上</td><td>1. 我们的一天
2. 在动物园
3. 交通常识
4. 眼力比赛</td><td rowspan="2">1. 我们就这么穿衣
2. 儿童活动室里
3. 我们的宠物
4. 观察与注意
5. 观察与联想
6. 交通常识</td><td rowspan="2">1. 我们就这么穿衣
2. 儿童活动室里
3. 有趣的礼物
4. 我们的宠物
5. 观察与注意
6. 观察与联想
7. 交通常识</td></tr>
<tr><td>中班下</td><td>1. 逻辑游戏
2. 我生病了
3. 春夏秋冬
4. 数学逻辑游戏</td></tr>
<tr><td>第三 阶
（5~6 岁）</td><td>大班上</td><td>1. 数的游戏
2. 我就要上学了
3. 买东西真有趣
4. 计算游戏（1）
5. 计算游戏（2）
6. 看马戏</td><td>1. 在农庄里
2. 在动物园
3. 交通常识
4. 眼力比赛
5. 数与数字
6. 数学逻辑游戏
7. 春夏秋冬</td><td>1. 在农庄里
2. 在动物园
3. 交通常识
4. 眼力比赛
5. 数与数字
6. 数学逻辑游戏
7. 春夏秋冬
8. 这些地方你去过么（中国各地风土人情）</td></tr>
<tr><td>第四阶段
（6~7 岁）</td><td rowspan="2">大班下</td><td rowspan="2">1. 图形对对碰
2. 数量游戏
3. 观察与理解
4. 发展、联想与判断
5. 货币游戏
6. 联想、推理和字词游戏</td><td>1. 数的游戏
2. 发现与联想
3. 买东西真有趣
4. 计算游戏（1）
5. 计算游戏（2）
6. 看马戏
7. 词语游戏</td><td>1. 数的游戏
2. 发现与联想
3. 买东西真有趣
4. 计算游戏（1）
5. 计算游戏（2）
6. 看马戏
7. 词语游戏
8. 有趣的节日（中国传统节日）</td></tr>
<tr><td>第五阶段
（6 岁以上）</td><td>1. 20 以内的加减
2. 感知与辨别
3. 图形与空间的方位
4. 发现、联想与判断
5. 找线索
6. 观察与想象
7. 图形与数量
8. 推理与判断
9. 观察、注意与空间方位</td><td>1. 20 以内的加减
2. 感知与辨别
3. 图形与空间的方位
4. 发现、联想与判断
5. 找线索
6. 观察与想象
7. 图形与数量
8. 推理与判断
9. 观察、注意与空间方位
10. 可爱的十二生肖</td></tr>
</table>

续表

年龄段	幼儿园年级	幼儿园教材内容	家庭版内容	网络版内容
特点及使用建议		1. 幼儿园可以结合实际将“逻辑狗”作为选修课程或园本课程。可以先作为选修课程进行实验，与平行班的孩子进行比较确认其有推广价值后再推广创新成园本课程，成为幼儿园一大特色。 2. 教学版的使用一定要注重教师的思维培训能力的专门培训	家庭版是套环卡片式，分五个阶段，共32个主题。 1. 中英文点读。 2. 内容比教材版更加丰富	网络版为网络专供，与家庭版相比增加了传统文化内容，让幼儿在游戏中感受传统文化的美丽，在全球传播中华文化

其中幼儿园教学版的具体教学内容与目标见表2-25所示：

表2-25 **幼儿园教学版的具体教学内容与目标**

幼儿园年级	教学内容	教学目标
小班上	1. 色彩与形状	通过皮博生活与工作中各种事情，培养幼儿对物品和形状的观察与分析能力，发现观察的目的性和稳定性
	2. 我们画、我们贴、我们建	通过动手操作，发展幼儿的分辨和感知空间方位变化的能力
	3. 丽莎和泰姆的一天	培养幼儿观察及比较归类的能力，并感知事物的完整性
小班下	1. 在儿童活动室里	通过辨别衣物的款式花纹，发展幼儿的观察能力，排除颜色干扰，提升分辨能力
	2. 我们的宠物	通过观察与比较各种宠物的样子，认识了解我们身边的小动物，对各种动物进行分辨，培养幼儿的观察与判断能力
	3. 数数和比较	通过各种小游戏能把相同与不同之处区分开来，提高观察与分辨能力，强化注意力

续表

幼儿园年级	教学内容	教学目标
中班上	1. 我的一天	通过选取幼儿生活题材为主题，激起幼儿对情境与人物的想象力，让幼儿在做游戏、数数中，识别数量及颜色、空间方位，促进语言表达发展
	2. 在动物园	通过多样的卡片，使幼儿对各种动物产生兴趣，并了解各种动物的外形、生活环境、成长过程等
	3. 交通常识	通过观察与比较，使幼儿认识常见的陆地交通工具，并认识简单的交通标志，建立幼儿初步的方向感和交通安全意识
	4. 眼力比赛	在观察、匹配、分类的活动中，引导幼儿学习寻找事物的特征、发现事物间的联系，培养幼儿的观察顺序性、精确性以及注意的持久性
中班下	1. 逻辑游戏	通过游戏引导幼儿辨认空间方位，观察事物变化规律。并排序，培养幼儿观察的顺序性、精确性，以及初步的逻辑推理和判断能力
	2. 我生病了	通过与生病有关的场景，帮助幼儿理解日常生活中的专业词汇，培养幼儿的方向感知和 6 以内的数量关系
	3. 春夏秋冬	通过自然，观察四季的不同特征的活动，引导幼儿运用已有的知识经验去认识和发现事物间的联系和变化规律
	4. 数与数字	通过按物减数、比较多少、找相邻数等活动，让幼儿感知、识别、理解 10 以内的自然数，发展幼儿的计数能力，并初步学书写数字
大班上	1. 数的游戏	通过丰富多样的技术活动，强化幼儿对数的理解与记忆，借助直观形象的图片，引导幼儿初步感知和理解 10 以内的加减运算概念
	2. 我就要上学了	通过对时间、镜像、空间方位等游戏活动，让幼儿获得有关的生活常识和经验，培养幼儿初步的逻辑推理能力，并增加幼儿的语言词汇量
	3. 买东西真有趣	通过丰富的生活情景图片，引导幼儿在已有的知识和生活经验的基础上，对物品进行分类比较，发展幼儿的比较、分类、推理的能力
	4. 计算游戏（1）	通过观察、分析和比较，借助幼儿已有的数的概念和经验，据直观形象的线索，找出算式与结果的关系，借此培养幼儿初步的符号运算能力
	5. 计算游戏（2）	通过观察、分析和比较，依据直观形象的线索，使幼儿初步建立数量的大于、小于和等于的概念
	6. 看马戏	通过看马戏团的各种活动，使幼儿间接了解马戏表演的基本内容。培养幼儿观察的精确性，注意的指向性以及对事物发展的理解与判断能力

续表

幼儿园年级	教学内容	教学目标
大班下	1. 图形对对碰	以图画、形状和图案为线索，使幼儿在寻找事物间的规律中，提高分类、观察比较、空间知觉和推理的能力，充分培养幼儿的逻辑思维
	2. 数量游戏	通过生动的图例，让幼儿在感知多与少的活动中，逐步建立多多少，少多少、一样多的数学概念，提高对 10 以内数量关系的理解
	3. 观察与理解	培养幼儿注意的集中性、指向性，观察的目的性、顺序性和精确性，以及分析、综合和理解能力
	4. 发现、联想与判断	通过观察与比较，使幼儿获得按照事物的联系、用途和种类进行分类的能力；在观察和理解图意的基础上，学习反义词
	5. 货币游戏	通过货币游戏，使幼儿能够将数学运用到日常生活中来，丰富幼儿的货币知识；付款游戏提高了幼儿的数学运算能力
	6. 联想、推理和字词游戏	通过看图组词和反义词的学习，在观察、理解图义的基础上，进一步发展幼儿按照事物的联系、用途和种类进行分类的能力
幼儿园运用建议：幼儿园可以结合实际将“逻辑狗”作为选修课程和园本课程。可以先作为选修课程进行实验，与平行班的孩子进行比较确认其有推广价值后再推广创新成园本课程，成为幼儿园一大特色。教学版的使用一定要注意教师的思维培训能力的专门培训，任何教学教具在幼儿园中的使用都有可能出现像蒙氏教具一样的局限性：幼儿园只是引进教具，而教师并没有真正经过专门的培训，没有理解其真正的教育理念。“逻辑狗”中国总公司每年不仅在总部有师资培训，还会全国各地开展师资培训、专家讲会，有意向开展“逻辑狗”教学的园所要及时补充充足的思维训练教师力量，不更新教学理念		

（三）logical 课程的理论基础

1. 皮亚杰的发展心理学理论

皮亚杰认为儿童的思维发展是从直接行动思维到具体形象思维再向抽象逻辑思维发展的①，并且思维发展具有关键期，从直接行动思维到具体形象思维发展的关键期是两岁半到三岁，从具体形象思维到抽象逻辑思维发展的关键期是五岁半到六岁，“逻辑狗”教学是以发展孩子的逻辑思维为主的一种教学，其根据幼儿思维关键期组织教学内容，以促进幼儿发展达到事半功倍的效果。

2. 加德纳的“多元智能理论”

加德纳认为人的智力是多元的，数学逻辑智能是一元的，而我们应该用多维度的、发展的眼光来看待孩子。“逻辑狗”思维游戏课程提升了幼儿包括观察能力、推理能力、想

① ［美］皮亚杰著．王宪钿等译．发生认识论［M］．商务印书馆，1997：12.

象能力、语言能力、分类能力、空间能力、手眼脑协调能力、数学逻辑能力、知识迁移能力、专注力的十大能力。是对幼儿的数学逻辑能力的极大发展，从而促进其他智能的协调发展。

3. 中国本土化的发展依据

为完成《幼儿园教育指导纲要》和《3—6岁儿童学习与发展指南》培养德智体美全面发展的人的核心目标，我们不仅要幼儿学会知识，更要以学会学习为基础，培养幼儿勤于思考、勇于质疑、乐于创新的思维方式。

二、Logical 课程价值分析及其于幼儿园课程中的运用

比较各种课程的特点，发现“逻辑狗”作为训练幼儿思维的课程，具有一定的积极作用，不仅有脑科学等研究理论成果的支持，而且契合我国幼儿园教育指导纲要的精神，体现在促进幼儿、教师、幼儿园教育实践发展三个方面①。促进幼儿的思维水平和动手操作能力发展，使幼儿综合素质得到了的提高，促进幼儿教师在探索、研究新课程的过程中改变传统的灌输式教育方法，开始尝试引导幼儿自主学习，促进我国幼儿园中科学教育的发展。

（一）“逻辑狗”思维训练促进幼儿发展

1. 培养幼儿良好的行为习惯

包括：①操作模板的习惯。②有序有规律地整理学具的习惯，模板、卡片、水彩笔置于三个柜子分类有序整理。③在递进式的学习中养成认真观察，自我检测的习惯。每一阶段的课程内容包含对上一阶段的复习，成一个递进，仔细观察习惯。每一阶段都有关于数概念的内，从一对一配对到一对多的比较，到多对多比较排序，根据幼儿年龄特征递进安排学习内容，每阶段都重复仔细观察的总之，幼儿自然会在生活中学习中都形成仔细观察的好习惯。④幼儿在观察的同时，发散思维，养成联想的活跃思维。⑤“逻辑狗”具有自我检测的功能。每当幼儿操作完，可以将学习卡片反面进行自我检查，再重复操作，幼儿也就潜移默化的形成了做事认真并反思自我的优良品质。

2. 寓教于乐以吸引幼儿的学习兴趣

当儿童意识到他成为主体地位时，解决问题、参与活动的兴致远高于教师主导的活动。“逻辑狗”正是以幼儿为主体，建立在儿童积极性之上进行的教学。作为一种教具，不是单纯的教师讲解，幼儿听，还可以与游戏相结合。

（二）“逻辑狗”思维训练促进教师专业化发展

1. 促进教师素质教育观的形成

从传统的集体教学模式到分组教学和个别教学，从一味灌输到鼓励独立探索自主学习。“逻辑狗”的引用会在一定程度上冲击幼儿园传统教育模式，改变教师传统的较为硬化的教学观念，体现在改变教师学生的定位，提倡平等的师生观。在“逻辑狗”教学中，

① 参考自：李娜．“逻辑狗”思维训练在学前教育发展中的作用［J］．才智，2015（12）：27-29.

教师扮演的是一个引导者、支持者、合作者的角色，在活动中起到“支架作用”；传授的知识也更加的贴合幼儿的生活；传授的方式也随之改变，课程更具有弹性，有利于生成课程的发展。

2. 促进教师全面素质提高

“逻辑狗”蕴含的知识内容非常丰富，幼儿园教师只有提前学习才可加以指导学生。这也就督促教师自身不断充实自己的知识，不断提高自身的素养，走专业化发展道路。例如，我们都知道小狗，小朋友也都很喜欢小狗，但我们却很难分辨出狗的各种种类（如图 2-37）。

（三）“逻辑狗”思维训练促进科学教育的教学实践

1. 加强教师与幼儿的互动性，提高教学水平

自我学习是“逻辑狗”的首要要求。幼儿在了解基本操作要求之后进入自我探索操作的过程，改变教师改变传统的“教师问问题—学生回答问题”的教学模式，转变为“学生问问题—教师帮助解答”。完成后，教师与幼儿共同完成检测与评定。在此过程中完成师幼互动，这样，教师的教学水平也就能够得到提高。

2. 教学延伸至家庭教育，使教学更加完整

“逻辑狗”教具“学玩一体”的特征使之更好地融合于日常生活中。“逻辑狗”的一大特征便是反复操作，每次操作，幼儿都会有新的领会。在“逻辑狗”中会考察幼儿的联想能力，让幼儿处在一种情境中进行思考。如果这样做可能会发生什么？（如图 2-38，图 2-39）。在日常生活中我们也可以运用创意对话或者联想。如看到这幅画你想到什么？也可以采用替代，如郊游野炊没带筷子，可以用什么东西代替？还可以采用比较或者假设，如橘子和梨有什么不同？假如小偷来了怎么办？

图 2-37

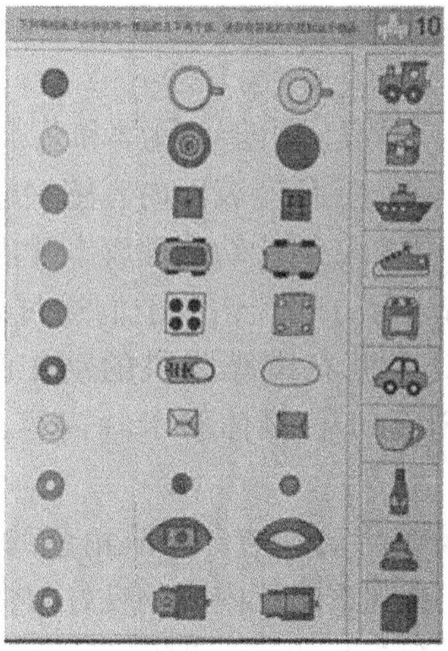

图 2-38

图 2-39

三、Logical 课程与幼儿园课程的融合建议

儿童的思维是在活动与操作中形成的，是在与环境的相互作用中发展起来的。“逻辑狗”以其图文并茂的、手眼协调、系统内容设计、自我检测的特点为幼儿在自主活动中提供了一个促进智力思维发展的良好途径。但当“逻辑狗”进入幼儿园时，我们面临的是幼儿不识字又缺少经验的问题。教师要做的便是使每一个幼儿都能够较好地理解图片内容并顺利进入到自主操作的学习过程中。经过实践分析发现，课程目标的实现取决于幼儿通过“逻辑狗”课程活动获得有益的学习经验。因此，教师必须对课程活动中的各种要素加以科学的安排、组织，促进幼儿学习经验的获得。

幼儿期的幼儿以具体形象思维为主，他们的思维往往离不开事物的具体形象，往往根据事物的外部特征进行判断，只能看到事物直观的联系。对概念的理解也是经常受直观支配，不会借助表面现象进行思维。这就要求我们在进行教学时，要尽量借助实物教学，给幼儿最直观的体验。

（一）与一日生活的融合

幼儿的一日生活由各种类型的活动组成，而“逻辑狗”的内容都是从生活中提炼出来的。其中就包括“我的一天”这一学习板块正好与幼儿实际的一日生活内容项呼应。在进行一日生活时，我们将一些与幼儿生活紧密相关的教学内容联系到实际的活动之中。例如，中午起床穿衣时可以将“逻辑狗”中《我们怎么穿衣》的教学相联系，幼儿通过亲身体验而得到的直接经验更加容易迁移到了对卡片内容的理解上；再比如幼儿进餐分发餐具时可以进行数的教育，可以是从意义对应到单双数的教学到大班加减算数都可以分发餐具中提现，一张桌子上有五位小朋友，一日小班长分发餐具，现在一位小朋友领到了餐具，还剩四位没有餐具，以此类推（图 2-40）。

（二）与领域活动的融合

“逻辑狗”教学可以与健康、语言、社会、科学和艺术五大领域教学相互整合。实际上最初孩子们只是对卡片上的图案、颜色等表面内容感兴趣，而对卡片实际蕴含的意义并没有深刻的理解。而要达到教学目标必须让幼儿理解卡片内含，我们将卡片内容转换成角色扮演游戏，肢体游戏，情景带入等方式，让孩子们通过亲自扮演卡片内容中的相关角色体会卡片含义，寓教于乐，让幼儿在蹦蹦跳跳的动作游戏中将平面静态的图片内容转换成立体动态的肢体游戏，让幼儿直接体验卡片内容，获得直接经验，提高幼儿的理解及迁移能力。

（1）与科学领域的结合。操作活动时结合扮演角色的经验开始注意观察图片中的角色是什么意思，促进孩子幼儿注意观察图片内容的良好习惯的养成，为今后的操作学习奠定了良好的基础。例如在进行《数数与比较》时，我们设计了“鸡妈妈找鸡宝宝”的角色游戏（图 2-41），让孩子们扮成鸡妈妈，根据自己生出鸡蛋个数找到有相应个数组成的鸡幼儿群，帮助幼儿理解数与量之间的联系。根据幼儿直观思维的特点，教师向幼儿提出形象具体的要求。

(2）与艺术领域的结合。例如在《色彩与形状》这一册中，目标是培养幼儿对动作姿态和图形的转换能力，感知抽象符号。我们根据卡片内容组织幼儿开展“小小杂技演员”的游戏，（图 2-42）请幼儿利用自己的身体、四肢摆出各种动作，还找来了比较大的纸张，请小朋友相互合作躺在纸上摆出动作将自己的动态用笔来画出来，在这种动一动的肢体游戏活动中感知到了图形与动作的关系，为顺利的操作学具奠定了基础。

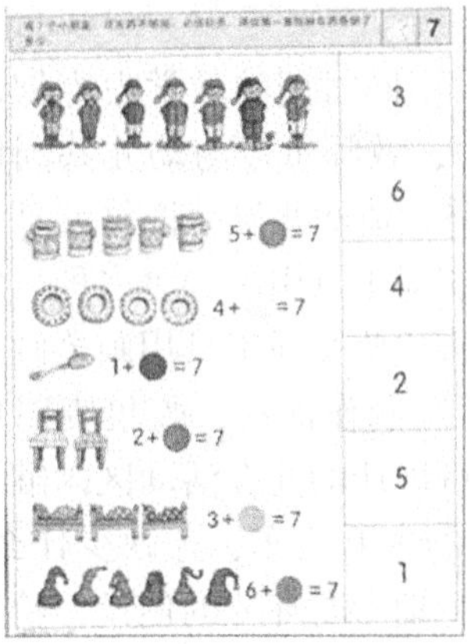

图 2-40 与分发餐具活动融合

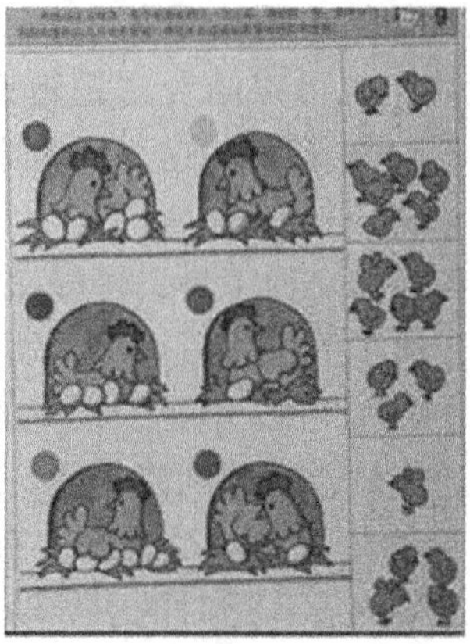

图 2-41 “鸡妈妈找鸡宝宝”

图 2-42 小小杂技演员

（三）与区角活动的融合

在进行“逻辑狗”教学活动过程中，由于条件原因导致集体教学多于小组教学和个别教学，共性的发展多于个性。教师应为幼儿的自主性发展提供机会和条件，为孩子独立学习、创造性的学习创设有利条件，打破被动学习的状态，给予幼儿积极地去感知、去发现、去探索的机会。我们把学具投放到活动区域之中，便于幼儿随时取用，使学具的操作不仅仅局限在课程活动之中。

可以单独设置一个“逻辑狗”活动区投放学具，可以与图书阅读角相邻有一个相对安静的环境给幼儿思考。也可以与其他区角活动相结合，可以和建构区、数学区和社会游戏区等区角结合。如与建构区角活动相结合：《我们画、我们贴、我们建》这一册中，培养思考排列顺序和推理的能力。建构区角活动中，幼儿自由搭积木，发现其中有一名小朋友只用长方形和圆柱形在搭围墙。教师引导其他幼儿来观察，她是怎样搭的，有什么特点(有规律的排序)，从按她的方法到自己设计新规律搭建起来了各种建筑。之后幼儿操作卡片时就更容易理解和领悟卡片的内容，能顺利把感性经验转化为理性的判断。如图 2-43 和图 2-44 所示，也可以与社会生活和数学区相结合：如在进行《买东西真有趣》这一册的教学活动之前中，我们可以孩子来到超市区角，观察货架上货物的摆放规律，看售货员售货的过程，从中感知事物发展顺序和渗透分类概念。幼儿在已有的生活情境中通过亲身参与建构积累了生活经验的同时也理解了卡片内容。

（四）与环境创设的融合

幼儿园环境创设可以与幼儿每一时期的教育内容相互呼应，在思维教育方面，需要为幼儿提供一个自由的、充满想象力的环境氛围。首先可以创设一面“逻辑狗”之星专属板块，将“逻辑狗”学具放大至墙面，可用彩色磁铁代替圆钮，教师根据每一阶段的学习内容制作学习卡片，卡片内容可与当时的“逻辑狗”教学内容相互呼应，也可以不衔接“逻辑狗”教学内容，与幼儿其他的主题相呼应。

除了创设“逻辑狗”专属板块，也可以结合“逻辑狗”不同时期的教学内容创设环境，与教学承上启下。例如，在《交通常识》这一册教学中，教师可以与幼儿共同创设布置《交通常识在我家》的主题墙饰，“铺建”了宽广的马路。请幼儿说一说每天是怎样来幼儿园的，带领幼儿认识各式各样的交通工具，慢慢又将交通工具引申到更多种。幼儿们相继又讲出了：警车、救护车、火车等。之后可以让幼儿将这些交通工具用画笔画在纸上，将它们剪下来布置到墙面上。之后可以开展了相应的手工制作活动，收集废旧包装盒，利用废旧物品制作立体的交通工具，投放到建筑区。还可以让幼儿在活动区内继续开展“交通工具”游戏。接下来引导幼儿观看“马路”上有了行人和汽车，还缺少什么呢？引出红绿灯，人行横道，交通标志等内容，适时的引导幼儿主动参与环境的创设，给幼儿设置相应的疑问，之后再拿出学习卡片进行操作，又是对交通知识的巩固（图 2-45）。

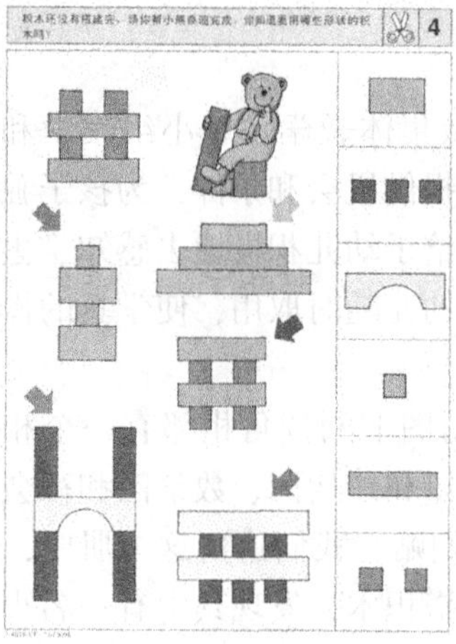

图 2-43　与建构区的融合

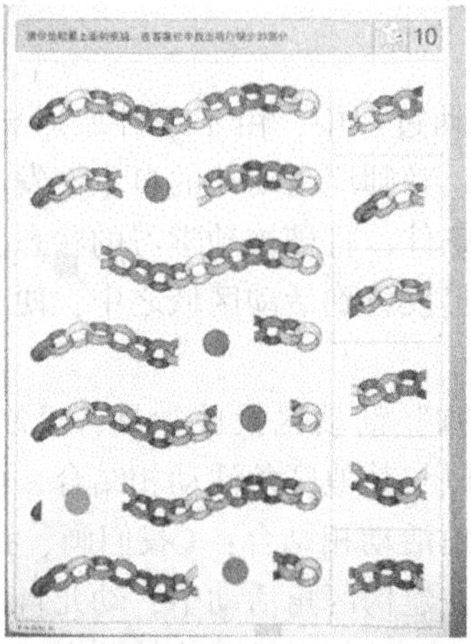

图 2-44　找规律

图 2-45　交通标志

总之，“逻辑狗”教学集学习和玩具于一体，课程系统性强，知识结构呈螺旋式上升，对于不同年龄段的幼儿有不同的要求，卡片与魔板相结合的独特操作形式，充分体现了手、眼、脑并用，教、学、玩合一的功效。范式化的教学流程，培养幼儿独立思考、独立操作、独立检测的自主学习能力。使用“逻辑狗”幼儿思维测评量表对幼儿进行思维测评，进而帮助老师了解幼儿的思维发展情况，开展相应的教学活动，有利于幼儿自主学习、幼儿园课程学习和家庭延伸学习三者相结合，更为幼儿园实施《纲要》精神与理念提供了丰富的可操作材料。它不单单只在传授知识，更重要的是在教让孩子学会如何思维。不难看出，目前幼儿思维训练在我国并没有得到应有的重视，传统教育依旧阻碍着教育的改革，幼儿园课程游戏化才是现代化幼儿教育的趋势所在，但在我国，尤其是乡村地区，幼儿园小学化更为严峻，相应的，虽然“逻辑狗”作为我国儿童思维训练的领头品牌有较好的发展并有效地推进了思维训练的发展但只是局限在城市个别幼儿园，并没有更进一步普及到各省市，其思想理念也没有推广到最广大的大众群体，大众对儿童思维训练的认识仍不够。无论是教师还是家长都需要认识到儿童思维能力发展的必要性，掌握新的思维训练方法提高儿童思维能力。这也是适应世界教育改革发展趋势、提升我国教育国际竞争力的迫切需要，体现了我国学生发展核心素养的自主发展中的学会学习的内容，适应终身发展的需要。

第六节　幼儿园歌唱教学活动游戏化的策略研究

随着社会的发展，我国的幼儿音乐教育日益受到重视。歌唱活动作为展现音乐美的一种表现形式，对幼儿的德、智、体、美等全面协调发展有重要的意义。游戏作为幼儿基本的生活方式，对学习音乐有一定的积极作用。因此，本研究以天津市宁河区某乡 A、B 两所公办园的园长、教师及家长为对象进行研究，采用观察法、文献法、调查问卷法、访谈法等方法，对幼儿园歌唱活动教学的游戏化现状进行了调查。研究发现，现实中幼儿对歌唱活动的学习兴趣以及教师的教学质量不高。主要表现为：教师专业知识水平低，教学技巧欠缺；幼儿园的设备、音乐资源和团体活动不丰富；家长的教育片面化；教育部门不重视等。究其原因在于教师、幼儿园、家长、教育部门四个方面。为了发挥幼儿园歌唱活动的有益价值，采取的策略包括：教师应加强音乐学习，选择可游戏化的教学内容与过程；幼儿园多开展优秀活动展，改善教学理念；家长改变思想，正确理解教学游戏化的意义；教育部门加强经济投入，注重宣传与培训工作等。

一、幼儿园歌唱教学活动游戏化现状的调查

本研究根据从调查问卷中得到的数据和日常的访谈来分析目前幼儿园歌唱教学活动存在的问题。本次抽样调查的 40 名教师中，学前教育专业毕业约 10 名，两位园长曾经都是小学教师。

（一）教师的基本情况

1. 教师的学历情况

图 2-46 的数据显示，在接受调查的 40 名教师中，本科学历的占 20%，中专和高中学历的各占 5%，大专学历的比例高达 70%。

由此可见，高中和中专各占 5%。由于幼教工作对幼儿安全的要求最大、工资相对较低及众人对幼师的不理解导致社会地位低下，所以愿意从事幼教的人不多。由于人数不足又急需办园导致教育部门对学历要求不严格，师资水平参差不齐、整体不高，影响教学质量。

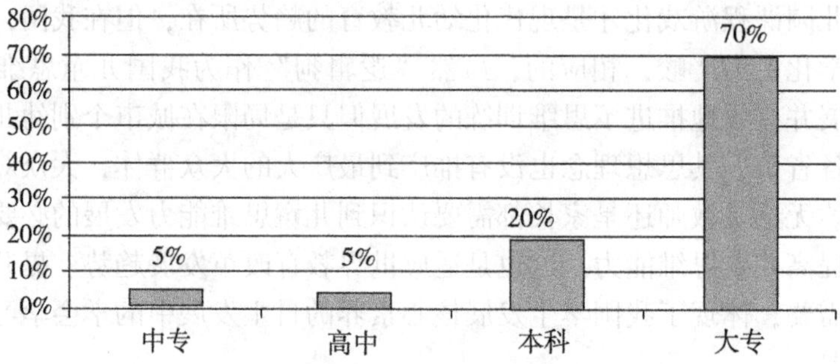

图 2-46 教师的学历

案例 1：幼儿音乐教学片断

（教师用字母 T 代替，幼儿用字母 C 代替）

T：小朋友们，想不想学一首新歌曲？

C：（很高兴地）想……

T：那我们先复习一下上周学的儿歌（师幼一起唱）

T：先和老师念一遍新的歌词

C：……

（教师开始教唱，幼儿跟着学，没一会，幼儿逐渐出现注意力不集中、不愿意唱，教师开始维持课堂纪律的状况，一节音乐课就这样过去了）。

2. 教师在教学中遇到的困难

从图 2-47 的数据显示可见，教师认为教学形式单一的占 70%，不会设计教学流程的占 67.5%，课堂氛围无趣的占 65%。其他占 12.5%。从数据整体看出主要是教学设计能力不足。

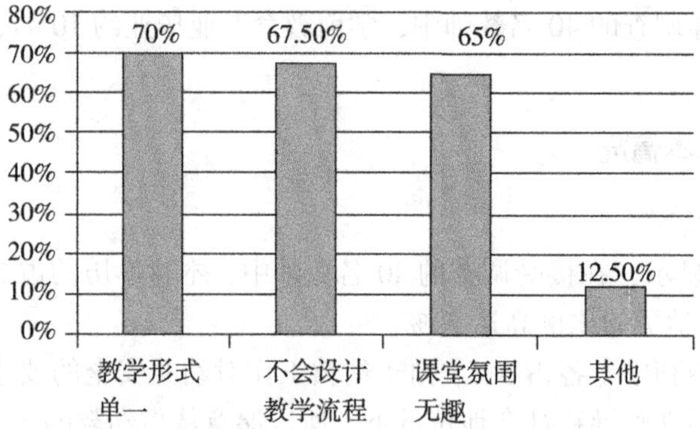

图 2-47 教师教学中遇到的困难

3. 教师注重的活动环节

图 2-48 的数据显示，教唱环节高占 55%，可以看出教师在教学过程中没有意识到活动导入有助于幼儿兴趣的特点。而是出于迎合家长的要求急于希望幼儿学会歌曲，过于强调教。拓展环节比例较轻，对幼儿身心发展特点的考虑欠佳，忽视了发展幼儿的潜在能力，这也是导致音乐课程死板无趣的原因之一。

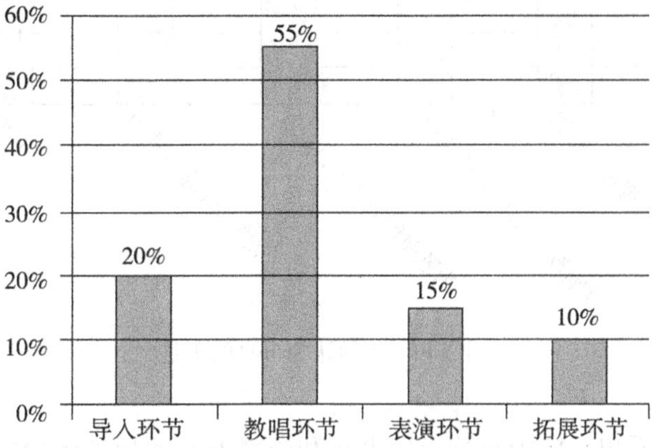

图 2-48　教师认为歌唱教学中最重要的环节

从案例一、图 2-47 和图 2-48 综合来看：

歌唱情境创设简单，没有可以提高幼儿兴趣的导入环节。帮助幼儿在轻松的环境中理解记忆歌词是学会一首歌曲的基本条件。案例中教师领念歌词的方式导致幼儿机械化的学习歌词。教师反复教唱的方法贯穿整个流程，形式单一、缺乏乐趣。没给幼儿自由表现的空间和环节，剥夺了幼儿追求创新的权利，直接影响课堂的氛围与幼儿学习歌唱的兴趣等。也由于迎合家长急于求成的需要，最终导致歌唱活动的教学效率与质量的不高。

4. 教师认为自身的不足

图 2-49 的调查结果显示，欠缺音乐教育理念和知识、歌唱教学活动的组织能力、为歌曲创编动作的能力、创编新的歌词能力的教师分别占 75%、72. 5%、77. 5%、82. 5%，还有 15%的教师认为在其他方面有待提高。主要由于大多不是本学前专业且受学历限制，对这方面缺少系统的、正确的教育理念认知。自身具有的音乐知识不多，在教学过程中创编方面还欠缺。

综合以上四组数据的分析，现状问题归纳如下：

（1）教师学历参差不齐，师资水平不高。

（2）教学流程形式单一，课堂氛围无趣。

（3）音乐基础知识薄弱，教学技巧欠缺。

（4）教师过于强调“教”，夺取了幼儿自由表现的机会。

（二）幼儿园的基本情况

1. 有关园中音乐资源的配备

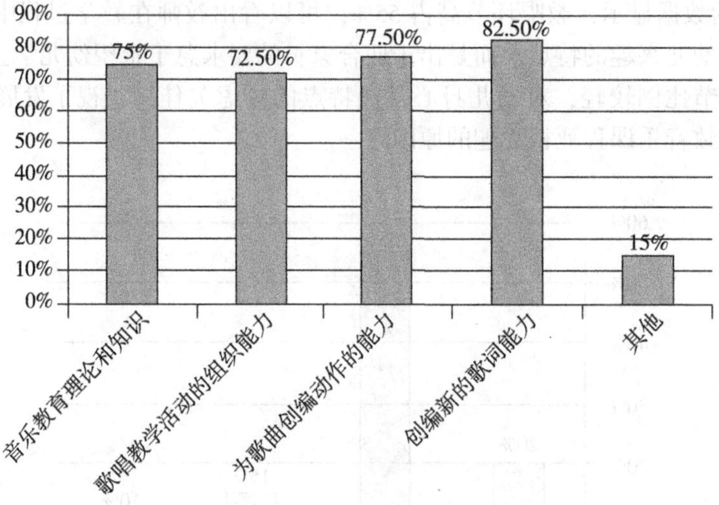

图 2-49 教师认为自身的不足

图 2-50 中明显看出，园中有关音乐书籍和资料方面的配备极少的占 65%。可见园中的音乐书籍是寥寥无几的，资源缺乏。教师选择歌唱教学活动的内容范围较小，对教教学有很大的不便。这两所园都是建立不久的，基础的设施设备不足，开园时间短且园长均属于小学教师，管理经验不足。

图 2-50 园中有关音乐资源的配备

除此之外，通过和教师的交谈中了解到两点：一是这两所幼儿园都没有进行过歌唱教学活动的培训工作，这可能是导致教师对歌唱活动教学模糊的一部分原因；二是教师希望能够多参加优秀活动课的展示活动、观看视频、有相应的专家给予指导。

根据数据的显示和对教师访谈结果的分析，对幼儿园的现状问题归纳为以下几点：一是幼儿园硬件设备投放不足；二是幼儿园音乐教学资源短缺；三是幼儿园音乐培训等团体活动落后。

（三）家长的基本情况

21 世纪的中国经济迅猛发展和人民生活水平的不断提高促使人们不仅追求物质财富更重视对精神财富的追求与崇尚。父母的文化教育素质也越来越高，对子女的教育也更加上心，随之出现急功近利的教育观念，反而不利于教师的教学和幼儿的成长。以下是一组数据和一个案例：

1. 家长对歌唱教学活动游戏化的态度（图 2-51）

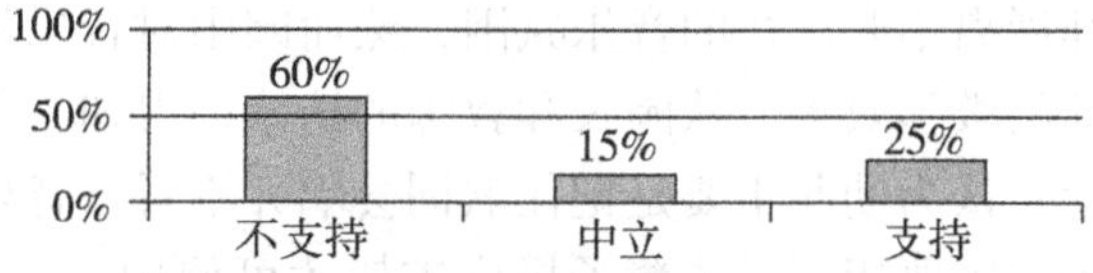

图 2-51　家长对歌唱教学游戏化的态度

从调查数据中可以发现，60%的家长是不支持的，占最多。反映出对教学游戏化的理解片面化。

案例 2：在班级的群里，经常会有家长问："老师，幼儿园不能教一些东西吗？不然孩子去幼儿园不就是去玩的吗？"。

家长存在的问题归纳如下：

（1）家长的教育观念急功近利。

（2）对歌唱教学活动游戏化的理解片面化。

三、分析与讨论

（一）教师因素

1. 教师对歌唱活动教学理念的认知不足

"您开展活动的教学目标来自哪里？"教师的回答是："由于自己不是本专业毕业的而且也没经验，认为教材的目标更好，按教材上进行"。通过谈话发现，教学目标比较死板并没有自己的教学理念。而且没有从兴趣特点 3~6 岁的幼儿有好玩、好闹、好动的特点，而教师忽视了本班幼儿的年龄、兴趣的不同，接受能力有差异的这些特点进行因材施教。却认为自己是活动的主体，只有维持了课堂的秩序，活动的效果才会更佳。这些现象体现出教师的教学理念存在误解，导致歌唱活动的教学效果不高。

2. 音乐知识浅薄和歌曲创编能力不足

调查显示，教师学历参差不齐，师资水平不高的现状。除了那十位学前教育专业毕业的教师，其余教师既不是音乐生也没独自学过音乐知识，更不是很了解歌唱活动的教学要求。因此，在日常的歌唱教学活动中，教师对歌曲的休止符、节奏、韵律掌握不好，常常不知哪里该停，哪里该快，甚至不管歌曲的风格。在教学中对歌曲创编的意识淡薄，认识不到创编还可以发展幼儿的潜在能力。由于自身水平的欠缺，不仅对幼儿的歌唱有消极影响而且发挥不出歌唱教学活动应有的价值。

3. 家长的错误教育观

从案例二中看出，更多地家长希望孩子在园中多学知识而不是玩。这种错误的想法无疑会导致歌唱教学活动中呈现过于强调“教”的现象。

（二）幼儿园因素

歌唱教学活动的开展离不开欢快的音乐氛围，然而园中对音乐设施的配备并没有多加关注，影响着歌唱活动的教学效果。从园长和教师的访谈中得知，由于当地的经济、文化环境和家长的教育观念，认为幼儿主要是记住歌词会唱并不看重音乐设施的配备。虽然每班配有电子琴，但电子琴需要用桌子或凳子拼成支架才可使用，给教师的教学带来不便，而且图 2-50 也显示出有关音乐教学资源也匮乏，教师的歌唱教学内容的范围选择较窄。两位园长曾均是小学教师，对幼儿园教育目标的认知不足，多多少少还有小学的教育理念。由于管理经验不丰富，在管理上没有方向，不知从何安排。种种原因导致歌唱教学活动的目的性、稳定性、系统性以及效果较差。

（三）家长因素

我国自古以来，家长存在一种“望女成凤，望子成龙”的急于求成的教育观。人们每当听到“教”或“学”的时候，就是一种严肃、认真、紧张的态度。教师作为“教”的主体，就应该认真负责，认为用游戏的方式是应付学生。学生作为“学”的主体，就应该一丝不苟、下苦工的学。正如图 2-51 调查显示，的有 60%的家长不支持教学游戏化，这种思想影响了当今社会人们对歌唱教学活动游戏化的正确认知，给教师的歌唱教学活动带来了压力，也剥夺了孩子游戏的权力，导致了歌唱教学活动的枯燥乏味。

（四）教育部门因素

由于当地的社会文化环境，对幼儿的教育不是很重视，学历要求较低，导致幼师的整体学历偏低。教育部门对幼儿教育事业的经济投入也不是很积极和完善，导致幼儿园基本的音乐设施设备不足，如有的电子琴还没有支架。缺少对职前和在职教师的培训工作。种种因素不利于歌唱活动的开展。

四、思考与建议

（一）教师加强音乐学习，选择可游戏化的教学内容与过程

1. 教师加强学习音乐专业知识

想更好地展现歌唱教学活动的价值，教师拥有基础知识是必备的条件。教师要主动自修以下专业知识和技能：①学习基本的歌唱音乐知识，如简谱、和弦、曲调、歌曲的节奏、歌曲的风格、歌唱的演唱要求等，这也是开展歌唱教学活动的前提。而且用富有感情

的表情将动听悦耳的声音传达给幼儿，能让幼儿直观地理解，并促使幼儿提高歌唱能力。②注重教学技能的练习，如各种儿歌的节奏、节拍。只有教师熟练才能正确引导幼儿歌唱，帮助幼儿理解和学习，达到最好的教学效果。③掌握基本的钢琴弹奏要领。教师要掌握弹奏的力度、速度、随着歌曲的风格变化而定调。用美妙的伴奏渲染课堂的氛围，激发幼儿的学习兴趣。④组织教学能力的学习。例如，如何设计有效的教学游戏化的方法，如何将游戏、教学、趣味、创造等方式融合起来，在空闲时间通过网络资源学习相关音乐专业的知识或观看优秀的视频讲解等。教师要保持终身学习的心态，加强自身的学习，积累教学经验，充实自身音乐知识的欠缺，为歌唱教学活动的开展做基本准备。

2. 抓住幼儿的兴趣特点，选择游戏化的教学内容

一节好的课堂展示，必须要有好的教学。首先，根据幼儿年龄特点和歌曲内容是否可以设成一系列的游戏活动。其次，考虑幼儿的音乐水平和年龄层次。精心设计本土化的教学目标而不是照抄照搬教材，让幼儿不自觉地产生强烈的兴趣，再逐渐深入到学习歌唱活动中。例如，小班一般能唱出 5～6 个音，在 c′～A′间，可选择感知旋律的内容，中班可在 b′或 c2，选择辨别高低音并能发现相同部分的内容；大班主要以音高的掌握。这样选择的教材内容符合幼儿的音乐水平和接受能力。游戏是为了让幼儿处于放松娱乐的学习环境中，教育是为了让幼儿学到知识。因此，教师在教学内容选择上要遵守“教育性”与“游戏性”并重的原则，从而提高歌唱活动教学的游戏化效果。

3. 创设游戏化的教学过程，给幼儿创造和体验的机会

创设游戏化的导入环境。由于幼儿具有注意力不集中的特点，所以很容易受外界环境的影响，尤·布朗芬布伦纳认为，任何一个环境系统均会通过一定的方式影响着个体的发展①。如果让幼儿在高兴地的情境中去学习，他们会很自然地进入状态，会觉得学习与游戏是没有差别的，因此要想办法引起幼儿学习的欲望②。导入环节是必不可少的一部分，引起幼儿的兴趣以及被幼儿理解也是开展歌唱活动的有效的直接的方式。例如，小班易受情绪影响，通过律动、讲故事等简单易懂的方式导入，激起幼儿的兴趣；中班的逻辑思维提高，用猜谜、图片展示等的方式导入，但不宜过深，主要培养幼儿喜欢学习歌唱；大班幼儿的肢体发育较完善，通过角色扮演或回忆联想的方式导入，可以让幼儿体验享受歌唱活动。在情境中尽量营造轻松欢乐的氛围。调动幼儿的情绪，让幼儿自然而然地进入歌唱学习中。

注重设计游戏环节。教师组织与开展歌唱活动时，①要坚持“游戏性”于“教育性”前原则。因为只有引起幼儿兴趣的教育才有意义，才能做到“游戏”与“教育”并重。②教师要根据全班幼儿的生活经验水平与年龄特点设计游戏环节，教师要做幼儿的指引者而不是控制者，要尊重与理解幼儿的表现行为。鼓励每个幼儿都到参与活动中来，保证每个幼儿都有游戏性的体验和表现的机会。游戏性体验是设计教学游戏化和满足幼儿精神追求不可缺失的成分。例如小班的《泡泡不见了》活动中，用欢快的音乐做导入，在孩子已有经验的基础上，让孩子们用保鲜膜做成一个大泡泡（在老师指导下操作，以免受

① urie Bronfenbrenner, The Ecology of Human Development lll Q. Harvard university Press, 1979：9-23.

② ［英］约翰·洛克著，傅任敢译．教育漫话［M］．教育科学出版社，1999：52.

伤）。幼儿会很快被教师带入歌唱学习中，激起他们歌唱的兴趣。教师示范，幼儿跟着间奏交替练习歌唱和吹泡泡动作。在最后一句做出爆炸状并让幼儿自由讨论回答，说出“泡泡怎么不见了。③幼儿随音乐和教师的提示整体念一边歌词，再在间奏处做相应的动作。初步学习音乐休止的处理。中班的“买菜”活动中。先让幼儿结合自己的生活经验说一说买菜经历。教师边念词边出示“母鸡”、“蚕豆毛豆”、“青菜”等图片。让幼儿按顺序理解记忆歌词，最后按幼儿水平增加难度，在空部分加入自己见过的其他的蔬菜。在教学基础上融合“买菜”游戏进行，倾听旋律有感情的歌唱。在大班的《郊游》活动中，由于幼儿的逻辑思维和肢体动作能力逐渐发展起来了，所以教师可以首先以讲故事的方式与幼儿一起回忆郊游的快乐；再用图谱示范带唱，在理解会唱的基础上，幼儿有感情的唱出不同内容的节奏；最后根据歌词，幼儿分组用肢体动作创造性的表现郊游的游戏化的心情。

通过游戏性体验活跃幼儿的思维、锻炼肢体、培养勇于大胆创编能力，有助于幼儿互沟通、共进步、共成长。

（二）幼儿园开展优秀活动展，改善教学理念

1. 开展优秀的歌唱教学活动展，提高教学质量

前面的访谈中有教师说道，希望多观看一些优秀的活动展或优秀视频，因此幼儿园可以定期开展教学技能比赛，营造一个锻炼和学习的良好氛围，将优秀的作品展现出来并讲解是如何将教学方法游戏化的。由于教师之间的经验和教学理念的不同，所以最终的方法也是多样的。从中观摩和学习，教师间多交流、取长补短，提高教师对歌唱教学活动的重视，可以为以后教学游戏化积累经验，从而提高自身教学游戏化的水平和质量。

2. 加强教师的反思能力，改善歌唱活动的教学理念

通过多开展教研活动，加强教师的反思能力。让经验丰富的教师当小组长带领大家集体参加研讨，以解决实际问题和提高教学游戏化质量为出发点，大家共同探讨活动中的重难点，发挥教师的主观能动性。在整个活动中要有提议、有评价、有改进、有反思，更新教育理念和积累新经验。在活动之后，勤于反思从而发现、解决问题，帮助歌唱教学活动游戏化的实现。

（三）家长改变思想，正确理解教学游戏化的意义

1. 改变教育思想，树立正确的儿童教育观念

通过与家长的沟通交流中发现，大多数家长都存在“只见树木不见森林”的思想。如今有关如何教育幼儿的书籍和资料丰富起来了，家长作为儿童生活中的教师，可以从多途径购买和了解学习有关儿童身心发展特点的育儿书。除此外，多参加幼儿园的开放日活动、儿童节、家长会等各种活动，从多方资源了解先进的幼儿教育思想。希望家长争取做到让孩子从“被要学”改变为“主动学”。

2. 正确理解歌唱教学活动游戏化的意义。

众人所知，无论我们学什么都有一个过程。就像戈登的理论中说的，儿童音乐的发展

是需要不断感受和积累的一个漫长的过程，而不是立刻见效的①。孩子在游戏中一般可以保持相对较长的学习时间，孩子们是在游戏和玩的过程中长大的②。这种潜移默化的影响对孩子的帮助是很大的。因此，家长可以通过家长学校来了解教学方法游戏化在幼儿学习过程中的必要性，或者与园沟通，家长观摩和参加幼儿的歌唱教学活动，感受学习的氛围。对歌唱活动做一次评价，从内心支持教学游戏化。让家长将过程和结果并重起来，正确看待歌唱教学活动的游戏化。

（四）教育部门加强经济投入，注重宣传与培训工作

1. 增加幼儿园经费投入

园中的音乐设施配备不足以及在图 2-50 的数据中也显示出了幼儿园有关音乐方面的书籍和资料是极少的。显然，这种投入不足的情况反映出了教育部门对幼儿园的不够重视。学前教育事业是在政府投入的保证基础上发展的③，因此要提高教育部门对幼儿园的重视，加大经济投入。多向幼儿园提供有关音乐的书籍，给教师多一些教学内容上的选择性。例如，在内容上选择有关教学方法游戏化的策略类书籍；适时地向幼儿园提供有质量保证的硬件设施设备，满足教师开展歌唱教学活动的基本需求。

2. 加大幼师专业的宣传力度，邀请专家进园亲临指导

教育部门要加大宣传力度，提高幼师的社会地位，让更多的人从事幼师工作，提高幼师的师资水平。被调查的教师说希望能够有相应的专家给予指导，实践是理论的基础，因此，教育部门可以派相应的专家进园讲授指导，特别是专家亲临课堂指导如何在教学上融入游戏元素，教师可以将学到的多元化知识和具体的教学游戏化方法运用于实践中，提高教师的教学能力。

3. 加强教师歌唱教学培训工作，提高歌唱教学活动游戏化的水平

调查显示，大多数幼儿教师认为培训活动和继续学习可以提高自身的发展④。教育部门首先给教师入职、在职培训的权利。在培训中不断开阔视野，丰富知识，积累经验。因此，请一些相应的专家对教师系统地讲授基本音乐常识。其次，培训教师的教学能力，如教学情境、组织形式、方法等游戏化的灵活运用。选择与教学游戏化有关的培训内容，争取做到有针对性的培训。最后，重点培训有经验的优秀教师。在园中对其他教师进行基础简单的指导，方便交流与学习。希望通过多样的培训可以有针对性的提高歌唱教学活动游戏化的水平。

---

① 杨立梅．幼儿音乐能力培养的策略与方法［M］．教育科学出版社，2007（6）：204.

② 张岩．幼儿在自主游戏中的地位［J］．教育界，2010（11）：4-17.

③ 虞永平．试论政府在幼儿教育发展中的作用［J］．学前教育研究，2007（01）：3-5.

④ 石晓波，李相禹．幼儿园教师培训需求现状分析及思考——基于对河南省幼儿教育国培学员的调查［J］．幼儿教育（教育科学），2013（6）：2-13.

第三章　学前儿童社会行为研究

学前儿童社会行为是学前儿童社会性发展的重要内容。幼儿园教学的重要任务之一就是要培养幼儿的积极行为，如合作、分享、谦让、助人等，但幼儿在社会性发展中也容易产生消极行为，如攻击、告状、打架、攀比等。为此，本研究选取了幼儿社会性发展中出现的规则意识与行为、攻击性行为、告状行为、攀比行为等幼儿较普遍的社会性行为现象进行探讨，以期发现幼儿社会性行为中存在的共同问题，并提出相关对策与建议。

第一节　幼儿规则意识发展过程中的问题与对策研究

幼儿期（3~6岁）是个体萌生规则意识和形成初步规则的关键时期。在此阶段，注重对幼儿规则意识的培养有助于促进幼儿规则意识水平和规则实践能力的快速发展；而忽略幼儿规则意识的培养会导致其规则意识水平滞后，产生打人、举止粗鲁等不良行为和交往障碍，对幼儿及他人的长久发展及人身安全十分不利。因此，帮助幼儿养成良好的行为习惯，形成规则意识十分重要。

幼儿规则意识是指在幼儿自觉主动地理解和接受规则，将规则内化为自身行为准则的意识。幼儿年龄小，认知发展不完善，辨别能力较弱，但他们从成人的态度中逐渐确定所做的事情是否正确，即幼儿是以成人对其行为的反应作为评判事物的标准，在不断观察成人态度的过程中形成基本的规则认识，然后指导自己的实践。此刻的大部分幼儿只是想讨好成人并不理解规则的意义。因此，在培养过程中，我们必须把培养幼儿形成良好道德品质和正确价值观摆在第一位，只有幼儿自觉主动地理解和接受规则才能真正让他们健康成长。然而，目前对培养孩子规则意识及执行规则能力重要性的认知离应有水平还有一定差距，特别是在日常生活中对孩子规则意识及执行规则能力的培养上不够重视，投入精力少，要求不严格，且部分成人自身也存在忽视社会规则的不良行为，这样就严重影响了幼儿规则意识的形成和执行规则能力的发展。因此，了解幼儿规则意识发展特点及存在的问题，探讨其应对策略是一个值得研究的问题。

一、幼儿规则意识发展过程中存在的问题及表现

幼儿期是幼儿规则意识萌芽和规则行为初步形成的重要时期，即敏感期。蒙台梭利指出：在敏感期内，幼儿内心会产生一股无法遏止的动力，促使他们对自身所感兴趣的特定事物产生狂热的尝试和学习，直到内在需求得到满足或敏感期结束。3岁左右的幼儿的秩序敏感期开始到来，幼儿乐于学习和遵守秩序。秩序是幼儿规则意识萌芽的开始，并呈现螺旋式上升的三个阶段：第一阶段，为了秩序的破坏而哭闹，秩序一旦恢复就会平静下

来；第二个阶段，为了维护秩序说“不”；第三个阶段，为了维护秩序而执拗，要求一切重来。许多成人并不理解这一点，将幼儿的哭闹、重新做简单归为不懂事、无理取闹，强行制止他们的行为或不予理睬，无形之中破坏幼儿秩序感的发展。幼儿思维产生混乱，他们不知道如何做才正确，于是采用对他们最有利、最直接的方式支配自己的行为：吃饭时想玩就不吃饭四处跑；玩具都是自己的不给别人玩；爸爸让我不开心就打他等不良行为习惯。在此，我们将结合具体案例对家庭教育、幼儿园教育、社会教育中幼儿规则意识发展过程中存在的主要问题及表现进行说明和归纳。

（一）家庭在幼儿规则意识教育中存在的主要问题及表现

根据家庭的代际层次和与亲属的关系，以便将家庭分为：①核心家庭，即由父母和未婚子女组成；②主干家庭，即由父母和一对已婚子女所组成的家庭；③联合家庭，即由父母和两对以上已婚子女组成。随着社会、经济发展水平的提高，现在的家庭一般以核心家庭为主。不同的家庭结构会对幼儿规则意识的发展产生不同的影响，其存在的主要问题可分为不良行为习惯、家庭规则意识缺失和规则教育方法不当三个方面。本节研究将从《超级育儿师》中辰辰的故事为案例，就2岁10个月的辰辰的表现进行具体解说。辰辰出生在一个主干家庭，爸爸白天外出工作，奶奶和妈妈负责照顾辰辰和3个月大的弟弟。在妈妈的眼中，辰辰是一个调皮捣蛋、喜欢打人和人对着干的孩子。

案例1

1. 幼儿不良行为习惯

片段一：辰辰想喝酸奶，妈妈帮他拿了一盒。过了一会，奶奶拿走他的酸奶，笑着让他吃水果并说：“吃水果好。”辰辰沉默地躲避奶奶，吸着手中的酸奶。在奶奶不断地干扰下，他把手中的酸奶倒在地上，爬上桌子重新开了一盒酸奶。

片段二：吃饭时间到了，辰辰爸爸让辰辰吃饭。他拼命挣扎拒绝吃饭，然后还打了爸爸。小朋友和他玩时，他将小朋友推倒在地，导致许多小朋友不和他玩。

片段三：邻居过来和小弟弟玩，想抱弟弟。辰辰见状，拼命抱住弟弟不让邻居的阿姨抱弟弟，并哭着用手打阿姨。

选取的片段呈现出辰辰的不良行为是打人不尊重人，主要原因是辰辰年龄小，无法正确用语言表达自己的意愿，只能通过肢体动作表达、发泄自己的情绪。奶奶、妈妈对于其不良行为只是制止，没有坚持帮助他改正并教他正确的表达方式。辰辰不知道不可以打人这一基本规则。幼儿的不良行为除了打人，还有不讲卫生（饭前便后不愿意洗手）、东西乱扔不会归位、饮食习惯不好（挑食，吃饭东奔西跑）和生活自理能力差（赖床、不会自己穿衣服）等。

2. 家庭规则意识缺失

片段四：辰辰吃酸奶吃得到处都是，奶奶笑着让他吃水果、蛋糕。每天，辰辰吃零食都没有规律，想吃就吃，奶奶表示没有办法限制他吃零食。

片段五：四点了，辰辰有点累，缠着奶奶要抱。然后奶奶就问他是不是要睡觉，他点了点头。于是，奶奶抱着辰辰，哄着他睡午觉。对此，辰辰妈妈表示辰辰每天睡午觉时间不固定，有时三四点有时四五点。

每一个家庭都应该拥有基本的规则。从以上片段可以看出，辰辰的家人缺乏规则意识，家庭缺乏一个统一的家庭规则。禁止做某件事态度应坚决表情要严肃并告知原因，午睡应该在午饭后一小时左右进行，吃饭的时候应该吃饭不可以到处乱跑。每一个规则意识缺失的幼儿背后都有一对规则意识缺失的父母。许多家长认为孩子还小，讲规则他们不懂，等幼儿长大了却已经错过最佳教育期；有些家长则并不重视幼儿规则意识的培养，认为长大了自然就懂了，于是一而再再而三的顺应幼儿的要求行为，造成幼儿规则混乱，制约他们一生的发展。

3. 规则教育方法不当

片段六：下雨了，辰辰还要拉着妈妈拿着小铲子出去玩。妈妈说下雨了请他不要出去，辰辰不理会。妈妈便说去棚子底下玩，辰辰依旧不理会。最后妈妈无奈地陪在他身边，但两个人之间并没有任何交流。

片段七：辰辰想和其他的小朋友一起玩，但是小朋友一见到他就躲得远远的。于是，奶奶陪着他主动去找阳阳哥哥玩，并引导他说："哥哥，请开门"，"哥哥，我们一起玩"，用语言表达自己的意愿。然而，辰辰敲了十几分钟的门，阳阳依旧不开门，最后只能失望而归。

家庭作为幼儿生活的第一环境，对幼儿的成长起着不可忽视的作用。家长在对幼儿进行规则意识教育的时候，可以采用一些教育策略，但教育方法不当也会造成幼儿观念和行为的不当，如家长不重视幼儿的理解能力、不以身作则、缺乏示范意识、规则随意更改等。下雨了，辰辰妈妈并没有告诉辰辰淋雨会感冒，而是直接阻止，阻止无效后就由着辰辰在小雨中玩耍。这就容易让辰辰觉得规则不重要，只要自己想做就可以做。在找阳阳哥哥玩这件事上，奶奶做了一个很好的示范，辰辰也具备很好的模仿能力，会用语言表达自己的想法。

（二）幼儿园在规则意识教育中存在的主要问题及表现

研究中发现，能够自觉遵守规则即规则意识发展好的幼儿更容易获得老师的喜欢与表扬，一个规则意识水平高的班级更容易管理。不少幼儿教师反映，开学初期一定要将班级纪律抓，使其形成好常规，否则后期的教学无法进行。但是，在教育过程中仍存在一些问题。例如，幼儿天性爱玩耍、好动。小班幼儿的注意力在 15 分钟左右，老师要求幼儿端端正正坐 25 分钟认真上课，显然这不符合规律。结合前人的研究与自身实地观察，我们发现在在幼儿规则意识的发展过程中，幼儿园教育存在规则制定不合理、忽略幼儿规则意识的培养和教师理念与行为的偏差三大问题。

1. 规则制定不合理

案例2：菲菲3岁，是个瘦小的小姑娘，体重比同龄人轻，身高比同龄人更低。有一次进餐时，菲菲吃着吃着突然哭了。经过反复交谈，菲菲委屈地说出了原因。原来是别的小朋友都吃完饭了，而她还没有吃完，联想到昨天老师说的“吃不完就长不高”，于是害怕地哭了起来。

案例3：每个班级都有图书角，图书以绘本居多。康宝3岁，是个聪明活跃的小男生。每次看书的时候，都会习惯将看到的内容说出来，然后其他的小朋友就会拥过来，叽叽喳喳说个不停。有时候，有的孩子甚至会争抢书，为书里的内容争吵起来。班里的老师看到图书角很吵闹，就会制止：“看书请安静，不说话。”说完之后有效，不一会又有声音响起来。

幼儿的饭量有限，而且表达能力有限。用餐时，最先吃完饭、不剩饭的幼儿将受到教师的表扬；饭量小吃不完吃得慢的幼儿将会受到恐吓、嘲笑，这对幼儿的身心伤害极大。“吃饭定量定时”显然不符合幼儿个体发展需要。3~6岁的幼儿以外部语言为主，让他们“安静阅读”并不符合幼儿身心发展特点；而且，幼儿认知有限，绘本的内容并不清楚，与他人讨论更能够促进幼儿的理解。在幼儿园中，阻止幼儿规则意识发展的很大一部分原因就是整齐划一的管理方式无法兼顾个体，规则制定不合理。

2. 忽略幼儿规则意识的培养

案例4：一帆3岁多，已上过1年托班，规则意识较弱、生活自理能力较差，因咬人被老师批评多次，但并没有改正。一帆和安安在一起玩玩具，突然就抓着安安的脖子咬了一口。安安大哭，副班老师连忙安慰他，并用冰块敷牙印。然后严厉地批评了一帆，一帆答应不咬人，然而下午，他又咬了宝宝的胳膊。

案例5：康宝是个老师最喜欢的孩子之一，懂事听话，会积极配合老师的教学，但是很容易与他人发生争执。早饭后，主班老师带着吃完饭的幼儿到阳台观看中班、大班小朋友做操。悦悦不小心碰了他一下，他便直接将悦悦推倒在地。老师跟他说了不能这样，他点头说知道了。过了一会儿，康宝又和恩泽因所站的位置厮打起来。

一帆、康宝都是班里年纪更大的男孩子，他们知道“不可以咬人、打架”、“咬人、打架不对”这些规则，但并没有真正理解规则；而且幼儿自控能力差，自身一受到委屈、伤害就容易产生攻击行为。一旦发生攻击行为，绝大部分教师都忘记教会幼儿正确处理冲突的方法，而是会用批评、惩罚等直接的方式让幼儿不敢再犯。为他人服务是成人的世界观，这对于3~6岁以自我为中心的幼儿显然是不太可取的，不应该过分强调规则能为别人带来什么，更应该让幼儿明白、理解规则能为他们带来什么。因此，幼儿园在进行规则教育时，教师应重视幼儿对规则的理解，将规则内化为其自身行动准，则即培养幼儿的规则意识，促进其发展。

3. 理念与行为的偏差

案例6：开学初，琪琪、恩泽和珍珍的分离焦虑特别严重，让班里的教师伤透了神。因此，只要他们不哭，便尽量满足他们的需求。散步之后，到了午睡时间，其他小朋友都躺在床上准备入睡，琪琪、恩泽不愿意睡觉，便寸步不离地跟着他们最亲近的老师。其他幼儿一起床，就被老师要求“不许动，睡觉”。

案例7：一帆再次因咬人被严厉批评，剥夺游戏权利。之后，一切回归正常。教师们已经接受他“喜欢咬人”这一事实，吃饭、学习、游戏都将他和其他小朋友分隔开来。

我们曾经和班中老师交谈，老师们表示这就是理想与现实的差距。在学校，他们明白要对幼儿温柔耐心、教育讲究方法、一视同仁，不能这么做。但是每天要照顾20多个孩子，每个孩子都是家中的宝贝，一出现安全问题，没人会体谅老师平时多辛苦多用心，领导、家长只会追究老师的责任。教师自身规则意识都不强，做不到言行一致，幼儿规则意识的发展自然是无从谈起。

（三）社会环境在幼儿规则意识教育中存在的问题及表现

社会作为一个大环境，对幼儿规则意识发展也起着不可忽视的作用。“红灯停，绿灯行”，当看到爸爸妈妈或其他人闯红灯时，他们会制止。然而父母会告诉他们，因为赶时间所以没办法。幼儿这时就困惑了，为什么忙就可以闯红灯？如果父母没有做好榜样、不及时解释，幼儿就会产生“规则可以不遵守”的认知，对其规则意识的发展危害巨大。暴力暗示则是社会对幼儿规则意识发展的一大阻碍。在社会交往中，有暴力倾向的幼儿通常不被喜欢，这不利于他们人际关系、社会性的发展。

案例8：妞妞两岁半，是个有礼貌的女孩子。有一天，她突然对身边的妹妹说：“你是大笨蛋。”她妈妈以为是幼儿园跟谁学的，让老师注意引导。后来，发现她的样子和《熊出没》里如出一辙。

案例9：帅帅4岁，很喜欢看《熊出没》，家里买了很多《熊出没》动画片里的玩具。当爷爷奶奶没满足他的愿望时，就拿着玩具电锯朝爷爷奶奶身上锯，还说：“我锯死你，叫你不让我看电视。”

暴力包含语言暴力和肢体暴力两种。幼儿好模仿，看到电视里好玩的镜头就会不自觉地模仿。当发现自己骂人或者打人可以让大人满足自己的心愿时，他们就会强化这些暴力行为，并乐此不疲。社会媒体发展日益迅速，各种影视作品层出不穷。拒绝暴力，让孩子健康成长，家长应该把好关，为幼儿选择合适的影视，避免幼儿接触、吸收媒体中的负面信息。同时，加强幼儿的规则意识的培养与发展，让幼儿学会甄别，自觉抵制新闻媒体中的不良信息。

二、幼儿规则意识的发展特点

幼儿规则意识的发展并非一蹴而就，而是随着幼儿年龄、认知的增长不断发展成熟的，这一点在国内外许多研究中都得到验证。通过阅读文献及不断地观察，我们还发现幼儿规则意识的发展还具有显著的性别差异性和气质差异性。性别差异性体现在男孩的规则意识会低于同龄女孩，其违规行为会明显多于同龄女孩；气质差异性表现为不同的气质类型对幼儿规则意识的发展具有预测作用。

（一）年龄差异性

幼儿规则意识发展水平的年龄差异性表现在幼儿规则意识水平与年龄成正比。赖清文（2013）的研究结果表明：3~5 岁幼儿规则意识发展水平存在显著的年龄差异，其规则意识水平随着年龄的增长而提高；3~4 岁是幼儿发展规则意识的关键年龄，期间幼儿对遵守规则的认识和行为都将得到快速发展。幼儿规则意识发展水平主要表现在是否能够自觉自发产生规则行为，即自发的规则行为越多规则意识发展水平越高。高志娟幼儿违规行为的研究结果显示：小班违规行为 40 例，中班为 63 例，大班为 47 例。由此可见，中班违规行为最多，但随着年龄的增长，幼儿违规行为逐渐减少，规则意识不断发展；规则意识发展的关键期是 4 岁左右。在小班教学活动的观察中，笔者发现年龄大的幼儿更能够自觉遵守学习、教学规则，年龄较小的幼儿则很容易出现说话、离开座位、随意走动等违规行为。

（二）性别差异性

不少学者的研究表明，幼儿规则意识的发展存在显著的性别差异，男孩的违规行为明显高于女生，其规则意识发展要慢于女孩。在高志娟（2011）收集的 150 个违规案例中，女孩违规案例 15 例，占总数的 10%。其中小班 3 个，中班 5 个，大班 7 个，女孩违规行为有随年龄增长而上升的趋势。在小三班，笔者也观察到男孩经常因小碰撞而产生摩擦和争执，一帆、康宝和恩泽就经常因小朋友之间的碰撞而发起攻击，好宝宝“飞鸿”也因为不守规则多次被老师教育。而女孩如果遇到摩擦，她们较少选择行为攻击，而是采取更为温和的方式，如告诉老师、不要这个玩具和寻找其他玩具等。

（三）气质差异性

气质是与生俱来的一种心理活动的动力特征。目前对气质的划分主要包括：行为模式类型说、特质说、活泼程度说和抑制说。在此，笔者选用布德泽尔顿（Bxezelton，1978，1986）的活泼程度说理论，活泼型的幼儿活动量大，反应激烈，容易做出违规行为；而安静型的幼儿动作柔和，反应也比较温和；一般型介于两者之间。案例 4 和案例 7 中的一帆便是属于一般型，他较少主动与小朋友发生冲突，咬人通常是自卫。主班老师说他主动咬人也有可能是一帆并没有掌握正确的交往技能。案例 3 和案例 5 中的康宝则是典型的活泼型，他能积极配合老师的教学活动，但也经常做出说话、推人等违规行为。班里的女孩子大多是安静型的，她们会配合老师的活动，或者安静地玩着自己的游戏。赖清文在研究气质与幼儿规则意识发展的关系上更为深入、严谨，他的研究结果证明，年龄、气质社会抑制性、专注性和活动性能够对幼儿的规则意识发展水平进行预测。随着年龄的增长、气质社会抑制性越高、专注性越高、活动性越低的幼儿，其规则意识发展水平越高。因此，结合案例及其他学者的研究，可以得出幼儿规则意识的发展具有气质差异性。

三、影响幼儿规则意识发展水平的主要因素

主要因素包括外部环境因素和幼儿自身因素，即家庭因素、幼儿园因素、社会因素和幼儿自身因素。具体表现为，家长缺乏规则意识、幼儿教师错误的规则教育观、新媒体的不适当引导和幼儿自身认知不足自控力较弱等。

（一）家庭因素

1. 家长缺乏规则意识

孩子是父母的“复印件”，没有规则意识的父母很难培养出具有良好规则意识的孩子。许多家长认为孩子还小，跟他说规则也不懂，低估幼儿的学习能力；有些父母则认为规则并不重要，不需要特意去教；还有些父母则认为，孩子长大了，自然就懂这些规则，高估了幼儿的学习能力。在一张白纸上上色，不管上多少颜色，始终是在底色的基础上进行变化。因此，从小培养幼儿的规则意识，十分重要。在案例 1 中，辰辰以打爸爸的方式拒绝吃饭，没有人严肃地告诉他这是不对的，不可以打人，不可以对长辈动手，吃饭时间就应该吃饭，帮助他建立“不能打人”，“吃饭的时候就吃饭”的规则意识。辰辰是按自己的意愿去行动的，想喝酸奶就喝酸奶，喝饱了就不吃饭，困了就下午四点睡午觉，晚饭错过了就吃零食，然后被逼着睡觉。辰辰的家人不知道问题出在哪里，他们想让辰辰改变这些不好的行为习惯，但他们的行为实际上是对辰辰不良行为的一种纵容。家长本身也不具备良好的规则意识，因此辰辰不知道对与错，一切凭本能行动。

2. 家长的错误示范

也有一部分家长明白幼儿规则意识培养的重要性，从小对幼儿进行规则教育，但效果并不明显。究其原因，是因为家长的错误示范，或者说家长做不到言行一致。许多父母会告诉小朋友一些基本规则，如看到红灯要停、吃饭不能看电视、尊老爱幼不打人、几点睡觉等等。一开始幼儿会很配合，家长也会自觉遵守规则。时间长了，家长就做不到了。送宝贝去幼儿园出门晚了，就闯红灯；吃饭时候看手机；一生气就骂人；到了睡觉时间依旧看电视。有些幼儿会提问，绝大部分家长就会找理由或者直接回绝，这会让幼儿产生“规则是专门针对我的或是小孩子”、“大人可以不遵守规则”、“规则并不是很重要”的错误认知，这对幼儿规则意识的发展是极为不利的。

3. 家长教养方式不当

隔代教养是当今社会一个很普遍的现象，2 个或者 4 个老人带一个孩子，孩子的父母陪伴时间少。在孩子的教育上往往体现出祖辈以及父母两代人的教育理念，教养方式不一致，导致幼儿规则认知混乱，无法形成正确的规则意识。老人认为养育孩子就是让他们吃饱穿暖，把他照顾好就是正确的。但大量研究表明，幼儿吃饱穿暖反而会限制他们的探索行为，阻碍他们的健康发展。父母拥有正确的育儿观念即培养幼儿的独立自主能力，但经常被老一辈打断。老人包办得太多，以至于让孩子认为吃饭、小便都是别人的事情，没有一个基本的生活常识。时常问他要不要干什么，其实也在无形中打乱了孩子的规则。幼儿

天生具备秩序感，他们喜欢也乐于遵守规则。当他们在全心全意玩游戏时被叫去吃饭，他就会拒绝吃饭而到处乱跑；当他玩游戏被打乱时就会想继续之前的游戏，家人再次打断他的活动，他就会发怒。由于家长的绝对权威，幼儿被迫遵从成人的规则，幼儿内在的秩序感被破坏，越来越弱，规则意识就无从谈起了。

（二）幼儿园因素

1. 错误的规则教育观

在幼儿园里，经常听到教师说“常规不好，什么都是白搭”。那么常规究竟是什么？不同的学者对常规有不同的解释。一般认为，幼儿园常规是指幼儿园一日生活制度安排和幼儿在各项活动中应遵守的具体行为准则。建立良好的常规，可以为幼儿园各项活动的顺利开展奠定基础，使幼儿园的各项工作更有秩序和条理，从而提高工作效率。但是，许多教师都将常规教育教条化，片面强调规则的执行，而忽视幼儿对规则的理解。

在幼儿园里，每次活动开始之前，都有一个顺口溜：小脚并并拢，小手背背后；小眼睛看老师，小嘴巴不说话。每一个幼儿被要求端端正正坐在小椅子上，短暂的维持是可以的，但长期保持一个姿势对幼儿而言是十分困难，也是十分不科学的。在阅读区看书，不允许孩子发出声音，这也是不合理的；一犯错就批评，也不说明理由。长此以往，幼儿被动接受规则，一旦他们有了能力便会毫不犹豫地破坏规则。遵守规则是互惠互利的一件事，然而许多教师在进行规则教育时，只强调了规则的利他性忽略了规则的利己性，这对以自我为中心的幼儿而言是十分难理解的。

2. 教师的区别对待

成人言行不一对幼儿规则意识发展是极为不利的，幼儿教师有时也存在言行不一、区别对待的现象。①同一件事，教师会有不同的应对策略，不同的解释。在要求保持安静的时候，第一个说话的幼儿往往会被老师批评，第二个说的幼儿则被忽视。这就会让受批评的幼儿产生挫败感，即我做什么都是错的，我是不被喜欢的；而侥幸逃脱批评的幼儿会产生错误的认知，即老师批评的是某个小朋友而不是批评“不该说话”这件事本身。②教师也具备情感，当教师身体不适或心情不好时，他们的情绪会破坏对事情的判断，加重事情的严重程度。例如，当教师生病的时候，幼儿还叽叽喳喳说个不停，如果教师的自控能力不佳，幼儿很容易受到牵连。当教师心情好的时候，教师可能不会去理会幼儿的叽叽喳喳。③有时候教师会针对幼儿的情况区别对待。在案例 8 中，琪琪、恩泽的分离焦虑特别严重，不愿午睡，哭闹不止，严重影响其他小朋友的睡眠。教师默认他们不午睡或稍后午睡的行为，对其他幼儿而言是不公平的；后期，主班教师重视规则的平等性，班里的午睡纪律好了很多，琪琪和恩泽也适应了班里的午睡规则。由此可见，教师的区别对待不利于规则的执行，也不利于幼儿规则意识的形成。

（三）幼儿自身因素

1. 认知水平

幼儿规则意识的发展水平受到幼儿认知水平的限制，但其认知水平在幼儿期发展迅速。在幼儿初期，幼儿的记忆以无意识记忆和形象记忆为主，他们只是机械的记忆成人制定的规则；随着年龄的增长，幼儿发展有意识记忆和词语记忆，记忆的内容更为广泛、深入，他们会运用视觉“复述”策略、语言复述策略和特征定位策略去记忆规则，对规则的记忆越深刻。幼儿对规则记忆越深刻，越不容易产生违规行为，即幼儿有时候会犯规是因为他并没有对规则的认知及意识，这时候就需要成人去教育幼儿，弥补他们认知的不足。后期，幼儿推理能力得到发展，他们能进行转导推理和简单的推理。例如，我不能在上课的时候大喊大叫，那其他的小朋友也不能大喊大叫；你不能打人，我不能打人，他也不能打人，因此大家都不能打人。推理能力的发展能够让幼儿学会、认识到更多的规则，同时他们也开始会相互监督，形成遵守规则的好习惯，从小建立良好的规则意识。

2. 自我控制能力

延迟满足能力是自我控制的一个重要方面，是个体为了获得有价值的但又不能即时得到的满足而对自身进行心理与行为的调节与控制。幼儿会做出许多言行不一致的事情，应该一个一个排队走下去，但是在看到其他幼儿跳台阶时，年龄小的幼儿也会跟着跳下去。事后他们知道这个行为是危险的，不被允许的。遇到这种情况就应该注重幼儿自我控制能力或延迟满足能力的培养，而不是一味地去强调这种行为是不可以的。叶小红（2007）通过 7 个行为任务对 3~6 岁的幼儿进行测验，发现幼儿的抑制性控制能力有显著的年龄特点，其发展特点为随着年龄的上升逐渐加强，且同龄女孩会比同龄男孩的抑制性控制能力更强。对规则的遵守需要幼儿具有良好的抑制性控制能力。李勇（2015）通过问卷调查法也得到相似的结论，幼儿的自我控制能力随着年龄的上升逐渐加强，中到大班幼儿的自我控制能力发展迅速。在韩进之等人的研究中表明，3~4 岁幼儿的自我控制能力中还不明显，儿童由缺乏自我控制到有自我控制的转折年龄在 4~5 岁之间，此时发展速度最快，幼儿到了 5~6 岁时，绝大多数都有了一定的控制能力。控制能力越强的幼儿，他的规则执行能力也更强，规则意识水平会较一般幼儿更高。

3. 气质特点

幼儿规则意识的发展具有气质差异性这一特点，气质类型可以对幼儿的行为起到预测作用。活泼型的幼儿活动量大，适应性和灵活性好，反应激烈，专注力不够，在执行规则的时候容易做出违反规则的行为；而安静型的幼儿动作柔和，适应性和灵活性相对较差，反应也比较温和，专注力更强，在执行规则的过程倾向于遵守。气质是天生的，让一个活泼型的幼儿立刻安静下来并不科学，让一个安静型的幼儿表现活跃也是不符合规律。赖清文的研究表明，适应性和灵活性越差的幼儿，规则意识发展水平越高；活动性越差的幼儿，规则意识发展水平越高；专注性越强的幼儿，规则意识越高。在此，我们可以看出幼儿规则意识的发展受其自身的气质影响。

（四）社会因素

1. 同伴交往

陈鹤琴指出幼儿具有爱玩、好奇、好模仿的天性。在桌面玩玩具的时间，一个幼儿把玩具扔到了地上，另一个小朋友也将自己的玩具扔到地上，声音更大，男孩子一个一个玩着扔东西的游戏，气氛瞬间就热闹起来；同样，当有小朋友在教学过程中不认真、乱动，老师只要表扬某个小朋友做得好，其他小朋友就会去模仿那个小朋友，纪律瞬间就得到了控制。根据皮亚杰的道德发展理论，3~6 岁的幼儿即使会违反规则但他们仍然认为规则不可更改，绝对遵从成人的指令。因此，幼儿园的小朋友拥有良好的表达能力之后，他们喜欢告状。同伴之间的相互监督可以加深幼儿对规则的认知，增强其对规则的执行能力，促进幼儿规则意识的发展。江雁冰（2015）对幼儿园班级规则失范行为的问卷调查结果表明同伴关系是影响班级规则失范的一个重要因素。如果幼儿能够积极主动地与班上的其他小朋友友好地相处，建立良好的同伴关系，他们就会更加愿意遵守班级规则。

2. 新媒体的不当引导

随着科技发展水平的提高，电子产品与人们的生活密切相关。新一代幼儿的玩具玩伴都变成了手机、平板，游戏的内容变得更丰富。幼儿学习能力很强，父母不对幼儿游戏的内容加以甄选，幼儿很容易沾染不良的行为习惯。例如，案例八和案例九中的妞妞和帅帅。看动画片是幼儿最喜欢的一个活动，因为它直观有趣。动画片的种类繁多，成人应为幼儿筛选健康、积极、有意义的动画片，如《朵拉历险记》，精心的故事编排和美丽活泼的画面，让幼儿在玩中学会一些有趣且实用的单词，掌握一些基本的知识，培养他们良好的品德。在观看的时候，成人还可以和幼儿进行讨论，为什么会发生这样的事，这样做对不对，增强幼儿的辨别、分析能力，丰富他们的认知。而不是，直接给幼儿一个平板，让他们随意阅览、随意玩，然后学会暴力、不讲礼貌等不良的行为习惯，长时间对着电子产品还会导致幼儿视力下降。

四、促进幼儿规则意识发展的教育策略

（一）家庭教育策略

1. 建立稳定统一的家庭规则

家庭规则是家庭生活中一种正确的秩序和行为规范，其目的是明确家庭成员的角色与责任，营造和谐的家庭氛围。按其内容可分为成员相处模式、行为习惯和生活作息这三大类型。①家庭成员要相亲相爱，建立和谐平等的相处模式。父母教养爱护幼儿，幼儿尊敬体贴父母。然而，成员角色的模糊、不正确的教养方式正在打破家庭间和谐相处的规则，家长担心孩子成长不愿意让他受到任何伤害，幼儿却做出目无尊长随意攻击亲人的事情。②建立“我的行为我负责”的行为规则。三岁左右的幼儿独立意识开始发展，他们做什么事情都喜欢亲力亲为，不喜欢别人帮助他们。如果有人阻止他们的独立行为，幼儿就会生气、发脾气甚至动手打人。此时家长应该学会放手，在不威胁幼儿安全的前提下让他们自己去探索行为的对错，让他们学会为自己的行为负责。同时，如果家长出错了，他们也应该主动对自己的行为负责承担行为的后果，为幼儿树立好的榜样。③充足的睡眠合理的饮食是幼儿健康成长的必要保证，因此要制定有规律的生活作息表，让幼儿养成良好的作息习惯。幼儿看动画片一不留神就到了深夜，家长强制要求其睡觉就大吵大闹，让家长十分头疼。幼儿在该吃饭的时候不吃饭该睡觉的时候不睡觉，其本质原因是幼儿的生活作息被打乱了无法形成生物钟，因此家长要合理安排一日的活动时间，建立合理的生活作息表。

在社会工作中，奖励机制有助于激发工作人员的积极性，提高工作效率，而这种方式

也有助于家庭规则的实施与幼儿规则意识的发展。奖励机制分为物质奖励和精神奖励两种。物质奖励指的是幼儿喜欢的小玩具或者学习用品等能够满足幼儿物质需求的用品，而精神奖励则主要指父母的陪伴、表扬等能够让幼儿精神得到满足的奖励。家长可以通过对幼儿日常的行为表现实行同心圆、代币制等方式对幼儿进行奖励。但在奖励的过程中要慎用奖励，把握好精神奖励与物质奖励之间的关系。

2. 落实言传身教的教育观念

墨子云：染于苍则苍，染于黄则黄。身为孩子第一任老师的家长做不到主动遵守规则，那么幼儿也不会主动遵守规则，就无法形成良好的规则意识。环境对于个人的发展起着不可忽视的作用，幼儿生活在一个无序的生活环境里，他的一系列行为、认知、意识也表现出无序性、混乱。幼儿的模仿能力很强，他们一开始因为好奇、喜欢而去模仿别人的动作并形成习惯。例如，有些幼儿喜欢看《熊出没》，他们便模仿光头强拿枪打人、骂人。三岁是幼儿自我认知发展的新阶段，幼儿开始会对行为进行评价。如果身边发生的事情不符合幼儿的当前的认知，他们会很困惑，让他们也学会违反规则。许多家长不让幼儿经常玩平板，但他们自己却经常拿着手机聊天看电视；走路要看红绿灯，家长因为赶时间就在幼儿面前闯红灯；家长要求幼儿言而有信，但他们却总是说话不算数。家长的一言一行，一点一滴被幼儿记在心底。长此以往，家长会失去幼儿的尊敬与信任，幼儿也不会再主动遵守规则。幼儿在其社会生活实践中不断构建对规则和违规行为的认识，同时他们也在不断认识父母的管教策略。这就要求父母根据幼儿的违规行为的不同原因采用不同的教育策略，帮助幼儿理解规则。因不懂、不理解社会规则而发生的违规行为，家长要采用说理的方式讲清如何遵守社会规则；如果幼儿知道社会规则依旧做出违规行为，父母就要明确表现反对态度，说明理由制止幼儿违规行为，不可因幼儿哭闹便心软任由幼儿发展。因此，要形成良好的规则意识，家长必须重视规则，严格要求自己，落实言传身教的教育观念。

3. 提供运用规则的实践机会

幼儿身心发展的特点决定幼儿是在做中学，因此家长应该为幼儿提供运用规则的实践机会。在培养幼儿规则意识时，家长可以通过不同形式的亲子游戏吸引幼儿，让幼儿在游戏中能够很直接地感受到各种各样的规则，丰富幼儿的规则认知，形成自觉遵守规则的良好习惯，促进规则意识的发展。在游戏之前，家长要细心地为幼儿讲述游戏规则以及违背规则的后果，引起幼儿对规则的重视。在游戏过程中，家长要关注幼儿的行为表现，对其遵守规则的行为及时给予表扬和鼓励，对其违规行为进行监督和指导。

同时，在制定规则时，家长要注重调动幼儿的主观能动性和积极主动性，让幼儿参与规则制定和评价违规行为。幼儿参与规则制定不仅能够让幼儿主动遵守规则，而且能促进幼儿对规则的理解，形成正确的规则认知，提高其规则意识的发展水平。在日常生活中，注重提供评价规则行为的机会能巩固幼儿对规则的认知。幼儿一发脾气就打人，家长可以让幼儿评价自己的行为，明白为什么打人不对，怎样控制情绪等。此外，家长还可以让幼儿评价其他人的行为，比如有人闯红灯，家长可以让幼儿评价这种行为的对错，以及我们应该怎么做。通过不断的评价自省，幼儿不断地加深对规则的理解，将规则内化为自己的行动准则，有效地促进了幼儿的规则意识发展。

（二）幼儿园教育策略

1. 转变教师的规则教育观

规则教育有利于幼儿养成良好的行为习惯，促进幼儿社会化发展；有利于班级管理。教师既要重视规则教育的执行，也要重视幼儿对规则的理解。许多小朋友被要求执行规则，但是他们并不明白为什么这么做。例如，不能打人。案例5中的康宝，别人不小心碰了他，他就会想，老师说不能打人，但是是他先打我的，因此我要打回他。这里，其实他并没有真正理解什么是“打人”、“不能打人”这条规则。因此，老师在教育的过程中，就应该让他学会区分那种情况是“打”、哪种是“不小心”，明白打人这一动作对别人和对他自己的危害。规则并不是一成不变的，按时效可分为不变性规则、适应性规则和临时性规则。不变性规则主要是社会法律法规及规章制度，这些规则具有强制性，任何时候、任何人都应该遵守，如不能闯红灯、不能打架、不能偷东西等。适应性规则是可变的，以适应幼儿不断成长。不同年龄段的幼儿要求安静同样的时间，显然也是不合理的。因此，不同年龄段的幼儿被安排在不同的年纪，他们的活动时间也是不同的。临时性规则主要是针对特定的场合制定的，如游戏规则。在玩游戏时，幼儿有了新的想法想玩不一样的游戏。教师这时就可以宣布，先按原先的规则玩游戏，然后在多思考不一样的玩法，再去玩。这样，即没有违反游戏规则，也没有打击幼儿的积极性和创造力。值得注意的是，不存在没有规则的时候或环节，在新规则出现之前就执行旧的规则。

2. 建立平等和谐的师幼关系

虽然教育一直主张以学生为主，学生与师生地位平等，但目前国内的教育体制下依旧是老师处于权威地位。在幼儿园阶段更是如此，幼儿教师神圣不可侵犯，他们主导幼儿的一切。听话的孩子受到老师的喜欢，调皮违反纪律的孩子则不被老师看好；家里有背景的孩子，老师多照顾一点，清贫的孩子则享受不到老师更多的关注；老师心情好时，就表扬幼儿，心情不好就发泄在幼儿身上，等等，这样的师幼关系极不平等。幼儿教师应该树立平等的教育观，细心观察每个孩子，知道他们的优缺点，因材施教。在大班化教学里，幼儿教师的压力很大，无法兼顾每个个体，这就需要班级教师之间相互沟通，探讨。在教育过程中统一步伐，做到公平公正，不因个人喜好、方便管理等因素对幼儿差别对待，宽容爱护每一个孩子。和谐平等的师幼关系还体现在教师理解幼儿，给幼儿话语权，为幼儿提供认识、分析、理解和评价规则的机会。例如，借助绘本《大卫，不可以》教育幼儿要养成讲卫生、穿衣服才能出门、不能玩饭菜等良好的行为习惯。绘本阅读之后，可以反问幼儿相关的问题，如有的小朋友吃饭的时候玩饭菜，这样对不对？让幼儿评价这种行为是否正确，思考不能做的原因以及正确做法，之后再让幼儿实际操作一次。在日常的学习生活中，教师还应该观察幼儿的行为，对他们的行为及时给予表扬或批评。

3. 家园合作创造统一的环境

良好的家园合作，能够让幼儿拥有一个统一的生活学习环境，有利于幼儿规则行为的执行以及幼儿规则意识的培养。幼儿园应该充分认识到家庭对幼儿规则教育的重要性，让家长积极参与幼儿园教育教学活动，了解幼儿在园情况，落实幼儿在园学习的效果。幼儿年龄小，认知不足，辨别能力较弱，他们更乐于听从成人的安排和要求。在幼儿园幼儿被告知“不能打架”，在家家长告诉幼儿“谁打他就打回去”。这时幼儿就会产生困惑，我究竟该听谁的？幼儿很聪明，他们会选择对他们而言最简单、最便捷的方式——直接打回去。

在家园合作过程中，①老师与家长要互相理解。例如，让家长在幼儿园试教一天，或者组织幼儿园开放日，让家长清楚幼儿园一日生活的流程和学习情况。让家长配合老师、幼儿园工作，体会幼儿老师的辛苦。②幼儿园也应该重视家庭教育的重要性，组织家园活动。例如，每学期或每月举行一次全园家长会，让家长了解园区的理念、近期动态和发展方向等信息；开展家园合作专栏，传播育儿小知识和解决家长在育儿方面的困惑。③幼儿教师要积极与家长沟通，请家长协助幼儿巩固在园所学的内容以及良好的行为习惯，做到幼儿园教育与家庭教育的方向一致，为幼儿创造一个和谐统一的教育环境。

（三）社会教育策略

1. 重视同伴效应营造有序的社会环境

幼儿的主要交往对象是家人、老师和同伴。同伴是指与儿童具有相同社会认知的人。同伴关系年龄相同或相近的儿童在交往之中建立的一种社会关系。儿童之间互相交往，分享彼此的兴趣，共同成长。随着年龄的而增长，同伴的影响越来越大，地位也越来越重要。在幼儿园里，经常看到有一个幼儿发现一件好玩的事情，比如说拍桌子，旁边的幼儿也会跟着一起拍桌子，你拍一下我拍一下，然后互相看一眼，就哈哈大笑起来。中大班的幼儿做出违规行为，身边的幼儿看见了就会立马指出，你不能这么做或者直接向老师告状。因此，幼儿教师要重视班风建设，让幼儿相互学习相互监督，营造一个遵守规则的学习氛围。例如，选出一个拥有良好规则意识的幼儿当值日生协助老师管理班上的事情，每星期评选一位“规则之星”，让讲规则的幼儿优先选择玩具等。一个井然有序的社会能够让幼儿在潜移默化中学会和巩固规则，提高幼儿的规则意识。作为社会的一员，我们有责任有义务为幼儿树立一个遵纪守法、讲文明、讲礼貌的榜样。出行时，主动遵守交通规则；在公共场所，尊重他人，不随地吐痰、扔垃圾；超市购物时礼让他人、排队付款等。

2. 加强对幼儿文化产品的监控

目前，在文化产业大发展的背景下，国内幼儿文化产品种类繁多，绘本、儿歌、动画片等文化产品的内容日益丰富。动画凭借着直观、形象、生动、有趣的特点深受幼儿喜爱。但是，动画片中存在不少暴力、低俗等不良元素。例如，近些年有名的《喜羊羊》、《熊出没》就因涉及暴力影响幼儿成长被要求整改。幼儿好模仿，他们学着灰太狼把同伴架起来烤，跟着光头强说脏话，拿锯子锯人，直到出现问题的时候才被人们重视，深刻反映出我国对幼儿文化产品监控的不足。因此，国家文化部门应完善幼儿文化产品的内容监察标准，加大监察力度，认真落实监察体系。

第二节 幼儿攻击性行为的成因及对策研究

近年来，我国全国各地都有青少年暴力事件发生，甚至校园里的暴力事件也时有发生，应该引起我们教育者深重的反思。攻击行为，特别是儿童时期的攻击性对长大成人后的暴力行为具有一定的预警作用。因此出于防患于未然，减少幼儿长大以后发生暴力行为，给人类一个安稳舒适的生活环境的考虑，幼儿攻击性行为——暴力行为较轻程度的表现，开始引起人们的普遍关注。幼儿攻击性行为是幼儿社会性发展的一个重要指标，影响着幼儿性格与品德思维的形成。《幼儿园教育指导纲要》明确指出，要培养幼儿理解并遵守日常生活的社会行为准则。为了促进幼儿社会性发展，帮助幼儿形成自觉遵守社会行为准则的意识，促进幼儿身心健康发展，家长和教师必须要重视并且对幼儿攻击性行为有一个正确的认识，找出幼儿攻击性行为的形成原因。现实中，大多数的家长和幼儿园老师当孩子出现攻击性行为时，只会一味地指责孩子和制止行为，并不会去探索攻击性行为发生背后的原因，及如何减少幼儿发生攻击性行为的教育对策。在此背景下，我们通过研究幼儿攻击性行为形成的原因，希望找出能够减少幼儿攻击性行为的对策。

一、幼儿攻击性行为的概念界定

（一）幼儿攻击性行为的定义

教育学者们对攻击性行为的科学研究已有近百年的历史，但是对于攻击性行为的概念却一直存在许多的分歧和争论。近二三十年来，攻击性行为的概念有了进一步的发展。Parke 把攻击定义为有意伤害另一个人或另一些人（包括个体和群体）的行为。Baron 认为攻击是一种行为，其目的在于给对方造成伤害，并且受害者试图回避这种行为。他指出攻击是一个由各种不同成分构成的范畴，需要具备伤害性、有意性、厌恶性三个条件。章志光等学者提出：攻击是有意识伤害他人并且不被社会规范所许可的行为。被学者普遍接受的攻击性行为的概念是：任何一种旨在伤害另外一个欲躲避这种伤害的行为或语言。把握幼儿攻击性行为的概念需要注意以下几点：①攻击是一种行为而非情绪或者态度。②攻击行为具有明确的意图，而那种偶然地、无意地伤害了某个人就不算是攻击行为。③攻击行为造成了他人躯体的损伤或者心理的伤害，常见的暴力形式的躯体攻击或者辱骂他人尊严的言语攻击也从属于这一范畴。④虽然攻击行为是施加给人的行为，但是也不能认为伤害的对象是无生命的物体就认为不是攻击性行为。有许多的攻击行为是故意以一种间接的方式来伤害他人的，并且攻击的意图非常明确，这也认为是攻击性行为。⑤被攻击者具有回避攻击的倾向，大多数的受害者在遇到身体或者言语攻击时，产生了不愉快的体验并有意识地回避这种伤害。

（二）幼儿攻击性行为的类型

（1）从攻击性行为的意向性来划分，攻击性行为可以分为目的性攻击和手段性攻击。目的性攻击一般是因为幼儿带有愤怒的情绪和情感，目的是为了给其他人造成伤害或者痛苦，并且以此为快乐。而手段性攻击也和目的性攻击一样存在伤害他人的动机，但是手段性攻击带给别人伤害是为了达到其心中的目的，而不是给别人造成痛苦并以此为乐。从心理问题的严重程度来看，前者比后者要严重得多。

（2）从攻击性行为发生的频率来划分，幼儿攻击性行为可分为习惯性攻击性行为和偶发性攻击性行为。习惯性攻击是存在于个别幼儿在生活中多次发生攻击行为但是又没有得到成人有效的控制，导致养成了攻击别人的习惯，这种行为频频发生，成为了习惯性攻击性行为；偶发性攻击行为是幼儿偶然发生的一次两次攻击性行为，没有形成攻击习惯，在生活中绝大多数幼儿的攻击行为基本都属于这一类。两种攻击行为中，习惯性攻击行为产生的原因相对于偶发性攻击行为较为复杂，在纠正时，既需要找出发生行为背后的原因，然后对症下药，又要有足够的耐心。因为已经成为一种习惯了，它的形成必然经历了一个较为漫长的过程，那它的消除也是需要一个相当长的过程的，其中可能还会有反复性。而偶发性攻击行为只是一般的行为问题，只要能够及时地对其有针对性的指导教育，都会取得较为理想的教育效果。

(3) 幼儿攻击性行为从动机角度划分，可以分为敌意性攻击和工具性攻击。敌意性攻击是指幼儿去攻击别人的目的是为了去伤害或者侮辱一个他选定的对象，这个对象是他所讨厌的、憎恨的或者不喜欢的，有可能是通过肢体、言语的攻击，或者也可能是破坏别人的东西、财产等；工具性攻击是指幼儿伤害他人是为了达到一种他想要的目的，如撞倒同伴为了得到自己喜欢的玩具、伤害他人为了得到大人的关注等，攻击别人在这里是作为一种手段。很多时候，幼儿的攻击行为是这两种的混合。

二、幼儿攻击性行为的现状分析

为了解幼儿攻击性行为的现状，更好地提出幼儿攻击性行为的教育策略，本研究选取了浙江杭州市麦田儿童之家、江西抚州市万花筒幼儿园为访谈和观察对象。其中杭州麦田儿童之家具有四个园区，园长一位，分管园长四位，教师 20 位，幼儿 206 位；抚州万花筒幼儿园具有五个园区，园长一位，分管园长五位，教师 26 位，幼儿约 300 位。本研究选取了两家幼儿园的 2 位园长、22 位老师（浙江杭州、江西抚州各 11 位）以及 20 位幼儿家长（抚州杭州各 10 位）做了访谈调查。访谈内容主要围绕“您的小孩/幼儿园在园小孩存在攻击性行为吗?”“您的小孩/幼儿园在园小孩发生攻击性行为的频率是?”“当幼儿园孩子发生攻击性行为时，攻击的发起者一般为男孩还是女孩?”“当发生攻击性行为时，家长/教师的做法是?”“您怎样看待幼儿出现的攻击性行为?”等主要问题，希望以此来调查了解幼儿攻击性行为的现状。

同时选取了 41 位幼儿作为观察对象（其中浙江杭州 24 名、江西抚州 17 名），观察方式为在幼儿园的实习班级观察幼儿的一日生活。通过访谈法和观察法发现幼儿的攻击性行为现状如下。

（一）幼儿存在攻击性行为

在幼儿园里，无论小班、中班或大班，幼儿攻击性行为的发生已经屡见不鲜。在“您的小孩/幼儿园在园小孩存在攻击性行为吗?”的访谈中，杭州麦田儿童之家、抚州万花筒幼儿园的幼儿家长、园长、教师都提到他们班中有的幼儿或多或少都存在攻击性行为。所访谈的 20 位幼儿家长中有 12 位家长表示自己的孩子出现过攻击性行为，5 位幼儿家长认为自己的孩子存在攻击性行为。在“您的小孩/幼儿园在园小孩发生攻击性行为的频率是?”的访谈中，有 8 位家长回答基本上是在同伴交往中只要稍有不开心就会动手打人，手里有什么东西就用什么打，出现的频率特别高。有 9 位家长回答说如果孩子没有控制好情绪可能就会做出打人的过激行为。有 3 位家长反映孩子出现攻击性行为的频率很低。而园长和教师则回答基本上一周就会有三天反映班里有孩子动手打人了，而在“幼儿园在园孩子发生攻击性行为是否给您带来教育困扰，或者扰乱正常教学秩序?”的访谈中了解到，如果幼儿的攻击性行为伤害不轻，教师及时制止和处理，和家长好好沟通的话，基本上不会严重的影响正常的教学秩序，但是遇到严重一点的或者家长不好沟通时家长会来园里闹，严重影响了正常的教学秩序和园所品牌。可见，幼儿出现攻击性行为已经不再是个别现象，需要引起教师和家长的重视。

（二）幼儿攻击性行为存在年龄差异

不同年龄的幼儿出现攻击行为的特征以及造成的严重程度也不相同。通过对杭州麦田儿童之家和抚州万花筒幼儿园的园长和教师对“幼儿经常表现出的攻击性行为是什么?”这个问题的访谈中，杭州麦田儿童之家教师提到，班里目前有 24 名幼儿，他们都在 3 岁左右，有 5 名幼儿存在比较明显的攻击行为，主要表现在推搡、击打、抓咬等身体性的攻击。抚州万花筒幼儿园中班幼儿教师提到，现在班级里有 25 名幼儿，他们基本都在 4 岁和 5 岁左右，其中有 7 名幼儿发生过攻击性行为，行为表现主要是推、打、踢等身体性的攻击有时还有一些简单骂人的言语攻击。抚州万花筒幼儿园的大班幼儿教师表示他们班里的 27 名幼儿都在 6 岁左右，其中有 5 名幼儿出现过攻击行为，出现攻击行为的表现也是多样的，有的为用手用力推搡，有的用脚踢、踩，大部分都是用物体故意伤害别人等这些肢体性的攻击，甚至还带有骂、侮辱、贬低等言语性的攻击。

从访谈结果可以了解到，幼儿的攻击性行为随着年龄的增长，幼儿的攻击行为的形式逐步呈现丰富化。低年龄幼儿的攻击性行为主要是以简单的身体攻击为主，随着年龄的增长，攻击行为除了具有简单的身体攻击，还会出现敌意性的攻击和言语性的攻击。4 岁左右是幼儿发生攻击性行为的一个高峰期。

（三）幼儿攻击性行为存在性别差异

根据访谈发现：幼儿的攻击性行为存在明显的性别差异。通过对杭州麦田儿童之家和抚州万花筒幼儿园的 22 位教师和两位园长关于“当幼儿园孩子发生攻击性行为时，攻击的发起者一般为男孩还是女孩?”这个问题的访谈，两家幼儿园的园长和教师表示，园里男孩的攻击性行为多于女孩，男孩子还非常容易在受到别人攻击后采取报复行为，并且会怂恿同伴采取攻击性行为。而女孩子则在受到攻击后一般会哭泣或者向老师告状，不会像男孩子那样去报复。另外，教师和园长还提到，男孩与男孩之间交往发生冲突时，很容易采用攻击行为去解决；而男孩与女孩之间发生冲突时，采取的攻击性行为则比较少。访谈的 10 位男孩子的家长中有 7 名家长反映自己的孩子出现过攻击性行为，而访谈的 10 位女孩子的家长中有 5 位家长表示自己的孩子出现过攻击性行为。因此幼儿的攻击性行为存在明显的性别差异，男孩出现攻击性行为的几率比女孩出现攻击性行为的几率更大。

（四）教育者缺乏幼儿攻击性行为的正确认识和解决对策

通过对“当幼儿发生攻击性行为时，家长/教师的做法是?”这个问题的访谈，我们了解到，一般家长和教师的做法是把具有攻击性行为的孩子隔离开，对受伤害的孩子进行安慰之后再对攻击性的孩子进行批评教育，情况严重时还会处以惩罚。但据笔者观察到，有些家长性子急，有时会对孩子进行打骂指责。当问到“您怎样看待幼儿出现的攻击性行为?”时，85%的家长认为孩子还小还不懂事，等孩子长大了明白事理了自然就好了，10%的家长认为可能是孩子的交往技能弱，不懂处理矛盾才会出现攻击性行为，5%的家长认为不清楚孩子为什么会出现攻击性行为。而教师基本认为是孩子的交往技能差和情绪管理能力差。当问到“您认为在解决幼儿攻击性行为时采取什么方式比较有效?”时，笔者发现绝大多数的家长都对这个问题比较迟疑，表示这个还真是不太了解，不知从何做起，采用什么方法好。而老师则一直认为采用隔离法比较适宜，把攻击性的幼儿及时隔离开。通过访谈结果可知，大部分家长没有正确对待孩子的攻击性行为，对攻击性行为的认识也是片面的。而对于攻击行为，家长和教师的措施都是比较单一的，有时也表现出无奈。

三、幼儿攻击性行为形成的原因

根据对杭州某教育机构的20位家长和教育机构园长、教师的访谈中可以得出，幼儿攻击性行为形成的原因是多方面的，主要有幼儿本身、家庭、幼儿园和社会等方面。

（一）生物学因素

通过对抚州和杭州的两个幼儿园的在园幼儿的家长、教师、园长的访谈和对幼儿的观察表明，攻击性行为的倾向与雄性激素有密切关系。通常男孩比女孩的攻击性行为要多。受气质的影响，具有困难气质的儿童，易怒、易哭闹的儿童也容易出现攻击性行为。另外，如果父母将情绪容易激动，兴奋性强，反应速度快等活动方式遗传给孩子，孩子也较容易出现攻击性行为。

1. 遗传性因素

Carmella、Rose man 通过对同卵双生子和异卵双生子所表现的攻击性行为进行比较研究，发现攻击性行为具有轻微的遗传性。Medina 通过比较养子和亲生子的攻击性行为来判断遗传性，结果发现，如果某个体亲生父亲犯罪，那么他犯罪的可能性要显著高于那些收养父亲犯罪的个体。遗传基因也影响着个体的兴奋水平，攻击型幼儿的父母中73.7%具有好动性急的特点。Rushton 等人对296对同卵双生子和277对异卵双生子进行了敌意和攻击行为的追踪测量发现：同卵双生子攻击行为的相关性（$r=0.40$）明显高于异卵双生子（$r=0.04$），说明了人的攻击性倾向在某种程度上受遗传因素的影响。

2. 激素

研究者发现攻击性与激素尤其是雄性激素（如睾丸激素）的分泌水平有关，并且把激素水平作为间接的测量攻击的手段。尽管许多研究证实了激素水平与攻击性行为的相关性，但二者的内在联系仍不清楚，有可能通过其他的中介变量发生作用。正如 Dabs 和 Morris 所言，激素对攻击行为的影响在某种程度上是存在的，但又相对较小，其他因素的作用也非常重要。

（二）幼儿自身因素

儿童自身的因素也会对攻击性行为的形成产生影响，幼儿的自尊心和挫折感与其攻击性行为的形成也有至关重要的影响。另外，根据社会学习理论，儿童的攻击是一种习得的社会行为，可以通过观察学习获得。在家庭生活中，幼儿无时不在模仿成人的语言、动作、活动和为人处世的方式，因此幼儿的模仿行为也是造成幼儿攻击性行为的一个重要因素。

1. 自尊心和挫折感

在生活中，幼儿经常会向家长提出一些要求和愿望，如向爸爸妈妈索要一辆自己喜欢的玩具汽车，这时家长如果拒绝了幼儿的要求，并且语气生硬，态度恶劣，那么孩子的基本需要就得不到满足，此时幼儿可能就会因此产生攻击性倾向。4 岁幼儿已有自尊心的概念，当幼儿自尊心受到挫折时，很可能会引发攻击行为。例如某幼儿非常擅长下棋，以前下棋每次都是赢家，得到大人许多的赞赏，很有成就感。但是突然有一次和别的小朋友下棋输了，这时就会产生一种挫折感、挫败感，他很可能暴躁地掀翻棋盘，或者攻击那个赢过他的幼儿。另外，不公正的判决也可能会引发幼儿的挫折感，例如两名幼儿正在争吵，很多时候老师或家长原因都还没有弄明白，就批评了其中一名幼儿，这名幼儿很可能会因此产生攻击行为。

2. 不良的观察和模仿

观察模仿是幼儿时期非常突出的特点，模仿行为也是幼儿期常见的一种行为表现。由于幼儿辨别是非的能力较弱，对生活成长环境中的不良榜样和电视动画的反面人物难以区分好坏，这些不良行为、事物都会引发幼儿的观察模仿行为。通过笔者的访谈，绝大部分的家长都会给孩子看电视动画片，但是对于电视动画片的内容选择都不是很在意，基本上都是根据孩子的兴趣选择。而孩子尤其是男孩子是非常喜欢画面感强的、打打闹闹的动画内容，而一般这些动画内容在无形中就会引发孩子的模仿，这些打闹、追打、击杀的电视动画片比如《奥特曼》、《喜洋洋与灰太狼》在潜意识中就会造成幼儿产生攻击性行为。根据笔者的观察，在杭州的幼儿园有一位幼儿，名叫宥宥，他明显存在攻击性行为，在他的话语中基本上离不开奥特曼，而且他的动作也是奥特曼的经典动作，在和小朋友发生不愉快时就会学着奥特曼打怪兽的击打动作去攻击其他的小朋友。而通过对宥宥的家长访谈发现，宥宥在家每天都会看两集以上的《奥特曼》，经常会吵着要奥特曼的玩具，连书包、水杯和床被都有奥特曼图案，因此宥宥通过对奥特曼的模仿而产生了攻击性行为。

（三）家庭方面因素

1. 家长不良的教育方式对幼儿攻击性行为的影响

家长对孩子的态度和抚养方式对儿童攻击性行为的形成起着重要的作用。学龄儿童的攻击性行为是儿童发展过程中表现出来的一种消极的社会行为。根据心理学家和儿童教育专家对父母教育方式的研究，父母的教育方式主要有专制型、溺爱型、放任型及民主型。

（1）专制型。专制型的家长强调权威和传统，按照一套硬性的规则管制子女行为，表现为要求子女服从其命令，甚至采用专断、独裁的态度。这种父母往往强迫孩子按照父母的意愿办事，限制了儿童的自主性，并且常常滥用职权，不鼓励幼儿与父母持相反的看法和观点，对儿童缺少温暖和慈爱。在这样的家庭氛围中生活会使幼儿情感冷漠、自卑、孤僻和不合群，容易形成敌意粗暴、冷淡、执拗逃避的性格，或者形成依赖、自卑和情绪不安的性格，而这些性格都不利于幼儿养成正确的社会行为习惯，往往这些孩子存在攻击性行为的几率要比正常的孩子要大。

（2）溺爱型。爱是家庭教育的主旋律，父母对子女的爱是孩子健康成长的阳光和雨露。但盲目的爱就是一种溺爱。溺爱型的父母对孩子保护得太过，什么事都替子女办理，使子女什么都不会做。这类家长一味地娇惯和放纵孩子，既看不到孩子缺点和错误，也听不进别人的批评和意见，对子女的错误行为采取包庇袒护的错误做法。幼儿如果长时间在溺爱的抚养教育中生活会导致幼儿意志薄弱，很容易形成骄横任性、依赖懦弱的性格，妨碍他们与他人正常交往。这些孩子如果稍微有一点没有顺从他的意，就会发脾气，严重一点就会动手打人，造成攻击性行为。

（3）放任型。放任型的父母一般很少干预子女的言行，有时还会无视子女的需求，对孩子放任自流，漠不关心。生活节奏越来越快，家长也越来越忙，有些父母在外忙于事业，在家则成为"手机奴"，大部分时间都在低头刷手机，对孩子不管不问，任其自然发展。这种教育方式值得关注，在这种家庭中，幼儿没有得到家长应有的关注和关心。处于成长阶段的幼儿，比较活泼天真，爱说爱动，在一定的情感情景下，会不由自主地流露出真挚的情感、想要与父母进行交流与沟通，但家长由于各种原因疏于与他们进行交流，久而久之孩子就会对家长的冷漠产生不满，逐渐出现各种问题。通常这些孩子为了寻求更多的关注，可能会通过打人、咬人等攻击性行为来引起老师家长的关注。

（4）民主型。幼儿生活在宽松和谐的民主型家庭氛围中，孩子愿意与父母坦诚、积极的交流。民主型的父母鼓励子女养成独立的人格特质，采用开放开明的态度与方式与子女沟通，儿童与家长间互动是民主的、合作的，而非专制和放任的。这样幼儿能在父母树立的基本原则上有适当的自主自由做自己想要做的事。民主型的家长对子女的爱是理智的爱，是一种严慈相济的爱，其主要特征是父母把慈爱与严格和谐统一，而不是盲目的爱。采取民主型教育方式可以让幼儿感到有安全感，感受到被爱和被尊重，同时也能让他学习怎么爱他人并尊重他人。因此，家长应该坚持采用民主和睦的方式关怀孩子，使孩子情绪稳定、意志坚强、独立自信，形成积极向上的性格，这样就能减少幼儿发生攻击性行为的机会。

2. 不和谐的家庭生活环境

通常幼儿家庭的父母之间或者婆媳之间不和睦，有经常性的争吵的，一般幼儿的行为问题较其他的家庭和睦和谐的家庭多，易于表现出攻击性行为。

（1）家庭成员之间不和谐。家庭成员之间如果有矛盾，关系不和谐，较少交流感情，常为一些琐事就发生争吵或者打架，久而久之，攻击行为在家庭中就得到了强化，幼儿便深受其害。充满暴力攻击的婚姻冲突和婆媳矛盾为幼儿提供了一系列不良的人际交往方式，幼儿通过观察家庭成员行为，获得有关人际交往的技能和不恰当的冲突解决策略。在这种家庭环境下，幼儿会形成错误的观念，认为攻击行为是解决矛盾的可行办法，这种错误观念导致幼儿的问题行为。父母作为幼儿的第一任老师，是幼儿最早模仿的对象，夫妻之间应该和睦相处，互相关心和尊重，为幼儿营造积极向上的家庭氛围。多核心家庭之中的婆媳关系也要处理好，当家庭矛盾实在无法避免时，不要在孩子面前发生正面冲突，而应该私下采取恰当的方式解决问题。如果幼儿看到父母采取非攻击性的方式解决了冲突，以后遇到冲突时他们很可能会用同样的方式解决冲突和问题。

(2) 家庭成员教育态度的不一致。各位家长都很爱孩子，但在教育孩子的这个问题上往往存在分歧。尤其是当孩子犯错误时，有的家长批评、训斥和体罚，也有的家长哄骗、护短，甚至家庭成员之间还闹得很不愉快。一般夫妻之间如果沟通得顺畅，就较容易达成一致的教育态度和教育理念。但是，在中国的传统文化里，祖父母会融入孙辈的生活之中。在生活当中我们经常可以看到“隔代亲”的现象，一般就是因为祖父母无条件的溺爱幼儿，使幼儿对祖父母产生依赖。一般家庭成员之间的教育态度不一致就会出现在父母和祖父母之间。一般家庭成员之间达成一致的教育态度可以有效地预防和减少幼儿的攻击性行为。如果家庭成员教育态度不一致就会导致幼儿出现行为问题。

案例10：接受访谈的是一位6岁孩子的妈妈和奶奶，谈起她的孩子，孩子妈妈满脸的苛刻，在家经常命令孩子，“今天你必须做什么，不能做什么；这个时间你应该干什么；我决定的事情你是不能改变的”，这位妈妈就是采用虎妈的教育态度。而笔者观察到孩子的奶奶，看到孩子就是满脸的慈爱，在园孩子做了什么事情奶奶都是宽容的态度，对孩子满是疼惜，只要不触及原则基本上都是依着孩子的。而笔者观察到，这位孩子明显存在攻击性行为，只要看到有孩子躺在地上他都会用脚去踩，或者和小伙伴玩着就会咬其他孩子的胳膊，甚至动手打人。

在一个家庭中，家庭成员的教育态度达成一致非常重要，如果教育态度不一致，家庭很容易在教育孩子的问题上出现矛盾，造成家庭成员之间关系不和谐。另外，家庭成员之间教育态度不一致，他们不能很好地监督和管理孩子出现的行为，在教育方法上会采取错误的教育方式，不能很好地帮助孩子预防制止攻击性行为。

(四) 幼儿园方面因素

幼儿园环境对幼儿产出攻击性行为的诱因主要在以下几个方面：

1. 幼儿园的不良环境诱发幼儿的攻击性行为

幼儿园是幼儿社会化的第二课堂。幼儿入园以后，幼儿园就成为幼儿接受教育重要场所。幼儿每天接近八小时都在幼儿园度过，因此师幼之间、同伴之间的互动是很频繁的。幼儿园内不良环境对幼儿的攻击行为具有很大的影响，其中幼儿园的环境包括物质环境以及心理环境两方面。

(1) 物质环境：不合理的活动空间密度及活动材料配置。

在幼儿园里幼儿活动场地的大小对幼儿的攻击行为起着关键作用。如果幼儿园的活动空间狭窄，幼儿就会感觉很压抑，幼儿间的碰撞机会也增多，发生争斗的几率也会增大。根据《幼儿园工作规程》第二章幼儿园入园和编班的第十一条规定：幼儿园每班幼儿人数一般为，小班25人，中班30人，大班35人。但是根据对杭州和抚州的两家幼儿园的观察，杭州的幼儿园小班的人数为28人，抚州的小班中班大班的人数都在规程的范围之内。访谈和观察后发现，杭州幼儿园的幼儿发生攻击性行为的频率明显要比抚州幼儿园的幼儿发生攻击性行为的频率要高。因此，如果幼儿园每个班级幼儿人数过多，但是游戏活动资源空间又有限，幼儿就处于一个繁杂拥挤的活动空间，那么幼儿就容易产生攻击性行为。另外，如果同样的玩具不能达到人均一份，幼儿之间也很容易发生争抢玩具或者地盘的现象，攻击性行为也就发生了。而且根据笔者的观察，杭州和抚州的两家幼儿园所投放的游戏材料都很少，经常可以看到幼儿因为争抢玩具而发生咬人、打人等攻击性行为。幼儿对材料和玩具表现出极强的占有欲，在幼儿园集体活动中，如果玩具和活动材料数量不够，或者玩具种类搭配不合理，极易导致幼儿间发生争抢玩具的行为，引发幼儿间的矛盾冲突，增加幼儿攻击性行为的发生。

(2) 心理环境：师幼关系和同伴之间的影响。

幼儿在园主要是和同龄的幼儿交往与交流，因此幼儿同伴之间的影响对幼儿的攻击行为也产生非常重要的影响。通过对抚州和杭州两家幼儿园的教师和园长的访谈“在幼儿园，哪些活动幼儿发生攻击性行为的频率高?”了解到，幼儿在于同伴交往的过程中出现攻击性行为的频率最高，通常表现在玩玩具、运动。人际交往不可能没有冲突，幼儿是生活在集体环境之中的，必然少不了与同伴之间的交往与交流，同伴对幼儿的影响是极其深刻的。根据笔者的访谈和观察，幼儿之间经常因为与同伴起争执而动手打人，有时候同伴之间玩着玩着就突然起了冲突，询问原因大部分是因为有小伙伴拿走了玩具，被拿走玩具的小伙伴就动手打人。往往在同伴中出现攻击行为的幼儿大部分是由于缺乏交往的技能而不善于处理人际冲突，常常用暴力简单对待，这样做的代价就是被同伴拒绝、排斥，导致幼儿人缘差，没有人愿意与他交往，这样就会使他产生失落感、挫折感甚至带有敌对情绪，这种心理状态就进一步加剧了幼儿的攻击意向，形成一个恶性循环。在幼儿园中，幼儿除了和同伴交流还要和老师交流，老师扮演着非常重要的角色。师幼关系是否处理好也对幼儿的攻击性行为产生影响。宽松和谐的师幼关系是开展幼儿教育的必备条件之一，幼儿在这样的环境氛围中学习与生活，没有任何压力，教师和幼儿之间平等和谐，幼儿心情自然愉悦放松，在幼儿园都是积极的情绪，很少发生负面情绪。但是，如果教师对幼儿很严厉很苛刻，动不动就批评，幼儿则会对教师心存畏惧，每天精神都是紧绷的状态。在这种气氛中，幼儿往往会把对教师的不满转移到同伴上，进而产生攻击同伴的行为。

2. 教师的教育不当，增加幼儿的攻击性行为

在幼儿的一日生活中，教师始终与幼儿共处，师幼之间的互动很频繁，教师的教学态度、教育方法、对幼儿的评价以及对攻击性行为的处理方式都对幼儿攻击性行为有重要影响。另外，教师不恰当的教学安排也可以直接导致幼儿攻击性行为的发生。《幼儿园工作规程》中也明确指出，幼儿的一日活动的组织应该动静交替。根据对抚州幼儿园的观察，当不是教学时间或者运动时间的时候，抚州的那家幼儿园的做法是让孩子趴在桌子上休息，只要发出了声音，教师就会批评。这种做法往往抑制了孩子的情绪和身体，幼儿需要发泄出来，因此老师这些做法就会导致攻击性行为的发生。在平常的教学活动中，如果教师没有充分考虑幼儿的身心特征就草率的安排教育活动、游戏活动，也会很容易引发幼儿间的攻击性行为。同时，教师对幼儿的一些消极评价会间接地助长幼儿的攻击性行为。比

如说“你今天的表现太让老师失望了”、“你怎么这么笨”等消极评价，幼儿就会产生负面情绪引发攻击性行为。另外，教师对攻击性行为的过度关注实际上也为幼儿的攻击行为提供了一种负强化，会使幼儿的攻击性行为增多。通过对两家幼儿园的访谈发现，当园里出现攻击性行为时，教师的第一做法是把具有攻击性行为的幼儿分离开，这个做法是正确的，但是往往分离后因为忙于其他的事情就不会花太多的心思在这件事上。

（五）社会方面因素

社会因素也对幼儿的攻击性行为产生密不可分的影响。

1. 不良的影视媒体，加重幼儿的攻击性行为

随着社会的不断进步和信息技术的加速发展，网络媒体以及影视节目成为人们娱乐和获取信息的重要渠道。与此同时，游戏、电视动画、网络等媒体中的争斗与暴力内容对幼儿攻击行为的影响也日益受到关注。班杜拉的社会学习理论认为，观察学习和模仿是幼儿获取社会交往技能的主要方式。在幼儿的成长过程中，除了家长、教师、兄弟姐妹和同伴，幼儿还可以从媒体，如电视动画、游戏等中获得丰富的榜样资源，幼儿年龄还小，缺乏完善的认知能力和道德判断，就很容易造成不加选择的模仿和尝试。通过对杭州麦田儿童之家和抚州万花筒幼儿园的园长和教师关于“在家/在园会给孩子放有关暴力性的动画片吗？比如奥特曼”的访谈发现，抚州万花筒幼儿园原来会给幼儿放《喜洋洋与灰太狼》这样的动画片，但是经过个别家长的反映之后就没有放了。《喜羊羊与灰太狼》中不乏争斗的画面，孩子看了争相模仿，会不由自主的投入情境扮演其中的英雄角色。幼儿的这些模仿行为往往是自主的和无意识的，幼儿生活中的熟悉环境频繁出现的暴力场景会潜移默化地影响幼儿对暴力的态度。例如在动画片《喜洋洋与灰太狼》中，当灰太狼和红太狼对羊村里的羊进行攻击时，羊村里的羊就采取措施，反过来拿一些工具来砸、敲、扔等方式攻击狼。幼儿对狼产生厌恶，让幼儿看后很过瘾、刺激。同时他们也认为暴力是解决问题的有效途径，久而久之就会产生攻击性行为，因此电视媒体对幼儿攻击性行为有较大的负面影响

2. 不良的社会风气，助长幼儿的攻击性行为

环境对幼儿的健康发展具有很大的影响，好的生活环境可以促使幼儿健康发展，不良的生活环境则对幼儿的健康发展起着阻碍作用。如果幼儿从小就生活在一个周围人都是脾气暴躁、满口粗话，遇到问题就用武力解决的环境中，幼儿也会无形中学习这样的语言和行为来解决遇到的问题。幼儿生活在这样的环境里很容易使幼儿的潜意识中有一种只有使用暴力、武力才能解决问题的错误观念，就助长了幼儿的攻击性，因此良好的社会风气对幼儿攻击性行为的预防也非常重要。

四、幼儿攻击性行为的应对策略

（一）创建良好的环境，减少环境中易于引发攻击性的行为刺激

1. 为幼儿创设一个适宜的心理环境

幼儿的行为容易受环境的支配，处于不良情绪状态中幼儿会更容易出现攻击性行为。

因此教师要用自己的爱心平等地爱护关注每个幼儿，理解幼儿的各种需要，允许幼儿自由地表达自己的想法和意见建议，形成和谐融洽的师幼关系、同伴关系。在师幼之间、幼幼之间建立一种宽松和谐、民主愉悦的心理环境，使每个幼儿都可以处于积极地愉悦地情绪体验中，尽量避免让幼儿有过多的挫折感和压抑感，并要时刻注意观察，及时对出现不良情绪反应的幼儿加以疏导，让他们从不良的情绪体验中恢复过来，维持心理的平衡，减少幼儿产生攻击性行为的心理因素。

2. 为幼儿创建适宜的室内外活动空间

幼儿园要严格按照《幼儿园工作规程》中的要求，严格控制好班额，不要为了单纯的经济效益就不断增加班级人数。幼儿教师在布置班级环境时，要将各活动区域进行科学合理的间隔，尽可能地为幼儿创设更多的活动空间，防止幼儿因为空间过分拥挤而引起不必要的碰撞造成冲突和摩擦。在指导幼儿活动时教师也可以有意识对有攻击性行为的孩子引导到人数比较少的区域去活动，降低攻击性行为的发生率。

3. 要为幼儿提供适宜的活动材料

在幼儿园，幼儿攻击性行为的产生很多时候是因为发生争抢玩具或者材料，因此幼儿园适宜的玩具和材料的投放，对减少幼儿攻击行为的发生有着很大的影响。适宜的材料投放包括投放适宜的材料数量和适宜的内容。教师在投放材料时，一定要投放足够的游戏材料和运动材料，保证数量要充足，以减少幼儿为争抢玩具而产生的矛盾。教师还要留意教室投放材料的损坏情况，当材料因为损坏而不能玩，导致数量不足时，一定要及时投入新的游戏材料。而投放的材料内容也十分关键，有一些幼儿玩具材料本身就具有攻击性的倾向，如小棒，玩具刀枪等，教师在投放材料时因尽量避免投放过多这些材料，若要投放，在投放之前要对幼儿进行一个玩具正确使用的一个教学指导。除了材料内容的选择需要注意之外，材料内容的更新也是非常重要的，教师应该不定时更新投放在教师里的游戏材料和运动材料，避免幼儿因为厌烦而聚拢一起玩教具的情况而增加幼儿间产生矛盾的几率而发生攻击性行为。

（二）利用幼儿的模仿特性，树立榜样示范

班杜拉认为，观察模仿是规则和创造性行为的主要来源。幼儿年龄小，对很多事物和行为都是没有概念的，大部分是通过观察模仿幼儿身边的人或物学习而来的。因此在减少幼儿攻击性行为方面，榜样示范可以发挥非常重要的作用。一般幼儿都喜欢模仿心目中非常重要的人，在家里一般是爸爸妈妈爷爷奶奶外公外婆等，一般在幼儿园就是幼儿园老师。因此家长和教师一定要注重自己的言行举止，因为不小心就可能成为幼儿观察学习模仿的对象。如果家长教师出现粗鲁的行为或者急躁的利用暴力解决生活中出现的问题，幼儿通过观察模仿就会学习到家长教师的处理方式，以后在同伴交往中就会用同样的方式解决问题，不利于幼儿形成良好的社会交往方式，增加幼儿的攻击性行为。

幼儿还喜欢模仿获得奖励表扬或者荣誉的同龄幼儿和性别相同的人，因此在家里如果有同龄的幼儿，家长可以适当的表扬同龄幼儿的亲社会的行为，在具有攻击性行为的面前树立榜样，但是值得注意的是，表扬其他幼儿的同时不能以批评为目的，更加不能伤害幼儿的自尊，不然会起到反效果。在幼儿园里，老师也可以对表现良好的幼儿进行表扬，可

以进行语言表扬也可以进行物质表扬，如用简单的贴贴纸表扬。幼儿园的小朋友们都非常喜欢贴贴纸，如果在幼儿园得到了贴纸还会回家向家长炫耀，因此教师对良好行为进行奖励表扬，可以促使具有攻击性行为的幼儿也为获得老师的奖励表扬而向榜样学习，使其能向好的方向发展。

（三）鼓励幼儿积极与同伴交往，体验合作的快乐

如今大多数家庭都是独生子女或二胎子女，孩子在家基本上和父母爷爷奶奶外公外婆交流的多，很少能有机会和同龄的孩子交往，这样很不利于孩子的社会交往。因此父母要多带孩子出去走走，鼓励幼儿多余其他的孩子交流，提高孩子的交往能力，体验合作的快乐。幼儿园要开展多种活动，使不同的孩子都能参与进来，促使幼儿的情绪能得到正常的发泄，也通过参与到各种活动中与不同的幼儿交流。孩子在交往中往往会有小矛盾，此时幼儿教师要积极的鼓励孩子自己去解决，提醒孩子用语言去表达去处理，当孩子没有处理好时老师家长再出面并告诉孩子正确的处理方法，多与不同的孩子交流，幼儿的交往技能就会逐渐得到很大的提升。在与其他幼儿的交往中，老师和家长要教会孩子当集体使用玩具时要与同伴分享，不独自占有。当然如果孩子实在不愿意也不强迫孩子，老师家长可以多准备一些玩具防止争玩具发生攻击性行为。当轮流使用大型玩具时要制定好规则，学会耐心的等待。

（四）满足幼儿的心理需要，帮助幼儿获得成功的体验

在生活中，教师和家长往往更多的关注幼儿的一些生理需要，如肚子饿了、口渴了、想睡觉了、身体不舒服了等等。当然生理需要是幼儿的基本需要，但是幼儿的心理需要也不容忽视，如安全需要、尊重需要。教师和家长应该学会尊重幼儿，好奇、好问、好动是幼儿期典型的心理特征。当幼儿表现出想要探索周围世界的种种正当需求时，父母和老师都应该尊重幼儿，尽量去满足和支持他们，提供宽松的环境条件让他们通过活动、游戏及运动等进行适当的尝试，去干能干的事，去克服能克服的困难，去做切合实际的探索活动，而不是认为孩子还小就选择性的忽略孩子的好奇心。同时，在进行探索时，如果孩子进行多次尝试还是失败了，父母和老师应该适当地给予孩子提醒或者帮助，使孩子获得成功的体验。即使孩子又失败了，也应该鼓励其继续努力尝试，而不应该指责孩子笨、不聪明等，使孩子遭受挫折感，产生负面情绪。游戏是幼儿最喜爱，也是最主要的实践活动。在游戏中，幼儿可以无拘无束地尽情释放各种积极的、消极的情绪情感，游戏也能为他们提供一个学习如何妥当地表达自己感情的途径，从而学习如何驾驭和控制不友好的攻击性行为，因此教师和家长可以多陪陪孩子做做游戏。另外，因为有些孩子的需要家长或者老师不能及时知道，所以幼儿教师和家长应该教会幼儿学会怎样表达自己，使别人及时知道自己的需要和情绪。

（五）家长转变家庭教育观念，建立和谐的家庭关系

在幼儿攻击性行为的矫正和预防中，家长的教养态度和教养方式非常重要，家长不断地提高自身的素质是家庭教育成功的前提。父母作为孩子的第一任老师，是孩子最早的模

仿对象，家长应该努力营造民主温馨的家庭氛围，给予幼儿观察和关注，培养良好的亲子关系，给予幼儿更多的关心和爱护。当家庭矛盾无法避免时，应尽少在孩子面前发生正面的矛盾冲突，更加不能出现家庭暴力，而应该采取恰当的方式去解决，为幼儿提供一个好的正面的榜样。当孩子看到父母采取非攻击性的方式去解决矛盾时，幼儿以后就会在无形中采用同样的方式。家长对幼儿的攻击性行为要有正确的认识，无论是自己的孩子伤害了其他幼儿，还是其他幼儿伤害到了自己的孩子，家长都应该将心比心，正确引导和教育幼儿。家长在平时对幼儿的教育中拒绝采取体罚，如“打骂”、“讥讽”等攻击性管教方式，提倡科学的教养方式，不要对幼儿产生的攻击性行为妥协让步，幼儿出现反抗时，要以说理教育为主，也可以用冷处理的方法来应对幼儿的暴力行为。另外，家长方面还要达成一致的教育态度，尤其是多核心家庭，父母与祖父辈一定要多沟通交流，尽量达成一致。祖父母们也应该学会放手，对于孩子的教育问题还是交给孩子的父母，平常多多陪孩子们玩玩就好，父母不在身边时对于小问题可以多管管，但一定要记住得要建立原则。

（六）教师了解幼儿行为表现，做好预防和矫正工作

教师要对幼儿的攻击性行为多进行观察，了解幼儿攻击性行为的表现形式和发生原因，正确的理解和精确的掌握并区分幼儿的攻击性行为，对幼儿进行交流技巧训练，提高交往能力。一般攻击性较强的幼儿会缺乏解决交往问题的方法，此时教师就需要采用有效的方法来提高幼儿处理冲突的能力，多鼓励幼儿的亲社会行为，从各方面预防和矫正幼儿的攻击行为。教师要深入观察，针对幼儿的宣泄需要，有的放矢地进行教育，通过预防、释放或转移等方式，促进幼儿身心的健康发展。教师在五大领域的教育教学活动中都应该结合幼儿的攻击性行为进行有机的渗透教育，有意识地安排一些教育活动和游戏活动，帮助幼儿能够设身处地体会他人的情绪，从而提高幼儿的移情能力，减少和防范攻击性行为的产生。教师应为幼儿创设适宜的环境，提供正确的行为活动供幼儿选择，使他们对行为活动的要求得到满足，如提供相应数量的玩具和有效的活动空间，减少因为争抢玩具产生的攻击性行为。

（七）选择利用良好的社会大众传媒

现代社会各种媒体对幼儿攻击性行为的产生和发展有着重要的影响，社会媒体有义务关注幼儿媒体教育的信息、内容选择和价值，增加亲社会活动的广告和宣传。监管部门在审核节目时一定要严格对待，对于那些关于暴力血腥或黄色的节目一定要严格限制，要做到杜绝限制级影视节目等低下电视节目流入幼儿的世界。在幼儿动画片中要重视对幼儿亲社会行为等良好行为的引导和教育；社区或村委会要建设良好的社区和农村风尚，不定时地利用墙画、图册给予幼儿亲社会行为的引导和教育；家长应尽量避免幼儿看暴力的、具有攻击性行为的影视作品。如果条件允许，家长和教师可以陪同幼儿看电视动画，及时了解幼儿的想法，这样幼儿在观看电视时，家长和教师可以恰当地评价和给予电视节目中的人物形象进行解释，帮助幼儿正确对待影视内容，辨别这些情节的是非，这样就可以帮助幼儿指明正确的认知方向，降低幼儿发生攻击性行为的概率。同时，家长和教师如果能够经常陪孩子看动画片，这样就可以更加深入地了解孩子的想法，走进孩子的心里，得到孩

子的认可，才能在以后的日常生活中更好地对幼儿的行为进行正确引导。

（八）家、园和社会密切合作，形成教育合力减少攻击性行为

幼儿的教育离不开其所生活的环境，良好行为习惯的养成也需要幼儿园、家庭以及社会各方面的合作。家庭和幼儿园要积极的对幼儿的在家情况和在园情况进行有效的沟通和交流。幼儿教师以及家长要注意观察幼儿的行为活动，当幼儿出现攻击性行为的倾向时要及时与幼儿沟通和交流，耐心地倾听，尽量不要去打断幼儿说话，要让幼儿感受到自己被尊重和理解，并对幼儿的讲话内容要做正确的评价和指导。在家园共育方面，幼儿园作为科学且专门的教育单位，应向幼儿家长宣传正确有效的幼儿家庭教养方式。可以利用家长会、家长学校和家访的形式积极地与家长进行沟通。如今家长一般都会使用微信等上网工具，幼儿园可以建立一个家长微信群，有什么问题及时在群里反映，幼儿园也可以通过微信群宣传正确的教育方式。同时，幼儿园还要做好社区共育的工作，宣传幼儿攻击性行为的相关知识和内容，让社区参与到对幼儿的攻击性行为的教育中来。使家庭、幼儿园和社会应该形成教育合力，以正确的态度对待攻击性行为。对于幼儿身上的优点，应该予以鼓励引导和发扬；而对他们的不足，要对他们有信心，相信他们会改正，并创设尊重、和谐、关爱的条件帮助幼儿健康、快乐的全面发展。冰冻三尺，非一日之寒，教育过程中肯定会有许多反复，教师和家长必须正确对待幼儿的攻击性行为，给予幼儿更多的耐心和时间，在消除幼儿攻击性行为的同时也要注重幼儿心理健康的发展，能让幼儿既拥有健康的身体又能拥有健康的心理。

第三节　在园幼儿告状行为的成因及策略研究

在幼儿园里幼儿告状是很普遍的现象，是幼儿在形成社会初期意识的一种外在表现，也是幼儿在成人正确的指导下学会互相帮助，培养独立解决问题能力的一个过程。

作为一名幼儿教师，对幼儿身心发展中出现的问题是很敏感的，幼儿告状行为是幼儿出现最频繁的行为。面对这种高频行为的出现，究竟怎样的引导方式才是最合适的？不同的方式对幼儿又有着什么样的影响？希望本研究能够引起大家对幼儿告状行为的关注、能够解决幼儿园部分教师对幼儿告状行为的疑惑，了解和掌握幼儿告状行为问题的解决策略，抓住幼儿发展的关键期，促进幼儿各个方面更好的发展。

一、在园幼儿告状行为的内涵、特点

（一）在园幼儿告状行为的内涵

1. 告状

什么是告状？《魏书·拓跋仪传》中有写道：“遂留闻召，恐发，逾墙告状，太祖秘而恕之。”这里的告状就是告知情形的意思，并没有复杂的因素在里面。《北史·许宗之传》：“宗之怒，殴杀超。超家人告状，宗之上超谤讪朝政。”这里的告状是提出控告的意思。任德耀《小足球队》第四幕：“黎明向江老师告状了”，这里的告状是向某人的上级

或尊长诉说自己或被人受到这个人的欺负或不公平的待遇。以上是发生在成人之间的告状行为，也是告状的三种最本质的意义。

2. 幼儿告状行为

幼儿告状是幼儿在日常生活中出现的最普遍的现象之一，主要发生在幼儿园的日常生活中。幼儿告状行为是指幼儿在幼儿园的人际交往中受到同伴的攻击性行为或发现某种行为与老师的要求、幼儿园的规则不相符的时候，向老师发起的一种社会交往行为。① 主要包括告状幼儿、被告幼儿以及裁定者（老师），这三者间发生的社会性交往行为。幼儿告状是幼儿正常的社会性行为，这是幼儿认识社会、接触社会的一种方式，并不存在道德上的错误，老师和家长应该正确和认真对待幼儿的告状行为。

（二）在园幼儿告状行为的特点

幼儿告状行为的特点主要是受幼儿年龄发展特点、发生的地点以及事件内容的影响。它作为一种幼儿特有的行为既有其共性又在一定程度上有着不同之处，对幼儿告状行为特点的研究有利于更好的理解此种行为、分析其原因并提出合理的解决措施。幼儿告状行为具有以下几个特点：

1. 发生频率高

通过对园幼儿日常生活的观察，发现幼儿在自由活动期间发生告状行为的频率最高。学前期的幼儿主要的时间都是在幼儿园度过的，他们进行社会性交往的对象主要是老师和伙伴。这一阶段的幼儿还处于心理发展的初期，认知能力、交往能力以及独立解决问题的能力都有待发展，需要向外界寻求帮助，因此，告状行为发生的频率在幼儿期是比较高的。

2. 年龄差异显著

受幼儿年龄的影响，大中小班的幼儿出现的告状行为在内容、动机等方面有着很明显的差异。年龄越小，无意义告状行为越频繁；年龄越大，有意义告状行为越频繁。

（1）小班幼儿（3~4 岁），这个年龄段的幼儿正处于自我中心阶段，他们告状的主要内容都是由自己的需要而形成的，目的是为了保护自己不受侵犯而寻求老师的帮助。这一阶段的幼儿利己性很强，一般都是为了抢夺物品或者维护自己的利益而产生的告状行为。同时，这一阶段也是他们追求“公平性”最强烈的阶段，他们刚从家里来到幼儿园，环境的变化使他们缺乏安全感，自身地位的平等只能通过外界帮助来实现，因此，不断地向老师提出互动行为。

（2）中班幼儿（4~5 岁），此年龄阶段的幼儿在认知、道德水平及解决能力方面都有了较大的发展，规则意识得到初步的发展。他们告状的主要内容都是围绕规则的遵守与否产生的，幼儿会格外关注没有遵守规则的同伴，出于维护班级集体荣誉的目的向老师说明情况。此时，幼儿的告状行为产生的动机逐渐由“自我”转向“他人”，社会交往行为趋于正常发展。

（3）大班幼儿（5~6 岁），这一阶段的幼儿心理、认知等方面都发展得较好，独立性

---

① 庄碧颖．浅议幼儿告状行为［J］．科学教育，2015（3）：96.

较强，逐渐有自己的想法，能自己解决幼儿园生活中出现的问题。虽然告状行为的频率有所减少，但一定程度上还是存在。正因为幼儿有了自己的想法，主观能动性强，对于幼儿园生活出现的各种问题或者现象都有着自己独特的看法和见解，此时的告状行为多是以与老师沟通或争辩的形式出现的。例如，对老师的某种行为提出质疑或者不认同，进而向老师提出疑惑，这表明幼儿的告状行为即将消退，幼儿的独立性增强，不再频繁需要寻求外界的帮助了。

3. 形式单一

幼儿告状行为是幼儿时期所特有的行为现象，主要发生在幼儿园内，告状的对象主要是老师，方式主要是口头表达。这种由内而外的心理行为，随着幼儿心理的发展，内容不断复杂，但依然受场所的限制，形式和对象单一。

4. 趋于消退

这一特点形成的原因归根结底还是由其本身的性质所决定的。它本身就是一种心理行为，随着幼儿心理的不断发展，独立性更强，这种现象就会自然呈现出消退的趋势，这是幼儿发展过程中必然会出现的。

二、在园幼儿告状行为的类型及成因

（一）在园幼儿告状行为的类型

通过对杭州市和抚州市8所实习幼儿园进行的自然观察记录以及收集到的50个告状事件进行分析归纳，将从幼儿所受外部刺激以及内部动机两个大的方向来划分幼儿告状行为的类型。

1. 按幼儿告状行为发生的外部刺激划分

所谓外部刺激就是来自除自身需求以外的东西对个体所形成的影响，是由外而内的。在实习园工作中观察到的对幼儿告状行为产生影响的外部刺激主要有以下几种：同伴的攻击性行为、不被接受的社会性交往行为、规则被破坏。

（1）自我保护型。

这一类型告状行为的发生经常伴随着争吵和矛盾，且一般发生在小班幼儿的社会交往过程中。小班幼儿的自我中心意识处于发展的关键期，对于自我物品的所有权尤其重视，社会交往的需求和技巧也很匮乏，活动的主要形式是独立游戏。因此当幼儿从家里来到幼儿园的时候，环境的改变会让他们尤其紧张，一旦受到外界的侵犯便立马寻求帮助，告状行为也由此产生。

案例11：早晨入园期间，来得早的小朋友可以自己拿玩具玩。前段时间，主班黄老师刚上完“制作响响瓶”的活动，需要每个幼儿自己在家制作一个响响瓶带到幼儿园。老师说过玩具可以一起玩，但有一天的早上吴佳明小朋友和玥玥小朋友几乎同时来到幼儿园，他们俩都准备去拿响响瓶玩，这时，明明小朋友估计是忘了自己的响响瓶是哪一个了，就随手拿了一个，刚好拿到了玥玥的，见状，玥玥立马就去抢响响瓶，还大叫着：“这是我的，还给我。”明明不给，玥玥一边哭一边向黄老师告状去了，说明明抢了她的东西。

(2) 保护规则型。

这一类型告状行为发生的年龄跨度较大，从小班到大班都会出现。导致幼儿告状行为出现的原因之一就是幼儿的认知能力还处于发展的初期阶段，对很多事情的认识不够，缺乏明辨是非的能力，要依赖老师或者父母的引导和确认才能知道自己或他人的行为是否正确合理。幼儿园老师所确立的规则其实就是幼儿进行各种活动的标准，一旦发现同伴偏离了老师的规定，幼儿就会认为是不好的，便向老师寻求认可，以此来强化自身的规则意识。小中班幼儿的行为标准比较单一、死板，主要是以老师的口头要求为主。

案例 12：黄老师要求她所在小班的幼儿喝水的时候要排队，站在线上喝水。主要是想从最基本的日常活动中树立幼儿的规则意识，但有几个个性较强的幼儿不太听指挥，每次喝水的时候都会到处乱跑，有的时候还会把水洒在地上。一天下午排队喝水的时候，经常乱跑的洋洋小朋友又开始满屋子乱跑了。黄老师并没有注意，这时，喝完水的响响小朋友指着洋洋对黄老师说："老师，你看，他一点都不乖，喝水到处跑。"

大班幼儿已经具备了基本的独立思想和解决问题的能力且道德水平也处于发展的关键期，此种告状行为出现的形式更加复杂多样且具有灵活性。

案例 13：笑笑是大一班的一名小朋友，平时爱打抱不平，对于老师提出的要求和任务都能很好地遵守和完成。在一天下午的区角活动中，老师让小朋友们选择区角玩耍，彤彤小朋友动作比较慢，没有选到自己想玩的区角，结果很伤心，就站在一边没有动，笑笑看到了觉得很奇怪便上去询问原因，了解后，主动帮助彤彤解决了问题，期间遇到同学的反对，笑笑便向老师说明情况寻求帮助。

2. 按幼儿告状行为发生的内部动机划分

内部动机是指人自发的对所从事的活动的一种认知。内部动机直接与活动本身有关，由于做某种事能激发人的兴趣，令人愉快，活动本身就是活动者所追求的目的。内部动机包括三种：①对于活动本身的兴趣；②完成活动的乐趣；③任务对人能力的挑战。①

简言之，内部动机就是个体的内在需求，需要通过在外在事物或行为来获得满足。我们在了解了内部动机的基本内涵的基础上，结合所观察到的案例，发现幼儿告状行为产生的内部动机主要有以下几种：试探老师的态度、寻求帮助和安慰、表现自己、举报同伴、嫉妒同伴、报复同伴、嘲笑同伴。根据行为出现的动机可细分为试探型、求助型、求罚型、求赏型和叙述型。

(1) 试探型。

---

① 龚维义，刘新民．发展心理学［M］．北京：科学技术出版社，2004.

试探即不确定，当幼儿不知道一件事该不该做的时候，便会向老师进行试探性的告状，了解老师对该行为的态度，这种告状大中小班都有发生，主要还是因为幼儿的道德认知发展水平较低，对事物的认识不够全面，自主性、独立性不够强，需要通过外界来强化获得并形成自身的各种意识。另外，幼儿具有向师性，老师在他们的眼中是具有绝对的权威的。

案例 14：画画课上，老师让小朋友们将发下去的画册完成相应的内容。主要就是将一幅画涂色，其他的地方老师并没有要求涂色。晶晶小朋友画得很快，不一会就涂完了，就去涂其他的地方了，美美看到了，也想画，就跟老师说："老师，晶晶在画别的地方。"结果老师说可以，美美也放心地去涂了。

（2）求助型。

求助即出现的问题超出了自身能力，需要寻求外界帮助。由于幼儿的年龄发展具有阶段性的特征，求助型告状行为主要出现在小班阶段。一方面，他们正处于心理依赖阶段，渴望得到成人的爱和关注。

案例 15：小班幼儿亮亮是一个有点娇气的小男生，除了这一点其他都很好。一天早上，他早早地来到了幼儿园，几乎和老师一起进入教室，本以为他会像往常一样开心的打招呼，结果他一个人默默地走到图书角看书去了，这还是头一回。果然，不一会，他就哭哭啼啼的过来了，一边哭一边说："老师，昨天我不小心摔了一跤，手都破了。"说着就把手伸到老师面前让老师看。

另一方面，由于各方面能力的不足，遇到问题的时候，只能选择向外界寻求帮助。

案例 16：思思是一名中班的小朋友，独立性有点欠缺，性格比较内向，与伙伴交往的过程中时不时会受到欺负。语言课上，老师先是让大家跟着一起读课文，然后，发给小朋友们道具让大家自己进行游戏创编，老师没有对分组成员做硬性规定，鼓励大家自己去找伙伴进行活动，但思思在大家都找到伙伴的情况下还是一个人站在那里。于是，便向老师寻求帮助，让老师帮助她找到合适的小伙伴。

（3）求罚型。

求罚是指幼儿向老师举报同伴的行为，一般被告幼儿与告状幼儿之间存在矛盾。一种情况是告状幼儿因为好胜心作祟从而嫉妒被告幼儿，想借助老师的力量达到让自己心理平衡以及报复的目的。

案例 17：中三班的男孩子非常活跃，一到下课就特别疯狂。他们最喜欢的游戏就是比比谁更快，有时候是老师组织，有时候是他们自行组织玩耍。一天下午，老师提出带他们出去玩比比谁更快的游戏，大家都高兴极了，迫不及待地想出去玩。老师在说好游戏规则后便带着大家出去了，俊杰和图图平时就是死对头，谁也看不惯谁，刚好这次玩游戏成了竞争对手。游戏过程中，图图因为太着急，忘了游戏规则，俊杰见状便向老师告状不能再让图图玩游戏，因为违反了游戏规则。

另一种情况是由于幼儿在认知发展的过程中逐渐形成自己对事物的判断能力以及判断标准，通过向老师举报同伴的某种行为，来确定自己的道德标准。与求助型不同的是，此时幼儿已经有了自己的独立思考、解决问题的能力。

案例 18：大班有些男生特别调皮，虽然已经懂事了，但有的时候还是很让人头疼。一天中午，老师让几个平时比较调皮的男生罚站，并没有体罚的意思，只是想惩罚一下他们。结果中间有个男生不愿意接受老师的惩罚，一直在调皮，还偷偷向老师做鬼脸。没睡着的女生琪琪看到了，便对老师说："老师，他不尊重你，向你做鬼脸，不礼貌。"

(4) 求赏型。

求赏即寻求老师的表扬和奖励，这类幼儿大多是多血质或胆汁质个性特点。这种告状行为出现的背景一般是老师给出了某种承诺，以便让幼儿遵守特定的规则或要求。在这种情况下，幼儿想获得老师的奖励或表扬，便主动帮老师监督班级幼儿。

案例 19：中二班的主班老师是个刚来的新老师，经验不丰富，不太能管得住幼儿。为此，她很是苦恼，得想个有效的办法管管。中班幼儿的自我意识发展很强烈，于是她就想通过奖励的方式让幼儿主动接受管教，同时也在一定程度上发展了幼儿的自主性。第一个对老师的这种方式作出回应的是平时很开朗活泼的情情小朋友，只要发现哪个小朋友出现不符合老师要求的行为，她便会立马告知老师。

还有一种情况是老师并没有提出相应的要求和承诺，幼儿自觉管理班级的行为，处在告状和叙述性告知之间，主要发生在中班和大班，有些幼儿家庭教育较全面，认知能力、交往能力、道德感等方面发展相对成熟。

案例 20：大二班的小班长给我留下了很深刻的印象。他是班上长得最高、个子最大的男生，乍一看，会给人一种调皮孩子的错觉。但实际上，他是班上能力最强、最懂事的孩子。平时，只要老师有事出去，他就会自觉站在前面维持班级秩序，只有碰到实在不听话的小朋友的时候他才会跟老师说，这一点也体现了他较好的人际交往能力。除了在课上外，只要遇到跟班级荣誉有关的事情，他都会积极参与。

(5) 叙述型。

叙述型是指幼儿只是单纯的向老师描述自己所注意到的某种现象，心理动机并不强。同时，这也是幼儿外部言语发展的重要表现，通过向老师描述现象的方式，发展自己的语言表达能力。

案例21：一天早上，小三班的幼儿恬甜一大早来到幼儿园，高兴的向老师打招呼。不一会，隔壁班来了一个小女孩，大概是还没有习惯幼儿园的生活，哭着不让妈妈走，要跟妈妈回家。这时，恬甜就对老师说："老师，她不是好孩子，她不想上幼儿园，还哭，羞羞脸。"说完，就自顾自地跑开去玩了。

有的中大班幼儿喜欢找老师聊天，跟老师探讨自己对某些事情或者现象的看法和见解，这也是叙述型告状的一种。与小班幼儿不同的是，中大班幼儿出现叙述型告状行为是主观能动性发展的结果，能从更深层次认识观察到的不同行为。

例22：乐乐是一个很有自己想法的孩子，经常跟老师聊天，对于班上出现的不良行为、自己生活中注意到的现象，提出自己的见解。一天，他看到一个上厕所不洗手的小朋友，便向老师说："他那样是不行的，手上的细菌容易进入嘴里，之后会导致肚子痛，就要去见医生了，还是要讲卫生啊！"

（二）在园幼儿告状行为的成因

幼儿告状行为作为幼儿成长发展过程中必须经历的一个阶段，必定有其原因及其合理之处。幼儿告状行为主要受其本身的年龄发展特点、生活环境等告状因素的影响。

1. 幼儿自身因素

（1）幼儿的自我防御本能。人类生来具有的防御本能，一旦处于困境或是遇到危险就会想尽方法摆脱困境。在幼儿自身能力有限的情况下，寻求他人帮助是最好的解决困难的方法。由于幼儿的年龄、语言、认知发展限制，幼儿与同伴相处沟通能力比较弱，幼儿本身的自我保护能力和自我防御能力有限。在幼儿园的一日活动中，他们清楚地认识到老师是唯一的可以帮助他们解决困难的人，只要老师出手问题便会很容易得到解决。

（2）幼儿对求表扬的心理需要。在马斯洛的需要层次理论中，被尊重的需要是人的八大需求中重要的需要之一。无论是幼儿还是成人都希望得到他人的赞赏和肯定。特别是对幼儿来说，自我意识刚开始发展，伴随着独立性的增强，总会想尽办法证明自己是个好孩子，在幼儿园里，由于对于老师的尊敬和信仰，能够得到老师的夸奖是很值得向同伴炫耀的，告状行为恰好符合得到肯定与夸奖的心理需求。

（3）为获取老师关注的心理需求。幼儿一旦发现同伴的某种行为违背幼儿园或老师的规则时，他们就会立即做出反应，停止手中的活动向老师告状。他们是想要得到老师更多的关爱和关注。从本质上说，这其实是幼儿对于老师的爱的心理需求。大都关于幼儿与教师之间的关系研究表明，幼儿与教师之间一样存在依恋和依赖的心理，就像幼儿对于爸妈的以感情为纽带的关系一样。但是在实际教师与幼儿的教学与生活中，教师更多的是以"工具性"的角色与幼儿交流，老师关注更多的是教育行为的目的是否达到，很少考虑到幼儿情感与需要的表达。尽管教师也并不是为某个幼儿所有，但是幼儿内心仍是想要和老师建立亲密关系，喜欢得到老师的鼓励和表扬，以及老师的爱，对于幼儿的告状，老师的点头，一句话都能使幼儿得到安慰和满足。

(4) 幼儿判断力差依赖性强。由于幼儿年龄比较小，判断力差，在考虑问题时大多想到的是自己，经常会无意识的将同伴无意间的磕碰行为判断为故意攻击，或者是单方面考虑问题，不会协商，比较极端，导致冲突产生，进而向老师告状寻求解决。若是老师能够认真地听完幼儿的事情，抚慰并鼓励幼儿，幼儿就会开阔通达，当做小事处理。这也是幼儿太过于依赖父母的表现，当然这也是由于成人对于幼儿的教育方法和幼儿园的规章制度导致幼儿自我判断能力减弱，自我表现的机会减少，只要遇到事情，就向老师告状求助帮忙。

2. 家庭教育因素

作为幼儿成长的最主要环境之一的家庭。在进入幼儿园之前，幼儿所接触的人和事物以及受到的影响主要来自于父母及家庭环境。例如，家庭成员的文化水平、教养方式以及家庭生活条件等都是影响幼儿告状行为的重要原因。

(1) 家长教养方式的影响。在幼儿园里，教师成了幼儿的唯一的看护者。很多家长习惯性地叮嘱幼儿，发生了什么事情一定要找老师，谁欺负了你就去告诉老师。家长以这样的方式鼓励引导幼儿去告状，认为这样是关心孩子让幼儿不吃亏。有的父母为了给孩子“讨回公道”，甚至亲自出马为幼儿解决，这种行为严重影响幼儿独立意识的培养。作为家长，他们采取错误的态度来对待欺负和被欺负的孩子。在错误的教育观念指引下，家长经常指责受到“欺负”的孩子“没有出息”、“没有本事”。而对于主动侵犯别人的幼儿经常夸奖，采取“赞赏”甚至表扬的态度。恰是家长的这种立场，使得幼儿攻击性行为的增加，进而导致幼儿被欺凌的告状行为的增加。

(2) 家长文化程度的影响。现在许多家庭都是隔代抚养，幼儿是跟着爷爷奶奶长大的。排除那些稍微有文化的家庭，一般都是没什么文化的老人，他们抚养孩子能做到的只是保证基本的吃喝拉撒，对幼儿的教育几乎起不到任何作用，甚至还会使幼儿养成不良的行为习惯，如爱打人、爱抢东西、没礼貌等。

3. 幼儿园方面的影响

(1) 幼儿园的规范化的管理。

在幼儿园这个大集体的场所中，建立规则意识是幼儿园进行教育、教学管理，以及常规训练的重要内容。早上入园向老师问好，坐到固定的位置、坐姿端正，上课的时候“小嘴巴不说话，小脚并并拢”、“喝水要举手”等一系列行为规范的建立，就像一张渔网，使幼儿的每一个行为受到制约，幼儿在行为上回时常触碰规则，但是幼儿潜意识里对规则有一种单一的认识，规则即是规则，是毋庸怀疑的，发现同伴触碰规则，马上就有人去告状。总之，幼儿园中繁多复杂规则导致告状行为的增长。

(2) 倾斜式的师幼互动。在幼儿园的师幼互动中，大部分是采用倾斜模式，即教师扮演教育传播的角色，对幼儿进行教育指导、生活照顾、行为指导。相对于依赖性较强、身心发展不成熟的幼儿来说，教师具有绝对的权威。

我们经常能听到教师说“现在请小朋友不要说话”，“现在请小朋友将小手放背后”，“现在小朋友不应该做什么”等，其实就是在阻碍幼儿自由、主动的交流沟通。教师规定现在做什么幼儿就应该做什么，幼儿的一切行为必须控制在教师的规定之内。但是，幼儿在面对教师的威严，根据特定的要求，乃至违反自己的意愿去做，于是心里有了自身的想法。但是迫于教师的压力，幼儿在做出某种行为时，总要考虑其行动是否符合教师的要求，幼儿只有在征求老师的同意下才做出具体的行动。当幼儿习惯于在教师的规划与安排下生活，习惯被教师管理和评价，长久下去，幼儿将会失去自身 的主体性，大事小事都依靠、服从于教师解决，向老师告状。

（3）不和谐的师生关系。师生关系一般分为三种类型：相容、淡漠和对抗。后两种都是师生关系不和谐的表现。有的教师不喜欢幼教工作，对幼儿漠不关心，缺乏同情心，师生很少交流，师生关系淡漠；有的教师脾气急躁，态度粗暴，讽刺挖苦训斥幼儿，造成紧张对抗的师生关系。在幼儿园中，教师的偏见、不公正、误解、粗暴等都有可能造成师生关系的不和谐。关少华等（2002 年）在《关于对幼儿心理及行为问题实施游戏矫正的研究报告》中提到，在幼儿某些心理及行为的形成和发展过程中，教育的不足应是影响因素之一。即教师未能平等对待所有幼儿，对一些幼儿关注过多，而对另一些关注不足，而被关注较少的幼儿的行为问题，如交往退缩、多动等可能来自幼儿对幼儿园及其班级环境的不信任、缺乏安全感。显然，不和谐的师生关系会直接影响到幼儿的身心健康。当师生关系发生冲突时，幼儿就会心存压力，心情抑郁，长此以往必然导致幼儿的身心受损。主要表现有：①生理功能紊乱等；②情感迁移泛化，迁怒于他人，攻击性强，形成抑郁状态。教师情绪紧张、烦躁、忧郁，常常会造成一种紧张与压抑的气氛，使幼儿惶恐不安，幼儿会由于教师的这些行为而沮丧、不安。

4. 社会文化的影响

（1）传统文化的影响。我国从古至今，都喜欢听话、懂规矩、受人欢迎的好孩子。成人的说教和规矩幼儿都不能违抗，只能顺从地点头称“是”。别人说话的时候只能认真听，不多嘴，不犯错，乖乖听父母的话，遵守规则这样的才是好孩子的标准。“听老师的话”，“上课的时候乖乖做好不懂”，“敢于承认错误”，“天天早起去上学”这些都是成人视为幼儿好孩子的依据，老师经常用这些依据给幼儿贴标签。好孩子的标准是由各种规则和幼儿园的各种规章秩序构成的，它规定了幼儿什么能做，什么不能做，牢牢遵循各种规章制度成为幼儿行为的评判依据。按照好孩子的要求做是对的，然后就能发现同伴的不遵守规则行为，急急忙忙地向老师去告状。正是传统文化中这种对好孩子的标准和宠爱，被老师家长更多的肯定和赞赏，使得幼儿的告状行为越来越多。

（2）尊敬师长的影响。我国自古代起有“师者，所以传道、授业、解惑也”的说法，教师从传道、授业、解惑，扮演着社会中三种不同的角色：道德文化的规范者和传递者；知识的占有者和代言人；社会要求的代表者。师生关系往往被当做是长辈与晚辈的关系，拥有长辈的威严与权威。

在幼儿园中这种“尊师”体现得更为具体。在幼儿面前，老师就是长辈就是师长，师长具有绝对的权威，于是教师就通过利用教师这种绝对权威，经常通过奖惩制度、树立榜样等手段来促使幼儿的“客我”的形成。“老师请做得好的小朋友来做”，“老师请表现好的没有说话乱动的小朋友来做”，老师的话成了幼儿的好孩子标准。“小耳朵仔细听”，“请看老师怎么做的”，教师基本上通过规则所形成的外部力量以及教师本身的“师长权威”来教育幼儿成为“好孩子”。对幼儿来说，他们会想老师是要求我这么做的，我自己应该怎么做呢，他们很少有表达自我的机会。像这种表达自我的“我喜欢”、“我反对”、“我赞同”等类似的话，在师幼互动中几乎不出现。使幼儿越来越迷失自我，幼儿越来越陷入服从与依赖的局面，没有了自己的选择与判断，进而导致幼儿大事小事都向老师告状。

三、在园幼儿告状行为的教育意义及指导策略

（一）在园幼儿告状行为中隐含的教育意义

李静指出幼儿告状行为并不一定是不好的，它只是儿童亲社会行为的表现，对学前教育以及学前儿童自身的发展也有一定的积极意义。① 幼儿告状行为是很普遍存在的，俨然已经成为了老师们日常工作中的一部分了。在观察的8个不同年龄段的班级中，每个老师对待告状行为的态度以及处理方式是有其共同点和差异的，这主要是受老师的性格以及素质等方面的影响。但基于我们此次观察研究的目的是为了让大家认识到幼儿告状行为背后深层次的东西，因此只有极少数老师的行为让本人觉得是合理的。也就是说幼儿告状行为作为一种幼儿正常的社会性行为，是存在其教育意义和价值的，我们应该正确认识幼儿告状行为并抓住教育的契机，促进幼儿身心的健康发展。

1. 有利于幼儿道德认知水平的提高

幼儿告状行为作为一种常见的社会性行为，必然受幼儿认知发展水平的影响。认知包括了是非、善恶的标准以及各种行为准则。根据皮亚杰的道德发展理论，幼儿正处于道德认知发展的萌芽阶段——他律阶段。这一阶段的幼儿认为是不可变的，是具有绝对权威的，只能无条件服从。进入幼儿园后，他们开始由对父母的服从转向对老师的服从，他们认为，老师是具有绝对权威的，是值得信赖的。因此，老师的态度及教育方式对幼儿的道德认知的发展以及三观的形成有很大的影响。

幼儿在小班阶段出现的试探型、求助型告状都是由于自身认知发展不够完善，导致解决问题的能力低下以及缺乏独立性，因此老师起到了很关键的作用。当幼儿出现告状行为的时候，老师的正确引导和教育会促进幼儿形成对事物正确、合理的认识，并且逐渐获得并掌握解决问题的能力，从而促进自身的全面发展。

2. 有利于幼儿形成良好的规则意识及行为标准

当前，我国幼儿园教育的特点之一就是规则性强，从园规到老师的要求，都体现了浓厚的规则意识。这主要是由幼儿的年龄特点所决定的，他们正处于需要树立规则意识的发展阶段。

维护规则型告状就是幼儿在形成规则意识过程中出现的典型告状行为。为了强化自身的规则意识，幼儿通过向老师不断的确认自己行为的正确性以及合理性，以树立自身的规则意识，来适应幼儿园的生活。这时候，老师要抓住教育契机，不能采取不理或者敷衍的态度，应该予以积极正面的回应。

---

① 李静．正确认识和对待学前儿童告状行为［J］．淄博师专学报，2010（3）：22-25.

3. 有利于幼儿模仿和观察学习能力的发展

班杜拉的观察学习理论认为，人的许多知识、技能、社会规范等的学习都来自间接经验。人们可以通过观察他人的行为及行为的后果而间接地产生学习，将这种学习称为观察学习。①

幼儿告状行为的发生在一定程度上也可以看做是幼儿学习技能和认识事物的一种方式。例如，当幼儿看到同伴做出自己想做又不确定的事情的时候，通过向老师告状的方式确认活动是否可以开展。幼儿正处于好奇心强烈发展的阶段，模仿能力强。通过观察同伴及老师的动作、语言、情绪等进行学习，要发挥告状行为的教育意义，主要是老师在引导的时候需要注意方式方法。

4. 有利于幼儿健全人格的发展

幼儿告状行为的产生在一定程度上还与幼儿的心理发展需求有关。幼儿时期，特别是3~6岁时期的幼儿园生活对幼儿人格以及心理发展起着至关重要的作用。马斯洛将人的需求分成生理需求、安全需求、爱和归属感、尊重和自我实现五类，依次由较低层次到较排列。② 幼儿通过告状行为来引起成人的注意，希望以此获得爱和安全感。例如，有的幼儿表现得很脆弱，其实只是想引起老师的关注，让自己得到心理上的满足。这时，老师最好的教育契机就在于可以给予幼儿充分的关注，让幼儿有安全感。并通过语言的引导，告知幼儿一些解决问题的办法，让幼儿变得更加独立而勇敢，为以后形成健全的人格打下坚实的基础。

5. 一定程度上促进幼儿的社会性发展

如果不从幼儿心理发展需要等深层次原因分析，单独看幼儿的告状行为，它也只是一种不太受人追崇的处事行为。只有幼儿的社会性得到发展才能实现这一目的，儿童社会性发展包括社会性情感的发展、社会性认知的发展与社会性交往行为、能力和人际关系的发展。

幼儿在语言、动作、交往能力等方面没有得到全面发展的情况下，出现告状行为实属正常，但我们老师可以在认真了解幼儿的心理及行为发展的特点后，将幼儿向正确合理的方向引导，减少幼儿不正确不合理的告状行为。例如，幼儿出于嫉妒及报复心理所发出的告状行为就是不太合理的。老师应该向幼儿灌输正确的价值观和世界观，引导幼儿通过正确恰当的途径解决个人的矛盾问题，而不是通过报复、争斗的方式解决。另外，告状也是幼儿进行人际交往的方式之一，只是幼儿缺乏正确合理的交往技巧，通过老师的引导和教育，在一定程度上还有利于幼儿获得掌握合理的人际交往技巧，促进幼儿社会化的发展。

（二）在园幼儿告状行为的指导策略

所谓策略，即计策、谋略。幼儿告状行为作为一种日常多发现象，不同的老师也有着不同的应对策略。通过对所在实习园的不同年级的六位老师进行访谈以及观察，了解到老师在面对幼儿不同类型的告状行为时所采取的不同策略，在本人希望基础上，提出合理的

① 齐建芳．儿童发展心理学［M］．中国人民大学出版社，2009.

② 王振宇．学前儿童发展心理学［M］．人民教育出版社，2004.

指导策略。

针对在园幼儿告状行为，主要有以下几种解决方式：①公平裁决：即教师作为裁定者，在弄清被告幼儿和告状幼儿之间所发生事情的原委后，以幼儿园或者道德行为规范为标准来公平裁决，不偏向任何人，对幼儿双方给予同样的关注。②耐心引导：部分老师会耐心引导，根据幼儿身心发展水平，帮助幼儿解决实际问题。并引导鼓励幼儿解决一些小事，说明告状对人际交往的影响。③道德教育：引导幼儿经常反思，换位思考，同伴之间要互相理解、宽容，开展有关的教育主题活动。让幼儿在实践与理论的教育中发展认知能力，提高人际交往能力。④鼓励幼儿自己解决：教师通过角色游戏等活动创造了一些真实场景，鼓励幼儿自己解决。在日常的教育中也非常注重培养幼儿独立解决问题的能力。⑤教师解决：这种情况下，老师一般是直接按照自己的方式进行解决，不对幼儿进行深层次的教育和引导。⑥双方都有错：一般有的老师怕麻烦，又不了解幼儿告状行为背后的真正原因，不管三七二十一，认为双方都有错，以两个人都受到批评结束。⑦偏向“乖”孩子：有些调皮的孩子，不太讨老师喜欢，因此一般很容易成为被告状的对象。这时，老师通常都是认为错在被告一方，告状者并没有错。⑧冷处理：冷处理即先让幼儿自己冷静下来，再去了解事情的原因，进行合理的解决。一般是针对幼儿无理取闹，情绪化的告状行为。⑨敷衍了事：教师在忙工作的时候，如在有繁忙的教学任务的情况下，为了快速解决问题，通常是懒得应付，一般只会说知道了等来敷衍应付幼儿。⑩忽略：对幼儿的告状行为没有关注和回应，任由幼儿自己发展和解决。

在对这些常见的应对策略有所了解以及对幼儿告状行为的成因分析的基础上，我们从较专业及科学性的角度对幼儿告状行为提出一些合理的指导策略。

1. 从策略实施的意义出发

（1）规则型策略。教师实施这一策略主要可以从幼儿园的日常规范以及行为准则出发，当幼儿出现告状行为的时候，先看是否符合幼儿园的日常规范。在平时的教育过程中，也主要是偏向培养幼儿良好的行为规范，告诉幼儿要做一个守规则的好孩子。因此，教师可借助幼儿告状行为的出现来规范幼儿的日常行为。

（2）情感型策略。幼儿时期的情感需要是否被看到和满足对于幼儿人格以及心理发展有着深远的影响。幼儿告状行为除了有其他的心理动机之外，一定存在着幼儿的某种心理需求，因此在幼儿出现告状行为的时候，教师要认真分析其心理需要，耐心科学的帮助幼儿解决实际问题。

（3）折中型策略。这种解决策略侧重的是解决问题本身，老师通过了解事情的来龙去脉，根据自己的专业知识及经验，进行合理的解决，让幼儿双方都得到满足和教育。

2. 从策略的实施方式出发

（1）间接策略。间接即老师不直接参与解决问题，鼓励幼儿自己解决，上文中总结的冷处理、道德教育以及耐心引导解决策略就是属于间接策略。通过教给幼儿解决问题的方法及道理，鼓励幼儿自己解决问题，提高幼儿的各方面能力的发展，是一种比较合理的策略。

（2）直接策略。直接即老师通过自己的言语及行为直接干预幼儿的告状行为，帮助幼儿解决问题。这一指导策略主要还是侧重老师的引导，通过口头引导解决问题实现教育的目的。

3. 从幼儿告状行为的类型出发

陈鹤琴先生提出“活教育”的教育理念，倡导要“发现孩子”、“了解孩子”、“信任孩子”、“变成孩子”，最后才能教育孩子。① 作为一名幼儿教育工作者，肩上的责任无疑是巨大的，面对幼儿发展的诸多不确定性，我们应该学习陈鹤琴先生的活教育理论，从多个角度看问题，针对幼儿出现的不同的告状行为采取不同的应对措施，切忌所有的行为都采取同样的态度和解决方式。

(1) 针对维护规则型告状。①教师应该认识到，被告幼儿以及告状幼儿都没有错，这只是告状幼儿在向老师讲述他看到的现象，没有其他复杂的心理动机。②老师要做的是对双方进行言语教育，肯定告状幼儿的规则意识并进行表扬，但要让其明白告状不是解决问题的唯一途径，引导其减少告状行为。③对于被告状幼儿，主要是进行规则意识的强化以及道德教育。这类告状行为相对来说比较容易解决。

(2) 针对自我保护型告状。前文已经分析了这类告状行为的出现时由于幼儿心理发展不成熟，对成人还有较强的依赖性，主要是为了寻求帮助。老师应该对告状幼儿的心理需要进行了解，给予其实质性的帮助，满足其心理需求，如安慰和关注。对于被告状幼儿，教师应该根据其行为判断所应该采取的引导方式。幼儿因为争抢物品发生矛盾，告状幼儿的攻击性行为明显。老师应该对被告状幼儿进行是非、善恶等行为的标准的教育，让其明白什么是对什么是错。

(3) 针对试探型告状。由于认知发展不完善，幼儿为了试探老师的态度，而决定是否该做某件事。老师应及时对幼儿给出肯定或否定的答复，并提供是非标准，让其知道该不该做。如果老师采取忽视的态度，听之任之的话，幼儿的规则意识以及是非标准就处于混乱的状态，以后就不好管理和进行下一步教育了。

(4) 针对求助型告状。求助型告状的幼儿一般在班上处于中下游水平，他们的能力以及性格各方面都比较弱，且缺乏自信心，遇到超过自己能力范围之内的事情，自己没有能力解决，便向老师提出帮助。因此，提高幼儿的自信心是这类告状行为的首要解决策略，只有幼儿的自信心提高了，才能让幼儿有获取各种技能的勇气和信心，再遇到同样或者更复杂的问题时，幼儿就能自己解决了，在一定程度上减少了告状行为的发生。

(5) 针对求罚型告状。求罚型告状是由于幼儿嫉妒或想报复同伴而产生的告状行为。嫉妒是幼儿很正常的一种心理状态，自我意识的发展让幼儿产生了强烈的好胜心，希望自己永远比别人强，一旦别超过，就会产生嫉妒心理。因此，教师应该向幼儿明确嫉妒是不正确的一种心理行为，对于同伴之间的竞争应该抱着欣赏和学习得态度。用正确的心态去对待日常生活中的比较与得失。

(6) 针对求赏型告状。幼儿求赏型告状源于希望得到老师的关注和认可，他们告状的目的只是为了获得老师的奖励和赞赏，以满足自身的心理需求。①教师应判断幼儿是否能正确认识自己，若幼儿不能正确认识自己或者存在偏差，那可以肯定幼儿存在一定的不良认知，教师应该给予少量的外部强化。②对于没有明确目的求赏型告状，教师可采取冷

① 张玉苹．陈鹤琴的活教育理论与幼儿教育改革［J］．文教资料，2008（9）：147-149.

处理的方式解决；对于直接的求赏型告状，如向老师告发某个幼儿违反了规则，教师应给予表扬和奖励，以此让幼儿继续保持良好的行为习惯，和幼儿一起探讨被告幼儿的行为是否正确，来达到一定的教育目的。

（7）针对叙述型告状。叙述即陈述事实，内容或好或坏。叙述型告状行为的出现也是幼儿语言发展的一种标志。①老师应该认真倾听幼儿告状的内容进而明确幼儿叙述的行为是好是坏以及幼儿进行告状的目的。②单纯的叙述型告状，教师只要给予积极的正面回应即可，让幼儿被看到，促进幼儿语言表达能力的发展；复杂的叙述型告状，即存在上述告状行为所具有的心理特点，教师应在倾听的基础上，从具体的原因出发，合理解决问题。

4. 从影响幼儿告状行为发生的因素出发

家庭是幼儿成长的第一环境，父母是幼儿成长过程中的第一任老师。有研究表明，父母的教养方式、文化水平以及年龄等因素对幼儿的社会性发展有着一定的影响。即家长对于幼儿告状行为的发生有着不可推卸的责任。因此，家长应该对此问题的出现予以重视。而幼儿园及教师是幼儿成长过程中的第二环境和第二任老师，这两者在一定程度上都对幼儿的社会性发展产生着一定的影响。

（1）家长应采取合理的教养方式。有研究表明，父母的教养方式与幼儿的社会性发展有着重要的关系。四种教养方式中，民主型父母教养方式与儿童社会化呈正相关，忽视型父母教养方式与幼儿社会化发展呈负相关，其余维度相关不显著。①随着生活水平的提高，人们对于孩子的教育也越来越重视。但家长所关注的似乎并不是孩子的教育问题，而是一味的满足孩子的需求或者是将自己的意愿强加在孩子身上，这是由于没有树立正确的儿童观，导致教育不得其法。例如，现在大多数家庭都是独生子女家庭，个个都是小公主小皇帝，什么事情都是父母包办，导致幼儿的独立自主能力低下，不能适应正常的社会生活，这很明显是不利于幼儿的身心以及社会性发展的。①家长要树立正确的儿童观，知道幼儿从出生开始就是一个独立的个体，并不依附于谁，父母只是为幼儿的成长提供合适的物质和精神环境，以便让幼儿更好的发展。至于幼儿自身的发展，还是得通过幼儿自己的探索来获得经验，这样的幼儿在以后遇到问题的时候，是可以独立解决的。幼儿园的告状行为大多都是由于家长给幼儿灌输的依赖性观念，即有事找老师，让幼儿觉得自己是没有能力独自适应幼儿园生活的。这种教养方式是不可取的。②家长在日常生活中也要善于抓住教育契机，利用适合幼儿年龄发展特点的方式，如榜样示范法、绘本故事等，分阶段分情况对幼儿进行合适的认知、道德、人际交往等方面的教育，让幼儿在潜移默化的过程中获得教育。③家长还应注重家园共育的作用，积极配合幼儿园老师的工作，加强沟通，及时了解幼儿的成长情况，和老师一起为幼儿的健康发展保驾护航。

（2）教师采取合理的教育策略。a. 教师要努力提高自身专业素养以及道德修养，不断学习和了解幼儿心理发展的特点，树立正确的儿童观，从而能对幼儿的告状行为有一个正确的认识，知道告状是幼儿成长过程中的必然结果，不能因为平时工作的繁琐或者觉得很烦人而去忽视这一现象。要知道通过幼儿的告状行为是可以了解到班上幼儿在成长过程中可能出现的问题、孩子们的动态及小朋友们之间相处的状况，有利于更深入地了解幼儿

---

① 陈晨．学前儿童社会性发展与父母教养方式关系研究［D］．重庆：西南大学，2012.

的交往心理等。b. 掌握更多的有效的、合理的教育幼儿的方法和策略，针对幼儿告状行为采取幼儿感兴趣的、合理的教育方式进行教育。

①合理运用教育资源，丰富幼儿生活经验。3~6岁儿童特别喜欢生动有趣的东西。教师在日常的教学中可穿插幼儿喜爱的动画片和绘本故事中的人物，让幼儿自由发言讨论其中角色的行为，提高他们辨别是非的能力。然后在通过开展角色扮演活动的方式让幼儿获得亲身体验，从而提高幼儿解决实际问题的能力，减少不必要告状行为的发生。

②开展谈话活动，多与幼儿沟通。谈话活动也是幼儿园教育活动的一种组织形式，教师可根据幼儿日常生活中所出现的不良行为及告状行为进行探讨和教育，鼓励幼儿自己思考，形成自己的认知及处事方式。

③培养幼儿的分享意识，提高幼儿人际交往能力。由于幼儿大多是独生子女，经常会出现因为以自我为中心，不懂得分享而出现的告状行为，如争抢玩具等。培养幼儿学会分享、懂得换位思考，运用合理的人际交往技巧减少矛盾的产生，进而进一步减少没有意义的告状行为。还是要抓住生活中的教育契机，运用合理的方式，对幼儿进行教育。

④ 运用直接的方式引导幼儿解决问题。让幼儿在平时的生活中对老师和家长以及同伴都要使用礼貌用语，学会说“请”、“谢谢”、“对不起”，学会谦让，不计较。对于幼儿平时出现的告状行为，老师可直接告知幼儿解决的方式。例如，笑笑正在摆椅子，这时，平时很热心的涛涛想去帮助她，结果笑笑不是很乐意，就跟老师说：“老师，他抢我椅子。”这时老师可以对笑笑说：“你可以告诉他你不需要帮助，但是你要谢谢他。”这样既解决了问题也照顾了涛涛的感受。直接的方式让幼儿更容易理解和接受。

（3）创设和谐的幼儿园环境。所谓和谐幼儿园是一种以和衷共济、内和外顺，协调发展为核心的素质教育模式，是以幼儿园为纽带的各种要素的全面、自由、协调，整体优化的育人氛围，是幼儿园教育各子系统及各要素间的协调运转，是幼儿园教育与社会教育、家庭教育和谐发展的教育合力，是以幼儿发展、教师发展、幼儿园发展为宗旨的整效应。① 由于幼儿年龄小，还不会自主地选择周围的环境，因此受特定环境的影响会更大。而目前我国幼儿的一日生活都是在幼儿园中度过的，因此，幼儿园的环境是对幼儿最直接的、影响最大的系统环境。它主要包括幼儿园的文化环境及幼儿园师生关系，是幼儿园物质环境和精神环境的集中体现，对幼儿有着不可估量的潜移默化的影响。

①创设和谐的幼儿园外部环境。苏霍姆林斯基说：“要让幼儿园的每一面墙壁都会说话。”② 这给什么是“和谐的育人文化环境”做了一个形象的诠释。可想而知，一个到处都洋溢着文化气息与童趣氛围的幼儿园和一个只有简单硬件设施的幼儿园，后者更让人心动和认可，当然必需的硬件设施是文化环境创设的基础，幼儿的年龄特点决定了幼儿园的外部环境特点。从大的层面上说，环境对人的影响是潜移默化且深远持久的，比起老师机械性的知识教育，无疑更容易起到教育的目的；从小的层面上说，幼儿告状行为的产生是一种社会性行为，是幼儿的社会性发展需求在萌芽，通过创建合理、丰富的幼儿园环境，对幼儿的教育一定是事半功倍的。

---

① 何晓红．论和谐幼儿园环境与学前儿童社会性发展［D］．武汉：华中师范大学，2006.

② 常炜．关于构建和谐校园的思考［N］．中国教育报，2005-03-22.

②创设和谐的幼儿园内部环境。幼儿园内部环境主要包括幼儿园的教育理念、员工素质及管理。a. 幼儿园的教育理念在一定程度上决定了幼儿园老师的素质，良好的教育理念对于幼儿的教育也是很重要的。例如，公立幼儿园一般都是采取比较死板的教育模式，相对来说私立幼儿园的教育理念更加先进，更适合幼儿的健康发展。b. 由于受国家政策以及社会现状的影响，私立幼儿园的师资在一定程度上不如公立幼儿园，老师的素质都存在着一定的欠缺。例如，近年来发生的多起幼儿园老师虐待儿童的事件就突出了这个问题的存在。因此，无论是私立幼儿园还是公立幼儿园，都要在老师的素质和资格上进行严格把关，这才是发展幼儿教育的根本。c. 幼儿与教师的关系也在一定程度上影响着幼儿社会化的发展。师生关系是指在教育过程中形成的教师与学生的关系，是教师与学生在共同的教育教学过程中通过相互的认知和交往而形成的一种人际关系。在幼儿园日常生活中，师生关系是教育过程中最重要的关系，这种关系既体现师生各系的地位和作用，又体现两者互动联系的方式和性质。教师的教育方式和教育态度不仅会影响师生关系，教师的自制力、自信心、同情心、耐心等心理素质及行为也会对师生关系产生影响，进而影响幼儿的社会性发展。

第四节　以游戏为载体培养幼儿自主性的研究

自主性是幼儿良好个性品质的重要标志之一。自主性是个性的一个方面，主要是一个人的独立性和主动性，即不依赖他人，自己主动负责的个性特征 。幼儿是独立的人，是不断发展的人，同时他们也是社会中的人。培养幼儿的自主性是幼儿园教育的重要目标。进入 21 世纪的社会，随着不断地发展，竞争也日趋激烈，自主性和创造性人才的培养受到世界各国的重视，人们也意识到幼儿期处于人生个性发展的关键期，学前教育是基础教育的第一阶段，是启蒙期。因此，自主性的培养必须从幼儿抓起，必须予以高度的关注。

以游戏为载体培养幼儿自主性的研究，可以补充一些幼儿自主性研究方面的理论，加强人们对游戏与自主性关系的认识。学前教育领域相关的很多学者对幼儿的自主性做了很多的研究，也有很多相关的理论，但从游戏的角度来研究如何发展幼儿的自主性的理论还并不充足，需要更多的理论依据。游戏与自主性相结合，利用游戏对幼儿的吸引力，可以在快乐的氛围中增强幼儿自主性的意识、发挥幼儿的能动性。教师通过创设良好的游戏环境，了解幼儿游戏中发展的情况，结合不同幼儿发展的特点，有针对性的培养幼儿的自主性。

一、游戏中培养幼儿自主性的意义

（一）有利于提高幼儿参与游戏的积极性，提高幼儿学习的能力

在游戏活动中，幼儿的可以自由选择、自主决定游戏活动的开展、过程以及结束，幼儿在游戏中可以体验到主导的价值。他们可以决定自己的游戏，不同于其他活动中处于被成人支配的地位，同时参与游戏的愉快感也随着提升，因此幼儿参与游戏的积极性也越来越高。游戏是幼儿乐于参加的活动，其形式、气氛等不同于平时的说教课堂。因此，幼儿

学习的积极性在幼儿游戏时更高，学习能力提高的更快。

（二）有利于提高幼儿的自信心

培养自主性首先要相信幼儿，要给机会让幼儿独自面对问题，独立解决。幼儿在游戏过程中一次一次独立解决问题，可以不断地感受自身存在的价值，不断地体验到自己的力量和成功的感受。游戏中幼儿没有心理负担和压力，幼儿可以更灵活、更轻松的发挥自己的头脑，而且克服困难的坚持性也会增强。因此，可以增强幼儿的自信心，提高幼儿的成就感，让幼儿有信心独立面对未来，同时也可以为将来的发展打下良好的基础。

（三）有利于促进幼儿创造性的发展

培养幼儿的自主性就要给予幼儿自由的权利，给予幼儿自由的空间，当幼儿受到的约束更少，自主的选择、自主的想法得到肯定时，遇到问题幼儿就越愿意积极思考，独立解决，幼儿的创造性也就会不断发展。游戏给了幼儿创造性发展的空间。

二、在游戏中幼儿自主性发展存在的问题和原因

（一）游戏中幼儿自主性发展存在的问题

结合观察幼儿在游戏中的表现，发现幼儿在自主性发展方面存在以下问题：

1. 游戏中幼儿模仿现象较多，对成品玩具依赖性高

幼儿园小班、中班的幼儿由于认知水平和身心发展因素的原因，游戏主要以平行游戏和联合游戏为主，游戏的主题、形式会受外界环境的影响，会出现模仿的现象，随着年龄的增长，到了大班幼儿的游戏以合作游戏为主，主题更加稳定，模仿现象呈逐渐减少趋势，创造性成分增加，但是在大班幼儿的游戏中，幼儿的模仿跟风现象依然很多。例如，在结构游戏中大班幼儿小杰用塑料积木拼出了一个机器人时，周围的幼儿马上就会照着小杰拼出一个一样的机器人，有些幼儿还会在别的幼儿没有完全拆掉的积木上再拼出一个大小一样的作品。在幼儿选择玩具方面，对成品玩具的依赖性大。当游戏中遇到没有成品玩具时，很多幼儿要么只会焦急地找老师，要么就干脆放弃不玩了，不会主动寻找其他材料替代。这些都说明了幼儿在游戏中的自主意识不强，创造的积极性不高。

2. 教师预设的游戏太多，幼儿自主生成游戏太少

游戏的特点就是幼儿自主、自愿的，不是他人外部强加的，但是在很多幼儿园幼儿的游戏都是教师预先设置好的。游戏中加入老师的意志，幼儿是按成人的意愿在玩。这样的游戏其实只是为了完成教学任务。一位幼儿园的教师这样设计了游戏情境：玩坐火车的游戏，老师扮演火车“司机”，幼儿扮演“乘客”，幼儿拿着火车票对应火车票上的数字找到车厢。这种游戏设计在很多的幼儿园都会出现，教师将游戏预先设置好，规定了游戏的时间、空间、玩法，单纯地将游戏作为传授知识的工具，将游戏与教学关系相混淆，认为游戏就是要达到规定的教学设计，或是认为游戏就是教学的延续。因此，老师只关注于教学任务是否完成，是否按事先规划好的游戏进程完成，从而忽视幼儿的兴趣和需要，不重视引导幼儿自主生成游戏。

3. 幼儿对教师的依赖性大，不太会主动思考和解决游戏中出现的问题

幼儿进行游戏活动时总是会出现各种各样的问题，有不会用材料的，有与同伴玩游戏出现争吵的，有的幼儿决定不了该玩什么游戏的等等。然而很多幼儿遇到问题想到的解决方式就是直接问老师，或是等待老师询问后告诉老师，或是哭起来。

案例 23：有一次在大一班的区角活动时，全部的幼儿选择好了区角都在玩各自的游戏，突然美术区的幼儿跑过来告诉我兰兰哭了，我找到兰兰安抚她并询问是怎么了，她告诉我她没有橡皮泥，但她很想玩。然而她周围的幼儿都有剩余的橡皮泥，但她却没有向其他的幼儿借，只会焦急地哭。

这些幼儿对老师的依赖性很大，只要有问题不管多大都找老师。因此，打小报告的频率也很多，幼儿自己主动思考解决问题的意识不强，遇到问题更多的是消极对待，不会首先想到协商解决。

4. 教师没有明确教师在游戏中的定位

（1）教师控制幼儿的游戏。受传统教育观念的影响，教师的教育观念中教师指导和幼儿主体的观念还不深入，教师没有意识到应以主导者的姿态出现在幼儿的游戏中，总是以成人的眼光看待幼儿的游戏，操控幼儿的游戏过程，盲目介入或是中断幼儿的自主活动，一味地让幼儿的活动符合教师的教学活动，达到老师预设的目标，这样幼儿只会成为被动游戏者。例如，在中班晨间游戏活动时，为了锻炼幼儿身体，老师组织来得早的幼儿在活动室里玩“梅花桩”的游戏，小溪来到活动室后并没有和其他幼儿一样去玩游戏，而是来到图书角看昨天没有看完的图书，老师发现后却强行把小溪拉入游戏。老师虽然为了教学目的让幼儿加入幼儿，但是她却打断了幼儿的自主活动，忽视幼儿是否有游戏的兴趣，幼儿游戏的自主性和独立性被剥夺了。

（2）教师放任幼儿游戏。教师虽然意识到游戏是幼儿自主的、自愿的活动，但却没有意识到自主并不等于放任，对于幼儿的游戏缺乏系统的观察和指导，认为幼儿游戏就是自由活动，放任幼儿的游戏行为，对于幼儿在游戏中表现的行为没有针对性的指导，对于一些游戏不会根据幼儿的认知水平进行升华，导致幼儿的游戏水平不高，创造性、自主性能力的得不到发展。幼儿是游戏的主体，教师是幼儿的合作者、支持者和引导者，教师在游戏中处于指导的地位，缺乏教师引导的游戏也是不能促进幼儿良好的发展，因此教师应该把握好自主与指导的关系。

（二）幼儿自主性缺乏的原因分析

1. 家庭教养方式影响幼儿的自主性发展

许多孩子在家里都是受到过分的娇惯和溺爱，尤其是爷爷奶奶对幼儿过分的保护，幼儿一切事务都有成人为他们安排好，而长辈对于幼儿的要求都是无原则的迁就和满足，溺爱型的教养方式使幼儿对成人产生很大的依赖，缺乏主动性，独立性较差，活动的积极性不高，缺乏自我依靠的愿望。

专制型的教养方式对幼儿过分的严厉，对于幼儿要求过高，限制幼儿的自由，经常责

备、批评幼儿。在这种教养方式养育下的幼儿缺乏自信，很多事情不能或者不敢自己做主，没有自我决定的能力，游戏中经常听从别的幼儿的意见，没有主见，因此自主性就不高。

2. 教师的教育影响幼儿的自主性发展

（1）教师对游戏与教学关系没有正确的认识。虽然很多幼儿教师赞同游戏是幼儿的自主活动，但是却没有落实到具体实际中。老师过于看重教学任务、教学目标的完成，因此游戏就成为教师完成教学活动的工具，成为教学的附庸，成了灌输知识和训练技能的手段。教师提前将游戏设置好，规定游戏的方式、进程，幼儿呆板的按照老师的步骤进行。

（2）教师教育观念的影响。老师既受传统的教育观念的影响，意识里还有教师主体的思想，还会经常以权威的身份出现在幼儿面前，对于幼儿的活动管得太多，掌控幼儿一切行为，不允许幼儿有其他不同的想法或行为。现代的教师又没有正确树立新型的民主教育观念，没有把握好自主与指导的关系，不重视幼儿的游戏活动，或是过于担心幼儿的安全，不敢放手让幼儿自主活动，对幼儿没有信心，因此经常包办代替，为幼儿安排在园所有活动。这些错误的教育观念最终剥夺了自主探索、自主决定的权利，影响了幼儿自主性的发展。

3. 与幼儿自身气质有关

气质是儿童自主性发展的重要基础。哈佛大学教授凯根研究发现，抑制特质与儿童的依赖性有关。儿童的气质最明显的表现为内向与外向，外向型的儿童在活动中主动发起的互动较多，有主见，在活动中占主导地位；内向型的儿童比较害羞，表现出不敢与人交流，在活动中主动发起互动较少，缺乏自信，在活动中较多的依从他人。

三、以游戏为载体培养幼儿自主性的策略

（一）形成正确的教养方式，增加亲子游戏活动的机会

家长要树立正确的教养态度，改变溺爱娇惯孩子的做法，也不采用专制和控制孩子的做法，相信孩子，给孩子自主的权利，将培养孩子的自主性贯彻于孩子的日常生活中。亲子游戏具有情感性和发展性的特点，能够使幼儿在轻松、愉快、有趣的氛围中获得发展。因此，家长要充分利用亲子游戏的价值，培养幼儿自主性的意识。在与幼儿的互动中培养幼儿的自主性。例如，鼓励、支持幼儿自主性选择、决定亲子游戏的主题、游戏的方法和规则，游戏中遇到困难时让幼儿自主思考，学会自己动手克服困难等。总之，在游戏中，家长要坚持以幼儿为主体，将培养幼儿的自主性贯穿于整个亲子游戏中。

（二）营造宽松自由的气氛，创造良好游戏环境

1. 鼓励儿童大胆表达

教师在活动中支持幼儿的自主性行为。例如，在角色游戏中，教师在幼儿进行游戏前让幼儿自己想象自己的角色会说什么话，自己想要加上哪些话或动作等。在表演游戏中，教师引导幼儿在剧本、角色的基础上加入一些合乎情节的话或动作，增加游戏的趣味性。通过引起幼儿的兴趣激发他们的自主表达和大胆创造，让幼儿在和谐自由的气氛中发挥自

主性。

2. 创设良好的游戏环境

教师明确教学与游戏的关系，幼儿园教学是基础的、启蒙的，是为了促进幼儿的身心健康发展，游戏的最终目的也是为了促进幼儿身心健康发展，但是游戏不能仅仅当做教学的工具。不管是游戏还是教学，幼儿始终是游戏中的主人。教师在进行游戏前要了解幼儿喜欢的游戏方式。有的幼儿喜欢集体游戏，有的幼儿喜欢小组游戏。教师要支持幼儿的自主想法，照顾幼儿的不同需要。例如，在体育游戏《大网捞鱼》的活动中，老师扮演"鱼伯伯"，幼儿们扮演"鱼儿"，"鱼伯伯"要来捞"鱼"了，玩了一会儿后，有几个幼儿提出想要小组玩，因为他们也想扮演"鱼伯伯"，觉得集体游戏人数太多了，跑下来很累。老师听了以后立即修改了游戏方式，喜欢小组游戏的可以进行小组游戏，喜欢集体游戏的可以集体游戏，幼儿可以自主协商谁来做"鱼伯伯"。通过案例可以看到老师肯定了幼儿的自主想法，给予幼儿自由、自主的权利，更有利于满足幼儿的发展需要。在创设游戏环境时，鼓励幼儿积极参与，游戏区角的种类、规则、材料的准备、空间等让幼儿根据自己的兴趣来选择。幼儿自己动手参与布置的游戏环境，更容易激起幼儿参与游戏的积极性。

（三）明确在游戏中的定位，处理好自主与指导的关系

在游戏中，教师要对于幼儿的游戏做好系统的观察，了解幼儿游戏的主题、材料、玩法。观察幼儿在游戏中的表现、游戏进展程度和水平；观察幼儿是否遇到了困难，是否可以自主解决，怎么解决的；通过游戏了解幼儿的认知和经验发展程度等，根据所获得的观察结果确定以恰当的方式来指导幼儿的游戏，而不是放任或是盲目介入幼儿游戏。

教师可以以游戏者的身份指导幼儿的游戏。

案例 24：大班进行角色游戏时，亮亮和佳佳已经穿好了白大褂在"医院"做好准备等待"病人"来看"医生"，可是他们把该做的准备都做好了，还不见一个顾客光顾，"医院"里有点冷清，亮亮和佳佳情绪不高，而在"烧烤"店里这时有很多的"顾客"，教师看到这种情况时，她先来到烧烤店以顾客的身份买了几份"烧烤"，接着扮演吃坏肚子的"病人"让几个幼儿把她送到"医院"，请亮亮和佳佳给她看病，亮亮和佳佳看到医院来了病人立即忙了起来，其他的幼儿看了以后觉得非常有趣，开始关注"医院"的游戏。幼儿们也以不同的形式加入"医院"的游戏。一下子医院就多了很多病人，亮亮和佳佳又有了游戏的兴致。

案例中的老师能仔细观察幼儿的游戏情况，掌握有效的指导方式，通过游戏者的身份指导幼儿的游戏，不仅没有打断幼儿的游戏，而且促进了幼儿在不同游戏间流动和交流。

教师在必要的时候也可以直接以教师的身份指导幼儿游戏。当幼儿在游戏中做出了一些危险的举动，如幼儿用玩具打同伴的头，或是其他严重违反规则的行为，教师要立即用明确的语言制止其行为，避免危险的出现，也可以帮助幼儿了解一下知识经验等。

案例25：在建构游戏中，幼儿用不同颜色的积木拼了一幢房子，但是没有门和窗子。老师直接指导说：你的房子真漂亮，很多颜色，可是它没有门，我们进不去，没有窗房子里面会很暗。幼儿听了后马上进行修改。

案例中的老师以直接的身份介入指导，可以立即让幼儿了解一些经验，促进幼儿发展。

（四）善于观察，发现有价值的生成点，引导幼儿自主生成游戏

瑞吉欧教育体系中提出："与幼儿在一起，1/3是确定的东西，1/3是不确定的或是新的事物，而这2/3就是生成的活动。"幼儿从小就有很强的好奇心和求知欲，教师就要细心观察幼儿，了解大家感兴趣的东西，引导幼儿自主生成游戏，发挥幼儿的主动性。

案例26：一天上幼儿园时，中班幼儿丁丁带来了他最喜欢的绘本《想吃苹果的鼠小弟》，幼儿们都围在一块看，他们边看边兴致勃勃的讨论绘本中摘苹果的动物，并且模仿他们摘苹果的动作。老师发现他们都对这本绘本感兴趣，于是临时改变活动计划，对幼儿说道："既然你们很喜欢这个绘本，喜欢里面的动物，那你们愿不愿意表演一下里面摘苹果的场景呢？"幼儿听了后产生了很大兴趣，于是老师指导幼儿进行了一场表演游戏。

案例中老师发现幼儿生成游戏的需要，尊重幼儿的想法，通过引导幼儿自主生成游戏，提高了幼儿自主性。

（五）提升幼儿的自信心，让幼儿在自豪中发挥自主性

幼儿都喜欢得到老师的赞扬，也爱在老师面前表现自己。老师可以利用幼儿的这一特点，使其成为培养幼儿在游戏中充满自信且有意识地发挥自主性的动力。当幼儿在游戏中取得一些进步、成功时，要给予幼儿积极的回应。例如，幼儿建构游戏时，拼出了与别人不一样的作品，老师积极赞扬：你真厉害！你创造出了一个新的东西，我相信你一定可以创造出更多新的东西。在表演游戏中，幼儿创编了一句恰当的台词，老师总结时肯定表扬幼儿的创造能力。

第五节　在园幼儿攀比行为分析及引导策略研究

随着我国对外开放的不断深入和市场经济的迅猛发展，社会的贫富差距也越来越大，于是一部分人开始产生炫耀、攀比的心理。而这些攀比行为在日常生活中也潜移默化地影响着孩子，并使孩子逐渐产生攀比心理。在不良的社会风气影响下以及教师对幼儿的不公平态度，再加上幼儿自身心理发展的特殊性，使得幼儿的攀比行为越来越普遍。幼儿时期是一个人成长的关键时期，研究幼儿的攀比行为，有利于引导他们树立正确的价值观念，

形成正确的认知，增强明辨是非的能力；也有利于情绪情感的培养和发展，建立良好的亲子关系，使幼儿有一个健康和谐的成长环境；还有利于发展幼儿与其他同伴之间的交往，使幼儿有一个健康的人际交往圈，增加幼儿的自信心，有利于幼儿形成健全的人格，为幼儿以后的发展奠定良好的基础。

一、幼儿攀比行为的概念界定

攀比就是向上，比是为了追赶，攀比是一种不甘落后于他人，争强好胜，物欲性强的行为和心理现象。攀比在心理学上被界定为中性略偏阴性的心理特征，即个体发现自身与参照个体发生偏差时产生负面情绪的心理过程。幼儿攀比行为往往也是在这一过程中产生的。通常产生攀比心理的个体与被选作为参照的个体之间往往具有极大的相似性，导致自身被尊重的需要过分夸大，虚荣心增强，甚至产生极端的心理障碍和行为。

攀比是一种非常普遍的社会现象。从理论上讲，攀比是人们追求公平和追求更好的生活、工作状态的正常心理反应；从时代背景来看，我们处于一个竞争的时代，伴随市场经济的发展，竞争也必将更加激烈。传统社会的中庸之道已难以适应优胜劣汰的现代社会，社会迫使人们选择向上比较。

攀比之心，人皆有之。这是人往高处走，水往低处流的常规，十分正常，本来并不是坏事。但是，与什么人、什么事比，怎样比，因为价值取向不同，比出的结果可能会大相径庭。有的人会因不断攀比而奋发向上，积极进步；有的人却会因为盲目攀比而坠入深潭、不能自拔。所以，如何进行攀比是一个应该认真思考的问题。如果找错了攀比对象，比错了具体内容，用错了攀比方法，那么就会比出问题来。有少数人，去同别人比如何攫取金钱财富，同别人比地位、比享受、比排场、比吃拿要，甚至硬要将自己同一些违纪违法的人和事去比。其结果，自然会在这样的盲目攀比之中迷失方向。如此盲目攀比，岂不悲哉哀哉！这是当今社会的一种不良风气，这股风气在中国的大地上越刮越烈，影响了成年人，同样也影响了还不谙世事的孩子，波及了充满童真的幼儿园。

二、幼儿攀比行为的现状分析

为了更好地了解幼儿攀比行为的现状，我们在江西省萍乡市小太阳蒙台梭利幼儿园（简称小太阳幼儿园）发放了80份问卷，一共收回有效问卷55份。通过在园近三个月的观察以及对问卷调查结果的分析总结，从中发现了一些有关幼儿攀比行为的问题。

（一）幼儿攀比现象普遍存在

我们统计了问卷调查结果，小太阳幼儿园55份有效问卷中，38位家长认为自己的孩子存在攀比心理，17位家长认为自己的孩子不存在攀比心理。因此小太阳幼儿园有69 %的幼儿存在攀比心理。由此可见，幼儿攀比这一现象在大部分幼儿中都是存在的。在此，我们可做一个设想，这一现象可能与现在的社会风气有关，随着经济的快速发展，人民物质生活水平不断提高，部分人开始产生炫耀、攀比心理，这在无形中也为幼儿攀比行为的产生创造了条件。

（二）幼儿攀比行为的表现

问卷中设计了一道开放题，即“您的孩子爱和其他小朋友攀比什么”。根据孩子日常的表现，家长们给出了不同的答案。汇总如下：幼儿的攀比现象主要表现在以下四个方面：物质生活、家庭条件、外表长相以及教师的重视程度。

（1）物质生活攀比是幼儿表现得最明显的攀比行为，占比重高达70%。幼儿在一起特别喜欢与人比较你有什么东西、我有什么东西。例如，攀比玩具，谁的玩具最多最好玩；攀比零食，谁家的零食最好吃，品种多；攀比衣服，谁的衣服最好看等。很多幼儿都有着强烈的占有欲，只要别人都有的，我也要有，而家长也总是把最好的一切都给他们，因此导致他们对物质生活的攀比越来越严重。

（2）家庭条件也是幼儿攀比的一个重要方面。例如，幼儿早上入园的时候便会谈到：“今天谁送我来的，是开车送的，我家的车是奥迪的，我们家住在哪里，我们家的房子好大好漂亮，还有花园……”

（3）教师的重视程度。学龄前的幼儿自我评价能力薄弱，很容易受外界评价的影响，因此幼儿会很在意教师对自己的评价。因而很多幼儿会特意在教师面前表现自己，希望自己能得到老师对自己表扬。例如，当某个幼儿犯错时就会有其他的幼儿迫不及待的来向老师告状，然后一边说自己都不会这样，他们想通过这样的方式来得到老师的表扬。而其他幼儿为了也能够得到老师的重视，也会特意去做一些事情来引起教师的关注。假如教师不能给予正确的引导，则会使幼儿之间的表现欲望越来越重。

（4）外表长相攀比。爱美之心，人皆有之。幼儿虽然年龄尚小，但他们的自我意识已经得到了初步的发展，他们会根据自己的经验来判断一个人的美与丑，如小朋友的身高、皮肤的黑与白，胖与瘦等。外表好的幼儿会有优越感，而长相较差的幼儿可能会产生自卑感，因而会导致他们过分的关注自己的外表，经常将自己与他人进行比较，引发攀比心理。

三、幼儿攀比行为对幼儿产生的消极影响

幼儿攀比行为是一种消极的、伴有情绪化的心理过程，它很容易使幼儿陷入思维的死角，因而产生巨大的精神压力或极度的自我否定。这种心理对幼儿造成的最大影响是使幼儿丧失对周围环境理性的分析，只知道一味地去攀比而不顾其他，因此幼儿的认知、情感、人际关系、人格等方面将会受到不利影响。

（1）幼儿的攀比行为会影响幼儿认知的发展。例如，幼儿一来到幼儿园便比较今天谁穿的衣服好看，得到表扬的幼儿容易兴奋而更加关注自己的服饰，而没有得到夸奖的幼儿可能会产生失落感，这样很容易分散幼儿的注意力，他们关注的不是今天所学习的内容和游戏，而一直在计较他人对自己服装的评价，这样一来，必然会影响幼儿形成正确的认知，对他的学习和生活方面都会造成一定的影响。

（2）幼儿的攀比行为会影响幼儿情感的发展。例如，幼儿在攀比过程中，如果自己

的愿望得不到满足，则很容易产生消极、愤怒的情绪。在幼儿园实习的时候，有一天早上接到一个幼儿，她一来就大发脾气，不理老师也不理其他小朋友，自己一个人坐在角落里哭，问她原因才知道，她的一个好朋友去了马尔代夫旅游，她也要去，结果妈妈不允许。因为这个事她说讨厌妈妈，其他小朋友跟她玩她也发脾气，情绪非常大。这种攀比心理对幼儿情绪情感的发展会产生极大的影响。

(3) 过分的攀比会造成幼儿之间人际关系的紧张。和谐、融洽的人际关系是幼儿健康心理形成的重要条件。然而幼儿之间过分的攀比则会破坏这种环境的形成。例如，某个幼儿自认为家里很富裕，而看不起其他小朋友，不和他们交往，这种不正当的攀比很容易让幼儿产生歧视心理，在这种情况下他便会受到同伴的排斥。如果大部分幼儿都形成这种攀比风气，那将直接危害到同伴间的团结以及和谐的人际关系，就会形成不正常的集体风气，因而妨碍群体中每一个人的身心健康发展。

(4) 不正当的攀比还会引发幼儿不健康的心理品质。部分幼儿认为自己总是不如别人，再努力也无济于事，从而产生自卑心理。有的幼儿会形成嫉妒和冷酷的性格，行为极端，为了一时的获胜而做一些损人利己的事情，如故意摔坏别的小朋友好玩的玩具，把别人漂亮的衣服弄脏；也有的幼儿为了与他人攀比而说谎。例如，一个孩子说："我妈妈昨天给我买了变形金刚。"另一个说："我爸爸也给我买的，我家还有遥控飞机呢。"但事实可能是最后一个孩子根本没有这些玩具，他只是为了比过前一个孩子而在撒谎。由于孩子正处于成长发育阶段，在判断、分析、自我调节能力等方面都不成熟，盲目攀比往往会演变为模仿和追随，甚至盲从，这必然会破坏孩子的心理平衡。长此以往，攀比心理会给幼儿身心的健康成长带来严重的不良影响，不利于孩子个性的发展，同时也会使孩子的自信心在攀比中逐渐丧失。

四、幼儿攀比行为产生的原因分析

(一) 家庭原因

1. 家长自身的素养参差不齐

父母是孩子的第一任教师，他们的言行举止对孩子的影响是潜移默化的。在社会不良风气的影响下，越来越多的家长都存在着不良的世界观、人生观和价值观。于是，家长之间的攀比现象越来越普遍，有些家长就特别热衷于炫耀自己的豪车、豪宅、产业等。对待自己的孩子也是绝对不能差，幼儿园要上最好的、衣服要穿名牌的、连孩子生病的感冒药都要讲究进口的……这些都是家长之间相互攀比的内容。但家长的这种行为在无形之中就影响到了幼儿的认知，在潜移默化中助长了幼儿的攀比心理，对幼儿起到了不良的示范作用。

2. 家长的教养方式不尽合理。

(1) 家长对孩子的关爱程度和方式不科学。

随着人们生育观念的改变，少生优生已成为一种潮流。如今绝大部分幼儿都是独生子女或者二胎子女，他们集万千宠爱于一身，父母对他们的爱也很多属于一种溺爱。因此当孩子提出物质要求时，无论是父母还是家中其他长辈都会一味地去满足孩子的所有要求。

在这种教育方式下，孩子的欲望便会不断得到满足，攀比的欲望也就越来越强烈。但家长在这种无限制地满足孩子的情况下并不能意识到该方式带来的后果，他们忽略了幼儿的心理健康教育，使幼儿攀比的欲望得到了膨胀，由此导致幼儿攀比心理的恶性循环，严重危害他们的身心健康。

（2）家长对子女的期望不合理。

每个孩子都是独一无二的，但家长对孩子的期望似乎都是一致的。家长对孩子的期望应该从孩子的实际水平出发，切莫过分的比较，所谓“尺有所短，寸有所长”就是这个道理。然而在当今社会，家长除了喜欢比物质，更喜欢“比孩子”。他们对孩子的期望总是在与其他孩子进行比较之后得出来的，家长都期望自己的孩子是最优秀的。父母都希望自己的孩子比其他孩子发展得更好，于是就会出现攀比行为。如别的孩子参加了一个舞蹈班，家长会不管自己的孩子是否有这方面的天赋而争先恐后地参加此类培训班。在生活中总能听到：“谁家的孩子考了钢琴几级；谁又获得了什么比赛大奖；谁又上了什么兴趣班……”在父母这一系列的比较下，孩子很容易滋生嫉妒之心，孩子在无形当中便会将自己与其他人进行各方面的比较，使幼儿逐渐产生攀比心理。

（3）家长自卑心理的补偿需求。

有些家长在某些方面可能有些心理自卑，生怕自己的孩子穿的用的不如别人好，让人瞧不起。当孩子提出要求时，哪怕家里条件有困难也会想尽一切办法去满足孩子的要求，自己再苦再累也在所不惜。家长这种偏激的方式会让幼儿产生虚荣心，促使攀比心理的形成。

（4）家庭经济条件的改善。

家庭的经济条件也是影响幼儿攀比的因素之一。随着人民生活水平的不断提高，家庭经济条件得到极大的改善，多数家庭都会尽可能去满足幼儿提出各方面的需求，从而使他们在物质方面产生优越感。在幼儿接触的其他同伴中，自然有家庭条件不一样的幼儿，假如其他幼儿的物质条件不如自己，幼儿心里会产生优越感，从而内心获得满足；假如接触到物质方面比自己好的幼儿，他的虚荣心得不到满足，因而他可能会想获得更多的物质来满足自己的需求。大量研究表明，家庭条件相当的幼儿相处在一起，产生攀比心理的概率不大，而相对于家庭条件比较悬殊的幼儿而言，他们相互攀比后，嫉妒的心理就大大增加了，因此家庭经济水平对幼儿攀比心理的形成还是具有重大影响的。

（二）幼儿园原因

幼儿园是孩子生活和学习的第二场所，对孩子的影响也是不容忽视的。教师不良的行为规范和幼儿同伴之间的语言行为，都是幼儿模仿的对象。

1. 教师的教学方式不当

有人存在的地方就会有比较，但不恰当的比较容易对当事人的心理造成不良的影响。在幼儿园教学过程中，每周五都会开设分享课，有的老师会要求每个小朋友带东西来跟其他人分享。于是就会出现这样的话语：我们大家来看一下谁带的分享物最多？谁带的最少？还有谁是没有带分享物的？谁带的玩具是最好玩的？有的老师还会问其他的小朋友：你们觉得我们班上哪个小朋友最好看？穿的衣服最漂亮？教师经常采用类似比较的教学方式，无意当中使班上的幼儿也会特别关注自己的衣着、玩具，还有自己所带分享物的数量，这样在幼儿的心里便会不自觉地产生攀比。

2. 教师自身素养不高

教师自身的素养不仅包括知识文化素养还有思想品德修养。只有自身观念端正的教师才能培养出人格健全、心理健康的孩子。前文提到随着经济的发展，越来越多的人出现了攀比心理，教师作为社会的一员，也会不自觉地表现出攀比行为。例如，在幼儿园里经常会有幼儿过生日，有一次就有老师说今天谁的生日蛋糕好小，还是个杂牌的，这必然使孩子产生攀比。然后小朋友穿的衣服，也会有人讨论，谁的衣服是什么牌子的之类的。还有些老师就特别喜欢有钱人家的小孩，同样犯错都可以区别对待，对待不同幼儿的态度也是分三六九等。教师自身都怀有攀比心理，他们又如何能教育好孩子，因此教师自身的修养也是影响幼儿形成攀比心理的重要原因之一。

3. 同伴交往中的从众心理

由于幼儿的认知水平比较薄弱，很难理解什么是真正的攀比，他们只知道别人说好就是好的，很容易受外界的影响和暗示，所以对事物的判断具有很强的从众性。幼儿在园内接触和交流最多的是同伴，他们喜欢把自己所拥有的玩具和其他的东西与同伴分享，喜欢跟大家炫耀说这个是谁买给我的，它可厉害了，还能变形，还有遥控……他们喜欢从其他小朋友羡慕的眼神中得到自身的满足。而有些小朋友为了维护自身的尊严，他们也会说自己有哪些玩具有哪些东西，随后回家便会要求父母买给自己，以达到自己内心的满足，从而形成攀比心理。

4. 家园合作不紧密

当今快节奏的生活方式使社会各界的压力都日益增长，有些家长认为只要将孩子送到幼儿园，他们就能得到好的教育和发展，并不注重与老师的交流与沟通。我们在幼儿园指导学生实习期间就经常碰到这样的家长，他们把孩子送到幼儿园就急着走，老师上前想跟他们交流一下孩子的情况，他们都是随便应付两句就走。家长这样的方式很容易挫伤教师的积极性，可能会让教师觉得照看好幼儿就可以，会导致教师缺乏责任心和忽视幼儿心理健康。孩子在园的问题得不到家长的重视，幼儿攀比心理在无形之中产生又无法得到制止和改善，这就会进一步助长幼儿的攀比行为。

（三）社会原因

1. 拜金主义盛行

随着市场经济的发展，民众之间的贫富差距越来越大，社会上出现了很多所谓的“成功人士”，但社会对于“成功”并没有一个特定的标准。而媒体网络所宣传的成功人士都有一个共同的特点，那就是有钱。因此使很多人认为，有钱就是成功，因为有钱就有社会地位，能受到别人的尊重。而幼儿之间的攀比，也就是比较自己所拥有的物质，如他家有钱，他有很多玩具，他爸爸开豪车等等。所以幼儿的攀比在大致上跟成年人是一致的，都是炫耀有钱。

2. 媒体渲染炫富现象严重

通过对部分传媒的了解，本研究发现一个现象，媒体渲染炫富现象特别严重：现在越来越多的新闻媒体都热衷于报道一些金钱物质方面的新闻。例如，哪个明星为宝贝过生日耗巨资开派对，为了孩子能呼吸到更新鲜的空气而装十几个空气净化器，还有哪个童星出席活动的所穿的服饰价值多少……话题层出不穷，在这个物欲横流，炫耀成风的社会背景下，本性单纯的幼儿也难免受到影响。

（四）幼儿自身原因

1. 自我评价能力薄弱

由于幼儿年龄较小，自我评价能力较为薄弱，很容易受外界评价的影响，所以他们很在意成人的评价。假如在这个阶段，成人对幼儿的表现做出了不恰当的比较或评价，幼儿则会很轻易地认为那个人真的比我好比我优秀，由此产生自卑心理或不正确的竞争意识，盲目的与他们进行比较，而产生攀比心理。

2. 幼儿辨别是非的能力较差，模仿性强

在生活中接触的人群都是幼儿模仿的对象，如果家长之间相互攀比，幼儿便也会无意识的去模仿家长之间的攀比行为，然后再去与别的幼儿进行各方面的比较。幼儿园阶段的幼儿虽然逐渐的有了规则意识，但他们的是非观念还是比较模糊，他们无法判断成人之间的好与坏，因此他们经常会以为成人所做的都是正确的。因为家长之间的攀比行为在他们看来也是正确的，所以他们可以模仿。

五、纠正幼儿攀比行为的对策与建议

（一）提高家长的素质，营造良好的家庭教育氛围

1. 家长要以身作则，树立正确的价值观

父母是孩子最好的老师，父母的言传身教对幼儿的身心发展具有重大的影响，在孩子的心目中，父母不仅是老师，朋友，更是他们学习的榜样。儿童期是模仿力最强的时期，易受暗示和他人行为的影响。由于学前期儿童和父母接触最多，因而父母的一言一行都会在儿童心目中留下难以磨灭的印象，所以在平时的生活中，家长要形成正确的价值观，以健康的言语和人格去影响孩子，由于为孩子树立一个良好的榜样。

（1）孩子之间不比较。不要老拿自己的孩子与别人进行比较，因为每个人都是独特的，家长要善于发现孩子的闪光点，要信任和尊重孩子，理解孩子，由于每个人的成长环境、所受的教育都是不一样的，所以孩子与孩子之间是没什么可比性的。然而很多家长在训斥孩子的时候，就很容易说谁家的孩子多好多好，家长的这种教育方式，很容易刺激幼儿的心理，导致他们会处处与别人比较，攀比心理越来越严重，因此家长一定不要盲目的拿自己的孩子与别人进行比较。在日常生活中，家长应该给予孩子更多的关爱，让他感受到自身存在的价值，放手让孩子去做想做的一些事情，让他自己寻找成就感，培养他的自信心。

（2）家长之间不比较。家长在个人能力、金钱、职位等方面可能跟其他的家长不一样，但一定不要硬拿自己去和其他人进行比较，这种方式是不可取的，因为每个人都是不同的个体，作为父母要身先士卒，从自身做起，杜绝和远离攀比心理，时刻为孩子做好表

率，为孩子创建一个温馨、和谐、健康的成长环境。

(3) 家长要注意自己的消费方式，形成合理的消费观。消费观反应人的健康心理和价值取向。随着社会的发展和人民生活水平的提高，人民的消费逐渐出现多样化、高档化，幼儿年龄较小，消费价值观尚未形成，他们的消费心理和消费行为大都来自社会和家庭的影响。家长可以从自身做起，不追求名牌，不摆阔，培养孩子的价值观念，让孩子了解父母赚钱的辛苦，家里每个月的支出，可以定期给孩子一些零花钱，让他自己去支配，假如这个月提前用完了就不可以再跟爸爸妈妈要了，让他自己养成有计划的消费习惯。

2. 提倡科学的教育方式，对孩子的要求把握适度原则

如今大部分家庭都只有一个孩子，对孩子的重视程度相当高，孩子想要的东西家长都会尽力去满足。家长对幼儿的爱是天经地义的，这无可厚非，但如果家长没有把握好"爱"的这个尺度，处于"溺爱"的状态，满足幼儿一系列不合理的要求，就会助长幼儿的这个攀比行为。因此，家长要处理好爱和溺爱之间的关系，在爱幼儿的过程中一定要把握好这个度，对于幼儿提出的合理要求应该及时给予满足，但对盲目攀比的行为一定要及时制止，给予正确的引导，了解幼儿产生此要求的原因，并耐心地和孩子交流给他分析，使幼儿养成合理的需求观念。

3. 引导幼儿树立合理的消费理念

幼儿产生攀比心理的一个重要原因是他们没有正确的消费理念，幼儿年龄较小，他们还不懂得什么是合理的消费观念，他们只知道追求自己喜欢的东西。因此家长可以利用幼儿的可塑性，给予正确的引导，帮助他们树立科学的消费观念。家长要预防、纠正和消除幼儿的物质欲望与虚荣心理，反对盲目攀比，让他们形成合理的消费观念，让他们明白需求有度的观念，知道什么需求是合理的，什么需求是不可取的，增强孩子辨别是非的能力，才能自觉抵制不健康的消费，形成合理适度的消费意识，进而进行科学合理的消费。

(二) 加强幼儿园的管理，净化幼儿学习交往的环境

1. 采用科学合理的教学方法

教师在幼儿心中具有极高的地位，幼儿渴望得到老师的表扬与鼓励，很在意老师对自己的评价，因此教师更应该注意自己的言行，使用恰当的比较方法，让幼儿形成正确的竞争意识。

(1) 教师要关注每个孩子，让孩子感受到老师对他们的爱是一样的，不能总去关注个别幼儿，否则很容易让其他幼儿产生嫉妒心理，从而采取不好的表现方式来引起老师注意。还可以多鼓励幼儿，例如在上课或玩角色扮演的时候，教师可以表扬坐姿最好、表演的最认真的幼儿；还有在吃饭的时候，教师可以每桌选拔出一位小组长，让他去监督其他的小朋友，今天表现的最好的小朋友就是明天的小组长。通过这种方式让幼儿自觉地去约束自己的行为，使幼儿养成良好的个性和品质。

(2) 教师对孩子的表扬和鼓励要包含多方面，尽量避免夸奖孩子的外表和穿着方面，而应该侧重于一些学习方面和生活方面。例如，可以比较孩子帮父母做家务，自己会穿衣服，还有学习的儿歌和小故事等，利用攀比的正向作用，帮助孩子养成好习惯。

(3) 教师要注意言行适当，要给幼儿树立一个良好的榜样作用，用自己的言传身教

来感染幼儿，减少自身的攀比行为。有些教师在幼儿面前也会与其他老师讨论，比一比谁的衣服更好看，谁的包包是什么牌子等，这样看似平常的对话和行为，对幼儿的攀比心理也会有一定的影响，他们会模仿老师与其他老师的对话，将这种攀比的方式转嫁到自己与其他幼儿的身上，因此教师一定要时刻注意自己的言行。

2. 提高教师职业道德和教育素养

作为教师，应该有正确的价值取向，不攀比，努力提高自身的职业道德素养，对待孩子应该一视同仁，不能因为幼儿的家庭条件不同而区别对待。教师在幼儿园教育教学过程中，对幼儿无差别对待，是消除幼儿攀比行为的良好途径，如果幼儿教师对待幼儿能够一视同仁，就会对幼儿形成一种积极的心理暗示。教师是幼儿学习和模仿的榜样，因此教师更要树立良好的形象。应做到：①不能以家庭背景来看待幼儿本身，要关注每个幼儿的身心，平等的对待他们，对于表现的好的幼儿要及时给予适当的鼓励，增强他们的自信心，激发他们的学习动机，帮助幼儿健康成长。②幼儿园应该加强对幼儿教师的培训，幼儿教师是幼儿人生的启蒙老师，对他们健康人格的形成具有重要影响，因此教师具有良好的个人素养显得尤为重要。幼儿园应该定期对教师进行培训，特别是幼儿心理方面的培训，增进教师对幼儿心理的了解，以便教师更好的引导幼儿的发展，为孩子的心理健康和未来发展奠定良好的基础。

3. 加强家园合作，共同引导幼儿发展。

家庭和幼儿园是幼儿成长的主要环境，积极开展家庭与幼儿园的合作，有利于达到教育的一致性，使幼儿养成良好的品质，逐渐消除幼儿的攀比心理。在对孩子的教育问题上，幼儿园和家长应该始终保持一致。幼儿园可以召开家长会和开办家长大学，或者让老师去幼儿家进行家访，向家长宣传幼儿产生攀比心理的原因以及幼儿攀比对幼儿自身成长的不良影响，让家长了解消除攀比心理的必要性，并和家长共同商议策略。家园一起为幼儿营造良好的环境氛围，以便对幼儿进行良好的心理疏导。同时家长也应该和幼儿园应保持密切 联系，家长将幼儿在家的表现反馈给老师，老师也将幼儿在园的表现如实地告诉家长，针对幼儿出现的问题，及时有效的进行处理，家长和教师共同探讨消除幼儿攀比心理的应对策略，采取渐进式的方法对幼儿出现的后续问题进行跟踪，逐渐使幼儿克服攀比心理。

4. 对孩子实施美德教育，淡化对物质的追求

通过以上的分析，孩子的攀比心理绝大部分还是体现在对物质的追求上，针对这种现象，教师还可以通过以下几种方式来解决问题：

（1）教师可以组织幼儿参加户外活动来转变他们一味追求物质的意识。例如，可以带幼儿去乡下参观敬老院，给老人献爱心的活动，让幼儿懂得节约、不攀比、不浪费的观念，让他们懂得生活的艰辛。还可以组织幼儿去农家乐，让他们自己去摘取瓜果，教师可以在旁边讲解瓜果成熟需要付出哪些劳动，也可以让幼儿自己在家种植某种小植物，让幼儿有自己的情绪体验，让他们在劳动中获得满足感，转化幼儿对物质的追求。

（2）幼儿同伴之间的攀比很多都是集中在玩具上，作为教师，可以布置亲子作业，鼓励孩子和家长一起动手做玩具。例如，废旧的可乐瓶可以做成小船，幼儿穿不了的鞋子可以装饰一下种植盆栽，废旧的硬纸壳可以做成小房子和汽车等等。幼儿可以将自己最喜

欢的手工玩具带到幼儿园来与大家一起分享，老师也应尽量给予每个幼儿鼓励与表扬，让幼儿知道并不是买的东西才是最好的。通过这种手工活动，让幼儿找到存在感，找到价值，淡化对物质的追求，逐渐消除幼儿在物质方面的攀比心理。

（三）改善社会风气，倡导传统美德

社会风气对幼儿品德和人格的形成具有重要的影响。随着经济的快速发展，人们炫富心理和拜金主义进一步加剧，在社会大风气的影响下，家长、教师和幼儿都难免受到一定的污染。

1. 相关部门对网络信息进行严格过滤

整顿社会不良之风，还大众一个健康、温馨、和谐的社会，是各相关部门义不容辞的义务和责任。①应当对网络传媒所宣传的信息进行严格的过滤，对于不符合规定的信息要给予警示或罚款。②假如周围有不良的攀比之风，社会大众要自觉抵制，尽量避免让幼儿接触，因为幼儿对信息比较敏感，他们也辨别不了是非，所以要尽量减少不良信息对幼儿的冲击，尤其是盛行的攀比之风。

2. 创建温馨舒适的社会环境

社会要给予幼儿更多的爱，为幼儿创造一个温馨舒适的社会环境，让幼儿有足够的安全感。在这样的社会环境下，幼儿才能有足够的自信心和自尊心，当他们得到社会成员的关爱时，自然会有一种满足感和认同感，而不再需要通过不断的表现和攀比才能得到他人的认同和表扬，这样对消减幼儿不良的攀比心理大有裨益。

（四）加强幼儿教育，消除攀比需求

结合幼儿身心发展的特点，我们可以从以下三个方面来改正幼儿不正当的攀比行为。

1. 利用反攀比的教育手段消除幼儿的攀比心理

反攀比指的是利用幼儿的优势来与其他幼儿进行比较，使幼儿逐渐认识到自己的长处，帮助幼儿树立自信心。家长和老师应该耐心地与幼儿交流和沟通，当发现幼儿不自信时可以给幼儿引导，告诉他每个人都是自己的长处，你在哪方面很棒，让幼儿正确地认识到自己的优势，但也要让幼儿看到自己的不足，并指引幼儿该怎样去完善，让缺点变成优点。同时也要让幼儿明白，在生活中并不是所有的事情都存在可比性，因此，没必要什么事情都跟他人相比，纠正幼儿盲目比较的这种心态，让他形成正确的心理趋向。

2. 利用激励机制，将攀比转化成正当的竞争行为

当孩子攀比的时候，父母不要一味地去责怪他，而要引导幼儿将攀比转变成竞争的动力。当幼儿向父母抱怨想要某个玩具时，父母可以告诉他可以给他买，但要通过自己的努力才能得到。例如，可以让幼儿帮父母做些家务，帮父母扫一次地可以奖励一个五角星，倒一次垃圾也可以奖励一个五角星……当积攒够了十个五角星，父母就可以答应他一个合理的要求，但幼儿提出的要求一定要是合理的父母才能同意。当幼儿表现好的时候，父母一定要积极鼓励他。并且可以和幼儿园老师沟通孩子在家的表现，希望老师也可以积极地鼓励和引导幼儿。平时与幼儿在家的时候，父母也可以给幼儿讲励志的故事，让他明白别人拥有那么多的东西都是通过自己努力得到的，因此现在应该好好地学习，不要总和别的

小朋友比较玩具，假如自己努力也一样可以得到自己想要的东西，培养幼儿积极上进、勤奋努力的品质。

3. 加强感恩教育，养成正确的感恩方式

幼儿因为年龄尚小，不明白获得物质是需要付出劳动的，当他们向父母开口索取某样东西时，父母便会满足他，因为认为这是理所当然的，所以也不会对父母给予自己的一切而心存感激。“教育的真正艺术，就体现在让儿童不仅学会用眼睛去看世界，还学会用心灵感受世界”，让儿童拥有一颗感恩的心，是儿童用心灵感受世界并消除攀比心理必不可少的过程。因此，家长要培养幼儿感恩心理，让幼儿学会感恩，而不是一味地索取。例如，家长和老师可以让幼儿参与“感恩节”的活动，或在“父亲节”或“母亲节”等活动中也可以渗透感恩环节，让幼儿了解索取与回报的关系，让幼儿站在他人的角度看问题，对自己所获得的东西心存感激，尊重和珍惜他人的劳动成果，将这种感恩之心转移到父母，老师和社会他人的身上，让幼儿在感恩中成长。

第四章　家园合作教育研究

2001年，教育部颁布实施的《幼儿园教育指导纲要（试行）》（以下简称《纲要》）指出：家庭是幼儿园的合作伙伴，在幼儿园工作中发挥着重要的作用。应该秉持着相互尊重，平等合作的原则，努力使家长理解幼儿园工作，提供家庭支持，积极参与到幼儿的教育过程中，而幼儿园应提供帮助使得家长的教育能力得以提升。现代社会的学前教育，没有家庭的参与不可能真正成功。随着社会对学前教育的不断重视，家园合作越来越成为人们关注的焦点，家园合作的价值大小以及如何做好家园合作工作，都是当前学前教育发展需要注意的问题。虽然我国幼儿园的家园合作工作取得了很大的成绩，但现实中家园合作仍然存在诸多问题。为此，本研究选取了父亲参与家园合作、民办幼儿园的家园合作、幼儿园家长开放日活动、农村幼儿园家园合作等问题作为研究的视角，试图发现其共同问题，并提出解决问题的对策与建议。

第一节　父亲参与家园合作的现状、问题及对策研究

孩子的成长需要父亲的守护，父亲对幼儿的智力发展、良好品质的形成、健全人格的塑造等具有重要的影响。现实生活中，父亲对幼儿成长的参与度很低，参与家园合作的情况更是不容乐观。本节内容是在对现状进行调查的基础上、提出父亲参与家园合作存在的问题，阐述了问题产生的原因，并提出了促进父亲参与家园合作的对策。本研究旨在提高父亲对家园合作的参与度，充分发挥父亲对幼儿成长的特殊意义和作用，从而促进幼儿身心健康成长。

一、家园合作的意义

家园合作指的是一种双向的互动活动，具体来说是家庭和幼儿园之间在教育上的相互配合。是幼儿园和家庭都把自己当做促进幼儿全面发展的教育主体，幼儿园和家庭双方积极主动地相互支持、相互配合，形成教育合力，通过幼儿园和家庭的双向互动促进幼儿身心全面发展。

1. 家园合作有利于家长树立科学的家庭教育观

父母是幼儿最先接触的人，是幼儿的第一任教师，也是幼儿终身的教师。父母对幼儿的影响是潜移默化、深远持久的。家长是幼儿最亲近的人，幼儿在家长的关爱中认识世界，对家长的行为进行模仿。家长的脾气性格、文化素质修养、道德品质观念、个性特点等都对幼儿的健康成长起着至关重要的作用。因此，作为家长对幼儿身心健康成长具有不可推卸的教育责任。幼儿园方面应该加强与家长的情感沟通与信息交流，了解家长对孩子

教育的需要，从而激发他们参与教育的兴趣和热情。家园合作，可以树立家长正确的家庭教育观念，使家长们逐步意识到自己也是儿童教育的主体，自己有责任与老师、幼儿园合作，共同培养孩子全面发展。

2. 家园合作有利于进行家庭教育指导

每个家庭都有不同的教育方法，有的教导有方，有的却引入歧途；有的灵活多变，有的却呆板教条；有的放任自流，有的却步步监督。也正是因为如此，不同的家庭则会教育出不同的孩子。高尔基曾经说过：爱自己的孩子是连母鸡也会做的事，但是如何教育好他们的孩子却是一个严重的问题。作为幼儿的家长，他们对于幼儿的认识是纵向的、垂直的，而教师对幼儿的认识则是水平的，教师与家长间进行合作，正好能够在认知上做到互补，在教育上达成相互的理解、支持与合作。教师有着处理孩子各种问题的经验，对处理幼儿的各种问题有着一些专业性的见解，能为家长提供一些相关的幼儿教育理论上的指导和技术上的支持，帮助家长提升教育的专业性。

3. 家园合作有利于开发幼儿教育资源

家庭和幼儿园是幼儿生活与学习的两个主要场所，幼儿的学习和生活经验主要是来源于这两个场所。幼儿园教师应该把家长视为重要的合作伙伴和促进幼儿教育发展的重要资源，并努力在相互尊重、相互理解、平等互惠的基础上进行合作。将家长以及与家长有关的教育资源纳入幼儿园的教育之中，丰富了幼儿园的学前教育资源。家长的不同职业和不同的文化背景可以为幼儿园提供非常丰富的教育内容，同时也为幼儿园的教育需求提供了多种支持与帮助；幼儿园则可以指导家长充分认识家庭、社区环境的教育价值，学会积极利用各种有效的教育资源来教育幼儿。家园合作可以使来自两方面的学习经验更具有一致性、互补性，形成教育合力，促进幼儿全面和谐发展。

4. 家园合作有利于教师和家长的沟通

家园合作既不是传统意义上的“家长工作”，也不是一方为主的“配合”，而是两个同样肩负着启蒙教育重任的社会组织及其成员之间的携手。建立起家园联系的桥梁，有助于家庭与幼儿园、家长与教师的沟通，相互间经常交流有关孩子的资讯，这种双向信息反馈便会形成教育的合力。同时家园合作也为教师和家长、家长与家长之间提供了一个交流和经验共享的机会。教师个人的时间、精力、知识、创造力、经验是有限制的，家长的参与提供了更多的教育资源，家长可以分享教师先进的教育理念、教育技能和教育经验；教师也可以从家长那里获取更多有关幼儿的有效信息，了解家长对教育的理解和期望，并从他们所拥有的专业知识和工作经验中获得帮助。

5. 家园合作有利于加强幼儿园保教管理

搞好幼儿园的管理，必须有教师、学生、家长、社会的共同参与。从幼儿园的角度看，家长的教育身份也是至关重要的，幼儿园所进行的每一项保教活动，都离不开家长的理解和支持。相对而言，家长们都会关心幼儿在园生活一点一滴，但由于条件所限，无法深入了解，由于不了解，也就无法理解幼儿园工作中的一些内容，造成有的家长对幼儿园产生不满情绪，形成和幼儿园的活动对立、不支持、不理睬的态度。扭转这种情况的方法主要就是让家长走进幼儿园，参与幼儿园活动。例如，亲子游园、跟班观摩、家长开放日等，让家长对幼儿园的保教工作有进一步的认识，从而消除对幼儿园的错误认识；让家长参与创设区角、节日活动，使家长感觉到他们为孩子成长和教育做出的贡献，继而激发和保持家长参与教育的积极性。通过这些方法，促进家长思想转变，逐渐从不支持到支持，从不理睬到主动询问，从不闻不问到积极参与，使其产生质的变化，这不仅利于孩子的成长，能更有利于幼儿园自身信誉度的提高。

二、父亲参与家园合作的价值

父亲参与家园合作是指父亲以幼儿家长的身份与幼儿园之间相互配合、相互支持，以促进幼儿身心全面健康发展为目的，共同承担起对幼儿教养的职责。这包括父亲对家园合作的认识、父亲参与家园合作的频率、父亲参与家园合作的内容和方式等方面。

（一）父亲参与家园合作对幼儿发展的意义

1. 对幼儿身心健康的意义

我国著名学者姚有为指出：父亲的创造力、想象力和逻辑思维能力一般都优于母亲。父亲在陪孩子玩游戏时，擅长变换交流方式，能够满足孩子的不同爱好和需求。那些经常同父亲互动的幼儿能够获得比其他幼儿更多的经验和知识并且更具有想象力和创造力，能更好地促进幼儿认知水平的发展。此外，父亲的体力也优于母亲，具有更高水平的运动潜能。与幼儿交往时，母亲和父亲有着很大的不同，母亲更多的是与幼儿进行情感上的交流与沟通，而父亲则更喜欢与幼儿一起进行体育游戏活动，这种活动有利于促进幼儿身体发育以及各种动作的发展。参与家园合作，多参加幼儿园的亲子互动活动，能更好地帮助父亲掌握科学育儿方法，增加与幼儿亲密接触的机会，让父亲更好地了解幼儿，从而形成良好的亲子关系，促进幼儿身心健康成长。

2. 对幼儿个性品质形成的意义

一般来说，父亲相比于母亲具有独特的性格特征。例如，父亲一般更加勇敢、坚强，更加独立、坚韧，更加不畏艰险、积极向上。模仿是幼儿本性，在与父亲的相处中，幼儿往往会在有意无意中模仿父亲的个性特点和处事方式。父亲在与幼儿的交流互动中，通常会采取更加平等的方式和更加积极鼓励的态度，而在对待幼儿的行为问题上则会采取更加严厉的方式来进行教育。这种处事方式对提高幼儿认识道德准则更加有效。这种独特教养方式不但能培养孩子勇敢、自信、积极向上的品格而且能够使他们加深对规范和准则的认知。

3. 对幼儿性别意识形成的意义

性别意识是指幼儿对性别的定位，以及对生理性别的社会期望的认识。心理研究指出，性别意识是健全人格的重要因素，是自我意识的重要内容之一。精神分析学派的学者认为，男孩能通过认同父亲的性别方式来缓解来自父亲的焦虑，女孩则可从父亲那里获得对男性的认识，父亲的形象也为女孩提供了未来丈夫的基本模式。从认知心理学的观点来看，幼儿在社会化过程中可通过自己处理各种不同的、与性别有关的信息来培养其对性别角色的认识，而在这一过程中父母的性别角色原型是其对性别认识的重要来源之一。从社会学习的角度来看，男孩能从父亲那里得到一种特有的性别角色示范，在与父亲的交流互动中，女孩不但能通过父亲对其的关爱而获得安全感，而且还能从父亲那获得关于异性个性品格的现实参考。幼儿园中女性教师普遍偏多，有的幼儿园甚至没有男性教师，因此幼儿在学校期间往往会受到女性气质的过度影响，虽然他们能够获得更多的女性关爱，但是通常也会直接导致幼儿缺乏男性的气质。因此，父亲参与家园合作对幼儿性别意识的形成具有至关重要的作用。

（二）父亲参与家园合作对家庭的意义

1. 促进和谐父子（女）关系的形成

在父亲参与家园合作的过程中，幼儿与父亲有了更多接触的机会，父亲与幼儿共同参与活动、一起学习，使原本可能严肃的父子关系变得更加轻松和谐。幼儿在与父亲的共同活动中能直接感受到父亲的关爱，感受到父亲独特的人格魅力，如热爱运动、独立、自信、勇敢、坚强等多方面的积极影响。父亲在这个过程中不仅可以深入地了解自己的孩子，发现幼儿在成长过程中的进步和不足；而且可以树立自己在幼儿心目中的榜样形象，让幼儿对父亲产生崇敬之情，更加热爱自己的父亲，促进父子（女）和谐关系的形成。

2. 对家庭关系的凝聚作用

随着女性的解放，越来越多的女性走出家门，走进职场。因此，如果继续传承“男主外，女主内”的传统思想必定会造成现代女性家庭和工作的冲突，不利于家庭和谐。如果父亲能参与育儿，积极参加家园合作，减轻母亲的负担，可以提高母亲对家庭生活的满意度，促进形成和谐的夫妻关系。同时，父亲参与家园合作能更好地了解幼儿的成长状况，能更好地与家庭其他成员交流育儿经验和想法，为家庭提供更多的交流话题，增加了家庭成员之间的交流与沟通机会，从而促进融洽家庭关系的形成。

（三）父亲参与家园合作对幼儿园的意义

1. 父亲是幼儿园重要的教育资源

实施幼儿素质教育需要大量的教育资源，这些资源包括多个方面，主要有以下三个方面：家庭教育资源、幼儿园教育资源以及社会教育资源等。家长的参与为幼儿园提供了更多的教育资源，家长可以分享教师先进的教育理念、教育技能和教育经验；教师也可以从家长那里获取更多有关幼儿的有效信息，了解家长对教育的理解和期望，并从他们所拥有的专业知识和工作经验中获得帮助。每个父亲的职业、性格、社交活动都有很大的差异，尤其是父亲的职业，能够为幼儿认识社会提供一个窗口，透过这个窗口，幼儿园也能在幼儿教育中获得更多的教育资源，为幼儿教育提供更丰富的综合性教育，促进幼儿全面发展。父亲参与家园合作在很大程度上能够弥补幼儿园教育不足的问题，通过父亲的参与，不仅仅能够促进幼儿的个性和人格趋向全面化发展，也能够促进幼儿认知水平的不断提升。父亲参与家园合作，能为为幼儿园提供更加丰富有趣的活动，使家庭教育和幼儿园教育相互补充，相得益彰，促进教育资源达到最优化配置。

三、父亲参与家园合作的主要形式

1. 家长会

家长会是幼儿园重要的家园合作的方式，是促进教师与家长之间交流沟通的重要方式，是一种重要的家长工作形式。幼儿园定期或不定期召开家长会，向家长报告幼儿园的工作情况以及幼儿在幼儿园的表现状况，提出一般性的教育要求，回答家长关心的问题，也可以通过家长会征求家长的意见或建议，或者通过家长会让家长了解幼儿园的办学困难，获得家长的理解、支持和帮助。

2. 亲子活动

幼儿园的亲子活动是指由幼儿园组织的，家长和幼儿一起参加的活动，是一种增进家长与幼儿、家长与教师情感交流的集体活动形式。幼儿园根据幼儿不同年龄阶段的发展水平，开展多种形式的亲子活动。例如，每年的“六一”儿童节，家长与教师、幼儿一起欢度，亲子同台演出节目；每年幼儿园组织的运动会，家长与幼儿一起参加比赛，等等。在亲子活动中，增进了幼儿与家长的关系，同时也加深了家长对幼儿园的理解与支持。

3. 家长开放日

家长开放日指的是幼儿园定期或不定期向家长开放，邀请家长来园参观。家长来园观摩参观，可以更好地了解到幼儿园的工作内容和教师的教养方式，可以亲眼看到幼儿在幼儿园各方面的表现，了解幼儿的发展水平及与同伴的交往情况。对家长来说，家长开放日是一次很好的实地学习的机会，有助于家长改善自己的教养方式。

4. 入园、离园交谈

沟通是合作的基础，良好的家园合作是建立在家长与教师良好沟通的基础之上的。父母接送幼儿入园、离园时与教师的交谈，是教师与家长之间最经常、最简便的交流信息的沟通方式。如果父亲参与幼儿的入园和离园送接活动，加强与幼儿园教师的交谈，有利于加强父亲教育的针对性。

四、父亲参与家园合作存在的问题及原因

（一）父亲参与家园合作存在的问题

为了更深入了解父亲参与家园合作的实际情况，我们采用了调查问卷法和访谈法，以江西九江、南昌的10所幼儿园和早教机构为研究对象，对父亲参与家园合作的现状进行问卷调查。随机发放问卷共500份，回收问卷457份，问卷回收率为91.4%，有效问卷450份，有效率为98.5%。同时也对这10所幼儿园和早教机构的老师进行随机抽样访谈，了解幼儿父亲参与家园合作的情况。调查结果显示，父亲参与家园合作的问题主要包括：

1. 父亲参与家园合作的意愿不高

调查结果显示，大部分的父亲认为家园合作是很重要的。但是有73.7%的父亲家长认为家园合作中父亲的角色不重要，主要是母亲的责任；22.1%的父亲认为家园合作中父亲的及角色不太重要，认为家园合作中父母谁参加都一样；只有4.2%的父亲认为家园合作中父亲的角色很重要，应该积极参与家园合作。由此可以看出，绝大多数的父亲认为家园合作对孩子的成长的影响是十分重要的。然而，他们还没有充分地认识到父亲参与家园合作的重要性。在与教师的交谈中发现，孩子父亲认为家园合作主要是母亲或者祖父母外祖父母的事情，与自己没有多大的关系。

父亲参与家园合作的观念直接会影响其参与的实际行动。虽然大多数父亲都认为家园

合作很重要，但仍有少数父亲对家园合作没有给予足够的重视，把自己当做家园合作的局外人。在他们看来，家园合作是一项可有可无的活动，或者只要孩子的母亲参与就够了。存在这种观念的父亲，参与意识不强，参与的态度也不积极，即便参与进来也是处于被动状态的。有些教师在接受访谈中提道："有些孩子的爸爸在幼儿园很少能见到，偶尔来幼儿园接送孩子也是放下或者接到就走，我们老师想跟他们聊聊孩子的情况都没机会。有时候给幼儿家里打电话，有些爸爸一听到是幼儿园里打来的，就喊幼儿的妈妈或者是爷爷奶奶来接，好像跟他们一点关系都没有一样。"与教师的访谈正反映了这部分父亲在参与家园合作观念上的落后。

2. 父亲参与家园合作程度总体偏低

（1）参与次数少。调查结果显示，56.4%的父亲每月主动与教师交谈的次数仅为1~2次。从这一数据可以看出，父亲参与家园合作的次数是比较少的。父亲接送幼儿入园离园、与教师交流沟通的次数，参与家园合作的次数相对于母亲来说都要少得多。很多教师表示，幼儿父亲来接送幼儿的次数比幼儿母亲少很多，家长会等活动也大多是母亲或者祖父母、外祖父母等长辈来参加。

（2）参与时间短。有相关研究提出，父亲参与幼儿教养的时间能够在一定程度上反映出父亲参与家园合作的频率，并且父亲参与时间的长短对最终的效果也有影响。本研究在调查中得知，78%的父亲每天教养孩子的时间不超过 2 小时；48%的父亲偶尔接送孩子上幼儿园。相关研究表明，父亲总是表示没有时间和家园成员待在一起，其实这种说法本身就是错误的，在家园合作中其实父亲和成员们的相处实际上就是参与。不管是在接孩子上下学，或者在家里陪着他们，这些都是极好的参与，这样让孩子在心里能够感觉到父亲很强大的存在，不至于成为"没父亲"的孩子。虽然父亲参与的时间和次数不能完全决定参与的效果，但是没有一定的时间作为保障，再好的参与质量也不能发挥明显的作用。

3. 父亲参与家园合作的形式和内容不够丰富

调查结果显示，虽然各种家园合作的方式都有父亲选择参加，但最受父亲喜欢的还是入园、离园时的交流、电话或短信联系这两种比较传统的方式。而家长会则因为面向的是全体家长，缺乏针对性与父亲进行沟通和指导。此外，在访谈中，不少幼师反映家长会通常是以教师单方面的讲述为主，与家长之间的互动很少，也不受父亲喜欢。因此，从父亲的角度，在可供选择的家园活动中应多途径参与，不要拘泥于传统的参与方式，多尝试一些新型的参与方式，如在家园合作论坛中相互交流、与教师用网络进行沟通等。

4. 父亲参与家园合作的能力水平偏低

（1）与幼儿沟通和进行指导的能力不足。在对教师的访谈中，问到"您认为父亲参与家园合作的能力如何"这一问题时，有教师表示："有些孩子爸爸参加幼儿园开展的父子活动特别积极，但是在活动过程中他们不知道如何跟孩子沟通，也不会对孩子进行指导。"还有教师表示："当我们跟父亲交流孩子在家里的情况时，经常有父亲说他们不知道该怎么管教孩子，孩子出现问题时不知道怎么教育，也不会陪孩子玩，教育孩子太难了。"由此可以看出，父亲在参与合作中缺少与孩子沟通的能力和进行指导能力。

（2）参与过程中缺乏耐心。在访谈中有教师说道："父亲在参与家园合作活动时，往往是三分钟热度。当活动中孩子做得不好的时候，爸爸就会逐渐失去耐心，开始大声对孩子吼，最后孩子失去信心，没了兴趣。”从教师的访谈中可以看出，父亲在参与家园合作的过程中缺乏耐心和应对问题的技巧。从教师的回答中可以看出，对于父亲而言，仅仅有参与的热情是不够的，没有足够的知识储备和合适的参与技巧就无法高质量地参与活动，也就无法发挥父亲参与的价值。

（二）父亲参与家园合作存在问题的原因分析

1. 父亲自身的原因

（1）传统观念的影响。自古以来，中国传统文化主张“男主外，女主内”的思想，人们普遍认为男性就应该承担起养家糊口的责任，而女性则应该在家中相夫教子。虽然在现代社会里，很多女性也走向职场，帮助赚钱养家，但是部分男性的传统思想依然根深蒂固，他们依然认为家里的事情就应该是女性负责，包括教育幼儿。因此，部分幼儿父亲受这种传统思想的影响，认为家园合作是母亲或者家里的老人应该去参与的，与自己没有多大关系，自己只要搞好事业就行了。

（2）工作压力大。现如今，激烈的工作环境和竞争压力以及不断上涨的物价，给父亲们带来很大的工作压力，有些父亲并不是不想关注幼儿教育，也不是不想参与家园合作，只是工作真的太忙，他们无法抽出时间来参与家园合作。

2. 家庭方面的原因

对于家庭结构是否会影响父亲教养行为这个问题的研究还很少，目前一般认为家庭成员过多会减少父亲参与儿童教养的积极性。有研究表明，核心家庭（两代人组成的家庭，成员包含夫妻两人及其未婚孩子）中父亲与孩子的日常互动明显多于主干家庭（通常包括祖父母、父母和未婚子女等直系亲属的三代人）中父子的互动，另外妻子对丈夫的支持与否是决定父亲参与教养的程度关键因素之一。

3. 幼儿园方面的原因

（1）幼儿园对父亲参与家园合作不够重视。访谈中，不少幼师表示，幼儿园对父亲参与家园合作的认识仅仅停留在观念上，很少组织父亲参与家园合作的活动，对父亲参与家园合作也没有具体的要求。可见，幼儿园还没有充分认识到父亲参与家园合作的重要性，还不够重视父亲参与家园合作。

（2）幼儿园良莠不齐，缺乏经验。随着学前教育的不断发展，出现了许多的私立幼儿园。特别是农村地区，这些私立幼儿园的规模很小，大多数都不正规，大部分是家庭式的幼儿园。这些私立幼儿园普遍采取低成本、低收费、低质量的办园模式。这种低质量的办园模式，无论从理论还是从实践上都难以保证对幼儿进行良好的早期教育。有些甚至仅仅只是帮家长“带孩子”，而不是教育孩子。而且有些私立幼儿园根本没有什么办园的经验，不懂得学前教育相关的法律法规，也不了解幼教的基本规律，对家园合作的组织更是缺乏经验，家园合作活动的组织具有明显的盲目性和随意性。针对父亲的家园合作更是存在很多不足：一方面，对父亲参与家园合作缺乏计划性，有的幼儿园教师只是在出现问题的时候才会联系家长。家长会、亲子活动、家长开放日等活动很多情况下都是临时通知家长，没有做好活动计划，导致很多幼儿父亲由于临时无法处理手头的工作而放弃参加这些家园合作活动的机会，从而致使家园合作无法有效地进行。另一方面，对组织父亲参与家园合作存在盲目性。没有充分考虑到父亲的特点进行家园合作活动的设计与组织，导致没有发挥出父亲参与家园合作的独特作用。

(3) 师资力量薄弱。幼儿园的教师大多数是由小学教师转化而来，有的甚至只有初中、高中学历，也没有受过学前教育的专业课程培训，教师的专业素质普遍偏低，这直接导致幼儿园教师专业化水平不能满足学前教育的需要。家园合作作为一种对教师专业能力要求较高的活动，对农村地区幼儿园教师来说具有很大的挑战性，大多数幼儿教师对家园合作的理解都只停留在较浅的层面上，过于强调幼儿园的服务任务，认为家园合作只是向家长汇报自己的工作情况，很少主动向家长了解幼儿在家里的情况，家长会是主要的家园合作的方式。家长与教师的交流是一种单向的信息交流。

五、促进父亲参与家园合作的基本对策

(一) 提高父亲自身的素质

1. 改变传统教育观念，提高参与意识

要想转变父亲“男主外，女主内”传统观念，要让其认识到父亲对幼儿成长的特殊作用，认识到父亲参与家园合作的重要性。提高父亲参与家园合作的意识和主动参与的积极性。因此，父亲自身可以阅读相关的幼儿教育书籍来了解相关育儿知识，了解父亲参与幼儿教育的重要性，与书中的实际例子做对比，找到自身存在的不足，并自觉学习，提高自身的素质，协助老师为幼儿营造更加良好的学习成长环境。

2. 提高参与家园合作的能力

教育者首先要接受教育。要想提高父亲参与家园合作的能力，父亲需要不断学习，提高自身教养水平。在日常生活生活中，父亲可以学习一些简单的家园合作技能，如画画、讲故事、亲子游戏、简单的乐器等。不仅可以促进与幼儿的交流，形成良好的亲子关系，而且在参与家园合作中也能起到非常重要的作用，使父亲更好地参与家园合作。

3. 合理安排工作，积极参与家园合作

随着社会竞争日趋激烈，工作压力不断增强，很多父亲都以工作太忙为由，很少参与家园合作。幼儿的成长只有一次，是不可逆转的，错过了就不再有机会了。父亲在幼儿的成长中起着至关重要、无可替代的作用。因此，父亲们应该合理安排工作，多花时间陪伴孩子，参与家园合作，见证幼儿成长。

(二) 家庭方面积极配合鼓励父亲参与家园合作

1. 给予父亲充分的信任和鼓励

父亲参与家园合作是其对幼儿教育的义务，也是其享有的权利。因此家庭的其他成员应积极鼓励和支持父亲参与家园合作。当幼儿父亲没有意愿参加家园合作时，可以鼓励其积极参加，告诉他父亲参与家园合作的意义与重要性；当父亲有积极参与家园合作意愿时，应给予支持和鼓励。

2. 长辈给予幼儿父亲更多的机会参与家园合作

受独生子女计划生育政策的影响，许多家庭都存在几个大人围着一个孩子转的问题。

尤其是祖父母和外祖父母一辈常常把幼儿的教养问题全都包揽了，有的时候不是父亲不愿意参与家园合作，而是长辈们没有给他参与的机会，久而久之，父亲参与家园合作的权利被无形之中剥夺了，参与家园合作的能力也越来越差，导致到后来他们参与家园合作的意识也大大降低。因此，为了幼儿的健康全面发展，家庭成员尤其是长辈应该给予父亲充足的机会参与幼儿的成长，鼓励和支持其参与家园合作。

（三）幼儿园方面采取多种方式促进父亲参与家园合作

1. 转变教育理念，提高对父亲参与家园合作的重视程度

幼儿园作为幼儿教育的一大主体，应该树立正确的教育观念，充分认识到父亲在幼儿成长中所起到的特殊的、不可替代的积极作用，积极开展各种父亲参与家园合作的活动，鼓励父亲积极参与家园合作。丰富父亲参与家园合作的形式，积累经验。

（1）制订父亲参与家园合作计划。做任何事情之前都应该有所计划，家园合作也应如此，只有这样才能保证家园合作能有序、顺利地进行。一方面，幼儿园应结合父亲工作的特点及时制订家园合作计划，与幼儿父亲提前做好沟通工作，保证其有足够的时间调整自己的工作安排，积极参与到家园合作的活动中来；另一方面，幼儿园应充分考虑到父亲的特点进行家园合作活动的设计与组织，如组织亲子运动会，充分发挥父亲的运动潜能，促进幼儿各种动作的发展，父亲参与还能培养幼儿坚强，积极向上的品质。在母亲节的时候也可以邀请父亲参与幼儿园的活动，与幼儿一起制作一份爱的礼物送给妈妈。

（2）开展父亲育儿知识讲座。幼儿园可以让优秀的老师或者从外面邀请育儿专家给幼儿父亲开展专业的育儿知识讲座，鼓励其积极参加。不仅可以解决父亲们在教育幼儿的过程中遇到的各种问题，而且育儿知识的丰富还能促进父亲更好地参与到家园合作中来。

（3）提供幼儿园与父亲们之间交流的平台。幼儿园与家长的有效沟通是建立良好家园合作的基础，畅通幼儿园与家长的沟通渠道有利于家长了解幼儿园的工作情况，了解幼儿在园的各种情况，了解幼儿园的教育要求等等。另外，幼儿园也可以了解幼儿在家的情况，了解家长的教养方式，根据每个家庭不同的情况，对家长进行针对性的教育指导，并及时获得家长的反馈信息，反省工作上的不足，提高幼儿园的教育、管理水平。幼儿园应利用网络优势，畅通沟通渠道，如建立班级QQ群、微信群，不仅可以加强幼儿园与家长的交流，也可以增进父亲与父亲的交流。同时，幼儿园还可以建立网上园长信箱、班级信箱，通过网络平台积极与幼儿父亲进行交流与反馈。

2. 对父亲参与家园合作提出具体的要求

没有压力就没有动力。幼儿园在不断丰富家园合作活动形式的同时，应对父亲提出具体的要求。例如，每周至少接送一次幼儿，开展亲子活动中明确要求父亲参与。设立“父亲亲子日”，将父亲参与家园合作常规化。只有这样明确具体的要求才会引起父亲对参与家园合作的重视，才会积极主动地参与到家园合作中来。

3. 规范教师队伍，做师资培训

强大而专业的师资队伍是办好幼儿园的重要因素，是解决家园合作问题的关键。①幼儿园要建立健全幼师任用制度，严格把握幼儿园教师的任用资格，落实幼儿园教师资格证

认定制度。②提高幼儿园教师的工资待遇，提高他们的工作积极性。③应该为幼儿园教师提供继续学习和进修的机会，幼儿教师也应该树立终身学习的观念，积极主动地抓住可以继续学习的机会，不断提升自己的专业能力，更好地做好自己的本职工作，用自己的专业和真诚赢得家长的尊重和理解，提高家园合作水平，做好父亲参与家园合作的工作。幼儿教师应积极主动地与幼儿父亲保持交流和沟通，向他们反映幼儿在园的情况，而不是被动地等待幼儿父亲来询问，更不能把与父亲的沟通看做是可有可无的事情。在组织父亲参与家园合作的活动中，与幼儿父亲共同进步，做到换位思考，鼓励和帮助他们更好地参与到家园合作中来。

第二节　民办幼儿园家园合作问题的个案研究

随着国家“二胎”政策的全面放开，民办幼儿园的数量如雨后春笋般发展迅速，并逐渐成为我国幼儿教育事业发展的主要力量。近年来，我国民办幼儿园的“家园合作”存在的问题较为突出。本研究选择了江西赣州市的一所民办幼儿园作为家园合作的问题进行个案研究。赣州市某幼儿园是一所三级二类的普惠性民办园，招生对象为中等收入家庭的幼儿，在民办幼儿园中具有一定的代表性。本研究内容包括：幼儿园家园合作现状分析、幼儿园家园合作存在问题的原因分析、提升幼儿园家园合作质量的策略。

一、江西省赣州市某幼儿园家园合作的现状

（一）家园合作的态度

1. 园长、教师对家园合作的态度

通过多次到赣州市某幼儿园进行实地观察，并与园长、教师面对面接触和访谈。幼儿园园长表示：“在孩子们出现意外情况的时候，比如打架受伤了或者生病不舒服，我们才会和家长进行联系沟通。去年，中班有一个孩子总是喜欢打人，很多小孩子都被打过，家长们当时就担心得不行，那个时候我们才会觉得和家长沟通解释很重要。在除去这些特殊的情况外，我们一般不会主动和家长进行沟通。”（摘自园长访谈记录）他们认为家园合作对幼儿身心全面发展是十分重要的，幼儿园主动跟家长的沟通只局限于表面，并未进行深入交流，幼儿园几乎没有组织过家园合作活动。主要原因在于“家长们比较忙，上班工作时间与幼儿园的互动时间冲突”，“各位家长时间对不上”，“考虑安全问题和安全事故”等，因此园内几乎不会主动开展家园合作，而是局限于接送时家长与教师之间进行的随意交谈。

幼儿园教师与家长见面一般都是接送的时间，由于接送的人流量大，交流时间十分有限，加上家长人数过多，难以顾及每一位家长。绝大部分教师表示自己有心去沟通，但是自身的力量有限。当问及是否组织过家园合作时，教师们表示：“家长们都有自己的工作，他们的工作时间与幼儿园安排的家园互动时间冲突，每次组织家园合作活动的时候，总有家长请假缺席，且考虑到幼儿的人身安全问题，故家园合作的次数很少。”（摘自2017年3月22日教师访谈记录）

2. 家长对家园合作的态度

我们通过与大部分家长进行访谈，了解到赣州市某幼儿园的家长普遍缺乏家园合作的意识。除了少部分文化程度高的家长外，大多数家长表示："我们要上班赚钱养家，根本没有时间照顾小孩，家里的老人又没有啥文化，我们又想让孩子学点知识，因此送小孩到幼儿园去，老师会负责教育孩子。""在幼儿园里，孩子有老师照顾，我们大人放心，还安全，在家里面孩子乱跑，老人想照顾都顾不上，可能还会出现安全问题，所以啊，我们选择送幼儿园。"（摘自2017年3月21日家长访谈记录）从对家长的访谈中，我们将家长送孩子到幼儿园的主要原因归纳为：省时、省心、安全，还可学点知识。大部分家长表示："没有什么特殊情况，我们都不会主动联系老师。第一，我们工作很忙，而且花了钱送去幼儿园，幼儿园就应该对我们的孩子负责；第二，孩子在幼儿园挺好的，有老师照顾我们放心。除非孩子出现打闹受伤、生病这种特殊情况，不然我们不会主动找老师进行沟通，了解情况。"（摘自2017年3月22日家长访谈录）从家长的态度中我们不难发现，绝大部分家长持有重养轻教的教育态度。

（二）家园合作的程度

在访谈中了解到，赣州市某幼儿园只有每年的六一儿童节文化汇演才会选择性地邀请家长来观看。部分家长表示："幼儿园组织活动，只挑选少部分家长参与活动，而且安排互动的时间很短。"（摘自2017年3月20日家长访谈记录）教师也明确表示"孩子太多了，家长一般询问幼儿的情况选择的时间大部分都是接送时间，而接送时的人流量大，难以顾及每一位家长，有时候想和家长了解下孩子课外的情况，但是时间不允许有，我们也是心有余而力不足，很难全面和所有家长都深入地沟通。"（摘自2017年3月20日教师访谈录）因而，家园合作程度特别低。从某种程度上说，双方各司其职，没有多少交集。其实，家园合作的形式不仅仅局限于接送时家长与教师的交谈，还可以通过其他的形式，因而教师需要不断提升自己的专业素养，家长需要提高自身对于家园合作的认识。

（三）家园合作的内容和形式

根据对家长的访谈，我们了解到，在家园合作内容中，家园合作的内容仅仅局限于了解幼儿在园的基本生活和学习情况，家长关注的往往是孩子在园乖不乖、孩子的安全、孩子学到了什么等一些表面情况。不少家长表示："作为家长，我们关心的无非就是孩子在幼儿园里面有没有听老师话，有没有调皮，有没有打架，有没有学到东西。"（摘自2017年3月24日家长访谈录）家长的态度和反应使得教师对幼儿的关注度也受到了一定影响。现在大部分教师表示："家长总是向我们抱怨，说孩子这个没学到，那个没学到；还有，孩子有时不注意磕碰到，有一部分家长就会揪着这个问题，说孩子在幼儿园怎么会受伤，是受欺负了之类的话。部分家长既不理解也不配合我们的工作，导致我们也不愿意与家长在进行深入的沟通。"（摘自2017年3月22日教师访谈录）这也就导致了家园合作的形式只局限于接送时的表面的沟通和交流。

二、民办幼儿园家园合作存在的问题及原因分析

（一）民办幼儿园家园合作存在的主要问题

1. 对家园合作的认识存在误区

迄今为止，大部分民办幼儿园在家园合作问题上仍旧是保持传统的观念：①在幼儿教育工作上，幼儿园和家长认为双方应该各司其职，负责好各自的领域，双方缺乏合作意识；②传统教师的绝对权威的观念根深蒂固，部分家长文化水平较低，不懂如何教育幼儿，认为教师是专业的教育工作从事者，因此对教师提出的话语会不根据实际盲目听从；③大部分家长总是以工作时间冲突为理由去推脱，不参与幼儿园组织的家园共育的工作；④双方互不理解，缺乏沟通，导致教师只会与家长开展学习方面的合作，家长也只愿意在家里陪伴孩子做手工、背诗歌、讲故事、念单词。

2. 对“家长”的认识过于单一片面，教育资源闲置

家园合作中的家是指幼儿的家庭。根据园内提供的信息，我们得知赣州市某幼儿园绝大部分家庭结构是主干家庭，主干家庭又称直系家庭，指父母和一个已婚子女或未婚兄弟姐妹生活在一起所组成的家庭模式。主干家庭中，幼儿接触对象主要是父母和老人，可能与老人相处交往的时间还会更长。在该园中，我们发现了一个问题：幼儿园邀请家长参与活动时，希望参与的对象是幼儿的父母。该园倾向将家长的定义局限于幼儿父母，对其他家长，尤其是对老人看法过于主观情绪化，这会间接影响其他家长参与幼儿园活动的主动性、积极性。园长和教师对其他家长，尤其是对老人的认识比较片面，只看到其带来的负面信息，而忽略了其有利的方面。

在对待参与幼儿园家园合作互动的主体幼儿园应当一视同仁，不要只将对象拘泥与幼儿的父母，应当全面看待参与互动的主体。针对参与互动的不同主体，幼儿园应随机应变，提供多层次的服务，这不仅体现出幼儿园的专业程度，同时营造出良好的互动环境，以此帮助不同的主体从多角度来了解幼儿各方面的情况，使家长的教育与幼儿园步调保持一致，使幼儿在家在园一个样，更好地促进幼儿身心全面的发展。

3. 双方地位不对等，合作只限于形式

我们通过实地观察发现：在民办的家园合作中，教师和家长二者地位不对等，双方合作流于形式。主要体现在家园合作过程中，教师拥有绝对的权威性，因而教师扮演的是指挥者，而家长扮演的是被动的听从者和服从者，并且教师很少换位思考去了解家长的真实想法。比如赣州市大拇指幼儿园的开放日活动，本该是家长参与互动的重要渠道，但是在该活动中，家长一直按照教师的安排开展每一步活动，很少真正参与进去，只是作为旁观者，被动的服从教师安排。

4. 教师单方面灌输为主，家长被动接受，双方平等交流少

家园合作的前提是需要合作双方进行相互了解和沟通。然而在合作活动实施的过程中，教师大多进行单方面向家长灌输关于如何开展家庭教育的方法，从而帮助家长培育正确的育儿观。如在赣州市某幼儿园开展的家长开放日活动的讨论过程中，先由幼儿园负责人介绍幼儿园的基本情况，再由任课教师介绍孩子们在园中的表现情况，并没有家长参与

发表意见的机会，因此认真听的家长很少。家长之间、家长与教师之间缺乏了解沟通，导致家园合作形式从双向互动演变成为教师的单方面灌输。教师总以自身的专业素养和理念一味地去要求家长，家长则被动地接受，就导致双方之间缺乏平等的交流，使“家园合作”的效果没有得到充分的发挥。

（二）民办幼儿园家园合作问题的原因分析

1. 经济文化落后，政府对幼儿教育重视不够

随着普惠性学前教育资源快速发展，学前教育财政投入大幅增长，但是要全面落实到位需要一定的时间。赣州市地域辽阔，人口较多，经济发展本就相对于其他地区要落后，部分地区也比较贫穷，对教育的重视程度不够，财政投入较少，尤其在幼儿教育方面。因此，从某种程度来说，赣州整体幼儿教育水平不高，对幼儿教育也不够重视，家园合作问题突出在一定程度上也与经济文化落后有关。

2. 家园合作活动存在资金困难问题

学前教育当前在我国还有很大的发展前景，但是学前教育并没有纳入九年义务教育中。目前政府有关部门只对一部分公办幼儿园提供财政拨款以进行支持帮扶，民办幼儿园方面没有获得任何资金上的援助。这是由于民办幼儿园是社会性质的教育机构，不是政府公办的，很难得到的政府的财政拨款支持。民办幼儿园资金的主要来源是幼儿的学费，但是对于一所幼儿园来说远远不够。如果要求幼儿园长期开展家园合作活动，在资金投入方面存在着很大的问题，这也会间接导致教学硬件设施不齐全，幼儿教学环境简陋，教师工资薪酬待遇低，教育质量效果不佳等一系列问题，这就使得民办幼儿园的发展异常艰辛。

3. 受传统观念教师的绝对权威影响

从访谈中我们了解到，教师具有绝对权威的传统观念严重影响着家长和教师。教师总是以拥有专业素养理念而将自己的“地位”进行不自觉抬升，而家长也默认赞同教师的权威地位，致使教师与家长的双方的互动沟通演变成教师单方面的灌输，家长也就处于被动的服从地位。家园合作过程中，教师居于主导的地位，家长居于被动接受的地位，双方的地位不对等。大部分教师总以自身拥有的专业理念和素养去用教育、强势的口吻对待家长，使得家长逐渐陷入被动，导致了家园合作中平等互动的沟通变成了单方面的灌输，这直接影响了家园合作的质量。

4. 家园合作活动安排不合理

入园实地观察时，我们亲眼目睹了因活动安排不合理，导致家长与教师发生冲突。“你们幼儿园为什么总有活动，经常给我们出难题，加大我们的压力，我和他爸爸工作都很忙，哪来的那么多时间陪孩子做手工，前天孩子说老师让他做一个风筝，我们做了一晚上。”一连串的抱怨话语就像炮仗似的鞭打在教师的身上，这充分体现出家长对幼儿园的不满之情，同时也使得教师的内心受到了严重的伤害，大大挫伤了教师的积极性。教师表示：“这些教学活动都是根据指南纲要设置，我们这么做，也是为了孩子着想：第一，加强孩子们的动手能力；第二，我们可以加强亲子之间的互动，不能因为部分家长工作忙碌我们就不开展活动了。家长的话语有时候特别伤人，致使我们都想按照以前的教学走。”双方不能互相理解，导致了家园合作互动不能顺利开展。

通过访谈，我们进一步发现了一个重要原因，那就是时间是导致家长难以参与合作活动的其中一个重要因素。因为幼儿园开展活动选择的时间一般都是工作时间，这与家长的工作时间相冲突，导致大部分家长都无法抽出时间来参加活动，而请假对家长们来说也是一个大难题，家长不可能请假不去工作，单位不会允许，幼儿园的教学计划也不可能完全按照家长的时间来安排。幼儿园合作活动的时间安排不合理，无法同时满足园方和家长的全部需求，当活动要求家长与园方共同参与时，在落实到实际的过程中，总是在执行方面存在一定的困难，从而导致活动参与双方无法全部参与到活动中来，影响合作活动的效果。

三、改进和优化民办幼儿园家园合作的建议

（一）提高认识，转变观念，共同推进家园共育

1. 教师和家长确立“家园共育”的教育观

教育幼儿的需要家庭和幼儿园共同努力，双方都需要转变自己的教育观念，明确自身的责任，共同确立“家园共育”的教育理念。要认识到单方面的参与会造成消极不良的影响，只有双方合力才能更好教育幼儿。首先，教师自身要不断完善提升自身的专业素养和理念，提升对家园合作的认识，更新转变由依靠自己去完成教育工作的观念和态度，克服狭隘的教育观，既要立足实际，又要立足长远多视角看待家园合作，通过积极主动的采取对策，帮助提高家长的教育热情和积极性，提升家长自身的教育素质，使得家长树立科学正确的教育观。通过组织家长成立委员会、举办家长游园日活动等活动方式，使家长与园方双方配合、相互合作，形成良好的幼儿教育风气。其次，家长要积极转变自身传统的教育观念——“孩子在幼儿园由老师教授知识，孩子在家由自己负责管理照顾”，转变幼儿教育只需要把幼儿放在幼儿园由老师进行教育的思想。家长应该积极主动地向教师或者具有专业教育知识的学者学习育儿方面知识，时常与老师保持密切的联系和沟通，了解孩子的身心健康与学习状况，在育儿理念上达成一致，共同做好幼儿的教育工作，给孩子一个健康的学习成长环境。

2. 做好家长工作，帮助家长确立科学的家教观念

家长和园方必须积极配合才能达成家园合作的相关目标。只有双方保持了一致的教育目标，才能在教育方式上互相沟通，才能获得理想的教育效果。但是在实际生活中，部分家长对家园共育的理解存在着困惑，针对这一问题，教师应做好家长工作，帮助家长从困扰中走出来。

（1）帮助家长不断学习更新育儿理念，掌握科学系统的育儿方法，知道自己要怎样做才能够和老师配合好，共同教育好孩子。

（2）指导家长多与同事朋友交流一下育儿心得，积累家教经验，提高自身的育儿素质。

（3）鼓动家长积极有热情的参加幼儿园组织活动，只要时间允许，就要严格要求家长们按时参加幼儿园组织的活动，并且家长通过参与活动能够全面直观地了解幼儿在园的学习、生活、游戏及与其他小朋友的交往情况，同时也培养了家长和幼儿的感情，在参与

活动过程中，家长可以从中发现孩子的不足，并与老师沟通协商，共同强化幼儿的不足之处，给予孩子及时的帮助和教育。

(4) 家长要对园方的日常工作的开展给予强有力的支持。例如，配合幼儿园科学活动——种植植物的时候，家长陪同孩子一起观察记录，既可以加强亲子关系，丰富幼儿的教育活动，也扩大了幼儿园的教育资源。

(5) 家长应该每时每刻都规范自己的言行举止，他们的表现是幼儿学习、培育良好习惯的重要途径。幼儿园的教育目标主要是让孩子养成良好的个性行为习惯。有一部分家长言行不一，为人处世斤斤计较，不尊老爱幼；还有的家长生怕孩子受委屈，还教孩子说"要是有人打你，你就打他"这样的话，时间长了，孩子就会形成遇事不忍让的习惯。这些言行和幼儿教育是背道而驰的，会使得"让幼儿在家在园一个样"的教育难以开展。因此，应给孩子营造一个健康向上的成长环境，园方应该时常提醒家长做好孩子学习的模范，避免自己的行为举止给孩子带来负面影响，使孩子养成不良的行为习惯。

（二）充分体现教师在家园合作中的启动者角色

教师是督促创建良好家园关系的启动者。建构良好的家园关系是做好家园共育工作的重要前提，在家园关系的建立过程中，一般都是由教师率先迈出第一步。在这种关系建立之初，教师是否以尊重、平等、合作的姿态积极主动地与家长沟通，是否能灵活运用多种方式、形式鼓励家长积极主动地参与到家园共育活动中，这在很大程度上会影响家长参加家园共育活动的兴趣和积极性。

教师是家园合作教育动力的启动者。教师是专门从事教育实践的专业工作者，教师不仅直接对幼儿进行有意义的教育，而且教师还成了家长了解幼儿发展状况、改善提高家庭教育质量的重要信息来源和支持力量。除此之外，教师具备丰富的教育知识和教学经验，使他们可以从客观的角度促使家长了解幼儿当前发展状况，通过给家长开设专门的教育讲座等系列活动来为家庭提供具有针对性的教育策略的支持。在此层面上，作为专业人员的教师扮演着家园共育活动的真正启动者的角色。

（三）引导家长参与幼儿园的各项教育活动

家园共育需要两者共同合作，针对缺乏教育知识的家庭，教师应该积极地运用多种形式来引导他们参加园方组织的各项活动中来，不但可以加强家长参与家园互动的兴趣和热情，还可以优化家园双方的人际关系。

1. 家访

教师家访是指幼儿园的教师对每个学生家庭进行逐个的入户访谈，这是家园合作活动的主要形式。对幼儿园家访进行研究，有利于丰富家园合作共育理论，有助于充分发挥教育的整体作用，也有益于教师的专业化成长。① 沟通是家园共育的关键因素，而家访又是沟通的重要途径之一。幼儿入园前，教师做的第一件事就是进行家访，为的是清楚所在幼

① 陈瑶．幼儿园家访的研究［D］．上海：华东师范大学，2008.

儿园每个学生的生活环境，熟悉他们的个人爱好，获知家长就如何教育孩子这一方面的想法和意见。家访不仅减少了园方与家庭之间的陌生感，增加互信共识，还提升了与幼儿的亲近感、缓解他们的恐惧感和增加他们的认同感。因此，家访成为了园方和教师更好地开展教育工作的途径。

教师只有走进家庭，对每名幼儿进行家访，才能对幼儿的个性及成长环境有较全面的了解，才有可能做到因人施教，才能根据幼儿的能力水平设计贴近幼儿、易被幼儿接受的教养课程。家长也从教师特地登门拜访的交谈的内容中感受到教师诚恳的态度和真挚的情感。在家访这一直接交往过程中，家长、幼儿、教师相互之间通过接触，缩短了彼此之间的距离，获得真实的友情，为家园合作奠定了基础。幼儿在园内出现的问题虽然有来自家长和环境的影响，但是园方负有不可推卸的责任，毕竟上课时在园内待的时间更多。我们要求家长配合工作，但是不能向家长“告状”，“告状”是推诿责任的表现。因而，教师应该充分利用家访的过程和家长交流情况，共同探讨教育幼儿的方法。

2. 家园双向互动式研讨会

双向互动式研讨会，是针对赣州市某幼儿园以往进行的“教师讲、家长听”的单向会议形式提出的。例如，在“家长，您是孩子的第一任教师”的研讨会上，教师可以通过展示被整理、提炼的幼儿成长照，看幼儿生活录像、交流讨论的方式，使家长逐步明确了自身作为教养者的地位，在会上教师发出的“家长，教师需要您、孩子需要您、教育离不开您”的倡议，获得了家长一致赞同和积极响应。

家长和教师是平等的关系，教师不仅要帮助家长创设良好的教育环境，而且要从家长那里汲取教育经验，听取家长对教育的意见，与家长共同讨论问题、共同解决问题、共享家园合作的快乐。同时，教师还要创设家长之间相互作用的机会和平台，让家长在幼儿园举办的一系列活动中相互了解，共同讨论他们关心的话题，形成一个群体，对幼儿教育发挥积极作用。只有这样，家长、教师双方才能共同完善自己的教育方法，提高教育修养，优化相互之间的人际关系，对幼儿的健康发展提供有利条件。

（四）强化家长参与家园互动活动的热情

家长参与幼儿教育在家园共育中表现最活跃、最富于变化，也最容易引起教师、家长、孩子三者之间的互动，使不同对象获得不同的有益体验。家长参与教育，一方面对幼儿园教师提高保教工作质量是一种挑战，另一方面对家长的教育思想和教育行为也是一种调整规范的过程。家长参与幼儿教育促进了幼儿园教育活动的改革，体现在由教师一言堂转为群言堂——幼儿园教育活动中有众多家长给孩子讲故事，和孩子做游戏等，打破学科界限变单科活动为涉及多方面多学科的综合教育活动，极大地丰富了幼儿园集体教学活动内容。

在教学过程中，需要鼓励教师勇于开拓，大胆创新，将传统的家长工作形式赋予新的意义。鼓励家长频繁参与家园合作的活动，增强他们与园方进行交流沟通的热情。家长会需要一改以往教师唱独角戏的形式，转换更新成让家长与教师互相交流沟通、达成共识，相互启发、学习借鉴，使得家长参与热情提升。从总体来看，家长、教师同唱主角将是赣州市大拇指幼儿园探索家园共育过程中发展的方向，以观念转变为先导，在操作层面上进行深入探索，循序渐进地推进家园共育的研究和探索，强化家长参与家园互动活动的热情。

强调家庭在教育中的主体地位是切实形成家园合作关系的重要因素。家长是幼儿接受教育之前的抚育者，对幼儿具有法定监护义务，也是幼儿的“启蒙”教师。他们有权利知道幼儿在园中的详细表现情况，也有权利知道教师的教学情况，以此得知幼儿是否习惯该种教学方式。尊重家长的个体性与独立性，把家长与教师摆在同等地位，强调家长的重要性，这是深化家园合作的重要前提。一般来说，幼儿园教师不会直接伤害到家长的人格尊严，但是当幼儿发生行为问题时，教师则会将家长看做告状的对象，把幼儿在幼儿园发生问题的责任推向家长，要求家长回去好好管教自己的孩子。在这种情况下，告状行为必然会使家长感到难堪，会使家长的自尊心受到伤害。

（五）加强岗位责任意识，履行岗位职责

家园合作要体现在园方教育的各个方面。从幼儿园管理者角度出发，应该加强教师岗位责任意识，使教师履行岗位职责，让教师明确其职业定位，增强教师的责任感，并且使教师懂得与家长交流需要的技巧，需要换位思考；从家长的角度出发，从孩子角度出发来进行交流沟通。此外，教师还需要考虑家园合作的时间安排是否考虑到了家长的意愿。因为双方的冲突，往往是由于缺乏沟通。因此，要求教师在和家长沟通中，需要强化自身的岗位职责，了解家长想法，做好家长工作，对家长提出的问题及时给出解决方案。

家园合作的教育要全面落实贯彻到幼儿教育过程中的每一个环节，使幼儿园和家庭之间的关系紧密联结，让双方保持相互联系，共同开展家园活动。幼儿园定期安排幼儿家长进园参加课堂活动，让家长了解幼儿的教学情况，了解园方的具体教育工作，便于家庭更好地配合园方工作，给幼儿营造一个更加有利于成长的学习与生活环境，来确保幼儿园教育教学目标的实现。

第三节　幼儿园家长开放日活动的现状与思考

幼儿园家长开放日是指幼儿园定期或不定期邀请家长来园参观教育活动日，如让家长观看上课、游戏、幼儿作品展览或进行半日参观活动，可增进家长对幼儿园工作的了解；在与同龄儿童的比较中，了解自己子女的发展水平；了解并学习幼儿园教师的教育方法和教育艺术。《幼儿园工作规程》中明确指出，幼儿园应当建立家长开放日制度，应当认真分析、吸收家长对幼儿园教育与管理工作的意见与建议。幼儿园运用各种途径达到家园共育的目的，家长开放日是其中一种直观又具体的方式。由于各种原因，幼儿园家长开放日活动虽然取得了很大成绩，但仍然存在诸多问题。为了解幼儿园家长开放日活动的效果，我们选取了江西省萍乡市8所幼儿园的家长开放日活动为个案进行了专题研究，期望为完善幼儿园家长开放日活动提供参考。

一、幼儿园家长开放日活动调查结果分析

（一）认知分析

1. 家长的认知

家长问卷中设置了“家长认为家长开放日的目的是什么”和“开放日必要性”两个问题以研究家长对开放日活动的认知。

从表4-1的数据可以看出，45.45%的城市幼儿园家长认为开放日是为了促进家长与教师之间的合作，共同参与孩子的教学。“了解孩子在幼儿园里的状态”和“了解教师的教育教学方式”分别有29.55%和22.73%的选择率。

表4-1　**家长对家长开放日的目的认知（家长问卷）**

选项	频数	有效百分比
了解孩子在幼儿园里的状态	26	29.55%
了解教师的教育教学方式	20	22.73%
了解园所的硬件水平	2	2.27%
与教师合作，参与教学	40	45.45%

在开放日必要性的问题上，90.91%的家长认为有必要开展开放日活动，仅9.09%的家长选择了“无所谓”这一选项。

在教师问卷中，对于家长积极性如何这一问题上，高达88.1%的教师选择了“大部分很积极”这一选项，“全部都很积极”则有11.9%的选择率，“大部分不积极”和“都不积极”的选择率为零。

综合三个问题的数据可以看出，多所幼儿园家长对家长开放日大多是支持的态度，大部分家长在这一活动中表现积极，并且有45.45%的家长有较好的家园合作意识。说明幼儿园与家长有较好的家园合作意向，也有部分家长有家园合作教育观念基础，但大多数家长参与活动仅仅是以旁观者的角度去了解幼儿园的某些自己感兴趣的方面，而没有把自己放在一个活动主体的位置上，真正参与到开放日活动中。

2. 教师的认知

在42份有效教师问卷中，教师对开放日活动意义的理解数据处理结果。见表4-2。

表4-2　**开放日活动最重要的意义（教师问卷）**

选项	频数	有效百分比
展示园所一日活动	7	16.67%
展示园所环境和硬件设施	0	0%
展示教师的教育教学质量	4	9.52%

续表

选项	频数	有效百分比
让家长更了解孩子	28	66.67%
让家长参与到教学中	3	7.14%

从表4-2可知，选择“让家长更了解孩子”这一选项的选择比例高达66.67%，而“展示园所一日活动”的选择率为16.67%。“让家长更了解孩子”和“让家长参与到教学中”两个选项指向的是家园合作。可以发现，幼儿园的教师对开放日的理解大多是以促进幼儿的发展为出发点的，认为开放日是为了促进家园合作的教师高达73.81%。可以看出，只有少数教师对家园开放日的意义理解有偏差，没有正确认识到家长开放日是家园合作的一种有效方式。

3. 园所的认知

通过教师对其所在幼儿园所开放日开展的了解，在“您所在幼儿园是否重视开放日活动的宣传”这一问题中，19.05%的教师认为园所很重视宣传。42.86%的教师认为比较重视，33.33%的教师认为自己所在幼儿园所一般重视，认为园所不太重视和不重视的教师仅4.76%。可见，幼儿园对开放日活动的宣传是较为重视的。在“所在园所是否重视活动对幼儿的影响”这一问题中，一般重视的选择率为26.19%，比较重视和非常重视两个选项的选择率为73.81%。综合两个问题的数据可以看出，现阶段萍乡市幼儿园对于家长开放日这一活动比较重视。但是在访谈中，教师们提到，园所开展开放日活动更多地是为了展现园所好的一面，幼儿园老师在准备阶段会做得非常仔细，家长看到的往往比平常更完美，会让家长认为活动缺乏真实性。

（二）活动前的工作

1. 活动组织的频率

由表4-3和表4-4的两组数据可以看出，家长开放日活动在萍乡幼儿园的活动率是接近100%的。“每学期两次”和“每月一次”的选择率高达42.86%和28.57%，说明了园所对开放日活动的重视。而开放日的具体时间多为半日开放，选择率为83.33%。

表4-3 开放日活动开展频率（教师问卷）

	频数	有效百分比
每月一次	12	28.57%
每学期两次	18	42.86%
每学期一次	11	26.19%
随时开放	1	2.38%
几乎不开放	1	0%

表 4-4　　开放日开展的具体时间（教师问卷）

	全天	半天（上午或下午）	一个课时
频次	4	35	3
有效百分比	9.52%	83.33%	7.14%

在家长问卷中，选择“每月一次”“每学期两次”的选择率高达 47.73%和 25%，与教师问卷中的选择倾向基本一致。

在对八位教师进行的访谈中，教师们普遍认为家长开放日一个学期两次或每月一次是最能被接受的组织频率，教师可以有丰富的教学准备和心理准备。半日开放也是比较合理的，教师们提到由于孩子们午睡时间达到两个小时甚至更久，若是全日开放家长们会不知所措，园所也比较为难。所以，半日的开放时间和每学期两至四次的开展频率是最合理并且最被接受的，而从数据可以看出，多数的幼儿园也正是这样实行的。

2. 准备阶段的参与人员

在教师问卷中设计了“活动准备阶段是否会让家长参与”这一问题，以考察家长在开放日活动准备阶段的参与率，调查数据见表 4-5。

从表 4-5 数据可以看出，教师们并不会让家长过多参与活动的准备。

表 4-5　　活动准备阶段是否会让家长参与（教师问卷）

选项	会	不会	偶尔会
频数	12	20	10
有效百分比	28.57%	47.62%	23.81%

3. 教师的准备工作

针对教师活动前的准备，在教师问卷中设计了以下几个问题。

访谈过程中，教师们纷纷表示大多数情况下，开放日至少会选择一个课时的教学观摩，再和其他活动形式配合完成好开放日活动，既向家长展示了教学水平，又让家长一起参与，提高家长的积极性。从表 4-6 可以看出，亲子游戏是被选择最多的活动形式。选择其他方式的教师为 0%，亲子助教也仅有 2.38%的选择率。可以看出，教师们的活动形式以表 4-6 中前三种为主，长此以往，缺乏新意和创意，易使教师本身、家长和幼儿失去兴趣。

表 4-6　　教师一般选用什么活动形式（教师问卷）

选项	频数	有效百分比
教学观摩	15	35.71%
户外活动	3	7.14%

续表

选项	频数	有效百分比
亲子游戏	23	54.76%
家长助教	1	2.38%
其他	0	0%

从表4-7的数据可以看出，教师选择开放日活动的内容有89.1%是根据课程、幼儿和园所来决定的，仅有11.9%的教师会根据家长的兴趣与需要，这也间接说明家长在开放日活动准备阶段的参与率非常小。

表4-7　　教师确立开放日活动内容的依据（教师问卷）

选项	频数	有效百分比
日常教学的进度	10	23.81%
课程是否易于实施	2	4.76%
家长的兴趣与需要	5	11.9%
幼儿近期的发展状况	21	50%
幼儿园的特色课程	4	9.52%
其他	0	0%

关于教师是否在活动前会进行试教的问题，有40.48%的教师选择了“会”，33.33%的教师选择“偶尔会”，26.19%的教师选择了“不会”。可见，教师大多会在活动前进行试教。在对教师的访谈中，有两位老师表示对自己的教学较为自信，认为不用进行试教，而且每个班的孩子不同，在其他班试教并不能预测在自己班进行教学的效果；其他几位老师则表示，开放日当天毕竟会有很多家长到场，若是不好好准备，容易给家长留下不好的印象。

在“是否会通过各种方式指导家长观察、记录、评价”这一问题中，仅有19.95%的教师选择了“会”，45.24%的教师选择“不会”，另有35.72%选择“偶尔”。可见，多数教师并未给家长提供观察、记录、评价的指导。

4. 家长对活动内容的期望

在“最想看到的活动形式”这一问题中，选择“幼儿园一日活动”的家长占47.73%，“教育教学活动”、“幼儿操及表演活动”分别占18.18%和6.82%，“亲子活动”的选择率为27.27%。选择教育教学活动与表演活动的家长并不多，家长更多地选择了对幼儿在园内生活的关注和与孩子一起活动的机会。

（三）家长与教师的角色

关于教师与家长的角色，可以通过教师问卷中“活动过程中是否让家长一起互动”

这个问题了解，选择“每次都会”的教师有 19.05%，选择“经常会”的教师高达 54.76%，“偶尔会”“不会”的选择率分别为 23.81%和 2.38%。

访谈结果表明，教师们通常是开放日活动的主要策划者和实施者，家长在活动过程中作为旁观者进行观摩，但考虑到家长抽出时间来参加活动，因此教师一般会多多少少让家长参与互动，提高家长的参与性。但这样的参与只是作为教师预设中的角色，并不带有主体性。

（四）家长的态度

1. 对幼儿的态度

活动前有 45.45% 的家长会特意鼓励孩子，15.91% 的家长会叮嘱孩子要听话，38.64%的家长什么都不说，只告诉孩子自己会去。活动前的特意关注会让孩子更想在家长面前好好表现，这也许某些程度上促进了活动更顺利地进行，但是这会让孩子形成在家长面前才需要好好表现的心理，并不利于孩子的发展。而只告诉孩子一定会去，能体现家长对孩子的重视，让孩子有安全感，而且不会对自己的表现好坏感到有压力。活动过程中家长对孩子问题行为的态度见表 4-8。

表 4-8 **活动过程中家长对孩子问题行为的态度**

选项	频数	有效百分比
用眼神或动作鼓励孩子	38	43.18%
用眼神或语言责备孩子	4	4.55%
代替孩子完成任务	10	11.36%
看教师如何引导孩子	36	40.91%

活动后，不论孩子表现优秀与否，都需要家长的鼓励和表扬，由表 4-9 数据可以看出，多数家长不会对孩子的表现有非常严苛的评价，45.45%的家长一定会对孩子表示赞许，另有 50%的家长会对孩子提高希望及要求。

表 4-9 **活动结束后家长对孩子的态度**

选项	频数	有效百分比
提出希望及要求	44	50%
给予表扬与肯定	40	45.45%
指出其他孩子的不足	2	2.27%
表扬其他孩子	2	2.27%

2. 对幼儿的关注重点

从表 4-10 可以看出，家长对幼儿“活动中的表现”、“在集体中的水平”两个选项的选择率相差不多，这两个选项体现了家长对幼儿发展水平的期望。前者是单纯地关注幼儿的发展，而后者还与其他幼儿进行了比较，还关注着幼儿在集体中处于什么样的发展水平。“在与同伴交往中的表现”这一选项的选择率为22.73%，这体现了家长对幼儿社会性发展水平的期望。

表4-10　　家长对幼儿的关注重点

选项	频数	有效百分比
在活动中的表现	28	31.82%
在集体中的水平	26	29.55%
在与同伴交往中的表现	20	22.73%
在园和在家表现是否一致	14	15.91%

3. 对教师的关注重点

家长对教师的关注重点体现了他们对幼儿园教育任务的理解，如表4-11所示，50%的家长选择了老师的教育教学水平。这表明在半数的家长眼中，幼儿园的教育任务是教给孩子知识，至于学什么，学多少，这里不予讨论。40.91%的家长会关注教师对孩子的态度。这体现了家长对孩子情绪情感方面的关注。仅有9.09%的家长选择了关注教师对孩子的生活照顾，这部分家长显然更在乎教师对幼儿的保育，忽略了幼儿园具有的教育功能。

表4-11　　家长对教师的关注重点

选项	频数	有效百分比
教育教学水平	44	50%
对孩子的态度	36	40.91%
对孩子的生活照顾	8	9.09%

（五）活动后的反馈

调查结果显示，83.33%的教师认为活动结果与自己的预设基本相同，16.67%的教师选择了不太相同，说明大多数教师对开放日活动的掌控较好。52.38%的教师认为开放日活动对自身能力比较有帮助，30.95%的教师认为非常有帮助，14.29%的教师认为有一点帮助。可以看出，教师们在活动结束后大多会反思自己，并且多数教师认为开放日活动对教师自身能力有积极的影响。

活动的经验总结是至关重要的，可以让参与者总结经验，反思自身，得以提升。但家长开放日活动却少有让家长参与研讨的，一般只限于园所内部的经验总结，这使活动的反馈阶段存在片面性。

三、提升幼儿园家长开放日活动效果的基本对策

教师问卷中"家长开放日需要从哪些方面进行改进"一题为多选题,"教师自身的态度与能力"有80.95%选择率,"家长参与的态度"的选择率与前者相同,"园所提供的支持"选择率为28.57%。从问卷数据分析,教师们认为,影响家长开放日效果主要因素是教师自身能力和家长的参与态度。

从上文所有的数据分析中,可以看出萍乡市幼儿园开放日呈现出了这样一个现象:园所、教师、家长都十分重视该活动,但家长参与程度不足、教师组织能力薄弱、家长教育观念有偏差等问题导致开放日的组织与实施和活动效果都不尽如人意。

综合对问卷与访谈结果的分析,我们认为家长开放日活动存在以下问题,并提出了相应的改善策略:

(一)教师方面

1. 存在的问题

(1)教师在准备阶段很少让家长参与,没有给家长参与活动组织策划的机会。

(2)过分在意家长评价,活动前没有试教,或者太紧张导致没有体现出自己的真实水平。

(3)活动前对家长的指导工作不足,导致家长没有评价的方向和依据。

(4)活动形式局限,缺乏新意。

(5)家长对幼儿园教育概况不了解,在开放日时对这一方面关注过多。

2. 改善的策略

(1)开放日活动是家园合作的一种方式,不论是准备策划阶段还是活动过程中,都应该多给家长参与的机会,增加家长参与的比重,既调动家长积极性,也实现了真正意义上的家园合作。

(2)在日常教学中教师应该注意锻炼自己的能力,在家长面前不紧张,也不用刻意准备好才敢给家长观摩。

(3)在活动前或者日常交流时,教师应该给予家长相关指导,让家长懂得如何合作,在活动中怎么去观察、评判。活动前可以根据幼儿园自身情况设计家长开放日反馈表,清晰明了地让家长知道应该关注那些方面,并知道如何关注。

(4)单一的活动形式会降低家长的兴趣和积极性,因此开放日活动形式的丰富性非常重要。例如家长助教,或引进一些具有乐趣或更有针对性的游戏活动,比如改善幼儿不良习惯的游戏环节①。

(5)教师在其他家庭指导方式中向家长介绍幼儿园的教育概况。家长通过其他方式了解了幼儿园的教育概况,在开放日时便能更多地关注其他方面。

---

① 姜媛. 浅谈如何有效开展"家长开放日"活动[J]. 学周刊, 2013(17): 70.

（二）家长方面

1. 存在的问题

（1）家园合作教育观念不强，对幼儿教育不够了解。

（2）家长在开放日活动中的角色不够突出。

（3）对孩子的关注比较片面。

（4）部分家长对幼儿园教育功能的理解有所偏差。

2. 改善的策略

（1）家长需要更主动地了解幼儿的教育，树立正确的教育观念，适时适当请求教师的帮助，根据孩子的气质个性，找到正确对待幼儿的方式。

（2）家长亦需要正确理解家长开放日的意义，发挥自身在家长开放日的主体性，积极参与，主动与教师合作。

（3）对孩子的关注应该是全面的，不应该只关心其外在发展水平或者社会性等某一方面；在开放日活动中家长要全面地关注幼儿的发展，发现孩子的优点和不足，给予孩子应有的表扬和需要的指正。

（4）家长首先要尊重幼教这一行业，对幼儿园的教育有正确的认识，对幼儿园的保育与教育功能同等重视，才能与教师和园所形成良好的关系，共同为孩子的发展而努力。

（三）园所方面

1. 存在的问题

（1）对日常教学和开放日的重视程度不一致，活动日成了展示园所的平台。

（2）组织活动反馈不足，反馈中家长参与较少，反馈结果呈现片面性。

2. 改善的策略

（1）园所要做到对所有活动一视同仁，在日常教学中也要有严格的管理制度，注重教师们的教学水平和园所卫生和其他方面，给家长呈现真实的状态，做到幼儿园工作的“表里如一”。

（2）活动后园所应及时组织研讨，并邀请家长参与研讨，了解家长们的想法，提高反馈结果的全面性，发现工作中的不足，鼓励创新。

第四节　农村幼儿园家园合作的问题及对策研究

家庭、幼儿园是与幼儿关系最为密切的两个文化环境，家园合作是新时代社会发展的需要，也将是幼儿教事业发展的必然选择。近年来，我国关于幼儿园“家园合作”这方面研究成果还是比较多，但是涉及“农村幼儿园家园合作”主题内容研究成果比较少。本研究选取研究对象为江西省樟树市16所农村幼儿园，研究主题为农村幼儿园家园合作的现状、问题、影响因素以及解决策略等。本次研究，发放教师问卷120份，回收112份，回收率为93.33%，有用问卷110份，有效率为98.21%；家长问卷共发放160份，回收148份，回收率为92.5%，其中有用问卷140份，有效率为94.59%。本研究结果对于指导农村地区幼儿园开展家园合作，提高合作效率具有重要的参考价值。

一、农村地区幼儿园家园合作的现状

（一）农村地区幼儿园家园合作双方的合作观念

1. 教师和家长对家园合作的态度

态度决定人的行为。家长和教师的态度积极，能够更加积极主动地参与家园合作，有助于家园合作的顺利展开。

从图 4-1 可以看出，大多数家长（51.23%）和教师（60.83%）的态度还是很积极的，家长有参与到幼儿园教育中的意愿，教师也乐意家长参与合作。这说明了家园合作的价值得到了家庭和幼儿园的肯定；但仍有部分家长（48.77%）对家园合作态度不积极或不确定，不重视家园合作；还有部分的教师（38.17%）对家园合作的必要性认识不足，在家园合作中态度缺乏积极性、主动性。这也可以反映农村家园合作在合作程度上还有在很大的提升空间。

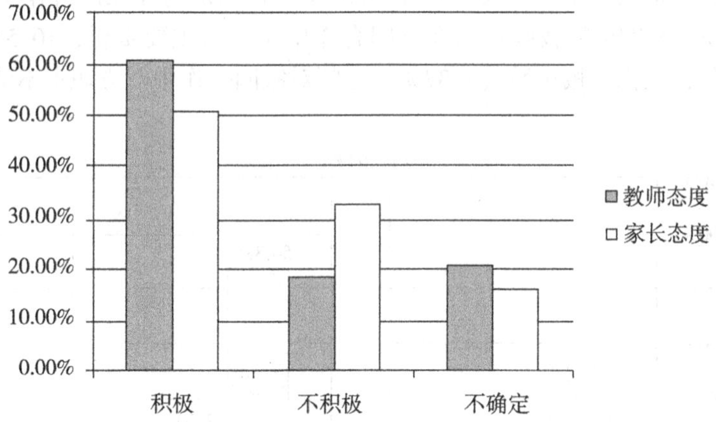

图 4-1　教师与家长对家园合作的态度

2. 在家园合作中教师和家长对各自角色的定位

家庭、幼儿园在幼儿成长中有各自的特点，两者能够发挥怎样的作用，在很大程度上取决于家长以及幼儿工作者对各自角色的认识。

从图 4-2 中，我们可以看出，绝大部分教师（61.23%）和家长（50.14%）将自己定位于幼儿教育的合作伙伴，这对幼儿的健康发展起着积极的作用，也为家园合作的有效进行奠定了基础。同时，所有的教师及家长都没有把自己当做幼儿教育的局外人，这是一个很好的现象，但是也有少数教师和家长对自己在家园合作中的角色没有一个很好的定位，将其视为简单的信息交换者。其实信息交换并不是家园合作的目的，只是家园合作进行的一个过程，信息交换只是让我们更好地了解幼儿的情况。

3. 家园合作中教师和家长对各自应承担责任的认识

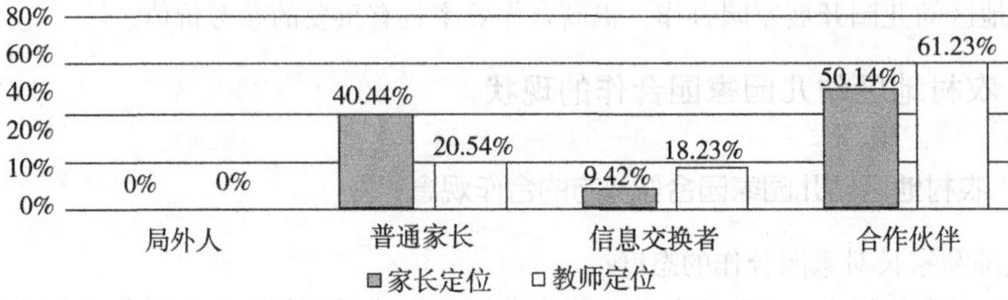

图 4-2　在家园合作中教师和家长对各自角色的定位

在家园合作中教师和家长对各自应该承当的责任有个清晰的了解是家园合作的根本，能够保障家园合作的顺利进行。我们对江西省樟树市农村家园合作进行调查得到了以下结果：

从图 4-3 可以看出，对于家园合作中双方各自应承担责任的认识，家长和教师的观点有很大的不同，一半以上（68. 64%）的家长认为在教育孩子方面教师应该负主要责任，部分（23. 20%）家长认为家长教师双方各负一半的责任，少数家长（5. 42%）认为家长应该负主要责任，尚有少数（2. 74%）的家长对家园合作中双方应该承担的责任不明确。而教师对此看法有很大的不同，大部分（54. 38%）教师认为在家园合作中，家长和教师应各负一半职责，5. 74%的教师认为在家园合作中家长负主要责任，10. 51%的教师认为教师负主要责任，但仍有极少数（1. 37%）教师对家园合作中双方职责不清楚。

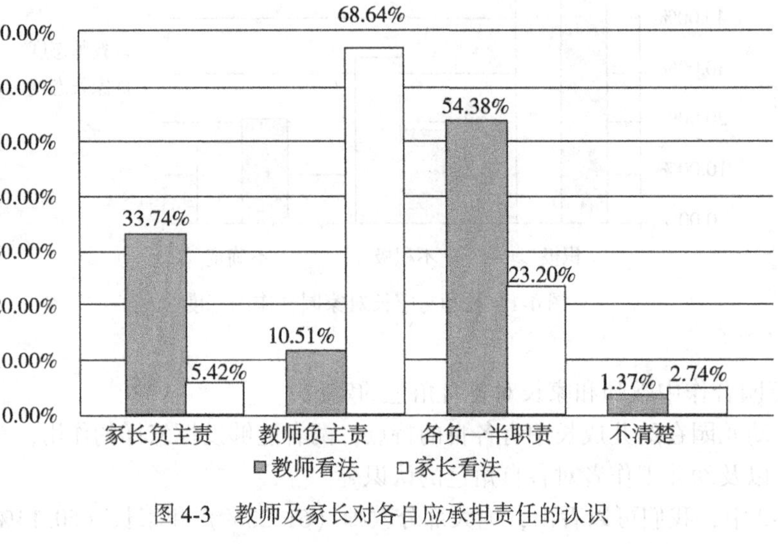

图 4-3　教师及家长对各自应承担责任的认识

（二）农村地区幼儿园家园合作的内容

1. 家长与教师所关注的内容

总体来看，教师和家长所关注的内容还是比较全面的，涉及体、智、德、美方方面面，体现了幼儿教师全面发展的大教育观正在形成（表 4-12）。但是两者也存在一定的差异，在教师的观念中幼儿学习情况最为重要，而在家长观念中把身体健康放在首位，孩子在幼儿园安全就可以了，学习是其次的，家长们更加注重保育。同时，研究结果显示，教师及家长在沟通交流过程中很少去关注幼儿的经历、家庭背景和兴趣爱好的培养。其实这样忽视了幼儿这一主体教育对象，将对幼儿的发展产生不利影响，不能针对每一个幼儿的特殊性给予相应的教育，不符合素质教育观中所提及的因材施教的教育思想，这应该是值得我们深思的。

表 4-12　　教师及家长所沟通的内容情况

内容	教师关注度排序	家长关注度排序
幼儿的学习情况	1	2
幼儿的思想道德	4	5
幼儿的身体健康	2	1
幼儿的个性与人际关系	6	4
幼儿的兴趣爱好	5	6
幼儿的行为习惯	3	3
幼儿的经历与家庭背景	7	7

2. 家长参与幼儿园管理

幼儿园工作有两大模块即教育和保育，家长参与幼儿园的管理也主要有两大模块即日常教学活动和生活管理活动，通过体验幼儿园管理过程，可以使家长对幼儿园的教育活动和生活活动有个更加深入全面的认识。通过调查（图 4-4），大多数教师（46.73%）和家长（51.67%）对家长参与幼儿园管理都持有积极的态度，教师乐意家长参加幼儿园的管理，家长自身也愿意参与到幼儿园管理中。

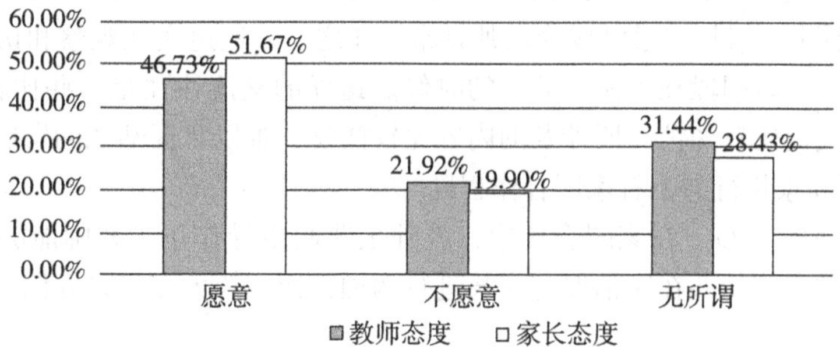

图 4-4　教师、家长对家长参与幼儿园管理的态度

（三）农村地区幼儿园家园合作的形式

随着信息技术的发展，人们沟通的方式越来越多，家园合作的形式呈现多样化的趋

势。但是，在生产力水平比较低下的农村地区，受家长、教师、幼儿园等各方面条件的限制，家园之间的交流形式多样性受到了极大的限制。

由图 4-5 可以看出，虽然合作的形式有很多种，但是农村地区家长及教师使用比较多的主要有：家长会，接送时的交流，电话和短信联系，亲子活动等几种形式，像家访、家长园地、家长开放日等形式都用得极少。

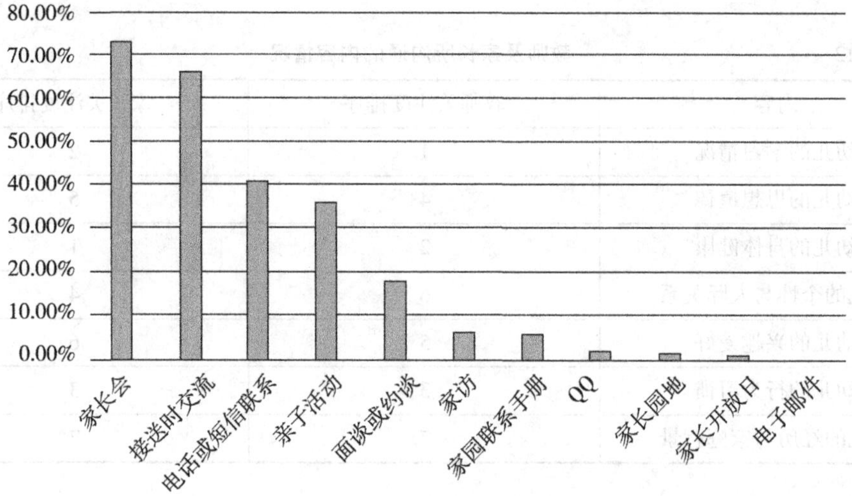

图 4-5　家园合作中常见的形式

（四）农村地区幼儿园家园合作的程度

1. 从时间维度上看家园合作的程度

从图 4-6 中我们可以看出，大部分教师和家长对于家园合作表现得比较积极的，能够经常性的进行交流。在教师的调查卷中，显示教师与家长交流处于“总是”的最多占 51. 8%，可以看出与家长沟通已成为教师日常工作之一。通过实地观察和访谈法，发现教师与家长交流主要时间段在入园与放学的时候。这样的交流往往是一些比较简单的交流，时间比较短，交流比较匆忙，所涉及的内容比较浅显，难以掌握幼儿的发展情况。

2. 从教师和家长行为上看家园合作程度

研究显示（图 4-7），在家园合作中，教师主要起主导作用。教师能够经常就幼儿在幼儿园情况以及了解幼儿在家情况与家长进行沟通，而家长大多只是在偶尔主动与幼儿教师进行沟通。

二、农村地区家园合作存在的问题

（一）教师和家长对家园合作存在认识误区

1. 教师及家长对自己角色定位不准确

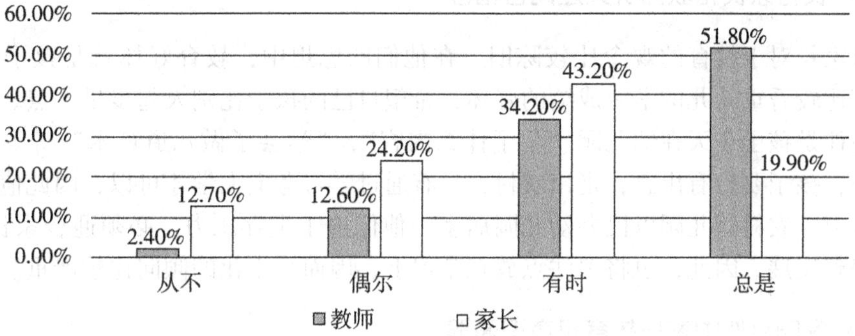

图 4-6 教师、家长交流频率的调查

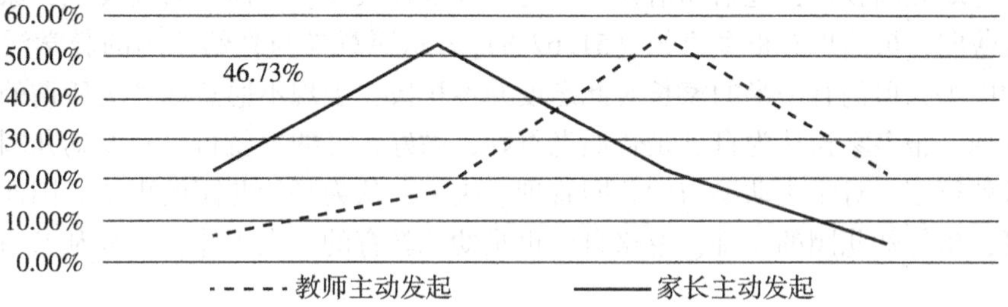

图 4-7 教师、家长在家园合作中的主动性

教师和家长在家园合作中对各自扮演的角色存在认识误区。虽然大多数教师和家长将自己当做幼儿教育的合作伙伴，但是仍然有部分教师对自己的定位不清楚。他们认为自己只是普通的教师，只要完成自己每天的教学工作，保证幼儿在园期间的安全就好；或者有的家长把自己视为普通的家长，觉得教育应该是幼儿园的事情，教师是专职的教育人员，教育幼儿应该是教师的事情。农村地区家长的文化层次普遍不高，很多人对教育不是很懂。因此他们寄希望于教师，将教育孩子的全部责任放在教师身上，然而把自己视为“幼儿教育的合作伙伴”的家长。其实他们理解的“合作伙伴”也仅仅是被动的配合，即“幼儿园举行什么活动我积极去参加”。这从侧面可以反映在合作中家长仍然处于比较被动的地位，还未形成积极参与幼儿教育的主人翁意识。①

2. 教师及家长对自己的职责不明确

幼儿教育不仅包括学校教育还包括家庭教育，因此幼儿园和家庭在幼儿的教育中处于同样重要的地位。但是调查显示，仍然有部分教师及大部分的家长对此没有明确的认识，认为家长或者教师负主要的责任。这将造成教育责任的推诿，出现教育“各管一段”的现象，严重影响教育的一致性和整体性，不利于幼儿的各方面的发展。

① 赵敏. 红河哈尼族彝族自治州幼儿园家园合作的发展研究［D］. 昆明：云南师范大学硕士研究论文，2011：57.

（二）农村家长和教师所关注内容错位

农村家长对于教育的观念比较陈旧。在他们的思想中，教育好坏就是孩子成绩的高低。他们比较看重幼儿的学习成绩的好坏，希望自己的孩子比别人起步早一点。他们比较关注的往往是孩子今天在幼儿园“学了什么内容”，“学会了做几道算术”等等。在他们的观念中，孩子要想有出息，走出农村，只有通过学习考上大学才可以，因此他们更多的是关注学习。农村幼儿园以民办幼儿园居多，他们迫于生存压力，必须迎合家长的需求，才能够得到发展。因此，也将关注点放在学习上，因而小学化的倾向比较严重。

（三）家园合作中家长教育权意识薄弱

教育是一种公共性的活动，应为全民所有，同时也需要全民的共同参与。因此，家长有权利参与幼儿园教育，包括知情权、参与权等多种权利。然而，研究发现，家长的教育权利比较薄弱，虽然也有很多家长（51.67%）表示愿意参与到幼儿园的教学活动和生活管理活动中去，但仍有一半的家长对此态度并不积极，表现不愿意或者无所谓的态度。在访谈中发现，很多家长认为自己是普通老百姓，做好自己的事就行，只要幼儿园教师需要积极配合就行了。对于主动参与幼儿园管理、决策，认为是幼儿园的事情。因此家长是被动的积极，坐等幼儿园的安排，忽略自己也是幼儿教育的一大主体，有权利参与幼儿的教育。

（四）农村地区家园合作偏向一两种形式

家园合作采用的形式应该多样化。调查发现，农村家园合作的形式主要有：家长会，入园和放学时的交流，家长会主要是教师站在上面，家长坐在下面听老师的陈述，家长有问题向教师提出，这样的方式主要是一个教师对着一群家长。所说的问题也是比较浅显，而且多数的内容是以通知为主的，缺乏双向的沟通，缺乏对幼儿个体的针对性，很难达到比较好的效果。还有就是在幼儿入园及放学时沟通，往往在这两个时间段接送孩子的家长都比较多，这样的沟通形式比较匆忙，缺乏计划性，让教师疲于应付。沟通的主要内容也只是幼儿在园或在家应该注意的事项。他们可能更多的是关注幼儿的身体健康，而对幼儿的心理健康则缺乏关注。

（五）农村地区家园合作程度不高、效果不佳

从合作的时间程度上看，大部分的教师能够经常主动与家长进行沟通，但还有一部分的教师与家长沟通的频率比较低。他们只是在孩子出现问题的时候才进行沟通，向家长说明孩子的问题。而家长与教师主动沟通的频率更低。大多数家长与教师沟通也只是“有时”。从两者主动性的行为来看，家长处于被动状态，即教师问什么家长就回答什么，很少家长主动向教师了解与反映幼儿在园或在家表现状况，或者遇到教育困难向教师请教，说明了沟通缺乏双向性。沟通是信息交流、互通的过程，是为了解决教育中的各种问题，为幼儿创造更好的教育条件。但是农村地区的这种浅层次的单纯的信息交流，很难达到共同教育的目的，严重降低了双方参与合作的热情，阻碍家园合作进一步的开展。

三、影响农村地区家园合作的原因

幼儿的成长受与其直接或间接接触的环境的影响，家庭和幼儿园作为幼儿直接接触的环境，两者合作共育不是自发的、自觉、自动产生的，而是多种因素共同作用的结果。从幼儿直接接触的环境分析，有家庭因素、幼儿园因素；从宏观层面而言，政府在教育潮流中起主导作用，政府推行的法律政策对家园合作有重要的导向作用。

（一）家庭因素

1. 家长教育观念陈旧

（1）“知识本位”的教育观。

虽然我国教育观念从“应试教育观”慢慢过渡到“素质教育观”，农村地区家长及教师的教育观也在发生改变，关注到幼儿多方面的发展。但应试教育在他们的思想中仍根深蒂固。从调查结果可以看出，双方对知识学习关注度尤为突出，持学习至上的看法。只要孩子在幼儿园学习成绩好就行了，对行为习惯、思想品德等的培养，被认为是孩子自然成熟的过程。

（2）教师权威观。

我国人们长期以来持“教育即学校”的观点，即认为教育是学校的事，将孩子的所有教育责任全部寄于学校。他们认为把孩子送到幼儿园，幼儿园就应该担负全部的责任，况且教育幼儿本来就是教育机构的事情，幼儿园的教师是专职的教育工作者，对于教育工作应该更加的懂行。家长普遍的崇拜权威，认为幼儿园中的所有做法都是正确的，教师有自己的教育方法，自己不应横加干涉；或者认为这是对教师权威的挑战。这种想法严重影响家长参与幼儿教育的热情。

2. 家长素质有待提高

虽然有部分家长很愿意参加到家园合作的活动中，但是由于家长的文化素质与专业知识等方面比较低，在参与教育活动和日常活动中，比较吃力，都是教师手把手地教，但是在实践过程中效果仍然不理想。因此，这种现状不但打击家长参与的积极性，而且使教师的工作比较繁重，从而影响教师开展家园合作工作的积极性。

3. 家园合作中家庭沟通对象的特殊性

农村家庭中父母职业主要呈现两种形式：①全职农民，兼职零工；②父母全在外出打工。总的来看，家长大多是全职，很难空出时间来关注孩子的教育，也很难与教师保持长期有效的沟通。因此，农村幼儿家庭教育的主体一般是闲置劳动力（农村的老人或残疾人士），而这些农村老人的文化程度有限，他们能够在生活上将幼儿照顾的无微不至，但是在教育上却无法发挥作用。他们只关注幼儿的生活，孩子在幼儿园是否吃好穿暖，对于教育就交给幼儿园了。

（二）幼儿园因素

1. 幼儿园合作机制与制度的缺失

家园合作是一项复杂的工作，是一项有计划性、有目的性的活动。农村幼儿园在制度这一块是缺失的，既没有一个计划性、系统性的规定又没有对举行过的活动进行文字性的记录总结。幼儿园活动的展开大多数是临时准备的，时间比较短暂，准备比较仓促。农村幼儿园的这种合作观念和活动经验严重降低了教师开展家长工作的热情。另外，由于农村幼儿教师配备及幼儿分班不合理，经常是一个教师带几十个幼儿，教师要花大量的时间和精力去完成幼儿园的常规工作，很难有时间去进行家长沟通与家园合作工作。

2. 幼儿园活动经费不足

虽然政府对教育投入逐年增加，但在教育经费中学前教育经费投入的比重比较低。而且国家对不同类型的幼儿园经费投入却有很大的差别，国家对公办幼儿园的财政投入比民办幼儿园的投入大得多。农村地区以民办幼儿园居多，农村很多幼儿园出现活动经费不足的现象。有的甚至面临生存的危险，无力开展家园合作工作；有的幼儿园为谋求发展，虽然意识到家园合作的重要性，知道通过开展家园合作来引起家长的共鸣，但真正落实下来却发现资金严重不足，使得家园合作活动难以进行下去。

3. 幼儿教师技能水平不高

农村地区幼儿教师是专职的教育人员，其自身的素质对家园合作的顺利开展影响重大。就农村幼儿园教师自身身份来分析，发现将近有一半的教师没有幼教资格证。可以从侧面反映出幼儿教师整体素质偏低。有些教师只是自己孩子在该幼儿园，为方便照顾孩子而选择在幼儿园工作，他们缺乏相应的教学技能；还有一大部分是新手或者学历较低的教师，他们在与家长沟通、组织教育活动上的能力比较弱。幼儿教师技能水平不高主要表现在：①经验不足，不愿与家长沟通，怕遇到家长提出的问题自己难以解决而暴露自己职业技能上的不足点；②农村地区主要以方言交流为主，教师与家长由于语言交流障碍导致沟通无法进行；③缺乏组织幼儿园活动的相关技能，因为农村幼儿园有很大一部分教师并不是专门学习幼儿教育的，所以这方面的技能比较薄弱。虽然园长或教师会进行不定期的培训，但效果不佳，而且培训家园合作的知识、技能极少。

4. 幼儿园举办活动内容单一、形式呆板

调查结果显示，农村家园合作渠道单一。采用频率最高的是家长会，但家长会的内容比较单一，主要是向家长介绍幼儿园的教学计划、目标，展示教学成果等内容。家长会安排的内容比较宽泛，没有实际的教育价值和教育意义，没有被家长所理解，也给不了家长太大的帮助。而且家长会形式过于呆板缺乏新颖性，家长倦于这种形式，觉得没意思不愿意参加；家长的这种信息又给了教师错误的反馈，认为家长不喜欢参与幼儿园活动，从而打击幼儿园举行活动的积极性，造成合作双方都消极的心态。因此，幼儿园在选择活动内容时要多样化，形式上要创新，只有这样才能够激发家长的参与欲望。

（三）政府层面

1. 缺乏法律制度的支持

从我国现有的学前教育法律、法规来看，虽然有很多都提及了家园合作的重要性，但是对于家长参与的规定内容比较单薄，对家长参与的权利都缺乏明确化、规范化、法律化，对家长参与幼儿园教育与否、参与程度如何，家园合作关系如何、应采用怎样的方法等规定都不清晰。而且对于家园合作这一块的内容也未列入教师业绩考核标准中，导致家园合作经常让位于幼儿园其他易于检测的工作，没有引起教师的足够重视。

2. 国家对农村民办园经费投入不足

近几年学前教育在有很大的发展，农村学前教育也在成长过程中，国家提出重点发展农村学前教育，但我国学年教育仍不属于义务教育范畴，政府支持学前教育资源（包括财政资源，发展机会）向公办幼儿园倾斜。我国近70%的财政拨款用于公办幼儿园，而民办幼儿园的拨款很少。农村地区主要是以民办幼儿园为主，他们的经济来源基本上是靠收费维持，经费非常有限。经费不足使农村地区家园合作难以开展。

四、加强农村幼儿园家园合作的基本对策

（一）转变家长教育观念

1. 转变家长“知识本位观”

目前还有许多农村家长把幼儿园教育归结为知识教育，幼儿在幼儿园“会做几道算术”，“认几个字”比较落后的观念上，不利于幼儿健康的发展。由于家长片面的教育观，使家园合作达不到预定的效果。为使家园合作顺利的开展，要帮助家长树立一个正确的教育观。幼儿园可以通过对理论知识的讲解和专题辅导的方式进行，也可以通过家长会，家庭教育讲座、发放宣传单等形式向家长宣传教育理念，帮助家长树立新的教育观。

2. 转变家长“教师权威观”，树立平等的沟通合作关系

家长和幼儿教师本应是幼儿教育中两个平等的主体，而在农村地区两者常常处于不平等的地位。农村幼儿园教师主要处在“权威”、“专家”的地位，而家长却处在“学生”的位置，处在被动的地位。要改变这种现状，家长应该做到：①加强自己的独立主体意识，主动地承担教育幼儿的任务，就孩子在家及在园的情况与教师保持经常性的交流，在沟通中既不能盲目的被动服从，也不能凌驾其上，应以幼儿的发展为中心，提出自己的观点和建议。②注意沟通的方式方法，当孩子出现问题时，应该及时主动的与教师联系，让教师感觉到家长对自己的信任，在描述孩子的事情时，应保持客观的态度，而不是批评式的指责，使沟通在和谐的氛围中展开。

（二）更新教育工作者家园合作观念

教育工作者主要是指幼儿园园长及教师，园长扮演着“领头羊”的角色。“领头羊”在思想上，要有现代大教育观念和开放的办园思想，在行动上，积极与其他优秀园长及教师，或幼教专家沟通交流学习经验，也可以通过网上学习或购买书籍学习国内外先进的管理理论和方法，并将自己的学习所得运用到实践中。

教师是家园合作的践行者和操作者，他们在家园合作活动中起领导、组织、实施的作用。教师自身的素质和对家长的态度将对家园合作产生最为直接的影响。为此，幼儿园教师需要更新家园合作观念，提升自己的开展家园合作的技能。①教师应该抛弃“把家长视为受教育者”的想法，以平等、尊重、合作的态度对待家长，要相信家长虽然不是真正的教育专家，但是他们是与孩子相处很久，能从不同的角度了解和观察孩子的发展情况，对家长给出的看法给予足够的重视，让他们感受到自己的意见得到尊重，从而增强他

们的自信心及参与的积极性。②加强教师的自我教育，通过对幼教法律的学习领会幼教精神内涵，提高理论修养，通过教学观摩、讨论、总结等方式，提升自身的知识技能。

（三）建立、健全家园合作制度

幼儿园家园合作制度主要包括家园合作计划的制订，实施过程中的监督，活动过程当中的激励机制，过程和结果的评价等。幼儿园家园合作制度能够使家园合作有组织有计划地进行，能够提高家园合作效果。

1. 制订家园合作计划

幼儿园应该从本园的实际情况出发，建立一个家园的联系议事制度，制订一个目的明确、计划详细、系统完善的家长工作规划，使家长参与制度更加完善。家园合作计划可以是不同年龄阶段，各班教师根据自己班的实际情况制订的比较具体的月计划、周计划，也可以是某一阶段的计划，但计划必须便于实施和贯彻。

2. 建立相应的监督管理制度

为避免家园合作中组织涣散、管理不严等问题，幼儿园应该成立相应的监管机制。监督主要可以从内部监督和外部监督两方面入手。内部监督是教师的自我监督，家长工作也是幼儿园教师的日常工作，教师应该主动与家长取得联系并为其提供相应的服务。外部监督主要是管理人员和家长的监督，幼儿园可以专门设立教务管理人员监督教师在家长工作这一块的内容，也可以设立家长委员会让家长参与监督。

3. 教师补偿制度和家长奖励制度

为提高家长和教师在家园合作活动中的热情，幼儿园应当为教师开展家长活动制定教师补偿制度和家长奖励制度。如在活动过程中用到的场地费，材料费等相关费用，对教师家园合作工作给予充分的肯定与适当的奖励；同时，在家长方面，可以创设“好家长”评选制度，肯定家长教育的同时加强家长的好胜和模范心理，提高家长参与的热情。

（四）采用多种形式，提高合作效果

随着信息技术、网络的发展，用于日常交流的形式越来越多，但用于家园合作中的形式却比较单一。大多数是采用比较传统的家长会，以及孩子入园和离园时的交流，虽然说有一定的价值，但是效果不明显，缺乏对每一个孩子的针对性。因此，可以开展多样性的合作方法。①幼儿园根据自身条件水平，对文化水平、家庭背景不同的家长采取不同的方式；②在利用传统合作方式的同时开拓新的合作形式，如开展家长、教师经验交流会，专题研讨活动，为家长、教师互相学习、共同提高提供平台；③将现代信息交流技术运用于合作活动中，如建微信群、QQ 群等，让教师了解幼儿也可以让家长之间分享育儿经验，快捷方便；④幼儿园可以有目的、有计划地开展亲子游戏活动或其他家园合作的活动。

（五）政府应当完善家园合作相关法律法规建设

政策和法规是家园合作有效进行的重要保证。《幼儿园教育指导纲要（试行）》、《幼儿园工作规程》等明确指出，幼儿园要与家庭、社区取得联系，共同促进幼儿的健康成长。教育行政部门是幼教事业发展主管部门，在家园合作中应起到带头示范的作用。①政

府应该重视家园合作工作，改变“教育是学校的事”的看法，将家园合作纳入幼儿园常规工作，对幼儿园教师进行相关技能的培训，细化幼儿园相关工作的政策规定。②政府做好相关的监督工作，明确家庭及幼儿园的权利与义务。③政府要向社会宣传家园合作的重要性和必要性，引起社会对教育合作的关注与支持，可以采用电视、网络、报纸等多种形式进行宣传。

第五章　农村学前教育研究

长期以来，我国农村学前教育发展缓慢、资源匮乏、普及率低，农村学前教育成为我国学前教育事业发展的重点和难点。2010 年《国家中长期教育改革和发展规划纲要（2010—2010 年）》即明确指出，应重点发展农村学前教育，努力提高农村学前教育的普及程度，着力保证留守儿童入园，发挥乡镇幼儿园对村幼儿园的示范作用，支持贫困地区发展学前教育。这为农村学前教育的发展带来了新的机遇，也成为新时期学前教育研究的关注点。为此，本研究选取了农村幼儿家庭教育问题、农村留守幼儿家庭教育问题、农村幼儿家长学前教育观念现状的调查、农村幼儿园户外活动问题等进行了探讨，对农村学前教育存在的突出问题进行了重点分析，并提出了相关对策与建议。

第一节　农村幼儿家庭教育现状、问题及对策研究

苏联教育学家苏霍姆林斯基曾说过：家庭教育好比植物的根苗，根苗茁壮了，才能枝繁叶茂，开花结果。良好的、科学的家庭教育对幼儿一生的发展有着重要的影响。近年来，我国农村幼儿家庭教育状况并不乐观，主要表现为：农村幼儿家长文化水平相对偏低，幼儿教育理念较落后；家长过多重视幼儿文化知识的灌输而，忽视幼儿生活教育、规则意识和其他能力的培养；农村幼儿家庭教育环境氛围营造不足，儿童绘本、读物少，学习氛围不浓厚；农村幼儿语言教育环境欠佳；农村亲子陪伴少，家庭内部育儿态度不一致；父亲在幼儿家庭教育过程中的参与度不高等。农村幼儿家庭教育中存在的问题直接制约农村幼儿的健康成长。因此，了解农村幼儿家庭教育的现状、分析问题产生的原因，寻求问题解决的对策，是当前农村幼儿教育研究中亟须解决的现实问题。

一、农村幼儿家庭教育现状调查结果与数据分析

为了了解农村幼儿家庭教育中的现状和存在问题，本研究采用了问卷调查法，随机抽取了江西省抚州市、赣州市和九江市周边 300 户农村幼儿家长，就 3~6 岁农村幼儿家庭教育现状进行了问卷调查。共发放问卷 300 份，回收 261 份，回收率为 87%；其中有效的问卷是 230 份，有效率为 88%。调查结果如下：

（一）农村幼儿家庭基本情况调查

从图 5-1 可看出，农村家庭的幼儿主要是由祖辈抚养，占有 87%的比例，隔代教育现象明显。从图 5-2 可以看出，农村幼儿家庭的收入偏低，平均月收入主要分布在 3000~5000 元，占 44. 80%的比例；有 28. 30%的家庭平均月收入是 1000~3000 元。此外，有

11%的家庭平均月收入在1000元以下。图5-3和图5-4显示，父母是知识分子、工人、农民、个体职业者和其他职业的比例，母亲分别是11.30%、23.5%、21.7%、13%、30.40%；父亲分别是4.30%、23.90%、15.20%、26.1%、30.40%。

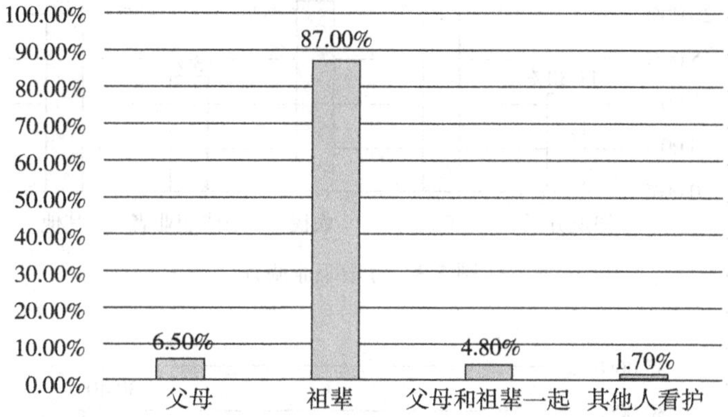

图5-1　农村幼儿看护人调查

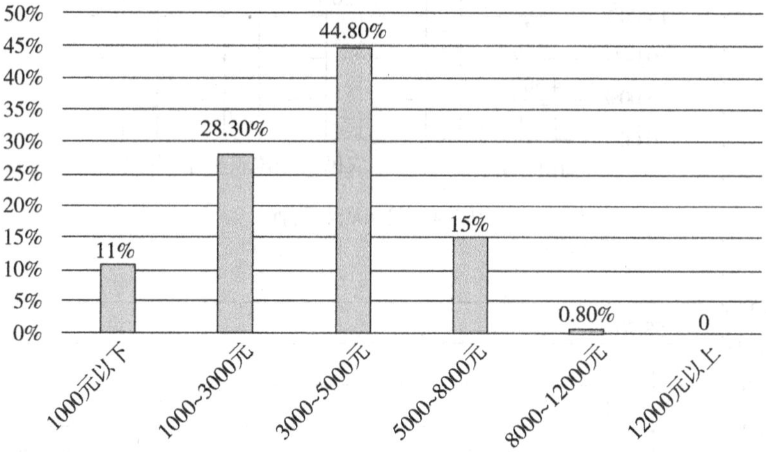

图5-2　家庭平均月收入状况调查

（二）农村幼儿家长育儿理念调查

从图5-5可以看出，农村幼儿家长对幼儿的提问没有给予足够的重视。面对幼儿出现的问题，家长多以不知道的态度应对，或许与祖辈隔代教育有关。不过有26.10%比例的家长会建议幼儿请教其他人。从图5-6可以看出，农村幼儿家长对幼儿采用的教育方法落后，对幼儿多采用批评、责骂的方式，很少利用幼儿感兴趣的事物进行积极、耐心的引导。对于幼儿的培养，学习、健康仍旧占据主要地位。农村家长育儿关注占数据如图5-7所示。从图5-8可以看出，农村幼儿家长对幼儿未来的规划不是很清晰，有39.10%的家长对幼儿的未来没有做过预想，仅有17.40%的家长对幼儿的未来有明确的想法。

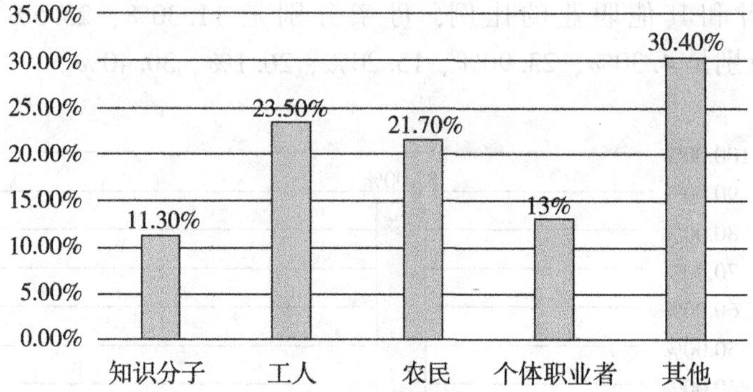

图 5-3　母亲职业调查

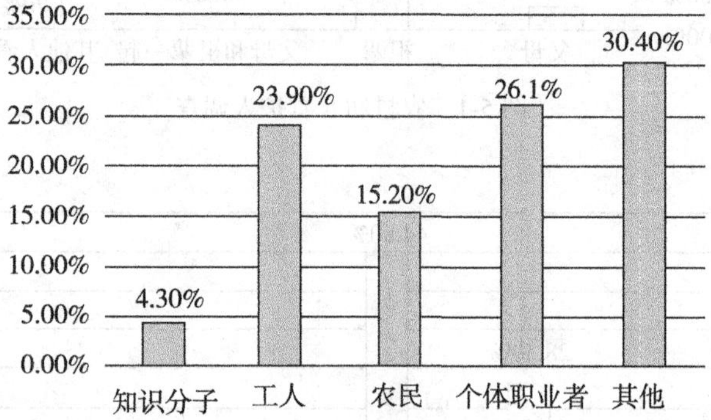

图 5-4　父亲职业调查

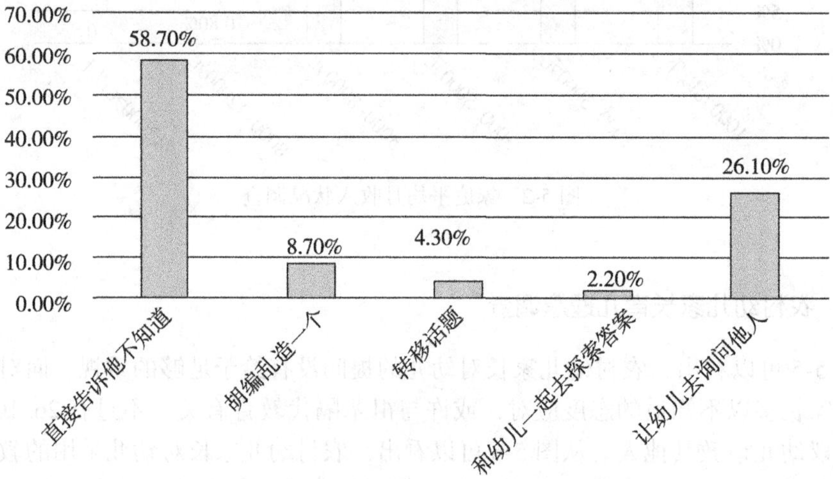

图 5-5　家长对待幼儿问题的态度调查

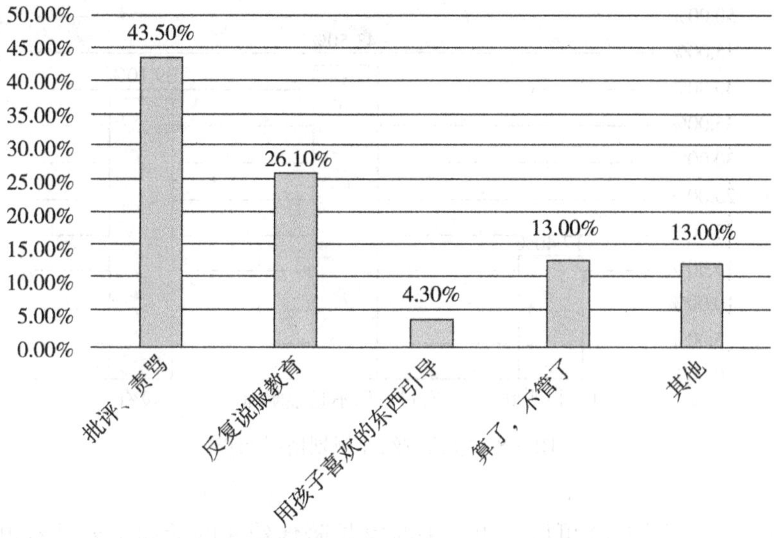

图 5-6 孩子不听话时家长采取方式调查

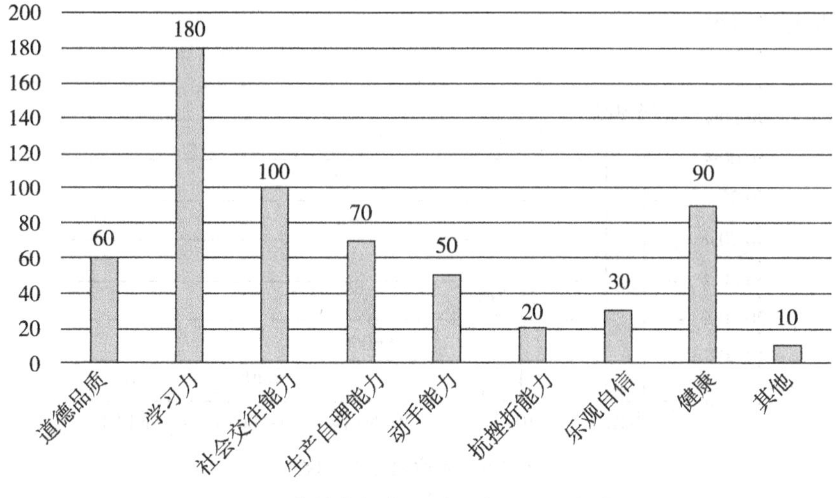

图 5-7 农村家长育儿关注点调查（排序）

（三）农村幼儿家庭教育环境投入调查

图 5-9~图 5-14 主要调查农村幼儿家庭的教育投入情况。如图 5-9 所示，幼儿家庭的书籍数量，66.5%的家庭仅有 10 本以内的书籍，21.7%的家庭能提供 10~30 本图书，9.6%的家庭藏书量在 30~50 本以内，2.2%的家庭有 50~100 本书。可见，大多数农村家庭的藏书量非常少，能提供给幼儿阅读的数量便也有限。此外，幼儿拥有的读物和玩具数量也有限。有 17.39%的幼儿家庭没有读物，30.43%的幼儿没有可以用来学习大小、形

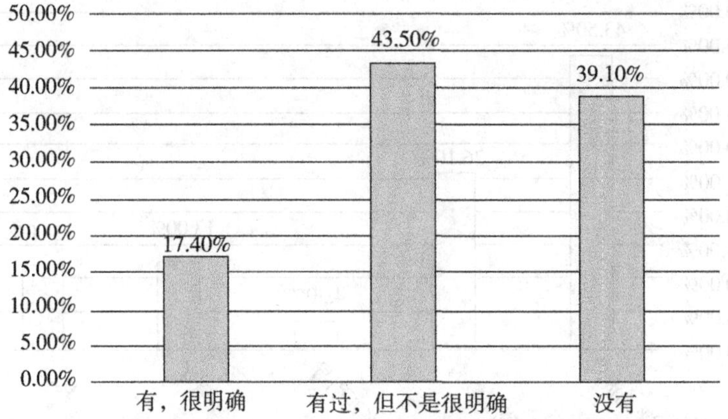

图 5-8　家长对幼儿规划情况调查

状、色彩的玩具。从图 5-13 可以看出，平时家长陪伴幼儿的活动主要是看电视、做游戏和学习，绘本阅读、音乐欣赏、画画等方面的培养较少，日常家庭活动类型少。从图 5-14 可以了解到，幼儿每月花销占家庭总支出的 10%以下的有 43. 48%，大多数农村家庭对幼儿的早期投入并不多。

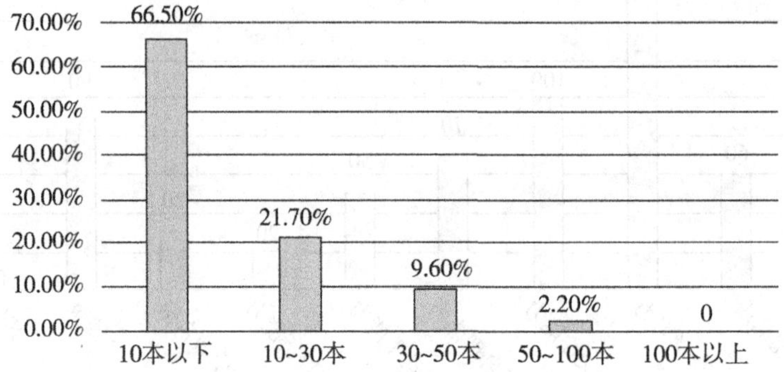

图 5-9　家庭藏书量调查

（四）政府、幼儿园参与家庭教育情况调查

从图 5-15 可以了解到，农村家园互动性、信息协调度不是很高。有 21. 74%的家长几乎不参加幼儿园活动。另外，幼儿园活动形式以家长会、亲子活动为主，同时也有开放日和教育专题讲座（图 5-16）。相关部门没有宣传和发放过有关育儿方面的材料。图 5-17 显示，有 52. 17%的比例是说偶尔有宣传，39. 13%的比例是从来没有，说明相关政府单位在宣传育儿教育知识方面需要加强落实。

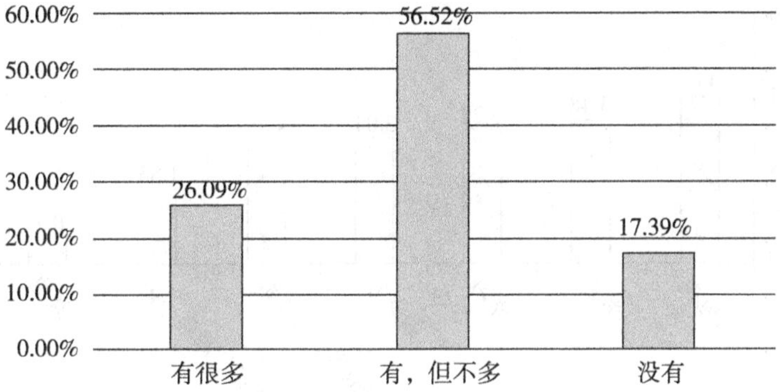

图 5-10　幼儿读物拥有状况调查

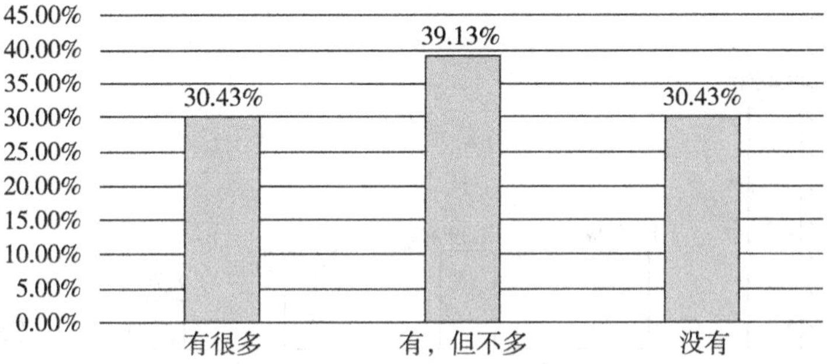

图 5-11　幼儿玩教具拥有状况调查

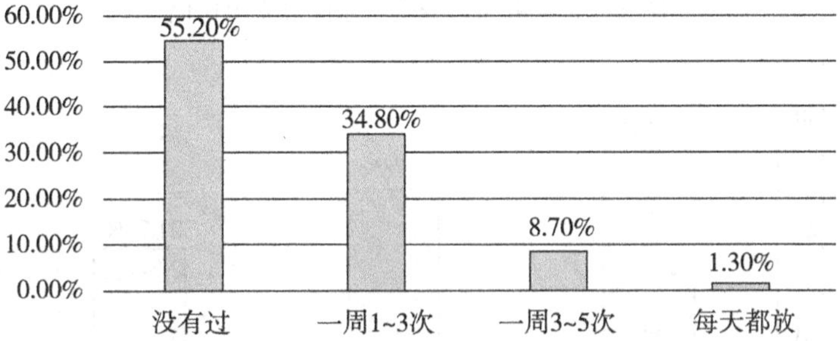

图 5-12　家中录音机、VCD 播放情况调查

二、农村幼儿家庭教育中存在的问题

（一）教育理念落后，教育方式不当

农村幼儿父母和祖辈们的文化水平普遍偏低，大多数为初中和小学学历，对于正确科学的育儿知识缺少系统性了解和学习。存在重养不重教的现状，认为只需将孩子抚养长

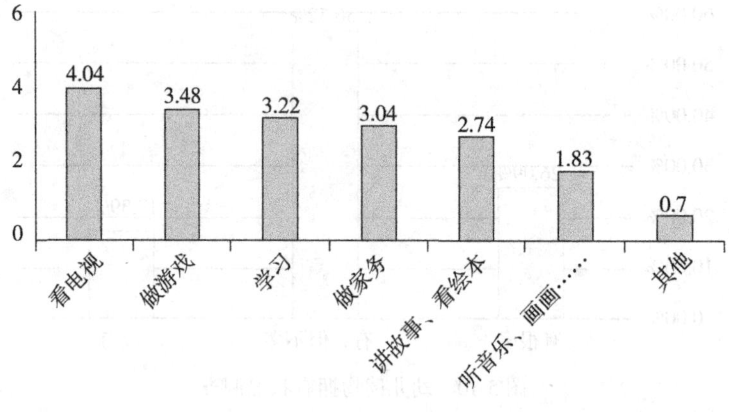

图 5-13　家庭活动种类调查（排序）

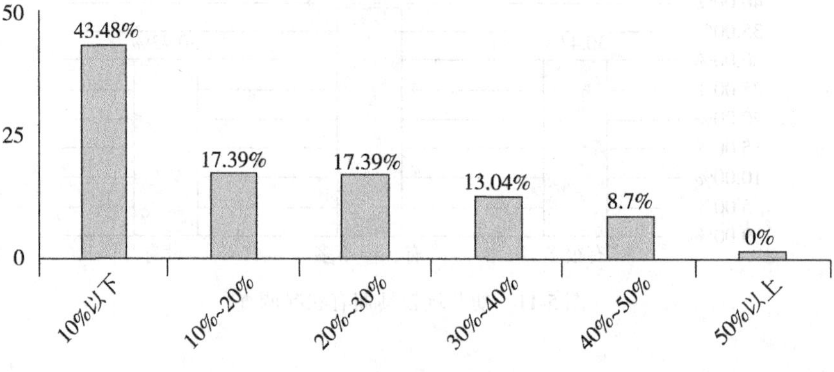

图 5-14　幼儿每月花费占家庭总支出比例

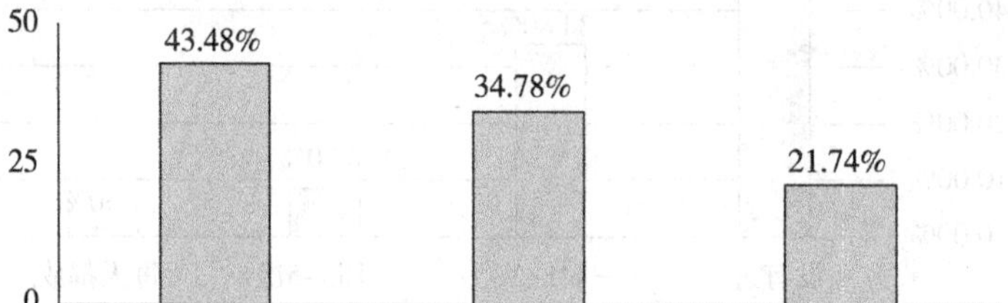

图 5-15　家长参加幼儿园活动次数调查

大，树大自然直，慢慢地也就懂了，而不注重对幼儿的早期培养，如错过许多幼儿发展关键期。而家庭教育方式多为严厉惩罚型，对于幼儿言行要求多，对待孩子态度生硬，言语粗鲁。且多秉承棍棒式教育，忽视幼儿的好奇心和质疑精神，经常打断幼儿的提问和创造，孩子渐渐没有灵气，变得呆板。家长还经常使用辱骂类词语。比如“不争气”、“没用的东西”、“蠢死了”等尖酸刻薄的话来训斥孩子，孩子既要挨罚又要承受心理上的压

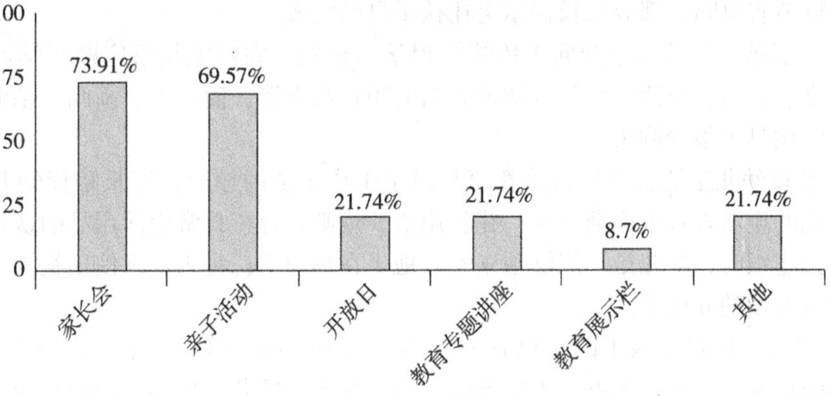

图 5-16　家园合作活动形式调查（多选）

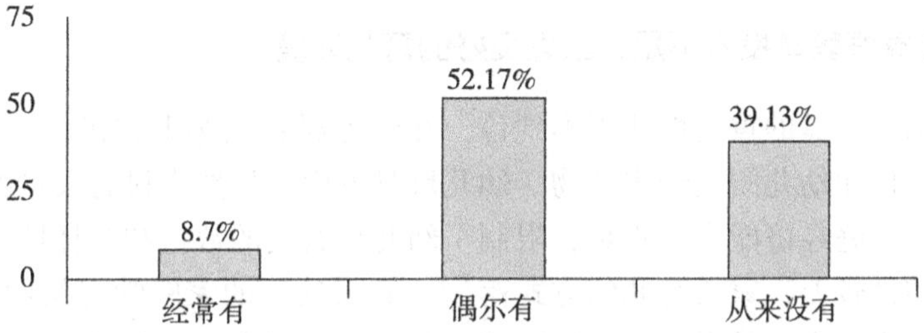

图 5-17　政府育儿知识宣传力度调查

力。在农村很少有没挨过打的孩子。

农村隔代教育现象普遍，其教育方式上存在诸多弊端。祖辈们对幼儿更多倾向于溺爱和放纵，对幼儿相关的保教知识、保育方式缺乏科学系统的认识。在生活上，宠溺、娇惯孩子，包办代替，忽视对幼儿良好生活卫生习惯和规范的培养。祖辈对幼儿的饮食、生理健康和认知发展会更加注重，一定不能让孩子饿着、冻着，可能还会让幼儿吃的、穿的更多；而在幼儿心理、社会发展方面了解甚少，缺乏关注与培养。此外，绝大多数祖辈会要求幼儿园教师教幼儿算术、识字、背诗歌。相比之下，祖辈看护的幼儿更不容易养成良好的生活和卫生习惯，更多地表现出攻击性强，注意力集中困难，自私蛮横、焦虑等问题，且不善于交往。

（二）重视知识教育，忽视其他能力的培养

（1）家长重视幼儿传统知识的学习。随着学前教育的发展，民办幼儿园的快速增多，受经济效益的推动，很多幼儿园赚噱头，更多注重幼儿传统知识的传授。例如，提前让幼儿认字、数数、学拼音、写汉字等。在幼儿教育中，许多家长容易产生从众心理和攀比心理，觉得不能让自己孩子输在起跑线上，从而使许多家长更加关注幼儿的传统知识学习，而忽视幼儿能力培养。例如，许多家长很少让孩子自己穿衣服、穿袜子、穿鞋子、吃饭、

整理玩具等。大部分家长认为，让孩子自己刷牙、穿衣服、做家务花费的时间太多，不如家长代劳以节省时间。部分家长偶尔会让孩子自己完成。

(2) 家长购买幼儿书籍倾向于传统知识学习材料。农村家长家庭购买学习物品大多是幼儿识字、认图、唐诗、算数等知识方面的用具和书籍，而手工、画画、粘贴、音乐光碟等方面的用具则很少购买。

(3) 忽视幼儿生活教育和自然教育。由于工作生活的原因，家长陪伴幼儿的时间有限，对幼儿的生活教育也逐渐减少，礼貌用语、规则教育、日常生活用品的认识等也日益淡化。例如吃饭时，幼儿是否能够独立安静地坐在桌前吃；是否经常使用礼貌用语、不说脏话，学习习惯的养成等。

(4) 农村家长对于孩子的玩也有所限制，减少了孩子接触自然、接触生活的机会。例如，不能玩水、不能玩泥巴、不能淋雨等等。其实，幼儿在玩的过程中是通过接触各种事物，动手摆弄和操作来认识世界的。幼儿在玩的过程中有利于锻炼和发展其想象力、创造力和专注力等。

(三) 幼儿家庭教育投入不足，缺乏良好的育儿环境

家长对图书、玩具的重要性认识不到位，在学习材料购买上积极性不高，投入不足，较少主动创造条件让幼儿阅读绘本读物。幼儿玩具方面，虽然农村有大量的生活方面的玩具，但由于部分家庭经济能力的不足，限制了幼儿玩教具的数量和多样性。

育儿环境条件较差，家长育儿的方式落后。农村幼儿的家庭学习氛围淡薄。在农村，家长经常选择的娱乐方式是看电视、打麻将、玩扑克，很少带着孩子一起阅读书籍、报纸刊物等，甚至有时孩子在旁边阅读、学习，而家长却在打麻将、看电视、唠嗑等，这种育儿方式很不利于幼儿专注力和学习兴趣的培养。另外，农村幼儿语言环境有待提升和净化。许多家长和年龄较大的孩子很随意的把脏字、绰号挂在嘴边，甚至“出口成脏”。这种语言环境对正处于模仿期幼儿的语言学习是很不利的。

(四) 家庭教育过程中，父亲参与度不高

传统教育中，女性在抚养幼儿上占据主角地位，父亲陪伴幼儿的时间不多，参与度不高。主要表现为：①农村地区经济发展缓慢落后，很多父亲外出打工，在家陪伴幼儿时间少。虽然部分农村幼儿父亲选择在城镇边缘务工，如做泥工、托运货物、卖菜、卖水果等，但由于早出晚归，工作时间长，劳动力度大，在时间上具有不确定性，休息时间零散，陪伴孩子的时间便也短。②社会对父亲角色的刻板印象。在农村传统家庭教育观念中，孩子的教养责任主要应该由母亲承担，父亲更多地被赋予了在外赚钱养家的责任。且认为孩子与父亲的亲密度不如母亲与孩子的亲密度，孩子不愿让自己带，父亲也选择不主动，继续让母亲带着。此外，父亲们偏向于幼儿规则、价值观的教导，对于生活小细节的教育和培养参与度不高。③农村家庭父亲对幼儿教育的重要性认识不足，家长育儿方式简单粗暴。例如，部分农村父亲的父权意识严重，幼儿教育的责任意识不强，幼儿教育科学知识缺乏，幼儿教育方式落后，导致幼儿教育中缺乏良好的信息交流和有效的情感表达。这些因素直接制约了农村幼儿父亲参与幼儿教育的有效性。

三、改善农村幼儿家庭教育现状的对策

苏霍姆林斯基曾说过：想要教育好孩子，就要不断提升教育技巧。要解决农村幼儿家庭教育存在的问题，提升农村幼儿家庭教育效果，需要从政府、家长和幼儿园等方面共同努力。

（一）政府方面

1. 创造当地就业机会，为幼儿家庭教育创造条件

经济基础决定上层建筑。家庭育儿水平一定程度上也受经济收入水平的影响。政府可因地制宜，结合实际情况，促进农村经济的发展。例如，出台优惠政策，吸引劳动密集型工厂在当地办厂，提供劳动就业岗位；加大培训力度，实现农民工就近就业，增加收益。考察当地实际情况，发展当地经济，如种植、加工等，让更多的父母能选择留在家乡工作，有更多的时间来陪伴幼儿成长。

2. 宣传科学育儿知识，更新幼儿教育理念

（1）开展多样化的宣传活动。观念的改善需要长期而稳定的熏陶。政府相关部门可以张贴类似“托起明天的太阳”、“共筑和谐家庭”等宣传标语；巧用街道窗栏，张贴关于科学育儿的知识资料，并发放育儿手册；运用广播，定时播报科学的育儿观念和实例；通过一系列的做法，切实有效地宣传一定的育儿卫生及保健知识，帮助家长们获取一些教育幼儿的方法技巧，不断提高家长自身育儿素质。可以邀请一些教育专家和相关工作人员来村内开展专题讲座，开展“送教 下乡”等活动，对农村父母的育儿困惑、育儿问题开展针对性指导。例如，“重视孩子的心理健康”、“如何培养幼儿的良好行为习惯”、“孩子哭闹时如何正确应对”“执拗期的孩子怎么应对”等。还可播放影像资料，让家长观摩学习、反省自身，同时讲授一些正确的育儿观念等，这样可以帮助家长们更加形象的记忆。另外，切实改善农村家长重视智育，而忽视德育和美育的现状；向家长们讲解游戏对幼儿发展的重要意义，呼吁家长们重视书籍、玩具和游戏的重要作用，促进家长们树立正确、科学、全面的儿童观和教育观。

（2）调动多方力量对幼儿家长进行幼儿教育培训和幼儿家庭教育指导。充分发挥当地农村基层妇女委员会的作用，有计划、有步骤地对当地妇女进行家庭教育方面的指导，转变她们在家庭教育中存在的错误观念，从而充分发挥妇女在家庭教育中的作用。平时可用浅显易懂的语言告诉家长打骂未成年人尤其是幼儿是不好的，要用耐心和爱来教导他们，并可传授些育儿技巧。村委村政府要积极支持和协助各项工作的开展，鼓励家长积极参与。在具体实施上，多与家长进行沟通和交流，了解他们的育儿问题和育儿困惑，倾听他们的反馈意见和建议，然后再针对性反馈解决。

3. 增加休闲娱乐设施，建立幼儿阅读屋

在农村，儿童图书少的原因主要有这两个方面：一是想买买不到，二是买不买无所谓。关于想买买不到图书的原因是，在农村的小店里面，玩具一般都有，可供家长购买图书的书店十分少见，即使有，也是在较大的集镇，而且图书数量十分有限，种类匮乏，通常以教辅书为主，像我之前就没有见过绘本。另一方面，关于买不买无所谓，主要是部分

家长购买图书的热情不高，对书籍的重视度不够。认为幼儿还没到入学年龄，看不懂；即使到了，家长购书的欲望也不高，一般也是购买教辅书。因此，为提高儿童图书拥有量，农村村委会可以参照城市里社区的做法，建立儿童图书室，采取集资和募捐的方式添置图书，让孩子多读书、读好书、好读书。另外，可适当增加室外休闲娱乐设施，让家长和孩子放下手机、远离电视，走出家门，增加亲子互动时间。

4. 加大对幼儿园的监管力度，确保农村幼儿健康成长

政府应加强对农村学前教育机构的监督和管理，引导农村正确的幼儿观、人才观和幼儿家庭教育观的形成。近几年，部分家长认为孩子不能输在起跑线上，而默认幼儿园的小学化做法。例如，许多幼儿园不顾幼儿的身心发展规律，让许多孩子提前学习拼音、英语、算术等。因此，政府要落实责任，加强管理。对违反办学规定的幼儿园，及时进行整顿处理。同时，要加强对学前儿童家长的教育法规的宣传和幼儿教育知识的普及，确保农村幼儿健康成长。

（二）家长方面

1. 丰富家长的科学育儿知识

21 世纪以来，农村发生了重大变化。农村留守幼儿不断增多，隔代教育现象非常普遍，农村幼儿教育形势不容乐观。农村幼儿家长由于文化水平比较低，学习新知识和形成再学习的能力比较差，从事幼儿科学教育活动存在一定的难度。因此，多途径丰富幼儿家长科学育儿的知识，了解幼儿教育方法和技巧，是提高农村幼儿家长教育的基础。当前，农村家庭智能手机的使用很普及，但很少家长会抽出时间单独学习育儿知识。部分家长每天工作回来已经很累了，只想看看电视，大部分人可能根本没有意识到要用零碎时间来学习科学育儿知识。另外，农村家庭中的母亲，有部分是闲居在家专门带小孩和做家务的，她们的空闲时间很多，平时会选择打扑克、打麻将来消磨时间，而不会积极主动提升自我。因此，对于农村家庭来说，正视幼儿家庭教育的重要性，转换学习观念，提升自我文化素质，是现代农村家庭教育的基础。

2. 树立科学的家庭教育观念，遵循科学的家庭教育原则

（1）一致性原则。在教育孩子方面，在原则、态度上要一致，不能一个惯一个打，左一套右一套，出现分歧。如果有分歧，应该双方事先沟通协商好，统一意见和态度，再教导幼儿。不能在儿童面前出现对立的现象，这不利于在孩子面前树立威信，易让孩子混淆。另外，在情景和时间上也要一致。例如，在家不允许孩子在椅子上跳来跳去地玩，那么在别人家或是餐厅同样也不能容许这种行为。教育的一致性原则要求家长成员之间的教育、家庭教育与社会教育、家庭教育与幼儿园教育之间要一致。

（2）理性施爱，严慈相济。在教养孩子上，家长应理性施爱，严爱合一。既不能一味地娇惯，放纵幼儿，也不能过分地要求、限制、压迫孩子。给孩子安全、恰当的爱。马卡连柯就家长们爱的程度做出这样的理解，他说，爱就像奎宁和食物一样，是有一定分量的。这就要求家长的爱是理智的，不能不给，亦不能多给，爱和严应相辅相成。另外，宽容成长中的孩子，允许他们犯错误。当孩子做错事时，可以提醒批评，但方法要合理，不应打骂孩子。应用适当的方法教育幼儿，如说服教育、榜样示范、暗示提醒等。同时，可

经常运用表扬、鼓励性的话语激励幼儿。

（3）循序渐进，因势利导。家长要学习和了解一定的幼儿心理知识，了解幼儿的身心发展规律，正确、理性看待幼儿的成长。不可急于求成，不顾幼儿能力，揠苗助长。让幼儿过早练习写字、数数等内容，不利于幼儿健康快乐地成长。每个孩子都是个独立的存在，都有自己的优势和兴趣点。家长不要盲目地将自己的孩子和别人的孩子做比较，要根据自己孩子的年龄特点和兴趣等，理智地、有针对性地选择教育内容，抓住适时机，采用恰当的方法给儿童提供科学的教育。

（4）营造良好的家庭文化环境。温馨的家庭氛围和良好的家庭文化环境对于儿童基本能力的形成有着很好的促进作用。家长需要提供有利于儿童发展的家庭文化设施，注意自己的言行举止，树立正确的模范，合理安排作息时间，养成良好的作息时间，健康地生活。另外，注意幼儿语言的发展，创造良好的语言环境。多用礼貌用语，不说脏话，多和孩子聊天、讲故事、唱歌等艺术性活动。

3. 注重幼儿多方面能力的培养

根据加德纳的多元智力理论，孩子智力的培养应是多方面的。家长应该懂得人生是为了生活，而非仅仅为了那不断变化的红色笔芯的成绩。家长们不应只让孩子们读书、识字、写字和学习书面知识，因为，那只是人生中的一部分。生活中的方方面面都可以纳入日常的家庭教育中，为孩子一生的发展奠定良好的基础。如孩子的自理能力，洗脸、刷牙、穿衣、穿鞋、扫地和简单的家务活。家长要让孩子尝试并做自己力所能及的事情，养成良好的习惯，培养家庭意识和集体责任感。斯宾塞也提出，父母可以试着经常让孩子通过一定的劳动来换取他所想要的东西，这样比简单的给予要好很多。他通过劳动来换取，不仅让他得到了这样东西，还让他学习了生活的过程。日常生活中，家长也要注意孩子日常行为规范和礼貌用语的养成，做个懂礼貌，讲文明，尊老爱幼的人。另外，也可培养幼儿劳动情感，懂得父母的钱来之不易，学会用钱，养成勤劳、朴素的生活作风。注重幼儿探究力、想象力的培养，不可轻易阻断孩子“天真”想法的表达。比如涂鸦。要抓住日常生活的各种时机，对孩子进行适当的引导教育和锻炼。

4. 创造丰富多样的家庭育儿环境

（1）充分挖掘与利用各种学习资源。家庭生活环境的构成是幼儿生活和学习的重要物质条件。家庭为幼儿提供的各种资源材料，幼儿会从中学习和吸收。在信息时代，手机、电脑、学习机等电子产品的出现，引起了人类学习、工作和生活方式的重大变革。在这种背景下，能合理最大化的利用电子产品学习，会给良好的家庭教育加分！例如使用电脑、iPad 观看教育类视频，也可利用手机下载学习软件，如利用贝瓦儿歌、咕力咕力早教动画、儿歌多多等，用来听轻音乐、听儿歌、看绘本、看英语视频等。

在幼儿玩具方面，经济能力有限的家庭可以转变观念，创造条件。农村虽然没有城市里的游乐场、精心设计的玩教具等，但农村拥有整个大自然。家长可以选择附近的田野、小溪、菜园子作为幼儿户外活动场所。大自然一年四季会有不同的成果，家长可以挑选我们需要的、感兴趣的；还能聆听大自然的声音。例如，小河里的鹅卵石、蜗牛壳、黄色的石头；不同季节、不同形状的树叶；看蝴蝶、蜻蜓、萤火虫、田间的蝌蚪，雪地里的脚印，观察不同的野花野草，听麻雀、喜鹊的叫声，蝉鸣、蛙叫等等，通过与动植物的亲密接触，了解很多植物的特征和动物的习性，还可以学会对物体进行简单的计数和分类呢。家长可以利用石头跳房子、画画，树叶做成标签、番薯苗做项链、小木棒做钱……丰富且多样。创建较高质量的家庭学习环境，可充分利用一切可利用的资源。家庭学习资源不只是传统的书刊杂志，也不仅仅是在家庭内部。另外，家长也可多开展丰富多彩的亲子活动，多带孩子出去走走，少看电视。例如，在周末或者节假日，带着幼儿去爬山、踏青、放风筝、摘草莓等。

（2）多进行亲子阅读。

什么样的环境在很大程度上造就什么样的人。幼儿可以从书本中发现不同的色彩、世界和美好。图书对幼儿来说是有很多的好处：①它能提供丰富的词汇和句子，增强幼儿的语言表达能力；②可以激发孩子的好奇心，扩大知识范围；③熏染和榜样作用，能教育和规范孩子的行为，帮助其养成良好的习惯；④能引导孩子学会控制情绪，带给他们快乐的体验；⑤可以增强孩子的记忆力、想象力、观察力和辨色能力，增强时间观念和空间意识；⑥通过翻看绘本，可以练习幼儿的手指灵活度，促进他们小肌肉的发展。书籍，是一笔无形的巨大财富，家长应尽可能多地为幼儿提供书籍。如果条件不允许，家长也可为幼儿去借一些书籍，或经常去书店，看看绘本等。对于家庭中现有的学习资源也要充分地利用。在平时，父母可多与孩子进行亲子共读，不但要注重书本的数量，还应关注亲子共读的质量，给幼儿温暖、安全感，提供最有质量的陪伴。同时，注重幼儿活动空间的布置和玩具书本的归放，让幼儿形成秩序感。

5. 提高父亲育儿过程中的参与度和有效性

父亲在育儿过程中承担的角色是必不可缺的，也是不可替代的。父亲应多作为一名参与者，而不是旁观者，积极参与育儿过程，承担应有的责任和发挥应有的作用，多抽时间与孩子一起互动、学习、成长。①和母亲、家庭成员一起共同营造良好和谐的家庭气氛；②主动承担些其他事务与责任，创造与家人互动的机会与频率；③创造条件，利用空当时间和幼儿做做游戏、看看书、讲讲故事，陪孩子一起做运动等。利用休息日陪孩子去游乐场所玩，还可以一起去踏青、爬山、逛街等休闲活动；④学习些情感表达和沟通技巧，有效、高质量的与家人、孩子沟通交流，减少误会和隔阂，增加家庭亲密度和幸福感。

（三）幼儿园方面

在改变幼儿家长教育观念，提高家庭教育解决能力方面，幼儿园也能够起到一定的作用。此外，幼儿家长育儿观念的提高也有利于家长对幼儿园工作的理解，更好地开展每日活动。

1. 定期召开家长培训会，普及幼儿家庭教育知识

对于幼儿家庭教育的目的、任务和内容，许多家长一点也不了解。针对这种现状，幼儿园老师可对家长讲解《3—6 岁儿童学习与发展指南》，以便家长可以以此指南为参考，针对不同年龄段的孩子的健康、语言、社会、科学、艺术等领域进行家庭教育，不超前教育，也不会放任不管。除了讲解指南以外，幼儿园还可通过培训对一些常见的具体的问题做一定的阐述，对家长进行相应的指导。例如，怎样对孩子进行表扬？孩子不愿分享，怎么办？孩子学脏话怎么办？

幼儿园可以给家长推荐一定的学前儿童家庭教育书籍或报纸，也可以利用网络，分享一些有质量的育儿技巧策略，推荐微信公众号等。丰富家长的家庭教育知识，提高家庭教育的能力，让家长通过自己的阅读去思考幼儿家庭教育的方法，通过不断的积累，家长会越来越懂得如何去做好一个好家长的。

2. 定期召开家长会，为家长解决疑惑

除了鼓励家长与老师个别交流外，幼儿园也可以通过家长会、教育沙龙的形式，鼓励家长向老师提出对家庭教育的疑虑，集中给出解答。当父母察觉到孩子的某种行为，又不知如何处理时，可以在家长会上提出，家长们可以先讨论，给出一定的方法，然后老师再给出解决的办法。这样，别人家孩子目前的问题可能是自家孩子今后的问题，以后就知道怎样避免和处理了；家长解决家庭教育问题的能力也得到了提高。

第二节　农村幼儿家长学前教育观念现状的调查及对策

家长是幼儿的第一任老师，家长的教育观念不仅对儿童的发展起着至关重要的作用，与学前教育的发展也密切相关。本研究对江西省赣州市信丰县10所乡镇幼儿园的幼儿家长的学前教育观念进行了调查，从家长学前教育观念的儿童观、教育观和人才观三个方面了解农村幼儿家长学前教育观念的现状，并在此基础上分析了农村幼儿家长学前教育观念存在的问题，并提出了相关建议。

一、农村幼儿家长学前教育观念现状调查结果分析

调查对象选取了赣州市信丰县10所乡镇幼儿园的幼儿家长，统一发放问卷让家长填写。共发放调查问卷114份，回收99份，回收率86.84%，其中有效问卷87份，有效率76.32%（表5-1）。

表5-1　　**赣州市信丰县10所乡镇幼儿园幼儿家长基本情况表**

	父亲	母亲	（外）祖父	（外）祖母	总计
小学及以下	2	5	2	9	18
初中	17	24	5	4	50
高中或职高	6	7	1	0	14
大专或大学本科及以上	4	1	0	0	5
总计	29	37	8	13	87

（一）农村幼儿家长的儿童观

儿童观是指人们对儿童的总的认识和看法，是对儿童期的认识，对儿童的权力和地位、儿童的特质和能力对儿童发展规律的认识。本研究主要从家长对幼儿的独立性、发展性和个体差异性地认识来分析农村幼儿家长的儿童观。

1. 对学前儿童独立性的认识

对于幼儿提出的要求，73. 56%的家长都能够较理性地对待幼儿，能够适当地听取幼儿的意见，满足幼儿合理的要求。17. 24%的家长认为孩子还小，什么都不知道，应当绝对服从于家长。而剩下的 9. 20%的家长认为幼儿的一切要求都要满足。大多数家长都认为幼儿该听家长的话或幼儿是大人的附属物，只有 20. 69%的家长认识到家长与幼儿是平等的且都是具有独立性的个体。由此可以发现，大多数农村幼儿家长对幼儿的独立性认识存在较大的误区，传统的幼儿观和教育观亟须改变。能够尊重孩子，认识到幼儿具有独立性，是独立的个体，而不是大人的附属物。但是仍然有一部分的家长不赞同幼儿具有独立性，他们强调孩子应当服从家长的安排，认为孩子是大人的附属物。

2. 对学前儿童发展性的认识

家长对学前儿童发展性的认识，从某种程度上决定了家长在教育的过程中对学前儿童主观能动性的认识程度。83. 91%的家长不赞成现在聪明的孩子以后也一定聪明。可以看出大多数的家长都认为儿童的发展除了受遗传因素影响，还受其他因素的影响。而关于教育幼儿的目的，认为培养幼儿独立健全的人格和开发幼儿潜能的家长有 63. 22%，12. 64%的家长认为是完成家长的期望，24. 14%的家长则认为是适应社会的需要。这说明大多数家长虽然都认识到了学前儿童的发展是幼儿先天和后天共同作用的结果，但是他们对幼儿主观能动性认识不足，主要以社会的需要和家长的期望为目的来教育学前儿童，使学前儿童在成长过程中处于被动的地位，忽视了幼儿的主动性。

3. 对学前儿童个体差异性的认识

每个儿童都是不同的，具有个体差异性。加德纳提出的多元智能理论就反映了儿童在智能方面的差异。只有 19. 5%的家长让孩子参加过舞蹈等培训班。如果条件允许，有 65. 52%的家长能够根据孩子的兴趣、爱好为孩子选择舞蹈、钢琴等培训班。这说明农村幼儿家长已经开始认识到幼儿的个体差异性，只是受经济条件等的制约。

（二）农村幼儿家长的教育观

1. 对学前教育重要性的认识

调查显示（图 5-18），79. 2%的家长认为有必要送儿童上幼儿园。而对送儿童上幼儿园的理由，56. 32%的家长是为了更好地促进幼儿的全面发展，27. 59%的家长是为了儿童学知识给上小学做准备，10. 34%的家长则是因为“家中无人照顾”，也有 5. 75%的家长是因为随大流。我们可以看出，虽然大多数农村幼儿家长能够认识到学前教育对孩子发展很重要，但仍然有很多家长认为学前教育不重要，让孩子上幼儿园仅是情势所迫。

2. 对学前教育内容的认识

家长对学前教育内容的认识决定了家长在教育儿童的过程中会提供怎样的条件。调查中（图 5-19），绝大多数的农村幼儿家长认为幼儿园的课程可能分为语言、艺术、科学、社会、健康等领域，但没有一个清晰的认识。也有部分家长表示“不了解”。同时，在图 5-20 中可以看出，家长最关注幼儿在幼儿园学到的知识与能力排在前三位的分别是“良好的卫生习惯和生活自理能力”、“良好的社会适应能力”，以及“良好性格的养成”。这些都可以看出，当今家长对学前教育内容有了初步的了解，同时他们更希望让孩子接受性格

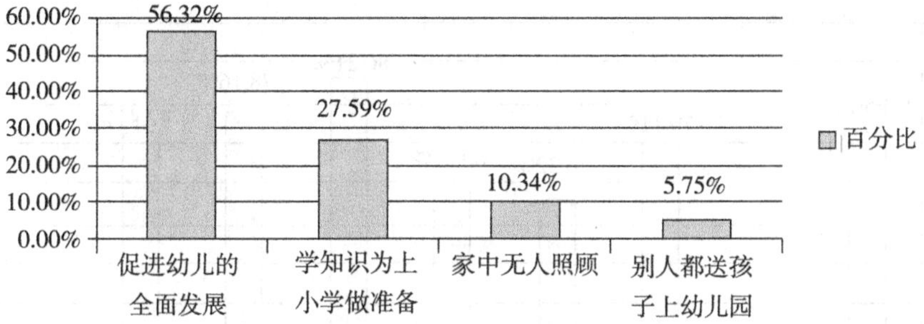

图 5-18 送孩子上幼儿园的理由

养成、社会适应以及良好行为习惯的形成等方面的教育内容。

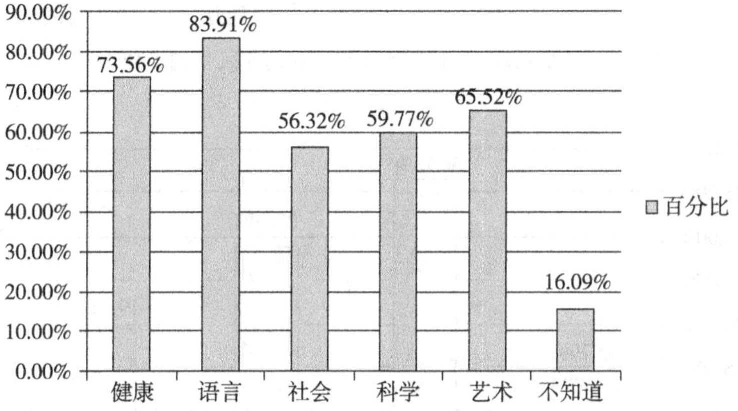

图 5-19 幼儿园课程内容

3. 对学前教育方法的认识

调查显示孩子犯错时，51. 69%的家长会主动和孩子交流，了解情况。43. 37%的家长选择“和孩子讲道理，并批评他”，3. 56%的家长选择“打骂，不打不成器”，1. 38%的家长选择“放任不管”。可以看出，当今农村幼儿家长的教育方法正向民主型转变，他们开始尊重和理解儿童，然而也有少数家长的教育理念和方法存在误区，采取“打骂”甚至“放任”的方式。

（三）农村幼儿家长的人才观

家长的人才观体现在家长对幼儿的期望上。图 5-21 显示，只有 19. 54%愿意幼儿根据自己的意愿选择职业，大部分家长更希望孩子从事公职（28. 74%）、管理人员（36. 78%），同时只有 13. 79%的家长选择了“技术人员”这一选项。81. 61%的家长希望幼儿未来的学历为大学或大学以上，13. 69%的家长看幼儿的意愿和能力，3. 45%的家长没有考虑过（图 5-22）。

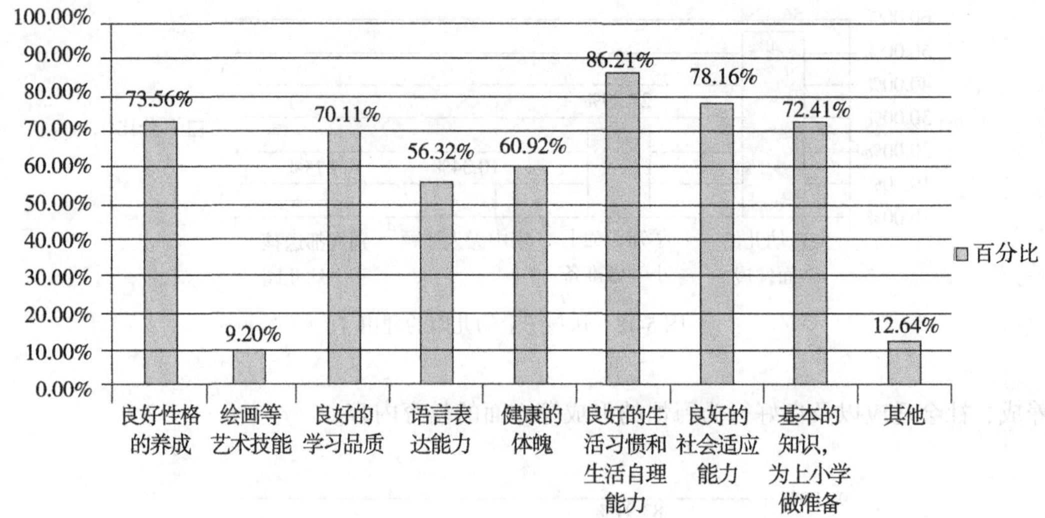

图 5-20 家长最关注孩子在幼儿园学到了什么？

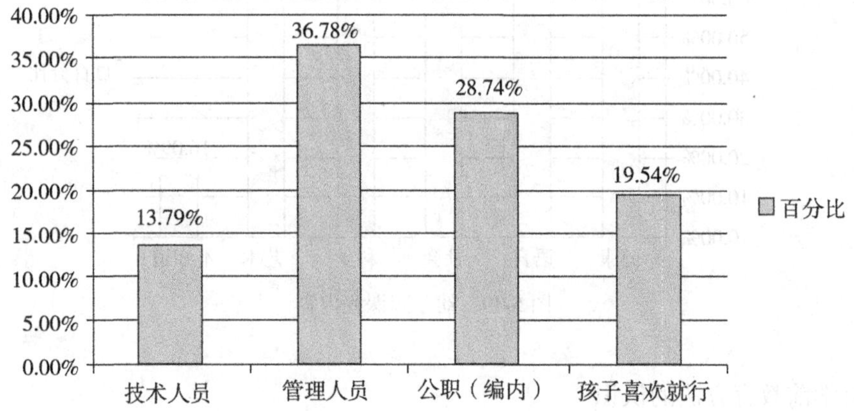

图 5-21 您希望您的孩子未来的职业

从调查结果来看，由此我们可以看出家长普遍希望孩子未来的职业能够在社会地位或者经济利益上获利。

无论家长自身的受教育水平如何，家庭经济条件如何，他们都希望自己的孩子能够拥有较高的学历，并努力创造条件让孩子获取更多的知识充实自己。

三、农村幼儿家长教育观念现状存在的问题

根据问卷调查的数据分析结果，并与过往的研究进行比较，可以发现，农村幼儿家长的学前教育观念已逐渐开始向科学的方向转变，但是仍有部分家长的教育观念需要得到进一步的提升。具体表现在以下几个方面。

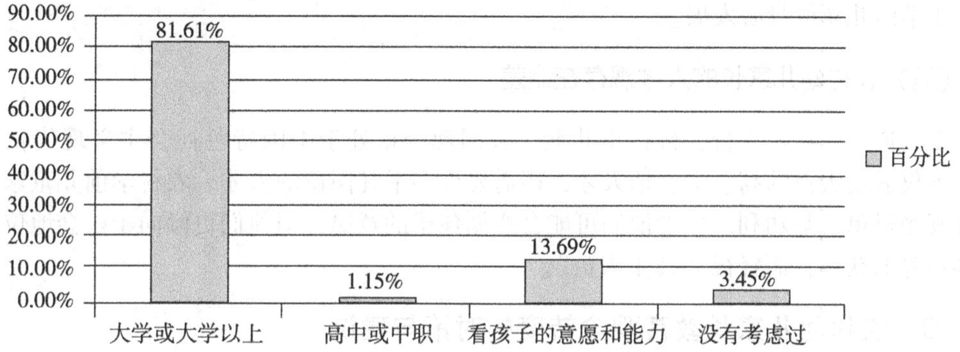

图 5-22　您希望您的孩子未来的学历

（一）农村幼儿家长对学前教育的认识有待提高

学前教育是幼儿一生教育的起始阶段，对幼儿一生有着深远的影响。然而，虽然很多家长都觉得儿童有必要上幼儿园，却不知道学前教育是家园相互配合的教育，他们以为学前教育只是幼儿园的教育。他们甚至认为幼儿园的存在是为了当家中孩子无人照顾时给家长提供便利和服务。同时，他们觉得儿童上幼儿园是为上小学做准备。这些都表明了农村幼儿家长对学前教育认识的误区，也因此决定着他们对幼儿教育投入的不足，从而影响了幼儿一生。

（二）农村幼儿家长的教养观念有待完善

家长的教养观念对幼儿身心的发展有巨大的影响。但是大多数农村家长的教养观念稍显落后，他们认为家庭主要是给孩子提供衣食住行，教育则是幼儿园的责任。这种“养而不教”的认知，使家长更重视幼儿的身体健康，而轻视了幼儿的心理健康，轻视了幼儿认知、性格、情绪、创造力等的发展。尽管农村学前儿童家长都赞成幼儿进行游戏有好处，能够通过游戏学习知识与技能，但他们却大多是让幼儿独自玩游戏，而极少参与到幼儿的游戏中去。

（三）农村幼儿家长的教育素质亟待提高

家长的教育素质决定着儿童在成长过程中所接受的教育和所处的环境。家长的教育素质是影响幼儿身心、认知、性格等的重要因素。而在研究显示农村学前儿童家长的文化程度总体偏低，基本在“高中及中专以下”，大学以上的家长非常少；且大多数家长从未读过“学前教育学”、“幼儿发展心理学”等幼儿教育类方面的书籍。不了解幼儿，就无从教育孩子，只能任由孩子自由发展，这极大地阻碍了幼儿的发展。

（四）农村幼儿家长对幼儿主动性认识不足

大多数家长皆能理性地对待幼儿，初步地认识到幼儿的独立性、发展性和个体差异性，也能在某种程度上尊重幼儿的意愿，但对儿童主动性的认识仍存在不足，这种不信任不利于学前儿童的身心发展。

（五）农村幼儿家长的人才观存在偏差

常言道，三百六十行，行行出状元。我国现今正处于中国特色社会主义现代化建设中，不仅需要大量的高、尖、精人才，还需要许多平凡岗位的人才。农村学前儿童家长的人才观稍显单一与功利。尽管他们可能会遵循孩子的意愿，但他们更倾向于社会地位或经济利益等的获取，而轻视“技术人员”。

四、农村幼儿家长教育观念转变的对策与建议

农村幼儿家长学前教育观念的提升与转变并不是一蹴而就的，它是一个长期渐进的过程。同时，这样的转变与提升也并不是仅仅依靠家长就能够实现的，而是需要政府、幼儿园所和家庭等多方共同努力才能得以实现。

（一）政府应加大投入，提高学前教育办学水平

农村幼儿家长的教育观念与农村特殊的地理位置、贫瘠的物质和精神环境有关。①政府应大力发展农村经济，提高人民生活水平，为家长学习知识提供条件，让家长不再因经济条件的制约而减少学前教育的投入。②政府应加大学前教育投入，教育资源、资金等向农村倾斜，鼓励幼儿教师特别是高学历的幼儿教师回乡就业、创业，政府给予一定的政策支持或教育补贴。③政府应加大农村学前教育的宣传力度，完善农村社区文化，为农村家长营造高度重视和关心学前教育的浓厚氛围。当农村家长长期处于这样的环境下，便会受潜移默化的影响，学前教育观念也随之得以提升。

（二）托幼机构应加强教育引导，帮助家长树立科学的教育观念

托幼机构作为学前教育的主要机构，应充分发挥幼儿教育的主导作用加强对家长的教育引导。积极地开展各种活动，如家长开放日、亲子运动会等活动，引导家长树立科学的教育观念，形成良好的教养态度和掌握科学的育儿方法。托幼机构还要创造条件，让家长彼此之间交流育儿经验。这点可以通过家长会的机会，请在某一方面有较好经验的家长进行介绍，然后家长一起讨论发言，相互切磋与学习。促进家园合作，帮助家长认识其对孩子成长的重要性，引导家长科学的看待幼儿的行为与表现，促进农村幼儿家长教育观念的提升，实现家园教育的同步化。

（三）家长应加强自身学习，提高自身素质

家长的教育观念与其受教育程度密切相关。因此，家长要树立科学的教育观念，提高文化素养，扩大自身视野，了解当前社会的新动态与新知识，与时代共同进步。目前可以让家长学习、更新教育观念的途径主要有：①通过大众媒体搜索观看有关幼儿教育的栏目，如《超级育儿师》等。②利用手机下载有关育儿的软件，如“育儿宝典”、“育儿指南”等。家长只要动动手指通过这些平台来听取专家的育儿理念，让专家的意见与建议

为自己所用。③阅读专门的幼儿教育类书籍，了解幼儿身心发展的知识。只有了解孩子，并有意识地调整自身的教育方式，才能树立科学正确的学前教育观念。④创建家长社交QQ群，交流育儿经验，取长补短，自己从中得到了帮助，从中也可以帮助他人。

第三节　农村幼儿园户外活动问题及教育对策研究

幼儿园户外活动是幼儿一日生活的重要组成部分，也是幼儿的身心健康发展的重要保障。《幼儿教育指导纲要（试行）》中明确指出，幼儿园应“开展丰富多彩的户外活动和体育活动”，“必须把保护幼儿的生命和促进幼儿的健康放在工作的首位”。同时，在《幼儿园工作规程》中也明确指出：“户外活动时间不少于两小时。”从中可以知道，幼儿园户外活动在幼儿园整个教学活动中具有重要的地位和作用。户外活动一方面可弥补体育课、早操和晨间锻炼等活动的缺陷；另一方面可以满足孩子的发展需求。幼儿参与户外活动不仅可以发展他们的大肌肉动作，而且可以学着与同伴合作，有利于提高他们的交流与沟通能力。农村幼儿园离大自然近，拥有独特的地理位置，开展户外活动有非常丰富的教育资源。然而在现实生活中，由于受到多方面因素的影响，农村幼儿园开展户外活动过程中存在诸多问题，活动的效果非常不理想。为了了解农村幼儿园户外活动开展的情况，我们选取了江西省婺源县和赣州市兴国县的16所农村幼儿园的户外活动作为研究对象，考察农村幼儿园户外活动中存在的问题，并根据此提出相应的教育对策与建议。

一、农村幼儿园户外活动开展的基本状况

1. 幼儿户外活动的内容

农村幼儿园户外活动的内容一般是由教师根据实际情况来决定的，教师拥有大部分的决定权。通过问卷调查研究发现，农村幼儿园户外活动的内容主要有：玩大型玩具、追逐打闹、玩沙子、攀爬等等。

如图5-23所示，多数幼儿教师表示农村幼儿园户外活动的内容很单一，大多是玩大型玩具、攀爬，然而选择追逐打闹、角色扮演、玩沙子和画画的却不到一半，还有40%的教师表示会选择其他的活动。

2. 幼儿户外活动游戏的类型

根据皮亚杰的认知发展理论，游戏可分为结构性游戏、练习性游戏、象征性游戏和规则性游戏。当幼儿是在老师的指导下进行的游戏一般是规则性游戏，如丢手绢。练习性游戏主要是在幼儿在玩大型玩具的时候进行的游戏。当幼儿在玩沙子时主要表现的游戏类型是结构性游戏，如盖房子、堆砌。象征性游戏则是幼儿在进行角色扮演时出现比较多的，如娃娃家。经问卷调查分析，农村幼儿园的户外活动游戏类型主要是规则性游戏和练习性游戏。如图5-24所示。

3. 幼儿园户外活动开展的频率

《幼儿园工作规程》中明确指出：“幼儿在园一日活动中户外活动的时间不能少于两小时。”然而，经调查发现很多农村幼儿园都没有按照规定来开展户外活动，不能保证一定的户外活动时间。

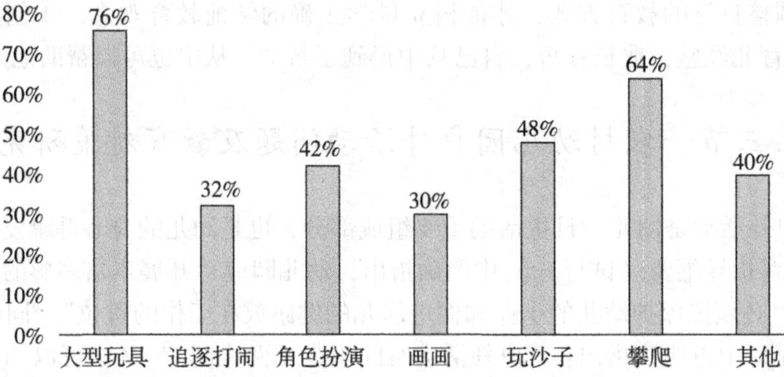

图 5-23 农村幼儿园户外活动的内容图

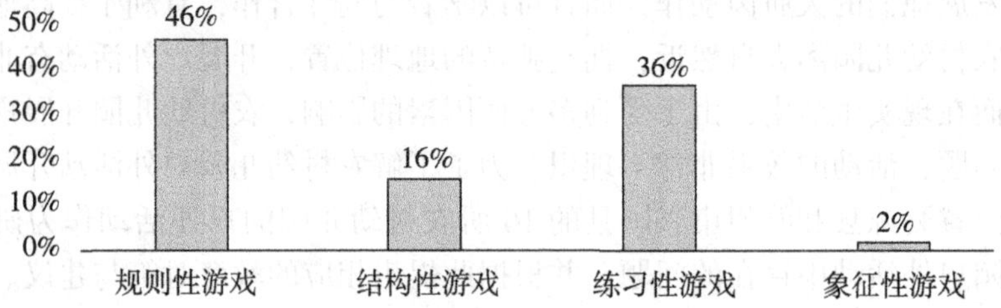

图 5-24 幼儿园户外活动的类型图

如图 5-25 所示，只有 46%的教师每天开展 1~2 次户外活动；有 22%教师表示自己是每星期开展 1~2 次的活动；有 28%教师表示他们的开展活动是每周 3~4 次；还有 4%教师居然是一个月才开展 1~2 次；但庆幸的是没有教师是从未开展过的。

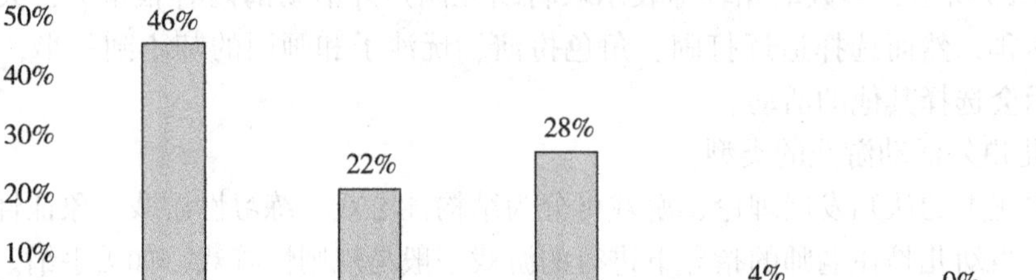

图 5-25 户外活动开展频率图

4. 幼儿园户外活动持续的时间

充裕的时间（30 分钟以上）才能保证户外活动的顺利开展，才能够更好地发展幼儿各方面的能力。然而现实是幼儿一般听从教师的安排进行活动，并且时间也是由教师把控。10%的幼儿教师仅每次进行 5~10 分钟的户外活动，44%的幼儿教师则每次户外活动保持 10~20 分钟，36%的教师将户外活动时间控制在 20~30 分钟之内，仅有 10%的教师能每次户外活动时间持续在 30~40 分钟。因此，农村幼儿园超过 90%的幼儿教师留给幼儿的户外活动时间是不合理的，也不利于幼儿的身心发展。如图 5-26 所示。

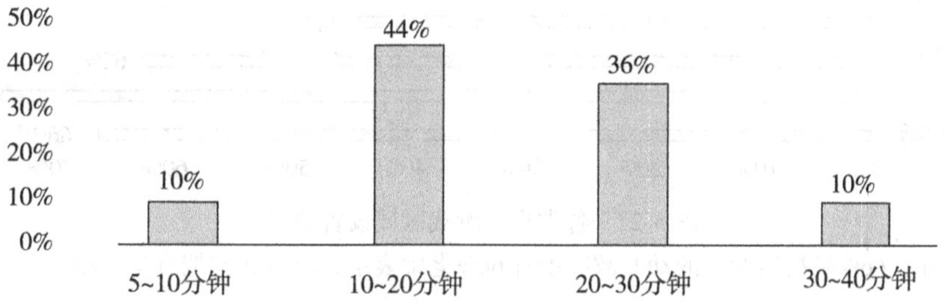

图 5-26 幼儿园户外活动的持续时间图

二、农村幼儿园户外活动开展存在的主要问题

1. 农村幼儿园户外场地及硬件设施不达标

经调查发现，农村幼儿园的硬件设施不达标，而且农村大部分是家庭式民办幼儿园，他们将出租房或自家的房子简单装修，用木板隔成几间教室来上课，园内也没什么玩具，最多的就是大型玩具滑滑梯之类的，几乎占据了园内大部分活动空间。农村的公办幼儿园条件稍微会好些，户外活动空间大很多，有一定的活动区域，如沙水区、种植区等，但是还没有达到标准的配备要求。

（1）幼儿园户外游戏区域设置情况。

户外活动场地应该是有规划的，根据不同的要求合理投放材料和玩具器械，一般而言，幼儿园户外活动的区域有很多种类。

农村幼儿园配备最多的是大型玩具区、运动场和沙水区，角色扮演区和游戏小屋最少，其他游戏区域也占有一小部分。而且有些农村幼儿园的运动场几乎是水泥地和土地，极少数有塑胶地，有的也只是一部分塑胶短跑道。沙水区里沙区有沙，但水池里几乎是没有水的。而且还发现，好多幼儿园的活动区域使用率低，造成一定的浪费资源。如图 5-27 所示。

（2）幼儿园户外玩具的变化情况。

每所幼儿园都会配备相应的大型玩具区，通过问卷调查统计，发现有 54%的教师表示她们的幼儿园户外玩具器械都有明显增多。有 40%的教师觉得在近几年里，幼儿园的户外设施几乎不变；有 6%的教师认为幼儿园的户外玩具反而明显减少了，但没有一位教师认为在近几年里有过彻底改变。如图 5-28 所示。

2. 农村幼儿教师对户外活动的认识与定位

（1）幼儿教师对于户外活动重要性的认识。

幼儿教师对于开展户外活动的重视程度和心态直接关系着活动开展的质量，因此，农村幼儿教师对待户外活动必须端正态度，积极应对。由图可知，有 86%的幼儿教师是很

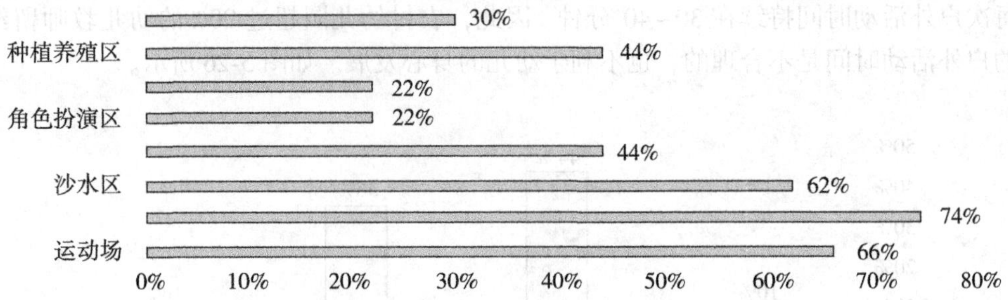

图 5-27　各类户外游戏区域设置情况图

（注：66%是指所调查的幼儿教师中有 66%老师表示自己所在园拥有运动场）

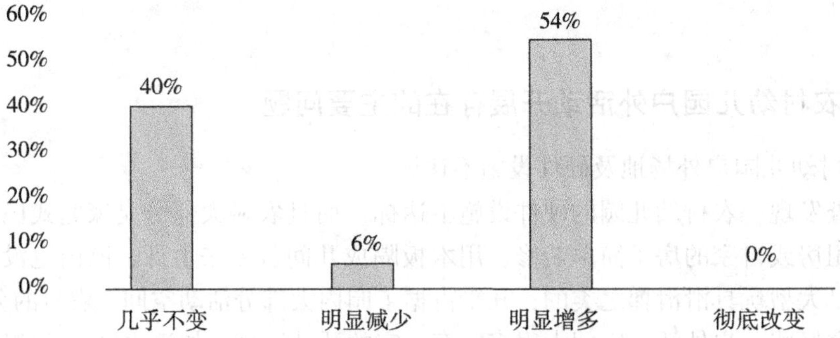

图 5-28　幼儿园户外玩具器械变化情况图

重视户外活动的，只有极少数教师不太重视。而且超过 76%的幼儿教师是积极对待的，只有 24%的教师是以应对的心态来对待的。如图 5-29、图 5-30 所示。

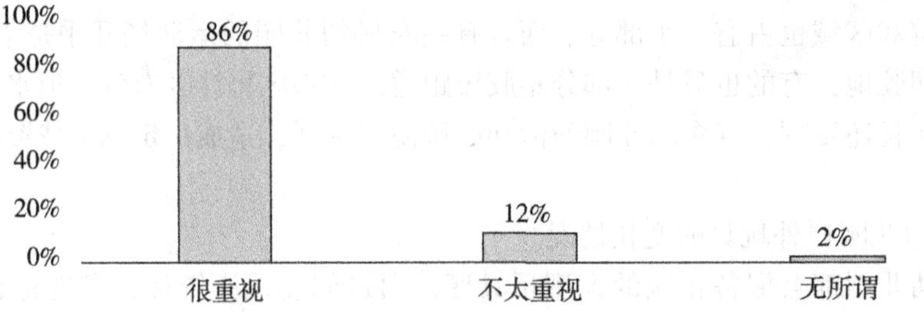

图 5-29　幼儿教师对户外活动的重视程度图

（2）幼儿教师对户外活动中自身角色的认识。

在调查中发现，农村教师并没有意识到自身的角色定位的重要性，如图 5-31 所示，农村幼儿教师认为自己主要是活动中的支持引导者（26%）和游戏合作者（24%）；18%的幼儿教师认为自己在活动中扮演着组织示范者；同时还有 18%的教师认为自己只是活动中的安全保护者；还有少数教师甚至表示自己只是纪律维持者（14%）。

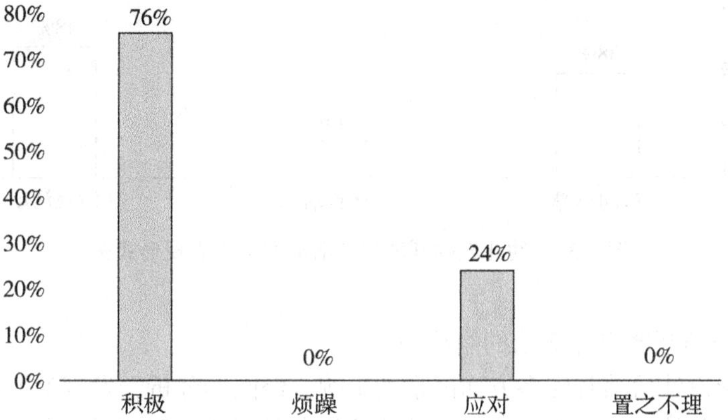

图 5-30 幼儿教师对户外活动的心态图

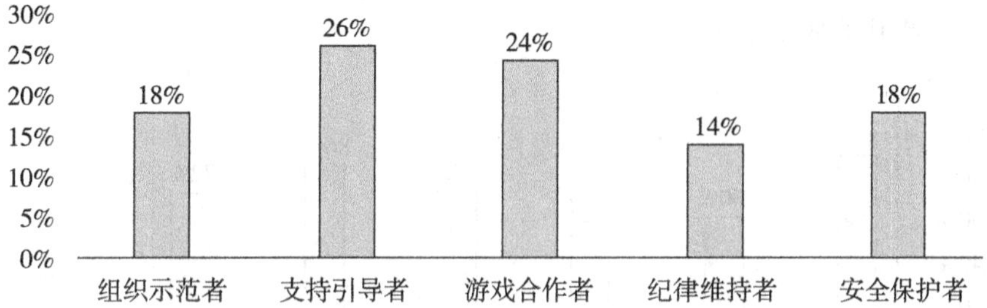

图 5-31 幼儿教师对自己在活动中的角色认识图

(3)幼儿教师组织户外活动时最常用的组织形式和表现形式。

调查表明，农村幼儿园采用最多的是以集体参与的方式来进行户外活动，其中有超过一半的老师就是采用这样的形式，还有一部分是以小组为单位的，只有少部分教师采取的是个人活动或自由活动。农村幼儿园户外活动的主要表现形式有晨间早操和游戏活动，还有少部分是体育活动。有 38%的教师表示自己所在班级开展的户外活动主要是晨间早操，有 48%的幼儿教师则表示是游戏活动，还有 14%的是体育活动。如图 5-32 和图 5-33 所示。

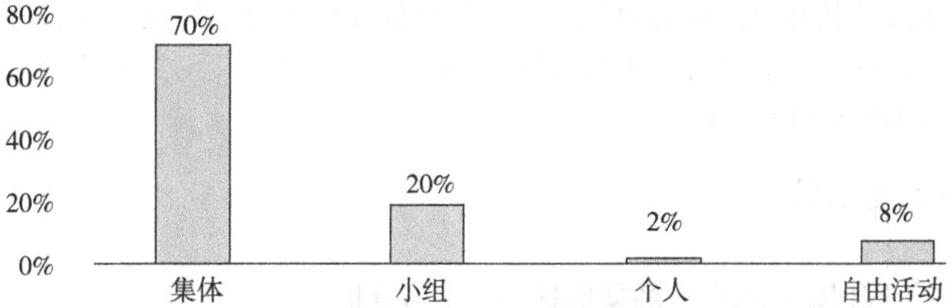

图 5-32 幼儿教师最常用的组织形式图

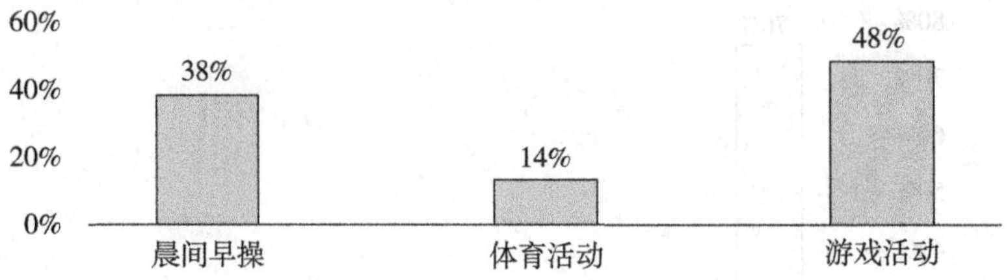

图 5-33 幼儿教师开展户外活动的主要表现形式图

（4）幼儿教师开展户外活动的制约条件。

教师在开展户外活动时受多方面因素的影响，经问卷分析，发现幼儿教师在开展户外活动时需考虑的条件如下：天气状况、幼儿的作息时间和课程安排等等。如图 5-34 所示，制约幼儿教师开展活动最大因素是天气状况，而且教师也会考虑很多的安全问题，其次才是幼儿的兴趣爱好和场地空间因素，还有就是幼儿的作息时间和课程安排，而且在开展活动时还存在一些其他的不定因素。

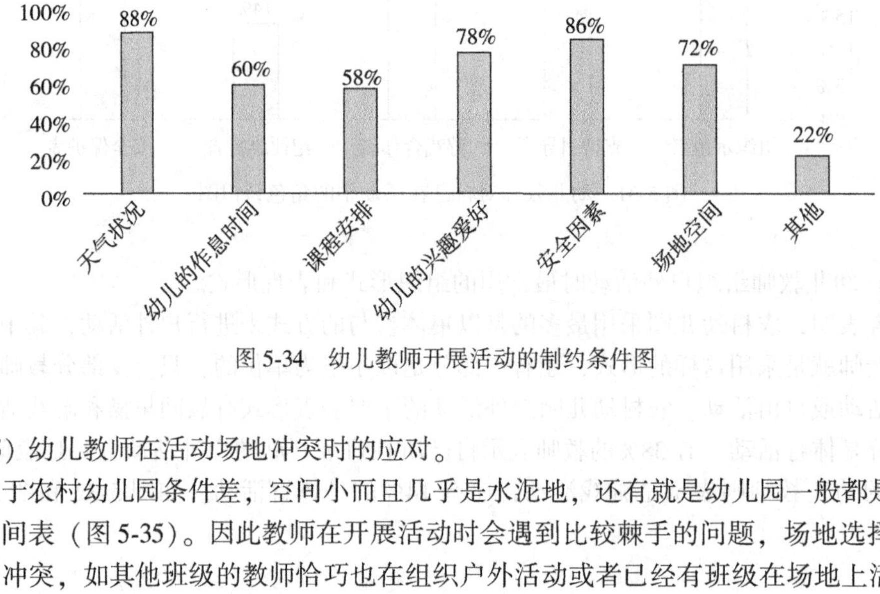

图 5-34 幼儿教师开展活动的制约条件图

（5）幼儿教师在活动场地冲突时的应对。

由于农村幼儿园条件差，空间小而且几乎是水泥地，还有就是幼儿园一般都是统一的作息时间表（图 5-35）。因此教师在开展活动时会遇到比较棘手的问题，场地选择上发生一定的冲突，如其他班级的教师恰巧也在组织户外活动或者已经有班级在场地上活动。调查发现，有 34%的教师会推迟活动时间，与其他班级轮流使用场地；有 38%的教师会将场地一分为二，各占一半使用；还有的就是 26%的教师会直接与其他班级混合使用；因此而取消活动的教师也有 2%。

三、讨论与建议

（一）关于农村幼儿园户外活动现状的讨论与分析

经研究发现，农村幼儿园户外活动的有效开展存在着一定的困难，导致这一问题有多

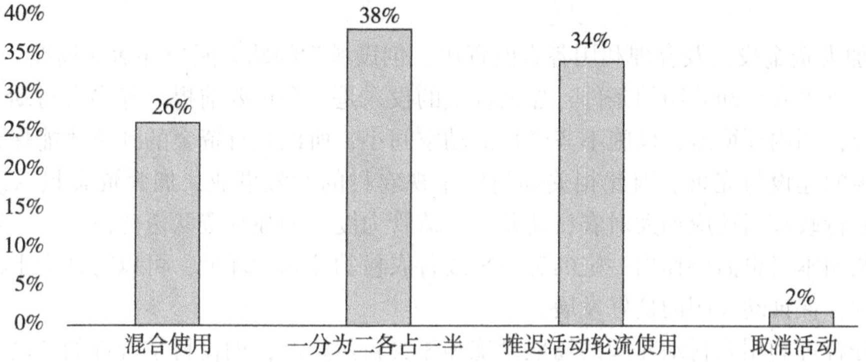

图 5-35 幼儿教师面对场地冲突时的应对图

方面因素。对问卷进行分析之后发现有以下主要原因：

（1）农村幼儿园的户外活动场地规划不合理，资金投入不足，没有受到教育管理者的足够重视。这些都影响了户外活动的有效开展。然而在各种现实条件下，农村幼儿园的户外活动场地都未达到标准，也没有根据农村的实际情况，利用农村独有的自然资源开展游戏活动以及自制玩、教具。而且农村幼儿园的户外活动场地区域结构形式化，活动区域和玩具器材使用率低，区域功能构造缺失。在场地简陋，条件不佳的情况下，幼儿教师在开展户外活动时的积极性会有所影响，因而活动质量无法得到保证。

（2）农村幼儿教师行为与教育观念的不一致。他们为了避免班级之间的冲突和幼儿的安全问题而选择室内教学活动或者推迟活动。明知道每天都应该带领幼儿进行一定时间的户外活动，可是他们却为了应付上级领导关于环创及各项检查而把幼儿关在室内，忙着自己的事情。而且很多班级都是按照课程表来安排幼儿的一日活动，然而课程表一点也不合理。鉴于各种原因，许多幼儿教师在实际中难以体现对户外活动的重视。

（3）农村幼儿家长对户外活动的认识不足。为了学习才把幼儿送进幼儿园的，家长的陈旧理念已经影响到了农村幼儿园户外活动的开展。因此知识的学习对他们而言才是最重要的，认为过多的户外活动只会影响幼儿的学习。迫于家长的压力，幼儿园只好减少户外活动的游戏时间。家长的落后观念严重影响到农村幼儿园户外活动的开展。

（4）在进行活动时教师对幼儿人身安全与卫生的顾虑。因为有些户外大型玩具比较陈旧而且存在管理不当的问题，而且在户外活动开展过程中存在教师的疏忽问题以及幼儿缺乏一定的自我保护意识。因为农村幼儿园的条件有限，大部分大型玩具都是二手的，所以在维护方面存在不当，缺乏专业人员的维修。在户外活动的开展过程中存在着难以预料的危险情况，而且幼儿由于缺乏社会和生活经验，心理和生理尚未成熟，自我保护的意识较弱，所以在遇到一些危险情况时无法及时避开伤害，在很大程度上威胁了幼儿的生命安全。

（二）针对现实状况提出的建议

针对农村幼儿园户外活动现状以及存在的问题，发现可以从户外活动的场地设施及其组织、幼儿教师的观念、家长的观念和幼儿自身这四个方面来改善和提高户外活动的开展水平。

1. 加大资金投入及合理利用各方面资源，创设科学的幼儿园户外活动场地

对于改善农村幼儿园的条件，加大资金的投入是一个重要前提。好多农村幼儿园因为缺乏资金，园内环境差，设施不齐全且活动空间小，所以只有资金的到位才能保证幼儿园场地设施的建设与完善。因此相关部门应重视农村的幼教事业，加大资金投入。除此之外，政府行政部门还应加大对农村幼儿园的监管力度，加强师资队伍建设。

幼儿园本身也需要作出一定的努力来改善农村幼儿园的环境，可以对社会上的企业进行拉赞助，保证幼儿园的良好发展。

充分合理利用农村幼儿园的场地设施和相关自然资源，创设科学合理的活动场地。而且幼儿园应制定合理的作息时间，把各班的户外活动时间错开，灵活开展户外活动以免造成场地的空闲或拥挤。这样既可以充分利用场地和相关资源，也可以避免玩具器械的使用率低和闲置等问题。农村的自然资源很丰富，幼儿教师应充分利用，可以带领幼儿进行户外的研究。可以将幼儿带到田地进行观察，幼儿也会非常喜欢，这样既可以满足幼儿的好奇心，又可以丰富教学内容和教学形式。幼儿和教师还可巧用农村废品，自制玩教具，利用本土文化和自然资源，创设独特而新颖的户外活动场地。这么做一方面可以帮助幼儿园减少支出，增加幼儿园的玩具种类；另一方面还有利于提高幼儿的动手操作能力和创造性思维。

2. 鼓励农村幼儿教师积极开展户外活动

调查得出，虽说很多教师都能意识到户外活动的重要性，可是在实施过程中，很多教师并不能根据现实状况合理地进行户外活动，而且不能准确定位自己的身份，在过程中疏于指导。大部分农村幼儿教师缺乏科学的户外活动观念，忽视了幼儿的发展需求，而且喜欢选择运动场和大型玩具区。而且她们把天气状况和安全问题作为开展活动的首要考虑因素，并没有从幼儿的自身兴趣出发，再者，户外活动开展的持续时间也不合理。有些幼儿教师甚至不怎么开展户外活动，只进行室内教学活动。因此，幼儿教师的户外活动观念有待改进。

（1）幼儿教师应明确自己的角色定位，是活动的支持者、引导者，而不是管理者和控制者，并且活动内容要符合孩子的兴趣爱好和要求，鼓励他们积极参与活动。

（2）幼儿园应制定合理的户外活动时间表，交叉使用活动场地。并且要求各班级一周至少进行 3~4 次户外活动，还要保证活动的质量。

（3）幼儿园还可以定期组织户外活动研讨，交流各班心得体会，促进户外活动的形式多变，加强教师组织户外活动的能力。

3. 加强家园联系，帮助家长形成正确的教养观念

农村大多数的幼儿家长知识水平不高，观念落后，看重的只是孩子知识的传授，而且对孩子太过于重视，因此父母的错误教养观念对开展户外活动存在一定的阻力。因此幼儿园可采取以下措施：

（1）幼儿园邀请专业人员进行科学育儿的讲座。幼儿园定期开展知识讲座，邀请家长一同参加，听取专家的意见。让家长知道幼儿园的真正教育目的，同时希望家长明白幼

儿园的小学化问题的危害。

（2）教师应积极与家长进行交流，打消家长顾虑。开展户外活动时，如果家长提出反对，教师应理解家长的反应并及时与他们进行沟通，说明自己开展活动的重要性和意义所在，可以帮助幼儿得到各方面的知识以及提高自身能力。

（3）可以邀请家长与幼儿一块参与活动，感受其中的乐趣。让家长认识到户外活动不仅仅是玩游戏，还可以训练幼儿的动作技能，促进幼儿与同伴交往。此外，通过参与，家长还可认识到自己的孩子在幼儿园其实可以学到很多意想不到的知识，如如何提高自身的保护能力。

（三）解决活动中的安全隐患问题

幼儿园应定期对园内的玩具器械进行检查与维护，若发现玩具有松动、生锈等现象，应该及时找专业人员进行修理。还有一些比较破旧的玩具应及时处理掉，以免幼儿误用，造成不必要的伤害，对于不合格的产品不允许在园内使用。

幼儿园还要重视幼儿玩具和材料的安全与卫生，要求教师做好清洁和消毒的工作：①定期检查幼儿园的所有玩具，并做到及时清洗和消毒。②在自制玩教具时，应选取安全卫生的材料。

《幼儿园工作规程》中明确规定，幼儿园应该加强对幼儿的安全意识教育。幼儿园应要求每周各班级需开展一次安全教育活动，以此来提高幼儿自我保护意识。《幼儿园教育指导纲要（试行）》也指出："密切结合幼儿的生活进行安全教育，提高幼儿的自我保护意识和能力。"因此，幼儿教师不仅要在日常生活及教学活动中强调安全问题，还要在户外活动中及时指出存在的安全隐患以及避免的方法。通过活动让幼儿习得一些运动方面的能力，提高幼儿保护自己的意识和技能，促进幼儿全面发展。

第六章　学前教育师资队伍建设研究

学前教育师资水平是影响学前教育改革与发展的重要因素，加强学前教育师资队伍建设成为我国政府发展学前教育的重要职责与使命。2010 年出台的《国家中长期教育改革和发展规划纲要》明确规定："严格制定幼儿园教师资格标准，切实加强幼儿园教师的培养培训，提高幼儿园教师队伍整体素质"，确立了我国未来幼儿园教师队伍建设的目标。2012 年《幼儿园教师专业标准》的颁布，标志着我国幼儿园教师建设进入了专业化发展阶段。近年来，我国学前教育师资队伍建设取得了明显的成绩，但仍然存在诸多问题。为此，本研究选取了幼儿教师职业倦怠的成因及对策、幼儿教师专业能力存在的问题及对策、幼儿园新教师职业适应问题及对策等进行了探讨，以期为解决学前教育师资队伍建设存在的相关问题提出建议。

第一节　幼儿教师职业倦怠的成因及对策研究

幼儿教师是职业倦怠的高发群体。幼儿教师若长期处在高压状态下而不通过合理途径进行自我调节，就很容易陷入职业倦怠，从而会产生教学热情和工作兴趣下降，身体精疲力竭，精神高度疲劳和紧张等一系列不良的反应。幼儿教师的职业倦怠不仅会危害幼儿教师的身心健康，也会对幼儿产生消极作用，最终不利于幼儿园的正常运转。上饶市独特的地理位置使其经济排名跻身江西省的前五位。在这样的经济背景下，上饶市幼儿教师的工资待遇和收入却比较低，这种反差容易导致该地区部分幼儿教师向浙江等发达地区流动，同时，由于上饶市大部分幼儿园教师均来自本地区中职和高职的幼教毕业生，他们的专业素养和职业认同感较低，加之本地区幼儿教师的社会地位和经济收入不高，使该地区部分在职幼儿教师的职业认同感和幸福感容易产生缺失，最终导致该地区部分幼儿教师产生职业倦怠现象。本研究就上饶市幼儿教师职业倦怠这一问题进行了研究分析，探索上饶市幼儿教师出现职业倦怠的成因，并提出缓解幼儿教师职业倦怠的基本对策。

一、上饶市幼儿教师职业倦怠的现状调查

随着教育改革的不断深入，社会对学前教育的关注越来越多，对幼儿教师的要求与期待也越来越高。幼儿教师是教师群体中的特殊群体，需要面对年龄最小的教育对象，幼儿教师的言行举止对幼儿都有很大影响力，这就更需要以一种良好的状态去教书育人。然而，在幼儿教师群体中却出现了职业倦怠的问题，上饶市也同样出现了这种问题。上饶市幼儿教师职业倦怠主要表现在幼儿教师的个人成就感不高、幼儿教师情绪衰竭等方面。

（一）幼儿教师的个人成就感不高

个人成就感就是指一个人做完一件事情或者做一件事情时，为自己所做的事情感到愉快或成功的感觉。幼儿教师的个人成就感是指幼儿教师完成幼儿园工作，完成教书育人的责任而感到愉悦或成功的感觉。

在工作方面，幼儿教师需要完成幼儿日常常规的指导、教育教学的实施等工作。当幼儿教师可以轻松地完成这些工作时，幼儿教师就会产生个人成就感。当幼儿教师对完成这些工作感到担忧时，幼儿教师的个人成就感就无法产生。上饶市幼儿教师在工作上的个人成就感不强。

如图 6-1 所示，有 77.78%的幼儿教师表示有时会因为工作的事而失眠或担忧不已，有 5.56%的幼儿教师表示总是会因为工作的事而失眠或担忧不已，只有 16.67%的幼儿教师表示从未因为工作的事失眠或担忧不已。

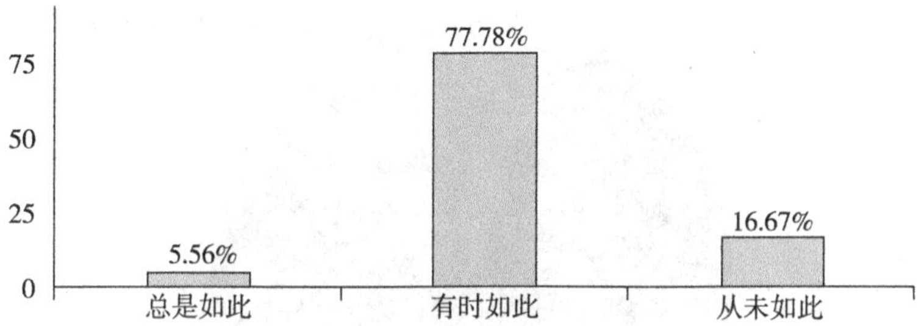

图 6-1　我会因为工作的事而失眠或担忧不已

如图 6-2 所示，有 22.22%的幼儿教师会总是觉得幼儿教师这一行业会使自身有成就感和自豪感，有 72.22%的幼儿教师会有时觉得幼儿教师这一行业会使自身有成就感和自豪感，有 5.56%的幼儿教师会从未觉得幼儿教师这一行业会使自身有成就感和自豪感。由这些数据，我们可以得出上饶市的幼儿教师对幼儿教师这一职业是有认同感的，但是他们对这一职业的认同感不强，对这一职业还存在着不解与不满。

如图 6-3 所示，有 16.67%的幼儿教师会总是有辞去这一职业的想法，有 77.78%的幼儿教师会有时有辞去这一职业的想法，有 5.56%的幼儿教师从未有辞去这一职业的想法。在这些数据中，有大部分的幼儿教师有时有辞去工作的念头，只有少部分的幼儿教师总是想辞去这一职业。从这两者的对比中，我们可以得出上饶市幼儿教师很少从幼儿园工作上得到愉悦感和满足感以及个人成就感，以至于产生辞去工作的念头。

如图 6-4 所示，有 22.22%的幼儿教师总是觉得幼儿教师的工作使自身疲惫不堪，72.22%的幼儿教师有时觉得幼儿教师的工作使自身疲惫不堪，5.56%的幼儿教师从未觉得幼儿教师的工作使自身疲惫不堪。

如图 6-5 所示，有 33.33%的幼儿教师总是上班就盼着下班，61.11%的幼儿教师有时上班就盼着下班，5，56%的幼儿教师从未上班就盼着下班。从图 6-4 和图 6-5 中，我们可以看出大部分的幼儿教师是觉得上班很累，上班并没有带给我快乐的，这也是个人成就感

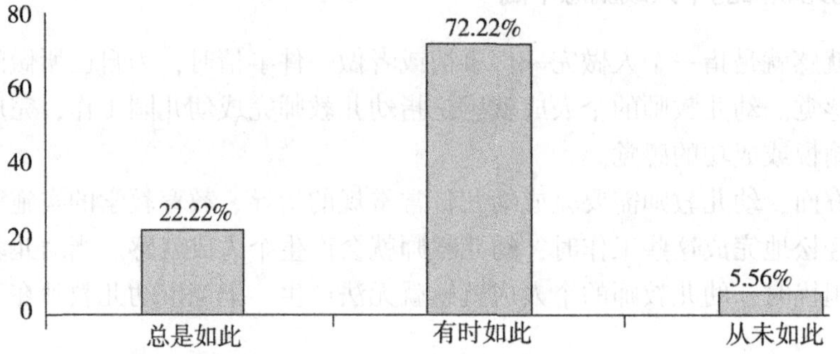

图 6-2　我觉得这份工作让我有一定的成就感、自豪感

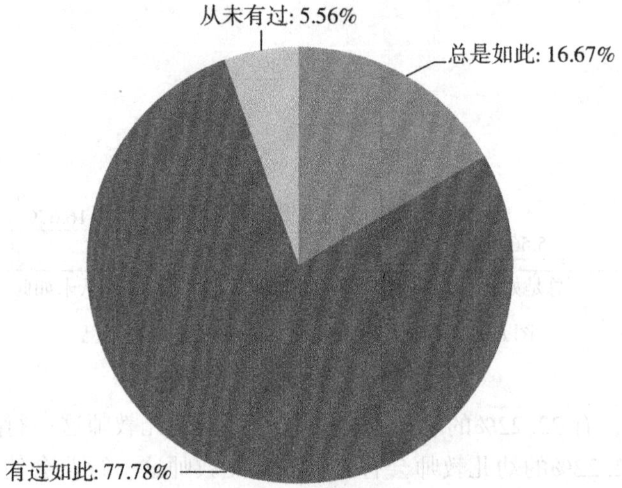

图 6-3　我有过辞去这份工作的想法

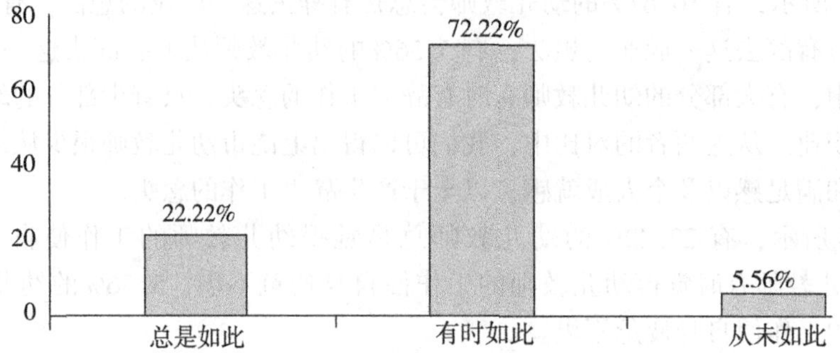

图 6-4　工作使我经常处于疲惫不堪的状态

不高的体现。

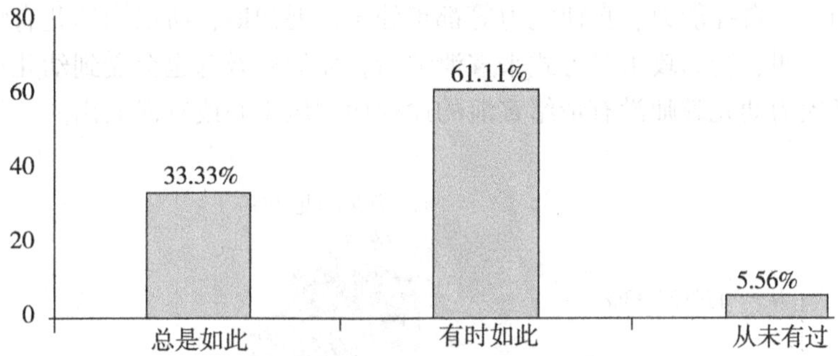

图 6-5　上班时，常常盼着下班或者盼着放假

如图 6-6 所示，有 5.56% 的幼儿教师总是觉得我的工作给人积极向上的影响，83.33%的幼儿教师有时觉得我的工作给人积极向上的影响，11.11%的幼儿教师从未觉得我的工作给人积极向上的影响。我们可以看出幼儿教师这一职业给幼儿教师带来的自豪感不强，虽然小部分的幼儿教师觉得自己能给别人带来积极的影响，但是却有大部分的幼儿教师觉得自己不能给他人带来积极向上的影响。

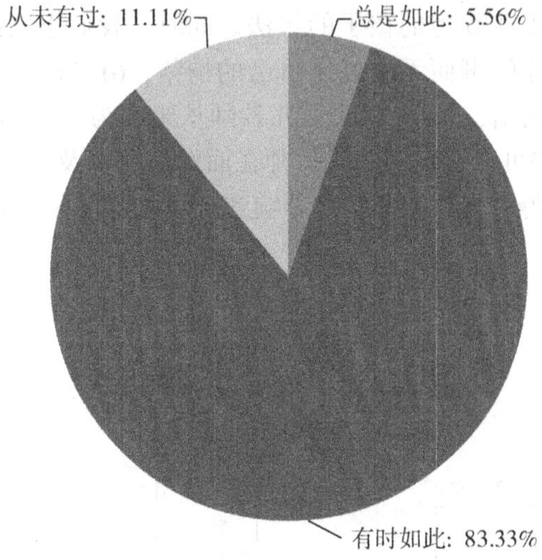

图 6-6　我通过工作给了他人积极向上的影响

从以上几个图表中，我们可以得出上饶市幼儿教师的个人成就感不高，对幼儿园工作的认可度不强。

（二）幼儿教师的情绪衰竭

幼儿教师在一日的工作中会接触三种人际环境，它们分别是师生人际环境、教师之间的人际环境以及教师与家人之间的人际环境，其中又以师生的人际环境最为重要。幼儿教师与幼儿都处在同一个人际环境中，他们是环境的创造者，又是环境的承受者。幼儿由于正处于成长期，其自控能力、自律能力等都正处于发展初期，所以当幼儿有情绪时，幼儿都会用哭闹、喊叫、行为攻击等方式来宣泄情绪，而幼儿教师也会受到幼儿情绪的感染而产生情绪，又因为幼儿教师没有情绪宣泄的途径而积压于心或宣泄而出。

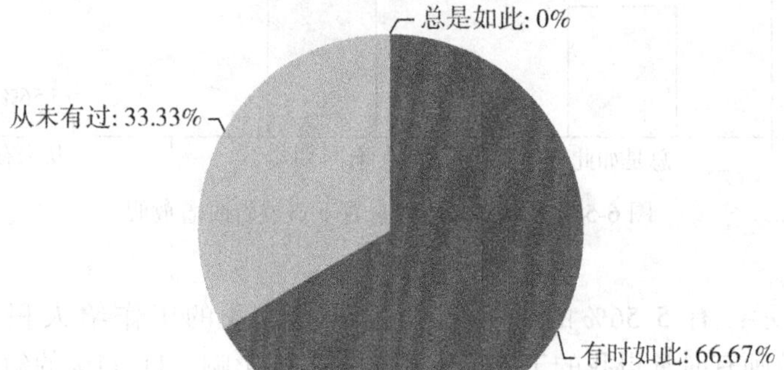

图 6-7　面对屡教不改、顽劣不堪的孩子我有过放弃或无视的想法

如图 6-7 所示，33. 33%的幼儿教师从未有过放弃那些顽劣的孩子的想法，66. 67%的幼儿教师有时会有放弃那些顽劣的孩子的想法。同时，我们也从图 6-8 中看到有 22. 22%的幼儿教师总是因为工作的事而无法控制自己的情绪，61. 11%的幼儿教师有时因为工作的事而无法控制自己的情绪，16. 67%的幼儿教师从未因为工作的事而无法控制自己的情绪。从图 6-7 和图 6-8 中可以看出，幼儿教师在面对幼儿以及工作上的情绪时并没有很好的调节自身的情绪，使得幼儿教师的情绪影响到对幼儿的教育教学以及幼儿园工作中。

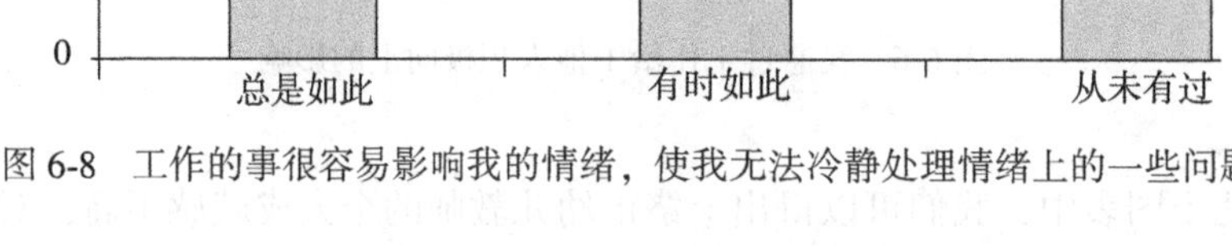

图 6-8　工作的事很容易影响我的情绪，使我无法冷静处理情绪上的一些问题

教师与教师之间的人际环境也是幼儿教师情绪衰竭的来源之一。幼儿教师与幼儿教师在幼儿园工作或在处理幼儿问题时会有比较多的交集。在这些交集里，他们会因为自身的性格不同、行为处事的方法不同以及所占位置的不同而对某些事有不同的观点以及对彼此

的不认同。在这样的不认同下，幼儿教师之间就做不到真正意义上的认同与接纳。如图 6-9 所示，有大部分的幼儿教师觉得“单独干”比较好，不用处理麻烦的人际关系。只有小部分的幼儿教师觉得在群体中工作比较好。

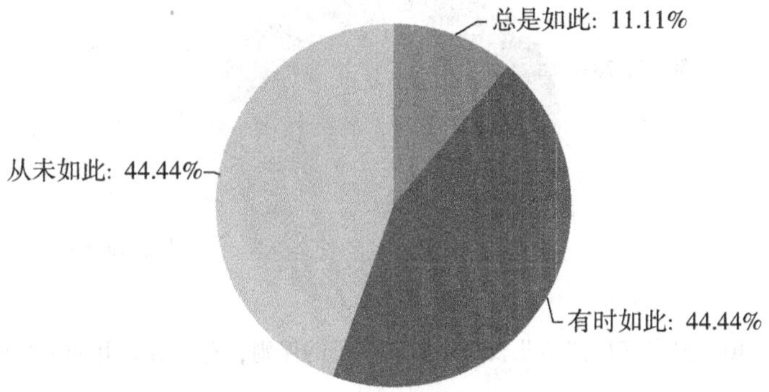

图 6-9 我觉得工作中“单独干”比较好，不用处理麻烦的人际关系

二、上饶市幼儿教师职业倦怠的原因分析

（一）社会方面原因

1. 幼儿教师在得到高期望的同时未得到相应的社会地位与尊重

在社会这个大团体中有着许许多多的职业，如会计师、律师、工程师、公司老总等，但是每一种职业在社会上的定位和地位是不一样的。教师是太阳底下最光辉的职业，教师在我国人民群众心中拥有着高尚的地位。但是幼儿教师虽然在幼儿的一生中有着无法替代的地位，可由于社会上未对幼儿教师的各种权益做出明确的制度制约和制度保障，幼儿教师无法通过制度的明文规定和具体实施获取社会资源，保障社会权益。例如，民办幼儿园的教师在制度规范中不能同时享有和中小学教师一样的职称评定机会。同时，幼儿教师也很难在市场机制的作用下共享社会资源。因此，幼儿教师的社会地位比较低。在这样的社会大环境下，社会上各阶级的成员对幼儿教师的认同感不高，尤其与幼儿教师有着密切关系的家长。现在依旧有许多的家长认为幼儿教师是保姆、阿姨，是照管幼儿吃喝拉撒的。

虽然幼儿教师的社会地位不高，但是社会却对幼儿教师有着高期望。幼儿教育是我国教育的基础，教育的发展离不开幼儿教育。在这样观念的影响下，全社会越来越关注幼儿教育，幼儿教师也就被寄予了很高的期望。他们是幼儿的老师和朋友，是幼儿教育的研究者与反思者，是幼儿心理咨询师，是家长的代言人，甚至是幼儿的监护者。幼儿教师身担重责，身兼数职。

图 6-10 是社会对幼儿教师地位的认可度调查，图 6-11 是社会对幼儿教师的要求与期待所带来的压力调查。从图 6-10 与图 6-11 中，我们可以看出社会尤其是幼儿家长对幼儿教师是有比较高的要求与期待，但是却没有给予幼儿教师应有的社会地位与尊重。幼儿教师长期处于高压力与低地位相结合的环境下很容易对幼儿教师这一职业产生厌倦感，最终

形成职业倦怠。

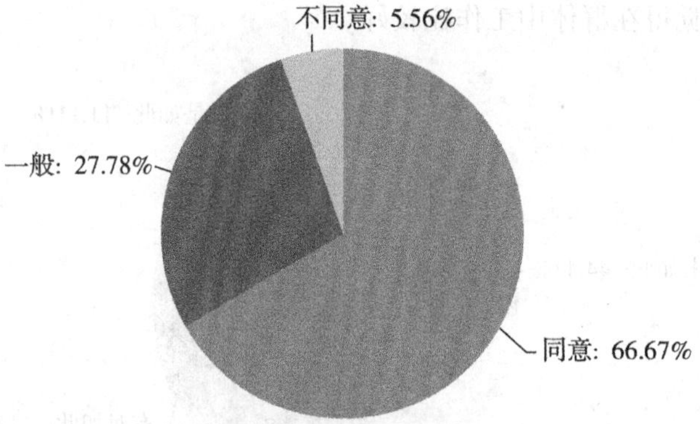

图 6-10　很多家长把幼儿教师当做看孩子的保姆，尊重教师并非发自内心

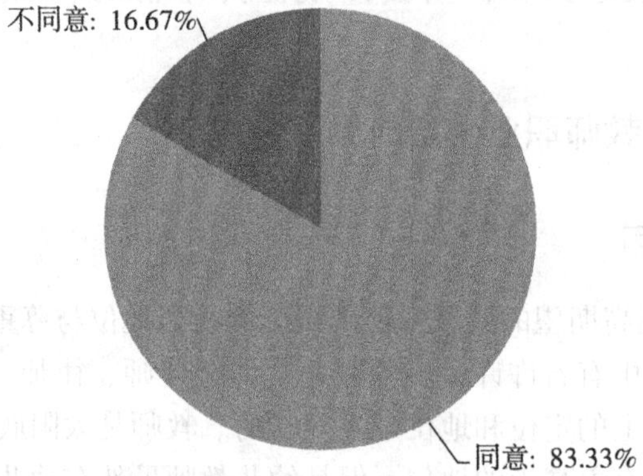

图 6-11　“不要让孩子输在起跑线上”，社会的新要求与高期望对我产生很大压力

2. 幼儿教师工作和生活的压力大

在社会快速发展的大背景下，各个行业在资源、生存空间等方面的竞争变得更加激烈。幼儿教师作为一种特殊的职业，工作压力会比较大，他们每天必须早早地去幼儿园做好迎接孩子的准备，有些幼儿园还需要幼儿教师打扫教室等，在经历一天 8 个小时甚至 12 小时的正常工作时间之外，他们每天下午还要等待全部的孩子都被家长接走以后才能结束自己的工作。而且除备课、批改作业、家访外，还要不断地提高自己的专业水平和锻炼自己的专业技能。此外，有些幼儿园或者早教机构会经常举行各种名目繁多的活动，如常见的招生活动，幼儿教师疲于应付，产生反感，最终导致职业倦怠的出现。幼儿教师的工作压力就是来源于这长时间的繁琐的工作。由于工作占据了幼儿教师一天中大部分时间，使得幼儿教师留给自己的时间就少之又少，甚至是没有办法参加朋友聚会、家庭聚会，同事之间也少有一起沟通交流的休闲时间。他们留给家人、朋友等的时间太少，即使血缘的纽带依然在，但本来的关系也会在时间的洪流里渐渐的变淡。与家人或朋友之间关系的改变或与他们之间联系的变少，他们会产生来自生活的压力。在工作与生活的双重压

力下，他们的工作热情会越来越低，在工作中失去积极努力的动力。

此外，来自幼儿园和家长的压力也是巨大的。幼儿园需要幼儿教师树立一个良好的口碑，以良好的口碑捍卫幼儿园的口碑。幼儿教师不管是否在园都要维持这个形象。同时，幼儿教师也要承担招生的责任，承担幼儿园的发展。来自幼儿家长的压力主要是幼儿家长希望幼儿教师更加关注自己的孩子，给自己孩子教授更多的知识，培养更多的能力，使孩子健康的成长。但幼儿家长对幼儿教师的信任度与对幼儿教师的期望值是不成正比的，他们是高期望与低信任值，因此加大了幼儿教师的压力。

从图 6-12 可以看出，大部分的幼儿教师都认为幼儿家长过高、过多的要求对自身产生了很大的压力。这些压力使得幼儿教师在园的每一刻都处于精神紧绷的状态，以至于幼儿教师不只身体疲倦，她们的心理也很疲倦。每一个人的身体都不会有无穷无尽的精力，它们是会有极限的，幼儿教师也是一样。幼儿教师首先是一个人，其次才是幼儿教师，她们是都会有身心极限的。当她们的身心长期处于疲倦状态时，她们就会产生倦怠感。

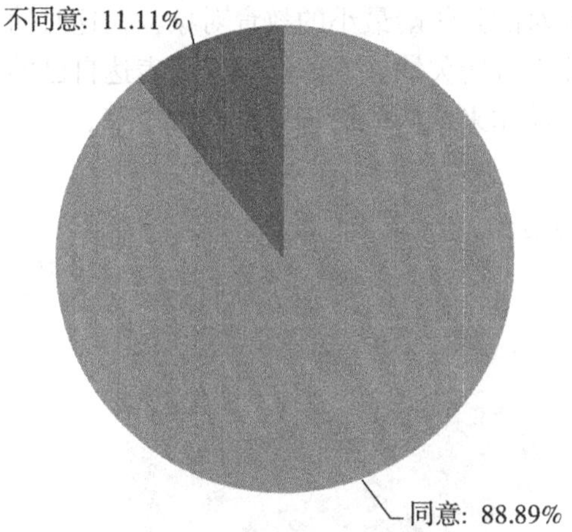

图 6-12　家长提出的过高、过多的要求会对我产生压力

（二）幼儿园方面的原因

1. 幼儿教师的工作时间长，工作量大而且繁琐

幼儿教师长时间以来都承载着由超负荷的工作强度，繁重的工作任务、过长的工作时间以及多重角色的转换所带来生理和心理上的双重压力。在园中，幼儿教师不但要承担各种脑力活动的工作，还要付出大量的体力劳动，不仅要对幼儿进行保育教育工作，保证幼儿身心的健康发展，还要设计和组织教学活动，既要负责搞好家园活动，又要完成科研任务。繁杂多样的任务消耗了幼儿教师大量的精力和能量。同时，幼儿园的班额超载也是幼儿教师压力的重要来源。在上饶市出台的《上饶市幼儿园管理方法》中规定小班 25~30 人，中班 30~35 人，大班 35~40 人。上饶市规定的班级人数几乎超出了国家规定的班级定额标准，这也为幼儿教师教育教学工作的开展造成困扰。幼儿教师在幼儿园中还有一项必不可少的任务即教案。部分幼儿园规定幼儿教师定期要完成教学笔记、成长档案、观察

记录、家长工作记录等，文案的种类比较多且杂，任务量不小，幼儿教师只能是疲于应付、勉强完成。

幼儿教师在幼儿的一日活动中既是参与者又是引导者。幼儿教师在完成自身的任务的同时也要参与其中，身临其境地感受幼儿在某一时刻的愉悦与成长，又要走出来引导幼儿去体验更深层次的成长经历。幼儿的一日活动主要包含着几个方面，分别有二餐二点、户外活动、上下午课程以及幼儿的日常。这些事大部分比较繁琐，而且由于幼儿的基数比较大，因此同一件事情需要重复几十次，这将加重幼儿教师的工作量。幼儿教师需要知道幼儿是正在成长中的个体，他们的规则意识、秩序感、认知程度、情绪体验以及心理健康都还在成长中，都需要进一步的发展，但又因为他们正处在成长中，所以他们无法控制某些行为或无法理解某些行为的后果，如哭闹、打闹、扔、摔等。因此在幼儿园中，幼儿教师将会长时间地面对许多幼儿这样的情绪宣泄，处理幼儿之间的情绪摩擦。

从图 6-13 可以看出，幼儿教师的工作时间普遍比较长，甚至有十二小时或十二小时以上的。从图 6-14 可以得出，幼儿教师对于幼儿园中繁琐且重复的工作感到身心俱疲。在幼儿园中，幼儿教师面对的是年龄最小的教育对象，在这时幼儿的思想尚未成熟，独立行动能力弱，语言表达能力有所欠缺，不能够较好地表达自己的情感与愿望，因此他们需要幼儿教师重复的语言、动作来帮助他们进行日常常规等。

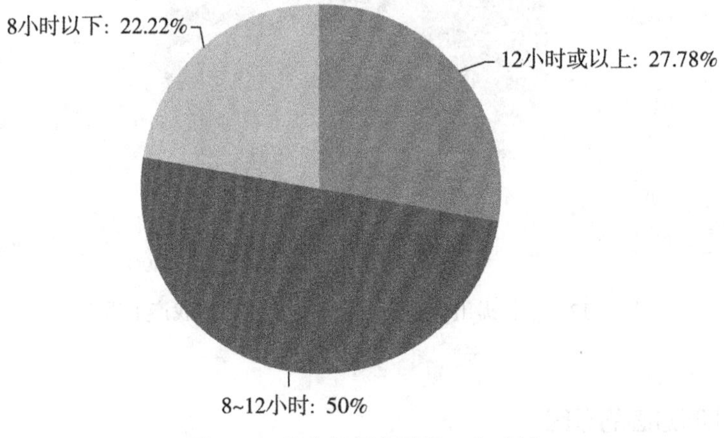

图 6-13　幼儿教师在园的工作时间

2. 幼儿的安全责任问题

在幼儿平均年龄只有 3~6 岁的幼儿园或者平均年龄为 2~3 岁的早教机构里，幼儿教师们所面临的最大压力是幼儿的安全问题。在幼儿园或早教机构中，由于幼儿的年龄比较小，自我保护意识不强，行为控制能力低，而且每一个班级的人数最少也有十几个，因此每天上班时幼儿教师的神经便会绷得紧紧的，生怕孩子们在自己的眼皮子底下磕着碰着。这样的状态一直会持续到将孩子交到各自的父母手中。安全不仅是幼儿教师工作的首位，也是幼儿园工作的首位。不管是幼儿园还是幼儿教师，他们所要面对的是幼儿家长的心肝宝贝，他们不仅要传授幼儿知识，培养幼儿能力，还要保证幼儿的在园安全。当出现幼儿

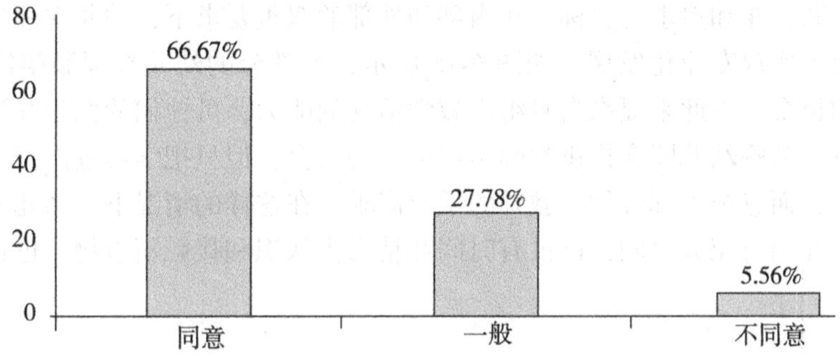

图 6-14　幼儿园的工作很繁琐，让人身心俱疲

意外伤害事故时，许多幼儿园或早教机构在安全责任方面都会实行谁带班谁承担的制度。而且在幼儿出现意外受伤的时候，以前通情达理的家长都会因为心疼孩子而指责幼儿教师和幼儿园，更不用说那些比较较真、严格的家长了。因此当幼儿教师出现了一次事故后，那幼儿教师一年甚至几年的辛苦劳动都会付诸东流，幼儿园也是一样的。这样的心理压力会更加容易造成幼儿教师总是处于精神高度紧张中，产生心理倦怠。如图 6-15 所示，大部分的幼儿教师表示幼儿在园的安全问题令她感到很大的压力。

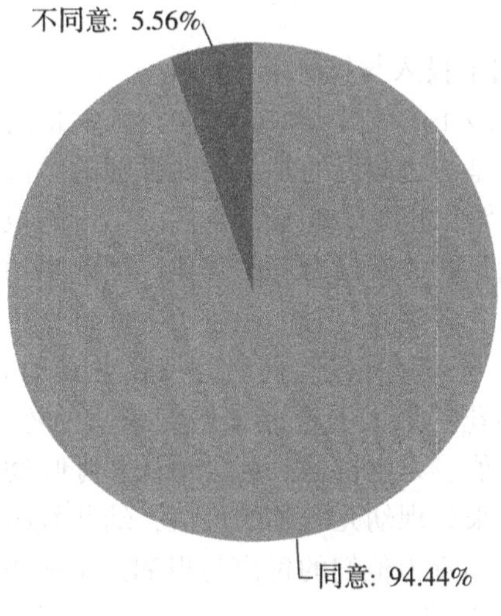

图 6-15　幼儿在园的安全问题令我有很大的压力

3. 幼儿教师专业发展的需要得不到满足，提升空间有限

教师专业发展是指教师作为专业人员，从专业思想到专业知识、专业能力、专业心理和专业品质等方面由不成熟到比较成熟的发展过程，即由一个专业新手发展成为“专家

型”教师或“教育家型”教师的过程。① 专业发展是社会提出的要求，也是幼儿教师在教学过程中不断奋斗和追求的目标。在内部和外部的双重要求下，幼儿教师急需在社会帮助和自我努力下实现专业化发展。如图 6-16 所示，大部分的幼儿教师渴望幼儿园能为他们提供充电的机会，以此来提高自身组织教学活动的能力，可他们的愿望并没有得到幼儿园的充分支持。某些幼儿园会提供教师学习进修的机会，但只把学习进修资源集中在几个骨干教师身上，而忽视大部分幼儿教师的学习需求。在这样的情况下，幼儿教师认为自己每天忙碌于幼儿园与家庭之间，已没有时间和精力去认识和接触新事物，也错过了锻炼自己的机会。

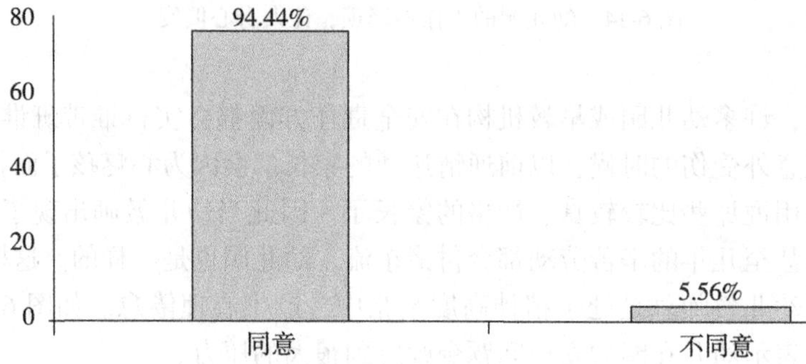

图 6-16　我渴望幼儿园能为我提供充电机会

4. 幼儿教师在经济待遇上投入与报酬不成正比

幼儿教师面对的是年龄最小的教育对象，需要投入大量的精力、劳动与情感，许多的幼儿教师常常身心俱疲。可是与之相反的是，幼儿教师的经济报酬却不高。在上饶市工资是幼儿教师最主要的经济来源，也是幼儿教师生活、工作的根本。每一个人只有在自己的衣食住行即生存需要得到满足时才有精力考虑其他。因此当幼儿教师在工作的同时都无法满足自身的生存需求时，幼儿教师就会对本职业产生低自豪感、低认同感，进而在工作时产生消极的情绪，影响工作与人际关系。同时，社会尤其幼儿家长对幼儿教师给予高期望、高要求，希望幼儿教师花费最大的心血来培养未来的栋梁，尽到教书育人的神圣职责，实现幼儿教师的社会价值、人生价值。社会承认和呼吁幼儿教师的价值，但却不能用最体现社会地位的经济收入来兑现幼儿教师的价值，幼儿教师的投入与报酬不相符。如图 6-17 所示，大部分的幼儿教师觉得他们的付出与报酬是不成正比的，付出多，收入少。

5. 幼儿园的管理观念不合理

幼儿园的管理观念是一个园立足的根本，也是幼儿园面向社会的名片。在幼儿园的管理观念中既存在着优秀的管理观念，也存在着落后的管理观念。幼儿园管理观念的好坏也与幼儿教师的工作态度有着密切的联系。如果幼儿园强调以权威、服从等非民主的管理观念治园，要求幼儿教师在园时无异议的服从上级的安排，不得自行安排或变更工作计划。倘若幼儿教师长期在缺乏民主的管理观念的熏陶，那他们就只会习惯性的专注于自己的本

① 全国十二所重点师范大学联合编写．教育学基础［M］．教育科学出版社，2002：117-118.

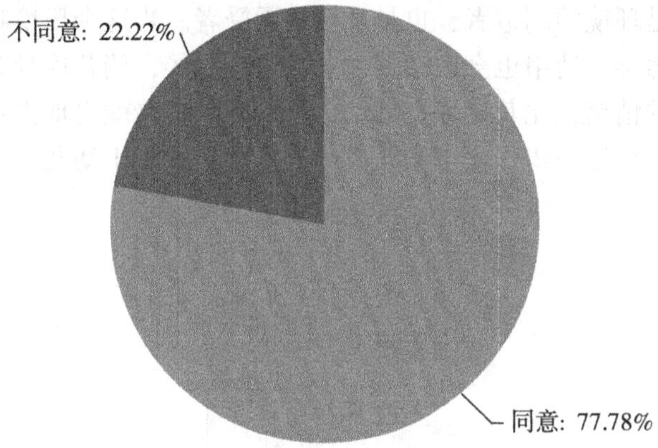

图 6-17　我的收入与劳动付出不成正比，收入低于付出

职工作，对其他工作与个人漠不关心，对领导层只有服从之心。长此以往，他们在工作中就收获不到满足感和幸福感，对工作的喜爱、热情也会消失殆尽，职业倦怠也就随之出现。如果幼儿园树立以人为本、科学治园的民主管理观念，且在幼儿园工作中坚持民主、公平、科学，那么幼儿园的工作氛围会轻松融洽许多，幼儿教师的工作积极性和创造性也会不断提高。

（三）幼儿教师自身方面的原因

1. 幼儿教师自身的职业动机不高

职业动机指的是职业者为实现一定的职业目标所激发出的一种内部动力。它的本质是能动作用，能动的激发职业者在职业活动中的积极性和创造性等。幼儿教师选择本职业的职业动机是影响幼儿教师职业倦怠的重要因素。在张冬梅有关大连市幼儿教师职业倦怠研究中指出：真正热爱孩子，喜欢幼儿教师这一职业的教师倦怠程度较低；而并非自己意愿，被迫选择幼儿教师职业的幼儿教师的职业倦怠程度较高。因此当幼儿教师是喜欢孩子、喜欢幼儿教师这一职业时，他会以极大的热情投入到工作和学习中，自觉地去与幼儿交流、沟通，为幼儿的成长营造融洽的氛围。当看到孩子得到成长时，他们身上的疲惫都会一扫而空。当幼儿教师是因为父母的选择、专业调剂或者其他原因而选择这一职业时，他们无法对本职业产生认同感、自豪感，在面临困难时就会退缩、放弃或者再择业。

2. 幼儿教师的情绪控制力不强

在幼儿园或早教机构的教学中，幼儿的各种行为都会对幼儿教师的情绪产生影响，尤其是哭、闹等情绪波动大的行为。幼儿与幼儿教师是在幼儿园中关系最紧密的群体，他们之间的情绪是会相互影响、相互吸收的。因为幼儿是年龄最小的教育对象，他们的自控力低下，规则意识不强，并且还处于他律阶段，所以在情绪宣泄上会遵从本心，遵循天性。当幼儿教师在面对这种情绪宣泄的天性时，倘若情绪的控制能力不强，幼儿教师就很容易从幼儿身上吸收到消极情绪，并会因为没有宣泄的渠道而将情绪积压在心中，日积月累，从而产生职业倦怠。如图 6-18 所示，当整天面对闹哄哄的孩子时，大部分的幼儿教师会感到很烦躁。这种情况就是幼儿教师与幼儿之间情绪的传递。幼儿教师与幼儿都同处于一个环境中，他们都是环境的制造者，也是环境的承受者。当这个环境嘈杂时，幼儿教师与幼儿会受到环境的感染，情绪也会波动很大。在这个时候，倘若连身为教育者的幼儿教师都不能调控好自身的情绪，尤其是不良情绪，那幼儿的情绪就更加得不到控制了，间接的又强化了这个环境，也进一步强化了幼儿教师的情绪，以至于幼儿教师职业倦怠的产生。

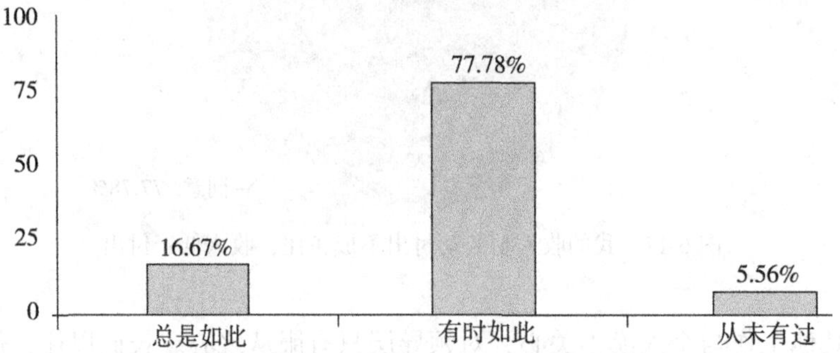

图 6-18　整天对着闹哄哄的孩子，我感到非常烦躁

3. 幼儿教师自身的期望值过高

经研究发现，幼儿教师所接受的文化教育程度越高，其职业倦怠倾向会尤为突出。这与教师自身的期望值过高有关。在有关文化程度对幼儿教师职业倦怠的影响的研究上，牛雪丽在《青岛市幼儿教师职业倦怠成因及对策分析》中提到了幼儿教师不切实际的高期望值是造成职业倦怠的重要原因。学历越高的幼儿教师认为自己所处的文化平台是比较高的，所收获的知识、技能是全面的，是其他低文化程度的幼儿教师所不能比的，因此在自身的期望值上就会定得较高，希望付出与回报相等。但幼儿教育本身就是具有一定的特殊性。当你成为幼儿教师时，幼儿园与幼儿家长他们不会深究你的学历有多高，他们只看你是否照顾好幼儿，是否会为孩子着想，是否能保证孩子的学习与安全。

三、上饶市幼儿教师职业倦怠缓解的对策

（一）建立机制保障，提高幼儿教师的职业认同感

当前我国幼儿教师职业倦怠问题的出现与各种保障机制不完善有着直接的关系，要想有效地解决幼儿教师职业倦怠问题，就必须进一步的完善各种保障机制。

（1）建立幼儿教育经费保障机制，提高幼儿教师的工资待遇。政府应提高幼儿教育经费在教育经费中的比重，并每一年按照一定的比例增长。同时，政府也要保证幼儿教师工资待遇的准时足额发放。政府也要坚持适当扶持民办的原则，建立和完善以“主办单位与社会投资为主、政府扶持为辅”的办园经费投入体制。在民办幼儿园中，幼儿园也要建立幼儿教师工资保障机制。幼儿园在制定规章制度时，要明确幼儿教师工资的增长途径，明确幼儿教师工资的定时足额发放。

（2）完善有关幼儿教师权益的保障机制，维护幼儿教师的合法权益。这种保障机制

能够促使幼儿教师立足本职工作，踏踏实实的安心育人，不会因为各种生活上以及工作上的烦恼而忽视自己的责任。当幼儿教师遇见教育纠纷时，幼儿教师可以通过法律来保障自身的合法权益，能够有进行自我保护的有力武器。在政府方面要促进《教师法》或其他相关法律的有效贯彻和落实，切实地承担起维护幼儿教师合法权益的责任，保障幼儿教师有关待遇、医疗等各方面的权益。

(3) 强化幼儿园安全保障机制，减轻安全压力。安全是幼儿园和幼儿教师工作中的重中之重，尤其是幼儿的安全。幼儿不论是生理上还是心理上都处于弱势群体的那一方。幼儿园和幼儿教师也因此承担着比较大的压力。所以要加强幼儿园门卫安全，严格检查入园的行人与车辆，减低幼儿教师的安全压力。除此之外，幼儿园也要注意房舍、活动场地、玩教具的安全性，要定期检修，避免砸伤、摔伤等意外伤害，预防异物入耳、鼻及气管以及食物中毒等重大事故的出现。同时，加强对幼儿与幼儿教师的安全教育。各个班级根据实际情况借助儿歌、故事等教学活动培养幼儿的安全意识，提高幼儿的安全意识和自我保护的能力。幼儿教师也要通过自主学习或培训来加强对意外事故的处理能力，保障幼儿安全。

（二）重视学前教育，提高幼儿教师的社会经济地位

幼儿教师相比于中学、大学的从业教师，在社会地位上相对处于比较弱势的地位。然而幼儿教师同样是我国教师队伍中不可或缺的重要组成部分，对于我国基础教育事业的贡献更是不可替代的，因此我们要重视学前教育，重视幼儿教师。同时，社会成员尤其是与幼儿教师关系密切的家长对幼儿教师工作的接受、认可和赞誉都会影响幼儿教师职业倦怠的程度。当前，我国幼儿教师的社会经济地位还是有待提升的。在社会成员尤其是幼儿家长的认知里，幼儿教师是幼儿的老师和朋友，是幼儿教育的研究者与反思者，是幼儿心理咨询师，是家长的代言人，甚至是幼儿的监护者。幼儿教师身担重责，身兼数职。但是社会尤其是幼儿家长并没有给予与幼儿教师贡献价值相等的社会地位与尊重，他们依旧还存在以往的保姆观念。在经济待遇上，幼儿教师的工资福利也是普遍较低的。因此，加强社会对幼儿教师的尊重和支持并提升幼儿教师的社会经济地位是很有必要的。

在加强社会对幼儿教师的尊重和支持以及提升幼儿教师的社会经济地位上，我们可以从两个方面入手：①改变社会成员尤其是与幼儿教师关系密切的家长对幼儿教师这个职业的认识。我们要利用各种途径向社会成员宣传幼儿教师的重要性以及他们在幼儿成长中的重要作用。同时，我们也要让社会各成员明白幼儿教师首先是一个平凡的人，其次才是幼儿教师。幼儿教师用爱心、耐心、细心来对待每一位孩子，用自己的心血和汗水来灌溉每一位孩子，他们是希望看到每一位孩子的成长的，即使这会花费他们一生的时间。幼儿教师是值得我们尊重，更是需要我们的支持来鼓励他们继续这一伟大的任务。②教育部门应对与幼儿教育有关的政策作出相应的调整，加大在幼儿教育方面的经费投入，提高幼儿教师的薪资待遇。并通过立法来促进政府对幼儿教育重视，推动各种政策的有效实施，同时在法律法规上明确幼儿教师的地位，使幼儿教师不再成为小学教师的附属，提高幼儿教师的社会地位。

（三）幼儿园应运用激励机制，提高幼儿教师的成就感

激励就是另一种动力，它是他人对我们的一种肯定，一种勉励。激励对于工作动力产生、工作投入、工作热情等有着更为直接的影响。合理的激励是消除员工职业倦怠情绪的有效手段，有效的激励能够使幼儿教师工作动力不枯竭，工作热情高涨。要使激励机制达到明显的效果，就要在运用激励机制时既合理运用幼儿教师的价值又要满足幼儿教师的生存需求与发展需求。同时，在制定激励制度时，幼儿园或其他的早教机构必须注重科学性、合理性、公开性、公平性等原则，如果激励机制缺乏公开性、公平性，那只会适得其反。例如，一个早教机构在制定课时补贴时，规定主教与副教会得到二比一 的补贴，但是对其他助教却没有补贴。同样是加班，但却没有得到补贴的资格，这样的规定就没有遵守公平性原则了。在这样的规定下，没有补贴的那一方就有可能不满、倦怠，没有工作的热情与动力。另外，应采用精神激励和物质激励相结合的方式，以达到更好的激励效果。

（四）幼儿园应重视幼儿教师专业化培养，加强职前职后的专业化教育

教育是一个持续不断的过程，也是一个需要不断创新的过程。教育要与时代的步伐相一致，这也就会对幼儿教师提出新的要求，产生新的期待。幼儿教师在面对社会的新要求时，他们也需要学习新知识、新能力，提高自身的专业化水平。在学校时，相关院校应为幼教专业学生即未来的幼儿教师提供对社会的探索和了解的机会和途径，为学生提供实践以及深入理解理论知识的机会，并促使学生能够在实践中意识到我国迫切的人才需求问题，继而能够强化自身作为教育者的责任意识和职业认同感，并以作为一名幼儿教师而骄傲和自豪，进而能够自觉地进行专业化教育。当学生进入幼儿园成为一名幼儿教师时，幼儿园必须进行紧密的职后跟踪教育，使学生的专业技能和专业理论能够更加的贴合实际教学，满足在园内的工作需求和教学需求。幼儿园可以经常性地开展幼儿教师课外培训、课外讲座、学术报告会等活动，并对幼儿教师进行专业化的重点培训。通过这些途径加强幼儿教师的专业水平，丰富幼儿教师的幼儿教育知识，增强幼儿教师面对突发情况的应变经验以及技巧。

（五）幼儿园应树立以人为本、科学治园的管理观念

幼儿园应树立以人为本、科学治园的管理观念，充分尊重幼儿教师，保证幼儿教师对园内重大事项信息的获取并能参与其中，让幼儿教师体会到被尊重、被重视和被关心的感觉。同时也能培养幼儿教师的主人翁意识，让幼儿教师明白幼儿园与自己是共同体，幼儿园的兴衰与自己息息相关。

在以人为本、科学治园的管理观念领导下，幼儿园要建立人人参与管理的民主管理机制。在幼儿园的管理中，有许多的决策都涉及幼儿教师的切身利益，也有许多的决策都需要幼儿教师的参与。倘若幼儿教师对某个决策不满或者有异议，该决策在具体的实施中就会受到影响以至于不能达到预期的目标，影响幼儿园的后续工作。当幼儿教师参与到幼儿园的管理中，明白做这个决策的原因和这个决策所能带来的结果，甚至幼儿教师自己也为这个决策出谋划策。那在具体实施时，幼儿教师就会怀着巨大的热情与积极性去工作，也

能从工作中得到满足感与幸福感，提高幼儿教师的职业认同感。

（六）幼儿教师应加强自身的职业动机

在研究调查中，有许多的幼儿教师表明选择这个职业不是出自自愿的，是专业调剂、父母的选择或者其他。在这样的情形下，幼儿教师的职业动机不强，他们还处在得过且过的阶段。当幼儿教师的职业动机不强时，幼儿教师的工作热情、工作投入都不会持续很长。为了改变这种情况，幼儿教师需要加强自身的职业动机。

幼儿教师要充分了解幼儿教师这一职业。当这个职业不是出于你的自愿时，幼儿教师在核对真实情况前不要轻易地下结论。当通过网络平台、请教前辈或实地考察等途径充分认识这一职业时，幼儿教师就会发现了理想与现实的差距。在对待理想与现实的差距时，幼儿教师要学会正确面对，要坚信自己的付出会有回报，要坚信成功来自于系统，系统来自于简单的复制。同时要用积极平和的心态来对待工作生活中的一切，要认识到幼儿教师的工作是繁琐且辛苦的，但又是伟大的。这样的心理会促使自己热爱这份平凡而又高尚的职业，会使自己有更强的职业动机。

（七）幼儿教师应加强自身的情绪调节，增强心理素质

与其他教师相比，幼儿教师有着一定的特殊性，幼儿教师面临的是年龄最小的教育对象，由于幼儿的思想尚未成熟，独立行动能力弱，语言表达能力仍有所欠缺，不能够较好的表达自己的情感与愿望，因此在教学活动中对幼儿教师耐心、细心、爱心、责任心有着较高的要求。与此同时，入园的幼儿又处于思想行为的塑造期，他们在规则意识、秩序感、自控力等方面都还处于待发展期，他们在遇见事情时通常会用哭闹、喊叫等方式进行情绪宣泄，因此幼儿教师会时常处于幼儿情绪宣泄的环境下。幼儿教师在处于这样的环境下要想达到耐心、爱心等要求，就需要幼儿教师加强自身的情绪调节，增强心理素质。当在工作过程中产生烦躁、焦虑等不良情绪时，幼儿教师要主动地寻找产生这些不良情绪的原因，并同时保持积极乐观的心态冷静、客观的分析原因，并且调控好自己的情绪，学会以平和的心态去解决问题，从而控制和降低不良情绪的困扰。同时，幼儿教师要用合理的方式来发泄自己的情绪，如深呼吸调节、转移注意力调节或向他人倾诉。

（八）社会要对幼儿教师保持合理的期望

随着社会上越来越多的人关注学前教育，重视学前教育，投射在幼儿教师身上的焦点也越来越多，幼儿教师也被寄予了很高的期望。幼儿教师是引导者，是幼儿的老师、朋友，是幼儿教育的研究者、反思者，是幼儿的健康咨询师，也是幼儿家长的代言者。幼儿教师身担重责，身兼多职。幼儿教师身上承担着重大的责任，扮演着许多的角色，随之而来的是很大的压力，也使幼儿教师中产生职业倦怠。幼儿教师首先是一个平凡的人，其次才是幼儿教师。人都要面对生活中的酸甜苦辣，也难免会被这些事物影响。人是具有有限性的，没有无穷无尽的精力，没有无穷无尽的体力，也是需要充电和休息的。因此我们要对幼儿教师保持合理的期望。

幼儿教师也要对自身保持合理的期望。幼儿教师在进入正式的工作岗位之后会对在学

校时形成的职业认识产生怀疑或否定，从而形成职业落差，当落差得不到解决时，幼儿教师就会产生职业倦怠。因此幼儿教师要对自己的职业有一个正确且清晰的认识。社会也应为各式各样师范院校的学生提供更多了解他们未来工作岗位的机会，以帮助她们形成对工作岗位的正确的认知，建立合理的期望，避免职后职业倦怠的产生。

第二节　幼儿教师专业能力发展存在的问题及对策研究

学前教育是基础教育的根本，幼儿教师作为幼儿教育的主体，其专业能力发展对学前教育质量影响重大。教育部颁布实施的《幼儿教师专业标准（试行）》对幼儿教师的专业能力提出了明确的要求，要求幼儿教师要具备环境的创设与利用、一日生活的组织与保育、游戏活动的支持与引导、教学活动的计划与实施、激励与评价、沟通与合作、反思与发展七个能力。各省市幼儿教师招聘考试以及民办幼儿教师面试中规定幼儿教师必须具备舞蹈、唱歌、钢琴、绘画、讲故事这五项艺体技能。艺体技能也成为幼儿教师专业能力之一。本研究试图从这八个方面研究有关幼儿教师专业能力发展状况。通过调查问卷对幼儿教师专业能力发展现状进行研究，分析目前幼儿教师专业能力发展方面存在的问题及原因，从而提出相应的幼儿教师专业能力发展对策，以期能为幼儿教师专业能力的发展提供有效参考。

本研究调查的对象包括江西省抚州市万花筒幼儿园的幼儿教师，玉山县保育院的幼儿教师，怀玉乡的部分幼儿园的幼儿教师以及上述幼儿教师的幼教朋友们。其中万花筒幼儿园是城镇私立幼儿园，玉山县保育院是城镇公办幼儿园，怀玉乡的幼儿园都是民办私立的。问卷调查采用自编的《幼儿教师专业能力现状调查问卷》，包括33个选择题。共发放100份，有效问卷95份，有效率为95%。

一、幼儿教师专业能力发展的现状与问题分析

（一）幼儿教师的基本情况

1. 幼儿教师的性别以女性为主

本次共收集70份问卷，对象全是女性。幼儿教师性别结构单一成了幼儿园的显著特点。不论是在职的幼儿园教师，还是学前教育专业的在读学生，其中女性所占的比例是占绝对优势的，幼儿教育的发展面临幼儿园教师性别结构不平衡这一巨大问题。这一问题产生与传统的观念密不可分，长期以来，幼儿教师就被看做是高级保姆，帮助幼儿处理生理需求，陪着孩子吃喝玩乐，而且，女性温柔细心的特点更加符合社会传统观念中照顾幼儿所需要的品质，男性对于从事幼儿教师这份工作往往是排斥的。某些地方的幼儿园和早教机构从基层到上层领导全是女性，唯一的男性就是保安，这一现象是幼儿教育的显著现象，具有一定的代表性。

2. 幼儿教师队伍年轻化

从表6-1中可以清楚看出幼儿教师年龄整体偏小，20岁以下的幼儿教师占20%，21~25岁的占57.14%，年龄为40岁以上的幼儿教师只占2.86%。教师们的教龄也较短，教

龄5年以下的幼儿教师占82.86%，教龄20年以上的幼儿教师占所调查的幼儿教师的2.86%。幼儿教师队伍不断壮大，新鲜血液为幼儿教育事业注入更多营养。相比年纪大、教龄长的幼儿教师，年轻教师更易接受新思想、新理念，但是新教师也存在没有耐心、经验匮乏的缺点。

表6-1　　江西省3所幼儿教师基本情况信息表

项目	选项	人数	百分比
性别	女	70	100
	男	0	0
年龄	20岁以下	14	20
	21~25岁	40	57.14
	26~30岁	6	8.57
	30~35岁	6	8.57
	36~40岁	2	2.86
	40岁以上	2	2.86
教龄	5年以下	58	82.86
	6~10年	8	11.43
	11~15年	2	2.86
	16~20年	0	0
	20年以上	2	2.86
学历	初中	2	2.86
	中专	14	20
	大专	36	51.43
	本科	18	25.71
	研究生及其以上	0	0
学前教育专业	是	62	88.57
	否	8	11.43
主动选择幼儿教育	是	56	80
	否	14	20
教师资格证	有	50	71.43
	没有	20	28.57

3. 幼儿教师的学历层次、资格基本合格

学历在一定程度上能够体现一名教师的教育质量，教师的教育质量也决定了幼儿教育的质量。本次调查中教师学历比例最高的是大专学历，占总比例的 51. 43%，但是从表 6-1 中我们也很容易可以发现研究生学历的幼儿教师为零，初中学历的幼儿教师也占有 2. 86%。幼儿教师高学历者较少，很多高学历的学前教育专业毕业生在毕业后往往不愿意选择到一线去工作，而且幼儿教育这一行业就业准入门槛低，很多幼儿教师连幼儿教师资格证都没有获取。71. 43%的幼儿教师获取了幼儿教师资格证，28. 57%的幼儿教师没有教师资格证。在与教师的交谈中发现：很多幼儿教师的学历都是都是在入职后不断进修获取的，而且没有获取幼儿教师资格证的教师们也在积极考取教师资格证。

4. 幼儿教师以学前教育专业为主

此次调查中 88. 57%的幼儿教师是学前教育专业，而且 80%的幼儿教师是主动选择从事幼儿教育事业。幼儿教师的主动性很大程度上能够保障幼儿教育的质量，本身是学前教育专业，对于幼儿生理心理都有一定的了解，专业能力也能得到一定的保证，教师组织活动的有效性也能很大程度上有所提升，保证了幼儿教育科学性以及专业性。

（二）幼儿教师专业能力的现状分析及问题分析

1. 基本的艺体技能

幼儿身心发展的特殊性要求幼儿教师必须具备钢琴、唱歌、跳舞、绘画、讲故事等艺体技能。幼儿园的教学活动是围绕五大活动领域开展，包括健康领域活动、社会领域活动、语言领域活动、艺术领域活动、科学领域活动。每一个领域的活动都不是完全独立的，而是逐渐整合，艺体技能在这些领域的活动中的作用就相当于调和剂。

（1）幼儿教师艺体技能掌握程度低。

从图 6-19 中我们可以很清楚地看出幼儿教师对于艺体技能的掌握还是不够，调查中没有教师达到精通的程度，艺体技能掌握程度一般的教师为 65. 71%，占调查比例最多，甚至 5. 71%的幼儿教师连基本的艺体技能都不会。艺体技能是幼儿教师专业能力的重要组成部分，学前教育与其他阶段的教育最大的不同，就是它是以游戏为主。五大领域综合教学，语言领域、艺术领域是五大领域的一部分，幼儿园活动的有效开展要求幼儿教师必须具备艺体技能，这也是幼儿园在招聘中所要求的。江西省每年举行的公办幼儿园教师招聘考试中，面试环节就要求幼儿教师展示基本艺体技能，这也在一定程度上反映国家、幼儿园对幼儿教师艺体技能的重视和要求。调查的结果显示：幼儿教师的艺体技能掌握程度还是远远不达标。

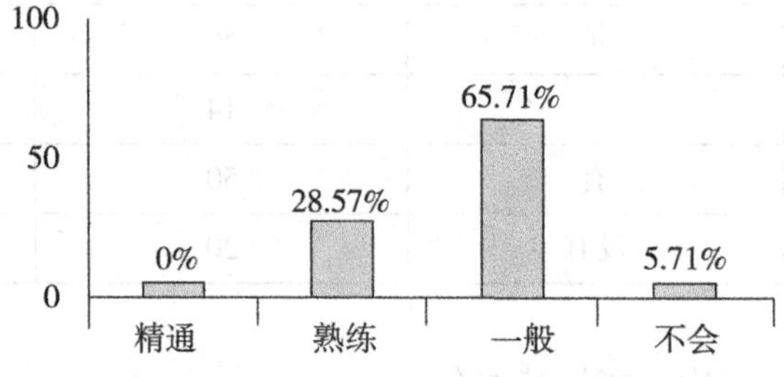

图 6-19　幼儿教师艺体技能掌握程度

（2）幼儿教师艺体技能有效应用频率基本达标。

幼儿教师只有真正将自身的艺体技能运用到活动中，艺体技能才发挥了其作用。从图 6-20 可以看到 48.57%的幼儿教师经常能有效运用其艺体技能，所占比例较大，48.57%的幼儿教师偶尔能有效运用艺体技能，还存在 2.86%的幼儿教师从来都不能有效运用其艺体技能。在幼儿园里能看到这种现象发生，A 教师艺体技能十分强，钢琴和舞蹈级别很高，手工作品精致，讲故事生动有趣，B 教师艺体技能一般，但是开展同一个活动 B 教师的效果却比 A 教师个更好。这就反映出一名幼儿教师除了自身艺体技能优秀，还必须将艺体技能有效运用于活动中。教师的艺体技能是有效开展活动的基础，教师必须掌握艺体技能，如何使其发挥作用就要依靠幼儿教师自身。

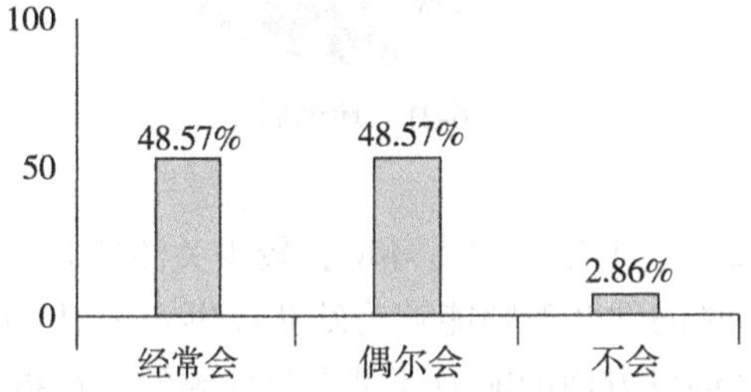

图 6-20　艺体技能有效应用频率

2. 环境的创设与利用能力

这里所讲的环境包括物质环境和心理环境，幼儿教师要具备根据幼儿活动的需要，运用相关的、适宜的活动材料和资源，为幼儿创设安全、可靠、卫生的物质环境以及尊重、支持、舒适的心理环境的能力。幼儿一天中有一半的时间是在幼儿园里度过，正所谓“近朱者赤，近墨者黑”，环境对人具有潜移默化的作用，幼儿园的环境对幼儿健康成长具有至关重要要的作用。幼儿教师对幼儿园环境的创设和利用主要表现在对幼儿园的空间、设施及教室的环境进行充分的利用，对活动材料的选择要符合幼儿的年龄特点，为幼儿创造良好的活动与游戏环境。幼儿的心理环境包括通过师生之间、同伴之间的良好发展所创造出的宽松、自由、充满爱心和关爱的班级氛围，以及有利于他们身心全面发展的环境。

（1）环创更换周期长，环境固定多，内容变化少。

幼儿园环境创设是幼儿教育工作的一部分，环境创设能够开发幼儿智力，通过环境的创设发展他们的观察力、想象力，在环境中不断发现问题、解决问题，激发幼儿的探索兴趣，培养幼儿的小主人精神。这也就要求幼儿教师要做到及时更新环境，一般幼儿园每周都会有相关的主题活动，而良好的环境能够为幼儿活动的开展提供氛围，因此教师要做到尽量每周进行环境创设的更新。环创更新并不要求环境全部更新，只需要根据主题更新部分。但是从图 6-21 中却发现能坚持做到每周环境更新的幼儿教师只有 8.57%，51.43%的幼儿教师每月更新一次，37.14%的幼儿教师每季更新一次，2.86%的幼儿教师选择每学期更新一次。大部分教师的环创更新周期长，而且内容更新少，这都是幼儿教师环创能力不足的表现。其实教师只要坚持做到每周更新一小部分，一学期结束大环境也完成了更新。

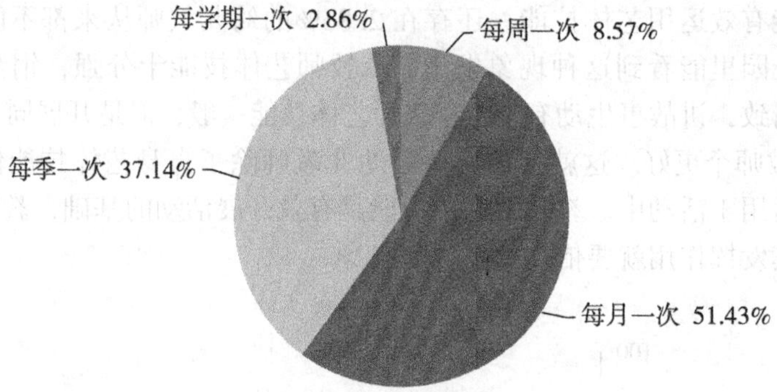

图 6-21　环创周期

（2）能为幼儿提供安全、卫生的物质环境，较少关注幼儿心理环境的创设。

图 6-22 反映出 94. 29%的幼儿教师能够为幼儿提供安全卫生的活动环境，说明教师在幼儿生理健康发展的环境创设方面的能力还是十分优秀的。在指导实习期间，我们一般在幼儿到校时就会进行晨检，让幼儿用盐水漱口消毒，放学回家之前进行身体基本检查，每天下班前也会将教具消毒，保证给予幼儿安全、卫生的环境。但是在幼儿心理环境的创设方面做得还不是很到位，对于不主动、不积极的幼儿教师经常不能做到及时关注。个别幼儿调皮捣蛋，屡教不改，教师渐渐失去耐心，对于这样的幼儿就采取忽视的态度，忽视幼儿行为背后的原因，作为幼儿教师不仅要为幼儿创设良好的物质环境，更要为幼儿创作温暖的心理环境。

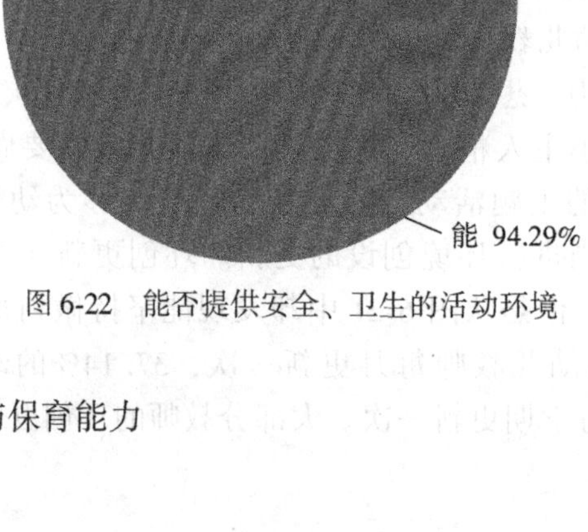

图 6-22　能否提供安全、卫生的活动环境

3. 一日生活的组织与保育能力

即幼儿教师将幼儿教育贯穿于幼儿一日生活活动当中，并根据幼儿一日生活常规有效的组织幼儿有序生活以及处理意外事故的能力。幼儿一日生活活动的组织包括入园、晨间谈话、早操、集体教学活动、游戏活动的开展、午餐和午睡的合理过渡、有效组织幼儿离园等。还要对幼儿的身心进行保育，做到保教结合，对幼儿进行安全保育，面对突发的意外事故能够及时有效的进行处理，培养幼儿良好的饮食、睡眠、盥洗、排泄等生活习惯和生活自理能力。《幼儿园教师专业标准（试行）》对这一能力提出了四项基本要求，分别是：能够合理组织幼儿一日生活的各个环节，将教育与一日生活相结合；科学安排幼儿日常生活，与保育员合作，做好保教工作；把握教育契机，进行随机教育；做到保护幼儿，掌握常见事故处理方法。

（1）一日生活组织安排掌握程度总体水平较高。

图 6-23 显示 60%的幼儿教师能非常好的组织一日生活，40%的幼儿教师处理幼儿一日活动的能力一般。一般情况下幼儿园对于幼儿一日的生活都有完整的流程规划，一个班级配备两名幼儿教师，分别是主班和副班，除此之外，每个班级都有一名保育员，要求各位教师各司其职、积极配合。因此在一日生活组织上一般不会出现什么大问题，而且教师在入职前相关幼儿园也会对幼儿教师进行培训，保证幼儿教师能够熟悉本园一日生活的流程，这也为幼儿教师合理、有效组织一日生活提供保障。

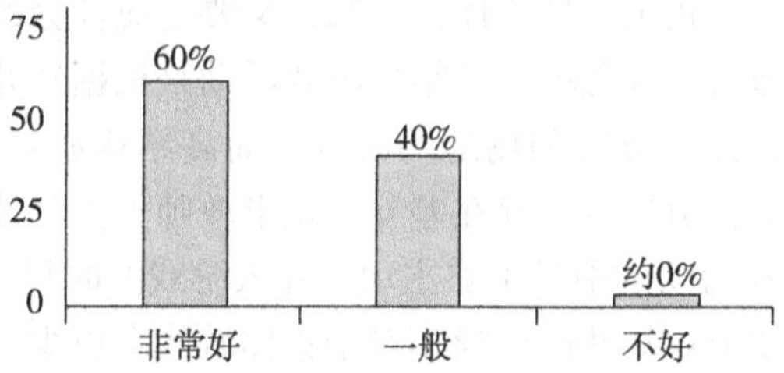

图 6-23　一日生活组织、活动安排掌握程度

（2）忽视幼儿一日生活中的直接经验，面对突发的意外事故不能及时、有效进行正确处理。

幼儿的一日活动形式包括由教师组织的活动和幼儿自主自由活动，幼儿教师对幼儿一日生活中的各种教育契机把握不及时。一日生活内容丰富也比较繁琐，幼儿教师为了帮助幼儿建立有序的常规，往往忽视了教育契机的利用，忽视了教育寓于一日生活。图 6-24 显示只有 8. 57%的幼儿教师能够非常好的处理幼儿常见意外事故，37. 14%的幼儿教师处理幼儿常见意外事故的能力一般，所占的比重较大。幼儿安全问题是幼儿园保育的重点，幼儿的不确定性要求教师必须掌握较高水平的意外事故处理能力。幼儿教师存在安全意识不强，意外事故处理方式不恰当的问题，幼儿教师没有掌握基本的急救知识，我们经常可以看到幼儿教师擅自喂幼儿吃药，还出现过幼儿教师喂药过度，导致幼儿病情更加严重甚至死亡的报道。在教学游戏活动和休闲活动时间上的过渡也存在问题，幼儿教师经常会在幼儿很兴奋时间要求其睡觉休息，在幼儿疲乏时间要求其游戏，导致活动效率低下，达不到预期效果。

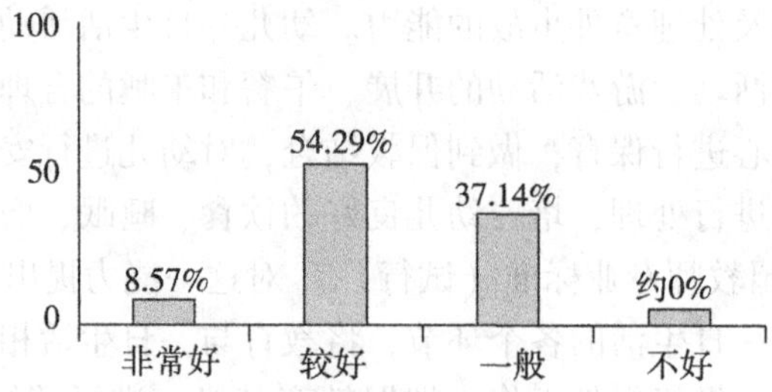

图 6-24　常见意外事故处理能力

4. 游戏活动的支持与引导能力

游戏活动的支持与引导能力是指根据幼儿兴趣需要、年龄特点和发展目标为幼儿提供丰富、适宜的游戏材料的同时，支持、引导和促进幼儿从游戏中获得发展的能力。兴趣是幼儿认知发展的原动力，而游戏作为幼儿最感兴趣的活动，在幼儿园中有着重要的地位。教师对幼儿园游戏活动的支持主要表现为能够为幼儿的游戏提供充足的空间和时间，能够根据幼儿的年龄以及幼儿身心发展的阶段要求来组织游戏活动，为幼儿提供丰富游戏材料，做好前期准备工作。幼儿教师对游戏活动的引导是在游戏活动开展的过程中表现出来，幼儿园教育既要尊重幼儿主动性主体性原则，又要适应社会的要求。游戏活动的结构化程度也决定了幼儿教师的干预程度，低结构游戏活动是根据幼儿自身的兴趣的需要，自由组合、自由选择材料、方式方法和场地的游戏，而高结构游戏活动是以教师制订的计划、目标为依据开展活动，引导方式存在差异，要求教师根据具体游戏活动调整。

（1）教师对幼儿游戏活动的引导不够主动，介入游戏的时机不恰当。

幼儿教师在自由活动中对幼儿的引导相对于集体游戏会更少，自由游戏要更多地给予孩子空间和时间，集体活动由于孩子较多，孩子的不可控性要求教师要时刻关注，以防在游戏中出现突发状况。由图 6-25 和图 6-26 可以看出教师对于幼儿游戏的支持引导的频率还是很高的，48. 57%的偶尔教师会经常关注并引导幼儿自由游戏，71. 43%的幼儿教师经常会在幼儿集体游戏中引导幼儿，这都体现了教师对幼儿游戏活动的重视。但是幼儿教师介入幼儿的时机往往不恰当，很多时候由于孩子没有以教师规定的游戏方式进行，教师就会出面制止，教师忽略了幼儿的创造性和主动性，往往以孩子的游戏模式进行游戏会出现意想不到的效果。

（2）活动结构化程度不明确，活动目标实施死板，忽略活动过程中出现的生成性目标。

游戏活动组织对幼儿教师的能力要求较高，幼儿教师对幼儿的身心发展、兴趣需要掌握不全，游戏活动不符合幼儿年龄特点，让幼儿失去对游戏活动的兴趣。为完成教育目标幼儿教师在游戏活动中过多干预，让幼儿体会不到游戏的快乐，在幼儿园也会看到幼儿对某项游戏活动不感兴趣，而教师不顾幼儿需求坚持进行游戏活动的现象。从问卷的 14、15、16 题的数据分析里也可以发现这一问题，57. 14%的幼儿教师非常注意幼儿游戏活动的连贯性，42. 86%的幼儿教师偶尔会注意游戏活动的连贯性。由于教师过于注重活动的

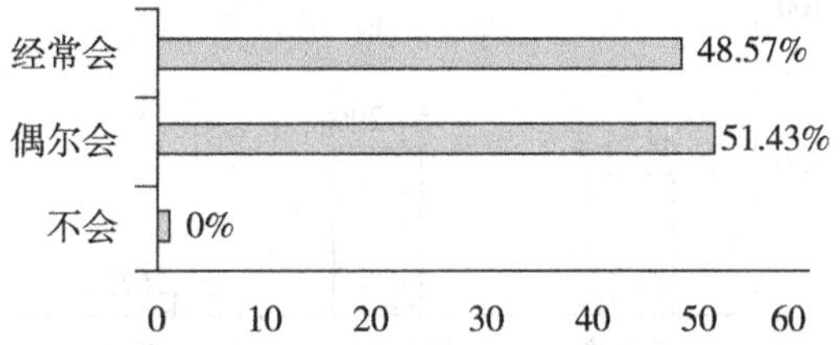

图 6-25　自由游戏中对幼儿主动引导频率

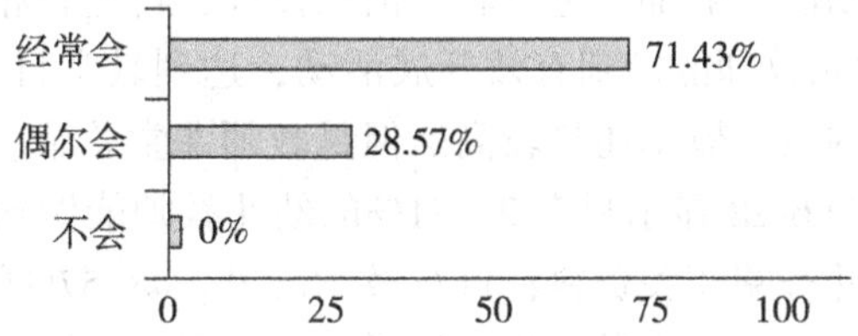

图 6-26　集体游戏观察引导幼儿频率

连贯性，教师为了游戏活动的顺利开展而忽略了幼儿兴趣，54. 29%的幼儿教师偶尔能根据活动情况适时调整活动计划，2. 86%的幼儿教师不能做到适时调整活动计划。当幼儿对游戏活动失去兴趣时，45. 71%的幼儿教师偶尔能重新激发幼儿的游戏兴趣，2. 86%的幼儿教师甚至完全不能重新激发幼儿的活动兴趣，教师游戏一味地遵循游戏活动之前设置的目标，忽略生成性目标，不考虑幼儿自身的实际情况，活动目标死板，不懂变通。

5. 教学活动的计划与实施能力

幼儿教师要根据幼儿身心发展的规律和知识能力发展的特点，灵活选择适合的教育内容和组织方式来制订教育计划，有效实施教育活动的设计方案的能力。幼儿园教育教学活动包括活动区活动、方案教学活动、主体教学活动、单元教学活动、整合科目教学活动、单一科目教学活动，其结构化程度越来越高，教师在计划实施这些教育活动时要注意灵活性，调控教学情境的变化，能够根据幼儿的活动反映，及时调整教育教学活动，保护幼儿的兴趣，具备生成课程的能力。

（1）课堂突发事件处理能力较差，难以正确把握教育幼儿的契机。

幼儿缺乏生活经验，无法正确认知和判断，幼儿教学课堂上往往会出现很多的突发性事件。由于事件过于突然，教师往往没有事件正确思考。突发事件对教师的考验极大，突发事件处理得当，很多负面的问题也能引起积极正面的影响。问卷的结果表明：82. 86%的幼儿教师对于教学过程中出现的突发事件能做到随机应变，11. 43%的幼儿教师选择顺其自然，5. 71%的幼儿教师不知所措，说明教师对于突发事件的处理能力还是有待加强。图 6-27 显示 54. 29%的幼儿教师偶尔才能做到从突发事件中寻找教育幼儿的契机，所占的比例大，教学过程中出现的突发事件往往作用十分大，教师要正确有效的把握教育契机。

（2）幼儿教师课堂总结、教学评价、教学反思能力不足。

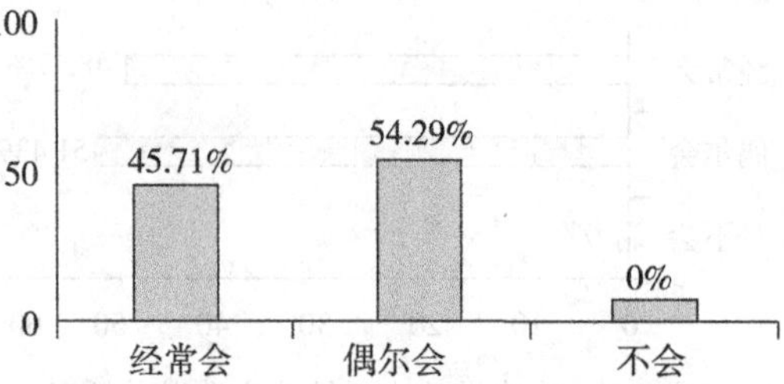

图 6-27 教学突发事件教育幼儿契机的频率

教师在进行教学活动前一般都会进行教学活动设计，再进行相关教学活动，从而达到教学目标。62.86%的幼儿教师能做到有效开展活动，达到教学目标，37.14%的幼儿教师偶尔能做到，说明教师的教学效率还是较高。但是教师课堂总结、教学评价、教学反思方面还是存在很大问题，图 6-28 显示只有 25.71%的幼儿教师能做到经常对自己教学过程中产生的问题进行总结，并查阅相关资料，进行教学反思。48.57%的幼儿教师偶尔能做到，甚至有 25.71 的幼儿教师完全不能做到对自身课堂中出现的问题进行研究、改正。幼儿教师想要在教学方面有所进步，课堂总结、教学评价、教学反思缺一不可，上述数据显示幼儿教师这方面能力还是亟待加强。

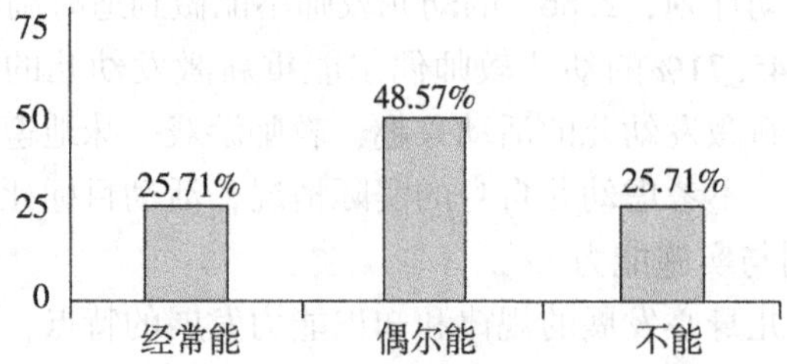

图 6-28 教学问题总结研究的概率

6. 激励与评价能力

幼儿教师根据幼儿的实际情况选择适当的评价方式对幼儿的发展情况做出判断的能力，教师要掌握观察的策略并进行有效评价的方法，通过对幼儿的评价，支持并引导幼儿的发展与学习。对幼儿的评价是一个持续的活动，幼儿教师时刻关注幼儿的日常表现，善于发现，系统地收集有关儿童学习生活的资料，运用多种方式去全面地了解幼儿的成长变化，为评价做好准备。幼儿的思维特点不同于成人，他们天真活泼，有自己的兴趣爱好，有着丰富的想象力、创造力。每个幼儿都是特殊的，幼儿教师要尊重幼儿的个体差异，促进幼儿的个性发展，与幼儿的生活背景联系起来，评价幼儿多采用鼓励、肯定的态度。

幼儿教师激励评价能力较好，但评价激励方法过于单一。如图 6-29 所示，幼儿教师激励与评价能力总体水平较高，65.71%的幼儿教师能够经常做到激励与评价幼儿，34.29%的幼儿教师偶尔能做到激励与评价幼儿。如图 6-30 所示，在激励与评价幼儿的态度上80.00%的幼儿教师都能做到鼓励引导，17.14%的幼儿教师选择就事论事，还有2.86%的幼儿教师选择让幼儿批评改正，说明就整体来说幼儿教师们在评价幼儿的观念上还是十分积极的正面的，但是在评价的方法上还是存在过于单一的问题。很多早教机构对于幼儿评价就看行为的结果，没有深入探究行为背后的原因，对于幼儿良好的表现的激励方式就是发放贴纸，方法过于单一，缺乏多样性。

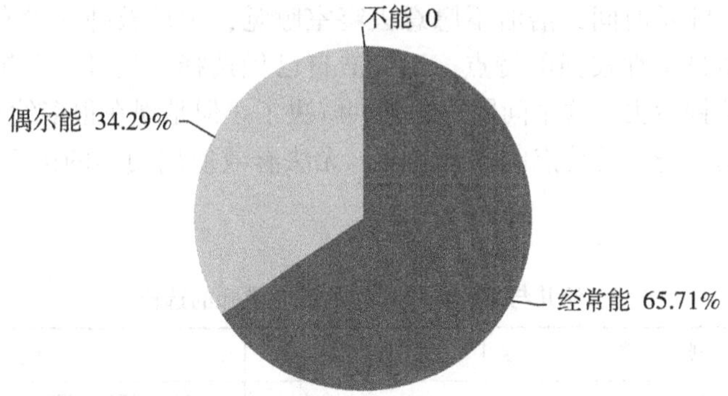

图6-29　对幼儿表现做出及时、积极的评价程度

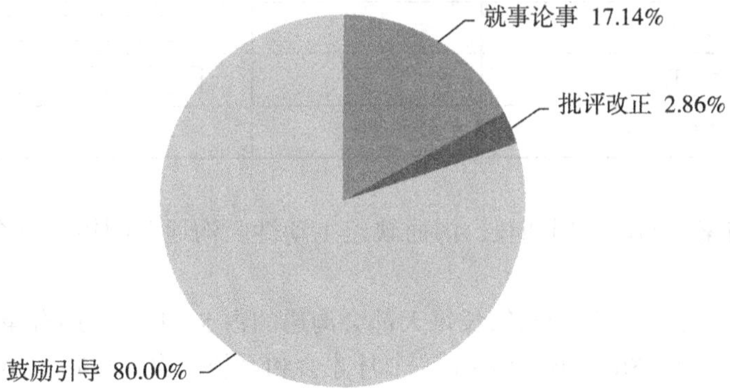

图6-30　评价幼儿的态度

7. 沟通与合作的能力

幼儿教师沟通与合作的能力包括三个方面：与幼儿沟通的能力、与家长沟通的能力、与同事合作的能力。与幼儿沟通的能力是指幼儿教师能够运用适合幼儿年龄特点的语言和恰当的表达方式与幼儿进行有效的沟通和对话，与幼儿的沟通除了必要的语言还要求教师要带有丰富的肢体语言，与家长沟通的能力是指幼儿教师采用适当的方式取得家长的理解和支持，共同促进幼儿发展的能力。幼儿最开始接受的教育就是家庭教育，家庭教育是幼儿园教育的基础，这也就决定了幼儿教师必须重视与家长的沟通。与同事沟通合作的能力是指幼儿教师和同事和谐相处、合作交流、分享经验和资源、共同发展完成教学任务，促进幼儿发展的能力。幼儿教师不是孤立的，他们是一个交际群体，幼儿教育是一种群体协调性很强的活动，幼儿的身心发展要求教师相互合作。

（1）教师没有掌握好与幼儿沟通的语言技巧，沟通形式单调乏味。

教师每天都要和幼儿进行沟通，这就要求幼儿教师了解幼儿的说话形式，根据幼儿的语言发展特点与幼儿进行沟通。如表6-2所示，在幼儿与教师沟通过程中，面对幼儿表达不清时有65.71的幼儿教师选择对幼儿进行引导，34.29%的幼儿教师选择耐心等待，这两种选择都没有对错之分，使用这两种方法也要根据具体情况。有位叫浩浩的小朋友，现在正处于执拗期，很多时候老师想要让他参与活动他都会选择拒绝，怎么说也没有效果，这个时候如果教师能够懂得幼儿的语言，以幼儿的语言和他进行沟通，那么效果往往会事半功倍。有一次是睡觉时间，浩浩不愿意去寝室睡觉，主班教师并没有选择和浩浩讲道理，而是根据浩浩自主性较强的特点，让浩浩自己做选择，是过三分钟去还是过五分钟去，浩浩选择五分钟后去，这个问题也就顺利解决了。但是现在很多幼儿教师不是学前教育专业，缺乏对幼儿身心的特点的正确了解，无法有效使用幼儿的语言与幼儿进行沟通，沟通缺乏成效。

表6-2　　**幼儿与教师沟通表达不清时教师的选择**

选　项	小　计	比　例
耐心等待	24	34.29%
适当引导	46	65.71%
不耐烦	0	0%
置之不理	0	0%
本题有效填写人次	70	

（2）教师与家长的沟通周期长，沟通缺乏主动性，沟通时间短、不全面，灌输性强、商讨性差。

如图6-31所示，幼儿教师与家长每天都会沟通的占57.14%，还有40%的幼儿教师一周和家长沟通一次，2.86%的幼儿甚至一个月才会和家长一次。教师不愿意和家长进行沟通，沟通的周期过长使得家长不能准确了解孩子在幼儿园的情况。而且现在很多孩子都是爷爷奶奶这一辈的人带孩子，教师年纪又较轻，沟通存在阻碍。而且教师往往自认为拥有丰富的幼儿教育相关知识，在与家长沟通时，幼儿教师始终处于权威地位，往往侧重讲述孩子的不足，双方沟通缺乏艺术性与换位思考。在双方沟通时的心态不正确，表现为家长带有防卫心态和患得患失的心情，而教师面对沟通压力容易产生负性情绪，教师和家长对于沟通过程中的反应与回馈的能力不足，也容易引起双方的误解。

（3）教师之间沟通合作主动性差，沟通合作平台建设不完善。

如图6-32所示，有42.86%的幼儿教师会经常和同事进行沟通合作，54.29%的幼儿教师偶尔能和同事进行沟通合作，还有2.86%的幼儿教师不能做到与同事进行沟通交流，这一现状表明幼儿教师之间的沟通合作能力较差。幼儿教师之间存在竞争压力，特别在民办幼儿园，教师个人压力大，往往不愿意和同事进行合作交流，就算有少数合作交流的机会，也是幼儿园组织的，教师们不是自愿参加，往往是被动的。幼儿教师也缺乏良好的交流沟通合作的平台，幼儿园和教师都不愿意花费时间和精力去构建良好的沟通合作平台，这也导致幼儿教师之间缺乏沟通的现象更加严峻。

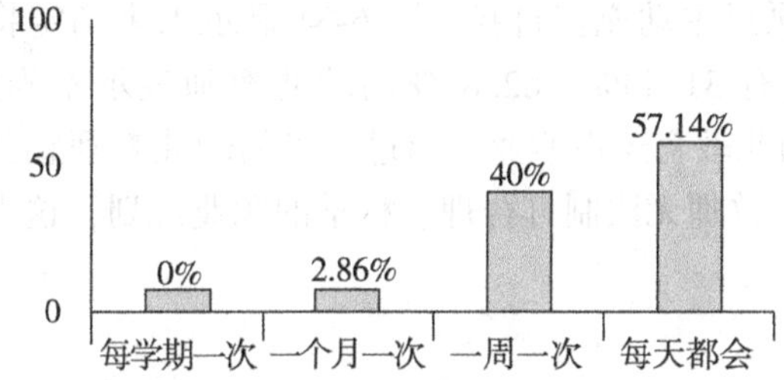

图 6-31　教师与家长沟通周期

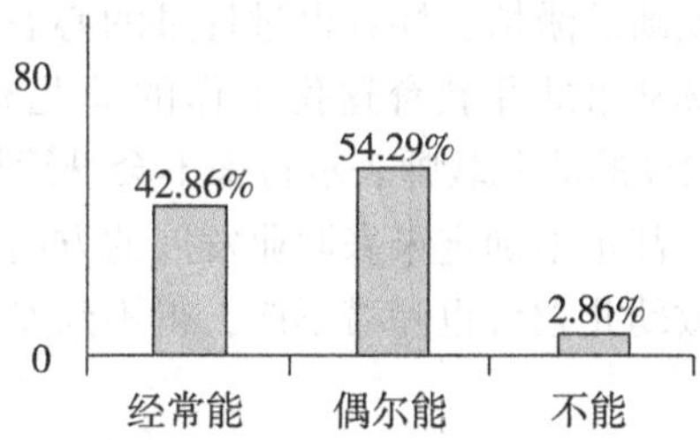

图 6-32　与同事沟通频率

8. 反思与发展能力

指幼儿教师着眼于工作中的现实需要与问题，收集分析相关信息，不断对自我及教学进行积极主动探索研究和反思，制订专业发展规划，促进自身发展的能力。新时代幼儿教师接触资源的方式多样化，为教师收集材料进行探索活动提供便利，社会发展，教育理念更新，国家对学前教育的重视对教师教育教学提出更高的要求，幼儿教师最直接提升其教育教学专业能力的途径就是对自身教育教学活动进行反思和改进。

（1）缺乏对自身的反思，反思公式化。

如图 6-33 所示，有 48.57%的幼儿教师经常会反思自己的不足，并发现途径来提升自我，有 51.43%的幼儿教师偶尔会，教师每天都要进行教学活动，因此教师每天都应该进行自我反思，寻找自身不足，但图 6-33 显示教师还是缺乏对自我的反思。在教学反思的过程里有些幼儿教师把反思作为经验不断累加的一个过程，以自身经验为依据，来促进自己发展，不断重复原先的经验，复制有效的教学效果。教师错误的将反思理解为对活动回忆，回忆活动过程中幼儿的表现及幼儿的积极程度，反思的内容大部分都集中在活动后的总结和思考，缺乏对活动延伸及衍生的思考，忽略反思的发展新，将反思活动看做是一种公式化的、流水账式的活动记录。

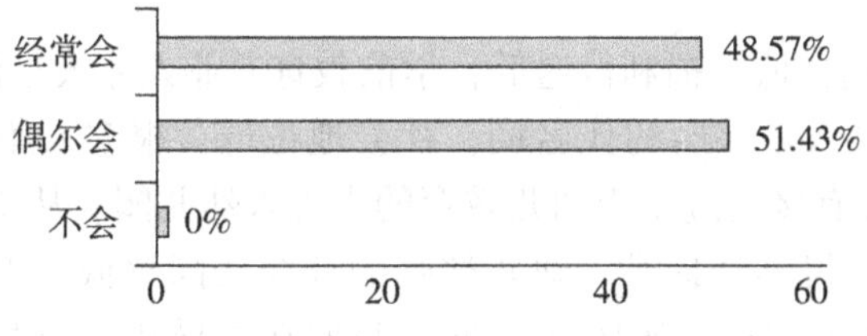

图 6-33　教师反思、提升自己的频率

（2）幼儿教师缺乏专业发展规划，自身专业发展激情不高。

就学前教育的教育前景来说，62.8%的幼儿教师认为将会是很好的，这表明幼儿教师还是十分认可自身的职业，但是在职业规划方面幼儿教师缺乏系统性的规划，教师对于自身专业的发展也缺乏激情。教师对教育领域新思想、新理论的关注也是教师反思发展的重要一部分。表6-3中的数据显示只有40%的幼儿教师能做到经常关注新思想、新理论，54.29%的幼儿教师偶尔能做到，5.71%的幼儿教师不能做到，很多幼儿教师多本专业的发展缺乏激情，怀着得过且过的心态，不愿意主动充实自我。图6-34显示未来确定将要继续从事幼儿教育这份工作的幼儿教师只有31.43%，62.86%的幼儿教师表示不确定，5.71%的幼儿教师表示将来不会继续从事幼儿教育这份职业。超过一半的幼儿教师感到迷茫，甚至不确定未来职业发展的方向，幼儿教师无法制订合理、科学的职业规划，这也就导致幼儿教育也停滞不前，得不到发展。

表6-3　　教师关注教育领域新思想、新理论的频率

选　项	小　计	比　例
经常会	28	40%
偶尔会	38	54.29%
不会	4	5.71%
本题有效填写人次	70	

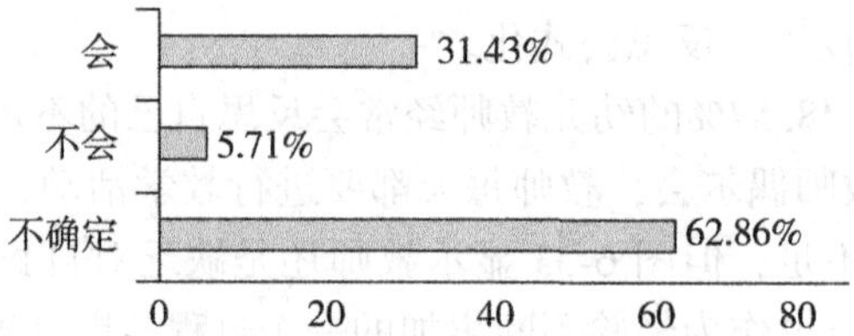

图6-34　是否继续从事幼儿教育工作

二、影响幼儿教师专业能力发展的原因

（一）社会因素

1. 幼儿教师准入门槛低，福利待遇低，学前教育专业人才大量流失

幼儿教师一直被看做是保姆的代名词，社会地位低，很多人不愿意从事幼儿教育工作，这也就导致有些没有接受过正规幼儿教育的人进入幼儿园，从事幼儿教育工作，幼儿教师专业能力整体水平得不到提升。幼儿教师的社会认同感低，工资待遇低，基本的医疗、住房、工资等得不到保证。2016年年底，我们在指导抚州市某幼儿园实习的两个月过程中发现，幼儿园主班教师工资只有1500元，副班教师每月只有1200元的工资，偶尔周六周日休息时间还要筹备活动，幼儿园也不提供加班费，幼儿教师工作强度大，福利待遇却远远没有达标。问卷数据分析显示，28.57%的幼儿教师没有获取教师资格证。抚州市早教机构有近一半的教师没有获取幼儿教师资格证，但是他们的教龄大部分都超过三年。幼儿教师资格证是教师从事幼儿教育的基本要求，但是上述的现象表明幼儿教师准入门槛低，国家政府对幼儿教师专业能力也没有提出明确的标准要求，这也就导致幼儿教师

的专业能力参差不齐，整体得不到提升。

2. 师范类院校培养幼儿教师专业能力方面存在问题，职前培养不到位

师范类院校在培养学前教育专业的学生是都会出现这样的问题，专科及其以下学历的师范类院校更为注重的是艺体技能的培养，而本科及其以上学历的师范类院校更为重视专业理论知识能力的培养。而现在只要到正规的幼儿园去面试，五项基本艺体技能是必需的。本科及其以上学历的学前教育专业毕业生在这方面又比较薄弱，空有丰富的理论知识，很难进入好的幼儿园就业，又不愿意到差的幼儿园就业，很容易出现“高不成低不就”的现象。因此大量高学历的学前教育毕业生选择从事其他行业，人才的流失对学前教育发展影响很大，幼儿教师专业能力整体水平也得不到提升。师范类院校给予学前教育学生的实习见习机会较少，很多高校只在学生快要正式就业期间才组织学生参加见习或实习。学前教育专业本身对实践的要求很高，实践是认识的来源，没有与实践结合起来的理论知识是“纸上谈兵”，只有通过在幼儿园工作获取直接经验才能将理论与实践结合起来，幼儿教师专业能力才有可能获得提升，毕业生也能在毕业后更快融入到幼儿教育这份工作中去，学生完全与实践相隔绝，其专业能力如何提升。

3. 幼儿园职后培训不到位，幼儿教师专业能力相关培训收效甚微

我国目前幼儿教育机构仍然以民办幼儿园为主。民办幼儿园以盈利为目的，有很多小幼儿园不愿意花钱去对教师进行培训。幼儿教师局限于幼儿园这个小天地里，专业能力没有提升的途径。尽管国家采取了很多措施来提高幼儿教师专业能力，利用国家财政拨款组织开展各类型培训活动（如国培活动），这有利于幼儿教师专业能力的培养，但是都收效甚微。主要是幼儿教师工作多且杂，教师沉浸在繁杂的事物之中，缺少专业提升的精力和时间，被动参与培训活动。同时，幼儿园教师沟通合作平台建设也不完善，幼儿教师们之间缺乏沟通交流，而且专业能力又很难有客观的标准去考核，幼儿园缺乏奖惩激励机制，幼儿教师没有学习的动机，就算幼儿园有举办幼儿教师专业能力的相关培训，也很难达到预期的培训效果。

4. 没有明确的专业能力评判标准，缺乏专业能力考核机制

主管部门还没有出台过明确评判幼儿教师专业能力的相关文件，幼儿教师没有衡量其专业能力的相关媒介，缺乏提升专业能力的明确目标。幼儿教师专业能力发展的动力主要来源于职称评定，为获得更高一级的职称幼儿教师们精心设计教学活动，游戏活动并积极参加学术研究。但是当幼儿教师获得高级职称后，缺乏进一步提升的空间，因此导致幼儿教师工作动力不足。获得高级职称的骨干幼儿教师都是教龄较长的幼儿教师，他们从事幼儿教育工作的时间过长，产生了职业倦怠，对工作采取得过且过的态度，专业能力的发展处于停滞状态。而幼儿园又没有专门的专业能力考核机制，没有办法定期对幼儿教师的专业能力进行评定，幼儿教师没有紧迫感，自身专业能力发展缺乏动力。

（二）幼儿教师自身的因素

1. 幼儿教师缺乏专业认同感，没有系统的职业规划

幼儿教师对本职业的认同度与其专业能力存在很大联系，幼儿教师对本职业的认同度越高，他们就越是趋向以积极、主动的心态投入到幼儿教育工作中，愿意反思并且寻找有

效途径来提升自己的专业能力；反之，幼儿教师对自己所从事的职业，对自身需要和动机缺乏认识，那就很难做到主动提升自己的专业能力。很多从事幼儿教育工作的人都是没有其他更好的选择了才选择从事幼儿教育。由于幼师的社会认同感低，工资待遇低，大部分高学历的学前教育专业学生选择其他行业工作或者继续深造，所以就出现了很多完全没有接受过学前教育专业教育的人进入幼师这个行业。这些现象说明选择该职业并不是受内部驱动，职业本身缺乏专业认同，促使幼儿教师专业能力的发展失去可靠的推动力。在幼儿园里我们可以观察到刚入职的幼儿教师，缺乏专业认同的表现是对新的工作环境不适应，对幼儿缺乏爱心和耐心，而教龄较长的幼儿教师对幼儿教育工作失去新鲜感，专业认同度不高的幼儿教师在后期对提升自身的专业能力失去了动力，缺乏反思精神。

2. 幼儿教师工作压力大，社会认同感低，对幼儿教育工作失去激情

在很多人眼里幼儿教师的工作就是陪幼儿玩，又不用承受升学的压力。但事实上，幼儿教师有着外人看不到的辛苦和压力，幼儿教师角色的多样性和工作的繁杂性，让幼儿教师倍感压力，这也就导致他们没有时间和精力去关注自身专业能力的发展。幼儿身心发展的特殊性决定了幼儿教育的特殊性，幼儿教师要兼顾保育和教育两方面。幼儿教师不仅要关爱幼儿，时刻关心幼儿的身心健康，为幼儿创建良好物质环境和心理环境，确保幼儿的安全，兼顾幼儿的一日生活。幼儿教师还要组织教育教学活动、游戏活动来促进幼儿健康、社会、语言、科学、艺术五大领域的全面发展。除此之外，幼儿教师还要参加培训、开会，幼儿教师有提升自己专业能力的愿望，渴望成为专家型或研究性教师，但是心有余而力不足，繁忙的工作使他们没有时间停下来思考如何提升自己的专业能力，再加上幼儿园普遍存在班容量过大的问题，增加了幼儿教师的工作压力，他们没有办法保证他们提高专业能力所需的时间和精力。社会认同感低使得很多一线幼儿教师不愿意继续从事幼儿教育相关工作。

三、幼儿教师专业能力培养的策略

（一）社会层面

（1）国家政府加大财政投入，为幼儿教师专业能力发展提供物质支持，政府要行动起来，保障幼儿教师医疗、住房、工资等基本福利待遇。

幼儿教师的物质得到了保证，他们才能够没有后顾之忧地去专注于自身专业能力的提升，才会有更多人愿意投身于幼儿教育中来。学前教育专业出身的毕业生才会更多地选择从事幼儿教育事业，学前教育专业的学生都接受过系统的幼儿教育培训，这也在一定程度上保证了幼儿教师专业能力的质量。政府加大对幼儿园的财政投入，国家提供资金，让幼儿园和幼儿教师没有经济方面的压力，没有后顾之忧地开展相关培训工作。比如说现在开展的国培活动，给予幼儿教师更多的机会，给予幼儿教师一个沟通学习的平台，取长补短，通过学习交流和自身参与获得直接经验和间接经验，丰富幼儿教师的教学思想。而且国家提供机会和资金，幼儿园和幼儿教师不用担心资金的问题，能够更好地发挥幼儿教师的主动性，提升活动的效率。

（2）完善幼儿教师资格认证制度，强化对幼儿教师专业能力的考核。

教师资格制度，是在一定时间的历史条件下，国家对从事教师职业专业或者教育教学活动人员所应具备的条件或身份的一种强制性的规定，是国家对教师实行的法定职业许可制度。幼儿教育是基础教育的基础，幼儿教师作为教育的主角对幼儿教育的质量起着至关重要的作用。因此，政府部门要严把教师准入关，想要从事幼儿教育的人员必须获得幼儿教师资格证，从源头把关。教师资格证要设置有效期。促使幼儿教师持续不断地提高专业能力，社会快速前进对幼儿教师专业能力发展提出更高的标准，幼儿教师资格终身有效不利于幼儿教师专业能力的提高，因此要对幼儿教师资格的有效期加以限定。通过限定有效期，使幼儿教师拥有专业提升的压力，幼儿教师也会主动寻找有效途径来提升自身的专业能力。根据具体情况，制定合理的幼儿教师专业能力考核标准，重新对其专业能力进行考核，使幼儿教师的专业能力的发展得到保证。

(3) 邀请专家入园，针对幼儿教师具体情况进行培训。

强化幼儿教师专业能力提升意识，无论对于刚入职的教师还是经验丰富的老教师，组织专家、名师入园，使教师充分认识到专业能力对于教学的重要性，也能使幼儿教师正确认识自身专业能力方面的欠缺，激发幼儿教师专业能力提升的积极性、自觉性。新上任的幼儿教师接受专家示范教学，专家走入教室，给刚走上工作岗位的新任幼儿教师以感官上的认识，专家也能准确指出幼儿教师专业能力方面存在的问题。通过专家示范讲学，幼儿教师能够更好地学会怎样把在学校所学的专业能力与实际教学有效地衔接，怎样更好地开展活动的，怎样有效控制课堂等。骨干教师进行专题课程培训，骨干教师拥有丰富的教学经验，具有很好的实际教学能力，专业能力整体水平较高。专家对骨干教师进行培训有针对性，要增加专题课程的讲座，增加教师的教育效能感，内化教育观念，拓宽教师思路，发挥骨干幼儿教师的主观能动性，从而进一步提升幼儿教师专业能力。

(4) 幼儿园加强园本培训，针对不同教龄的教师采用分层培训和分层管理。

幼儿园拥有自身的文化底蕴和文化特色，特别是民办幼儿园，一般都会以某一园本特色来开展相关教学活动，这也就要求幼儿教师将自己所掌握的专业能力同幼儿园的具体要求结合起来，对于幼儿教师专业能力也提出了更高的要求。园本培训能够为幼儿教师创建良好的沟通合作平台，同一园区的幼儿教师互相了解，提出不足，共同商讨策略，共同策划相关活动，这些都有利于幼儿教师专业能力的发展。幼儿教师的专业能力在年龄和教龄方面存在明显的差异，教龄长年龄大的幼儿教师教育经验丰富、教育方法多样、教育技巧灵活，但是在艺体技能方面他们并不擅长，教育思想相对来说也更落后。教龄短年纪轻的幼儿教师艺体技能掌握很好，教育思想与时俱进，充满想象力、创造力，但是他们缺乏实际的教学经验，对实践操作方面的能力掌握不够好。因此幼儿园在培训这些幼儿教师的时候要注意发挥他们的长，弥补他们的不足。例如，在音乐游戏中，发挥年轻教师的艺体技能；在幼儿教育教学活动中遇到突发情况时，发挥老教师的应变能力。新老教师合作交流，以老带新，发挥新老教师的长处，促使新老教师专业能力提升，使幼儿教育达到最好的效果。

(5) 幼儿园丰富培训内容，改进培训考核方式，加强集中反馈的监督管理。

幼儿教师专业能力包括上文所讲的八部分，幼儿园在对幼儿教师进行专业能力培训过程中要有针对性，运用多种多样的方式，丰富培训内容，唤起幼儿教师的自我需要，激发自身的学习动机。有些幼儿园对教师专业能力进行培训，采用的是举办讲座，教师沟通交流的方式，纸上谈兵，没有与幼儿教师实践经验结合，让幼儿教师失去兴趣。因此，幼儿教师专业能力的培训要与幼儿教师的经验结合起来，避免空洞的理论化，毕竟实践和理论之间还是存在很大的差距，理论源于生活却又高于生活，只有联系实际的理论才能真正发挥其作用。幼儿教师培训考核方式要有所创新，采用多种考核方式，让幼儿教师通过教学实践展示其培训成果，发表其教学思想。保证培训的有效性，离不开幼儿园领导、教师与教师之间以及家长的监督，通过电话回访、亲临实践现场等形式关注幼儿教师在实践中专业能力的展示及其成长情况。

(6) 完善职前培养的课程体系，调整好专业理论课与技能技巧课的关系。

改善本科及其以上学历院校在学前教育专业学生培养过程中只重视理论而忽视其艺体技能培养和忽略丰富其实践经历的问题，以及专科及其以下学历学前教育学生培养只重视艺体技能而忽视其其他能力培养和忽略其理论知识学习的现状。科学化制定课程，与社会接轨，艺体技能和其他专业能力还有理论实践结合起来。学历较高的学生学习理论的能力较强、理解能力也更好，可以进行深入的理论探究，这也是学历较高的幼儿教师的优势所在，但是基本的艺体技能也必须要学习，幼儿教师招聘要求中，明确要求考核幼儿教师艺体技能的掌握程度。学历较低的学前教育学生对理论的吸收、理解能力不是很强，但是理论的学习是必需的，学校可以制订教学计划，教给他们基本的，容易理解的理论知识，艺体技能是他们擅长的也不能落下，发挥他们的优势，开展特色教学。理论与实践只有结合起来才能真正被教师掌握，通过实践理论才能被理解，理论也会不断丰富发展起来，同样理论又反过来指导实践。

(7) 幼儿园要指导在职幼儿教师制定系统、可行的进修规划。

幼儿教师作为培育幼儿的主力军承担了保证幼儿教育质量的重大任务，同样也应该获得专业发展和进修的机会，幼儿园是幼儿教师工作的主要场所，是幼儿教师专业能力得以展现的平台，幼儿园应做到指导和帮助幼儿教师来制订系统、可行的进修规划，给予幼儿教师足够的时间和空间。从问卷中我们也可以发现幼儿教师整体的学历水平不高，问卷所调查的人中没有研究生及其以上的学历，很多教师的本科学历也是在幼儿园工作期间进修所获得，第一学历是本科的幼儿教师少之又少。幼儿园鼓励幼儿教师进修也有利于幼儿教师的专业能力进一步向纵深方向发展，在职幼儿教师一般都拥有丰富的实践经验，通过不断进修，有利于幼儿教师进行反思与发展，使幼儿教师获得更多的理论，理论联系实际，进一步提升专业能力。幼儿教师不主动进行学习和进修的原因很大一部分是由于幼儿园工作繁忙，幼儿教师没有时间和精力准备进修，但是，如果幼儿园主动鼓励在岗教师有计划的开展进修，幼儿教师的进修动力也会不断增强，通过不断学习，幼儿教师各方面的能力都能得到有效提升。当然，幼儿园鼓励幼儿教师进修也要与本园的实际情况联系起来，针对刚入职的教师、发展期教师、骨干教师的特点及其需求，为幼儿教师制订系统、合理、可行的进修规划，促进幼儿教师的可持续发展。

(二) 幼儿教师自身方面

(1) 学前教育专业在校生要主动寻找实践机会，从实践中提升自身专业能力。

学前教育专业的实践性很强，学前教育专业的学生是学习提升的主体，要积极主动多途径的寻找实践机会，通过实践了解幼儿园对幼儿教师专业能力的具体要求，有目的有计划地提升自己。作为学前教育专业的学生，要培养自己对本专业的兴趣和热情，制订好学习规划，根据规划实施，再根据具体情况适时调整。在校期间一般的学习包括艺体技能的学习，教育教学理论的学习，还包括学校统一安排的实习、见习活动，这也就要求学前教育专业的学生统合三者，根据自身具体情况，最大化地将其吸收。艺体技能的学习除了靠学校统一安排的课堂教学外，还要作为学习主体的学前教育专业的学生利用课余时间，加强技能练习。通过实践所获得的经验要与理论相结合起来，否则理论将会空洞乏味，毫无创新。另外还要注意通过多种途径来充实自己，各高校都拥有丰富的图书资源和网络资源，因此学前教育在校生要好好利用这些资源，让自己在学习中具有主动性、开放性，为自己的全面学习创造一切可能的条件，也可以通过参加比赛、参加活动，和同学切磋，与教师交流，参与各种知识技能大比拼的活动来使自己的专业能力得到整体提升。

（2）提高幼儿教师专业认同感，加强幼儿教师之间的沟通合作。

教师对本专业的认同感是通过教师不断地进行教育实践，与学生进行沟通交流的过程中发展起来的，教师对自己身为教师的理解和看法，具有自觉性、建构性和动态性的特征。幼儿教师常常被看成是保姆的代名词，社会地位偏低，使幼儿教师很难建立对自己所从事职业的认同，教师专业能力的发展首先就是要建立专业认同。新手教师的职业认同感与所处的环境分不开，幼儿园要给刚入职的幼儿教师更多关心，新手教师自己也要主动与其他教师进行交流，教师的职业认同包含了他们对一个职业团体成员的认同。新手教师要积极参加园内的活动，熟悉幼儿园环境，要多听专家教师的课，多与专家型教师、幼儿园领导沟通交流，增强职业归属感。教龄长的幼儿教师工作的时间长，经验丰富，对于这些幼儿教师幼儿园鼓励他们对工作经验进行总结，做好激励工作，老幼儿教师也要主动总结，主动帮助新手教师；在沟通交流的过程中，新手教师能够有效发现自身存在的问题，吸收同伴的优势，通过不断地交流合作，从而激发成就感，增强对幼儿教育这份职业的认同，促进专业能力提升。

（3）为幼儿教师的情绪表达提供渠道，释放幼儿教师压力。

幼儿教师的情绪包括正向情绪和负向情绪，要发挥正向情绪的积极作用，释放幼儿教师的负面情绪。幼儿教师的负向情绪是幼儿教师生活以及工作压力的外在表现，是压力的外向显示途径。幼儿园要给幼儿教师提供多种情绪释放的渠道。例如，为幼儿教师建立心理咨询室、情绪放松室和发泄室让幼儿教师的压力有了合适的释放渠道，帮助幼儿教师调整自身情绪，让幼儿教师能够以做好的状态面对幼儿、开展工作。同样，幼儿教师自己也要学会情绪释放，选择适宜自己的方式，让负面情绪的到有效释放，有些教师可以通过听歌释放，周末出去散散心，郊游都有助于释放压力。

（4）幼儿教师要树立终身学习的良好意识。

现代社会高速发展，幼儿园教师在职前所获得的专业能力已经远远不能适应社会发展的需要，幼儿园教师的教育观念、专业技能也随着时代的发展而更新。因此，幼儿教师必须要树立终身学习的意识，掌握终身学习的方法，促进自己的专业能力得到发展。幼儿教师要学会制订学习计划，计划是行动的指南，合理的学习计划能够帮助幼儿教师明确自己的工作目标，幼儿园教师学习计划的制订要符合自己，要求不要太高，贵在坚持。要珍惜每一次的培训机会，积极主动的参与。学前教育的重要性逐渐被人们认识，国家也开始重视学前教育的发展，开展各种培训活动。培训活动可以让幼儿教师了解最新最有用的教育信息，幼儿教师可以聆听专家的简介，也可以与更多的幼儿教师交流，因此幼儿教师应积极主动地参与各种培训活动，善于总结。幼儿教师要善于利用网络进行学习，科学技术的发展为我们的学习带来了便利，幼儿教师要掌握基本的信息技术，学会利用网络来查找学习资料，建立与同事同行的交流的网络平台，通过网络来帮助自己学习，促进自身专业能力有效提升。

(5) 幼儿教师要提高信息技术应用能力，有效地运用教育资源。

21 世纪是信息化的时代，在网络媒体发展如此迅速的时代背景下，幼儿教育对幼儿教师掌握信息技术的能力又提出了更高的要求，这也是教育现代化的要求。幼儿园现代化信息设备不断完善，现代教育教学活动都离不开信息技术，这也要求幼儿教师不断提高自己的信息技术运用能力。幼儿教师掌握良好的信息技术运用能力，也能帮助幼儿教师更快更好地寻找教育资源。掌握好运用信息技术的能力，幼儿教师可以更好地查阅相关资料，了解学前教育专业最新、最前沿的理论，进行教学反思，丰富自己的教育思想，为幼儿教师提升自身的专业能力提供有效平台。除此之外，幼儿教师有效地运用信息技术的能力，也能帮助幼儿教师丰富自己的课堂教学，为幼儿展示更为生动形象的课堂，更好地完成幼儿教师所设定的相关教育目标。

第三节　幼儿园新教师职业适应问题及对策研究

新教师也称“新手教师”、“初任教师”、“新任教师”，主要是指刚从学校毕业，已取得国家认定的教师资格并受某所幼儿园聘用，能负担起幼儿教师的责任，工作年限为 0~3 年的教师。职业适应是人的社会适应性的一个重要方面，指在积极的职业价值观的指导与统率下所形成和维持的职业心态、职业能力、职业关系等与职业劳动及其环境之间的和谐状态。幼儿园新老师职业适应是指从学习者到教学者的转变，是蜕变成一名教学者，也是教师个人职业成长的全经过。这一过程非常复杂而有规律性，是个人通过自我教师形象的构建和改进，与此同时获取和学习适用于特殊环境下教学的工作知识、技能以及价值观念持续完善的过程。幼儿教师队伍成长关键在于幼儿园新教师是否能够顺利渡过职业适应期，随之跨入专业化水平。目前，幼儿园新教师的职业适应存在诸多问题，这些问题直接影响新教师个人的专业发展和幼儿园教育教学质量的提高。

一、幼儿园新教师职业适应面临的问题

（一）幼儿园新教师的职业技能适应

1. 教学基本技能发展不平衡

歌唱、跳舞、画画、讲故事等能力是新老师必须掌握的。一方面，拥有多种技能才能吸引幼儿的注意力，活跃课堂气氛，调动幼儿的积极性和提高活动参与度，拉近与幼儿的

距离；另一方面，幼儿园新教师想要高效又轻松的带班和建立常规，就必须掌握这些基本技能。大部分幼儿园新教师不具备齐全的基本技能，发展不平衡，如有些新教师擅长舞蹈、音乐，手工绘画却是短板。在笔者的访谈中幼儿园新老师L就深有体会。

L老师是幼儿园新教师，“关于技能，我真的不太擅长手工和绘画（一脸苦恼）。手工，就是把轮廓给我画好让我去剪裁也会歪歪扭扭的，其他老师都怕我剪到手；绘画，我画个动物小朋友都认不出来，一脸疑惑，我是典型的双手不协调。不过舞蹈和音乐我还可以（脸上开始洋溢笑容），每次学舞蹈都很快，唱歌其他老师和小朋友也喜欢听。但是幼儿园老师都是全能型的，因此不擅长的技能也要好好练，可是总感觉效果不好，每次手工和绘画都好像原地踏步。”

2. 常规管理能力缺乏

常规是幼儿园班级一日生活中必须遵守的规则，好的班级常规利于各项活动的顺利开展，但是新教师大多缺乏带班经验。在学生时期饱受儿童主体性理论的熏陶，新教师主张幼儿应该自由发展，并会考虑如何最大限度地给幼儿自由，发挥孩子的主动性和创造性，常会忘记常规的建立。有经验的教师注意到之后会提醒新教师，新教师开始注意建立常规，此时又多半采取强制或者限制性管理。例如，“不许乱丢玩偶”，“吃饭的时候不能玩玩具”，“上下楼梯的时候要扶着扶梯”等，新教师容易给幼儿发出限制性的指令，却不注意引导幼儿去理解执行指令的原因，忽视了教导幼儿在纠正错的过程中学习经验，建立常规。

L老师“刚开始实习的时候，觉得A老师好凶好严厉啊，抑制孩子自由发展。我一般会尽量的满足他们的要求，可是久而久之 发现孩子完全不听指令，组织教学活动的时候一团糟，一节课上了五分钟就要A老师救场。后来A老师提醒我对小朋友不能过分宠溺，要建立常规。后期我就经常会注意孩子的常规，吃饭的时候不能在教室跑来跑去，睡觉的时候不许说话等等，觉得自己变得越来越凶，其实不想这样对孩子们，可是一温柔就完全管不住他们。”

3. 教育科研能力薄弱

现在诸多幼儿园所为了加强竞争力都开始开设特色课程，如奥尔夫音乐、蒙氏教学、英文授课等。同时根据园所定位来建立研究小组展开教学研究活动。幼儿园新教师也会被允许参与其中，但是科研能力没有得到提升。①很多幼儿园新教师对教学研究的认可度也很高，但由于本身基础的教育实战经验不够，所以参与不积极。在研究小组中幼儿园新教师只能做一些文字整理记录工作，科研能力没有得到培养和发掘；②入园新老师模仿过多，反省意识缺乏。新教师刚涉足幼儿教育事业，本应充满创新精神，不被传统思维禁锢，可是过多的模仿反而失去了自我。

新教师在初期本应该累积经验、沉淀自我，从量的积累到质的内化达成专业成长。但在相关部门、幼儿园的诸多政策规定下，新教师必须通过模仿老教师的教学方式，不断的备课、说课、上公开课，以求达标尽快转变为“老”教师，并没有多少时间去沉淀自己和自我反思。因此教育科研能力也一直没有得到突破和提升。

4. 教育活动组织能力有待提高

幼儿园的活动形式非常多样，集体活动是我国幼儿园最主要的活动形式，因此本研究“教育活动”指代“集体活动”。集体活动是一到两个教师带领众多幼儿展开教育教学活动，并组织幼儿完成同样指标的活动任务。幼儿园教师要对整个活动进行一个详细的规划，并做好充分的前期准备工作，才能顺利开展集体活动。在实施活动的过程中，经常有突如其来的干扰因素，而新教师的随机应变能力普遍偏弱。S老师就出现过这样的情况。

S老师：“每次准备活动的时候，我都全面地考虑了孩子的能力、喜好以及参考其教学者的相关经验，还在在脑海中模拟了无数遍。可真正在活动开展的时候依然避免不了活动主题吸引不了幼儿或是幼儿生出其他兴趣点的问题，我真的很疑惑。”

（二）幼儿园新教师的职业人际关系适应

1. 难以建立良好的师幼关系

幼儿园老师担负着教学责任，又身负呵护和浇灌祖国花朵的教学使命。幼儿教师不能对幼儿过于亲近宠溺，否则教学活动很难开展幼儿会利用教师的爱心和温柔，这样教学效果就不能得到保障；教师也不能对幼儿冷淡，教师的冷淡容易让孩子产生不信任和不安全感，甚至影响幼儿的心理。新老师很难把握这个度，短时间无法和孩子达成和谐的师生关系。

L老师：“刚到幼儿园的时候，看看孩子们都小小的很可爱，有些都只到我的小腿，整个人都化了。女性天生就有泛滥的母性，因此非常亲近孩子陪他们一起玩、讲故事。后来到我上课，孩子们也会跑上来，让我讲故事之类的，教学活动变得混乱。我开始意识到和孩子们亲近的过分了，少了一分老师的威严。我逐渐地冷淡一些，不会总是陪他们一起玩闹，结果孩子们开始有点拒绝我亲近。”

2. 与同事关系比较疏远

新教师初来乍到，对园所环境和教师群体都比较陌生，初期和其他老师的基本不存在竞争的情况。在这个时期，新教师通常会根据形势、年龄、性格来选择伙伴。部分新老教学者缺乏互助、支持性的主动行为。新教师由于缺乏工作经验，各方面工作的展开都会存在着程度不一的困难。在园内一般采取老教师带新教师，以便新教学者尽快接手教学任务。因此新教师会接受到老教师的帮助，但这种帮助多是在这些新教师主动请教的情况下产生的。入职初期，新教师可能会觉得和同事的相处不太融洽。因为每个人性格各异，而且在新教师来之前他们就已经建立了自己的小团体，新教师如果不主动可能会受到忽视造成落单。

S老师：“其他老师都是一个地方的，他们工作之外都讲方言。每次吃饭或者下班的时候，我如果不主动和他们一起，他们也不怎么会叫我。（一脸苦恼和无奈）自己又感觉没办法融入进去，和同事的关系还是挺尴尬的，也有点孤单。”

3. 与领导的关系比较被动

新教师与领导的相处受多方面的因素影响：①幼儿园新教师和领导关系的亲近与否和新教师性格相关。有的新教师比较内向，对幼儿园的层级关系比较在意，工作中就比较低调，不喜欢亲近领导；有的新教师性格开朗，喜欢和不同的人打交道，不会因为园长是领导而放弃自我表达。②教师和领导关系的远近和园长的处事风格有关。有的园长平易近人，即使日理万机，也会有意识地关心新教师的适应问题，了解这些教师遇到的困难并尽可能给予帮助，这时候新教师也乐于和园长交流表达自己的想法；有的园长性格比较急，工作繁忙，一般不会主动接触新教师，使新教师不敢轻易去找园长讨论问题，表达自己的想法。

4. 与家长沟通缺乏技巧

新教师刚从学校毕业，以前接触的人群以学生为主，现在刚作为教师与家长接触难免缺乏经验也容易紧张，有时候会出现说错话或者没有及时告知等情况，导致教师和家长的沟通不到位。尤其现在很多都是老人接送幼儿入园离园，照顾孩子的饮食起居，甚至参加活动课、培训课等。新教师与祖辈家长之间的育儿理想也存在差异，很难达成一致的教养目标和良好的互动关系。新教师存在种种不足，很难和家长建立融洽的关系，无法取得家长充分的信任，也不利于家园共育。

M老师：“老师们对××宝宝真的都很好，可是她太依赖爷爷了，她爷爷一走就马上哭。她爷爷知道后二话没说就把孩子接走了，之后爷爷却告诉园长，宝宝对他说老师凶她了，她不要去幼儿园了。我简直是欲哭无泪，孩子非常聪明，知道这样的方式会奏效，可以不用来上学。关键我都不知道怎么和爷爷沟通，他有事情也不找我说直接就和园长说了，他并不信任使我处境十分尴尬。”

（三）幼儿园新教师的职业心理适应

心理适应是个人在新的处境中进行心理调适，使自身与周围处境的变化相融合。个人对工作的满意度是心理习惯程度的指标之一。如果对自身职业不满，教师自然会情绪消极低落、心理适应不良，无法全身心地投入工作。新教师在进入幼儿园首先要进行角色转换，开展组织教学活动。由学生这一简单的角色向教师的多重角色转化，要承担的责任和压力更大。教师在工作中要有提高的自我效能感，即相信自我，坚强耐挫折，能日复一日的完成幼儿园艰辛又繁琐的事情。本研究主要从新教师的职业满意度、角色转换、自我效能感三个方面来展现新教师的心理适应状况。

1. 职业满意程度低

职业满意程度是指入园新老师对其上班情况和上班条件的总体看法和感受。新老师对幼儿教学者工作的认可、个人待遇以及身边重要人士的看法是影响其职业满意程度的重要因素。就工作认可，有的新教师认为“实现人生价值的不二途径就是从事这份工作”，“这份工作是自己人生规划中的第一部分”；个人待遇是影响入园新老师对工作满意与否的直接原因。幼儿园新教师的总体待遇处在一个较低的水平线，这导致其职业满意度瞬间降低。在身边重要人士看法上，幼儿园新教师都希望能够获得家人、朋友、上司的认可，这是至关重要的一环。

> Q老师：“幼儿园老师的工资不高，还成天提心吊胆的，一双眼睛就像长在孩子身上，生怕他们磕着碰着。自己做了之后才知道真的不像以前想的那么简单。我爸妈也说让我回家，考个小学教师编制，到时候回家教书省心省力，对象也好找。”在初期幼儿园新教师职业满意度不高，由于工资一般偏低，工作强度大，家人朋友也不是很看好，如果不是自己兴趣所在很容易就转行或者离职。

2. 角色转换困难

新教师作为刚毕业的学生，在学校时没有过多的压力，进入社会后角色的转换会带来很大的挑战。角色转换的过程中，新教师会产生较大的心理落差，甚至出现心理适应不良现象。作为幼儿园新教学者，主要面对的是孩子，而孩子也是一个特殊的群体。①孩子年龄尚小，需要教师用更科学的方式来引导；②孩子存在个体差异性，每个孩子都是一块形状各异的璞玉，等待教师的雕琢，新教师要学会用不同的方式来对待孩子；③父母对孩子的期待也各不相同，教师还要根据家长的需求对幼儿的教导进行相应的调整。孩子的特殊性，对新教师来说是一个莫大的考验。在重重的困境之下，幼儿园新教师是否能以端正的心态来面对，是否能顺利进入到教师这一角色，正是职业心理适应状态的体现。

3. 自我效能感降低

自我效能感是个人对自己是否能完成计划的活动、任务的推测，个人自我效能感越高，认为自己能完成的可能性就越大，自我效能感和自身的经历密切相关。① 职业适应初期，新教师在没有经验指导的情况下，会犯很多错误，容易引起其他老师的不信任。长期如此，新教师容易丧失自信心，自我怀疑。自我效能感降低会让新教师自我认识开始不正确，过低估计自己的能力，放低工作要求，甚至自暴自弃，消极怠工。

二、幼儿园新教师职业适应影响因素

新教师在与工作环境积极相互作用，自我调节以适应新环境的过程中会受诸多因素的影响。本研究结合当下收集的材料整理分析，可能无法做到尽善尽美。基于幼儿园新教师出现的职业适应问题和现状，将幼儿园新教师职业适应的影响因素分为主观因素和客观因素两方面。

（一）主观因素

1. 职业憧憬

① 王娟．浅析幼儿教师入职心理适应问题及对策［J］．考试周刊，2014（21）：10-11.

个体对新职业都怀揣期望，入园新教师自然不例外。新教师刚从校园毕业，汲取了丰硕的理论知识希望能运用到教育实践中，也渴望在自己的工作岗位上实现自我价值。在教师成长过程中，新教师在初期的关注焦点主要在于教育的方式和教育内容，即如何教授幼儿、教授什么，较少考虑自身专业背景、优势、能力等限制因素。关于自身教育行为、幼儿的反馈等更能反映学前教育内涵的问题却是新教师的关注盲点。由于幼儿园实践经验的缺乏，新教师急于在工作中大展拳脚。当新教师遇到突发问题或情境时，如果找不到有效的解决策略，新教师自身积极性容易受挫，并产生浓烈的挫败感甚至对工作的厌恶恐惧感。

2. 择业动机

出于不同的择业动机，新教师的工作态度也所差异。部分新教师选择这份职业，因为他们看到了这份职业的优势，如有双休、带薪休寒暑假、工作稳定、发展空间较大、工作风险小等。主动选择幼儿教师职业的人，工作动力也更充沛态度更积极，在紧张工作之余能够自我调节放松心情。而被动择业的新教师，一般是在家人朋友的建议下进入幼儿园，对这份工作缺乏全面客观的认识，工作初期有憧憬可是也充满了无奈。和主动择业的新教师相比，这些教师在开展工作的时候心理落差更为明显、承受的心理压力更大、遭遇的问题也相对棘手。

3. 个性特征

幼儿园新教师在初期总是无法“驾驭”幼儿，这和新教师缺乏专业技能、教育经验有关之外，和新教师的个性特征也密不可分。教师的个性特征决定了他们与幼儿的相处模式，部分老师为人温和乐于助人，是典型的老好人。但这样的老师课堂管理能力较差，无法对幼儿严厉，一些原则常规也不能遵守对幼儿过于宽松。在托班或者小班，幼儿年龄小自理能力差，这样的老师往往要处理很多琐碎的事情，在课堂中无法掌控局面，从而产生力不从心的感觉。有些教师个性要强，行事雷厉风行，控场能力好，能够较快的适应教学工作，不过容易给人严厉的感觉。

> K 园长：“X 老师人很温柔，平时对人也一团和气，但是控场能力很差。从事幼教工作几年了，依然是助教老师，主教老师一不在，班级场面就十分混乱、孩子不听指挥。虽然她很有爱心细心耐心，但是个性太过温柔连教学活动都开展不好的话，也是无法成为一名好的幼儿教师的。”

（二）客观因素

1. 传统观念的误解

早期教育工作者的社会地位是处在低阶层，虽然有着老师的头衔，但人们对幼儿教师的认识肤浅。人们的认识还停留在幼儿教育者就是“保姆”、“阿姨”，工作内容就是带孩子，陪孩子玩玩管吃喝拉撒，没有什么技术含量什么人都可以做。家长只要交钱，孩子交给老师带就行了。同为老师，相比小、中、大学老师来说，幼儿教师的付出并不少，可回报是最低的社会认同率也不高。入园新老师的职业适应也容易被这种传统风气干扰。

2. 社会地位与待遇偏低

在这个高度发达的社会，教育的发展是必需的，社会的关注点不断聚焦于教育。我国对早期教育也越发关注。幼儿教师的地位随之提高，但是对教师的要求也越为严格。现在幼儿园的准入不像以前那么宽松，这对新教师来说也是一个莫大的考验。幼儿园教师的收入在较低的水平，这是有目共睹的。待遇在不同地区水平各异，一线城市幼儿教师收入普遍高于二三线城市，教师资源的流动性也非常大。

3. 家庭及朋友的不支持

新教师刚从学校毕业，面临着人生的重大选择，自然会想到咨询家里的意见希望得到他们的肯定和支持。家庭对幼教工作的认识、评价、看法是影响新老师信念、投入程度的重要因素。在家庭之外，朋友也是人际网中重要的部分，他们的观点也会对新教师的职业适应产生影响。现在的幼儿园教师多是85、90后，有的甚至是95后，正是人生打拼的大好时期自我独立意识强烈。部分新教师可能更愿意选择和朋友来探讨自己的人生选择，就业方向问题。能否获得家庭朋友的一致认可，也会影响幼儿园新教师的工作状态和职业适应情况。

4. 幼儿园管理方式滞后

幼儿园管理主要涵盖入园新老师的在职培训、园所文化精神、园所物质环境等各种因素。研究发现，多数幼稚园会为新老师制造各种训练机会以促进他们的发展。在诸多训练活动中，现场性的训练是更为直观有效的方式，利于新老师熟悉教学工作。幼儿园文化管理包含幼儿园规章条例、教育理念、物质文明三项。优秀园所文化是新教师快速适应工作的必要条件。幼儿园的管理理念，主要是在管理阶层领导形成，在教职员工认可下逐步落实。好的领导者，好的管理方式才能培养更多的老师，促进入园新老师的提升。

三、幼儿园新教师职业适应问题的解决对策

（一）发挥新教师职业适应的主体作用

1. 树立自主学习意识

入园新老师树立自主学习意识，利于形成独有的教学方式提升自我，促进专业发展，是老师的自我学习和自我反思。树立积极的自我意识是实现幼稚园新老师职业适应的不二之选。一方面，新教师可以选择构建有意义的学习范式，根据自身学习特性，把新经验内化为个人知识，并将知识运用到教育实践进行知识的再构建学习；另一方面，新教师要对自己周围的教育对象和教育现象进行思考，和其他教师一同探讨现象背后的本质。大力开展教育研究活动，发现解决个中难题。

2. 提高自我反思能力

在入职初期新教师要面对教育教学工作、环境适应等种种问题，新教师要加强锻炼自己的意志力，去面对解决每一个困难。新教师要在每一件的教育事件中，进行反思和调整，不断坚持完善自我。新教师要及时在幼儿对课堂教学的反馈中调整教育方式。在每日工作结束后，总结记录自己教育活动和组织管理中收获的经验和遇到的难题，找出自己的短板，以寻求更好的解决方式，在教育实践中不断进步。

（二）幼儿园提供有效支持

1. 营造和谐的人际关系氛围

幼儿园内和谐的人际交往氛围能促进教学目标的形成，还能消除一定的幼儿园教师的离职率，加快新教师向专业型教师转变，提升教育水平。幼儿园应该营造一个和谐、友好、积极合作的人际关系氛围，让新教师乐于融入其中并积极工作。园所领导作为幼稚园的最高权力者，其领导风格会影响园内的氛围。园长应该充分信任、尊重、帮助、鼓励新教师，对于新教师的主动交流给予积极配合回馈、解答疑难，让新教师在新的环境中也有安全感归属感。园长在工作中也要不断提升管理水平，扬长避短、提优补差。同时，园长要清楚地了解各位老师的特性，合理分配工作，人尽其才，使幼儿园内的人力资源得到有效配置。

2. 实施有效的“师徒制”

在幼儿园，培训新教师最常用的方式就是“师徒制”，即指导教师带新教师，指导教师发挥着“师傅”的作用。①幼儿园应该制定科学严格的制度来规范指导教师的挑选，筛选出专业能力强、经验丰富、具有高度责任感和沟通能力的教师来担当指导老师，以保证教学老师队伍的力量。②在将指导老师和新老师分配的时候，应该从多方面考虑，并尽量遵循双向选择的原则，让师徒的结合不是简单的一加一等于二而是教育理念、教育行为、个性特征等的互补碰撞。这样便于指导老师和新教师建立和谐的关系，更好的合作。③要制定能切实提高师徒制效果的措施。例如，给新老师制订成长计划和考评制度，明白听课、评课的安排和要求；定期开展新老教师分享会；对新教师周期性地进行理论和实践的评测考核，以通过量化的积累达到质的提高。

3. 推行科学的新教师评价制度

科学的早教新老师评价方式利于新教师客观认识自己的优势与不足，加快专业发展。幼儿园作为新老师强有力的后盾，需以老师的职业成长为目标转变老师评价模式，参照《幼儿园教师专业标准（试行）》、《幼儿园教育指导纲要（试行）》、《幼儿园工作规程》等规章条例，对老师进行更为科学的、进步性的考核。应由传统的重结果、重奖惩变为重过程、重发展的评价模式；同时应丰富老师评价人群，将老师自评和他人点评有机结合。

（三）政府给予有力的政策保障

1. 提高新教师培训经费使用的有效性

美国、英国、日本等发达国家均为新教师培训设有专项资金，并形成了以公共财政为主，多途径资金投入方式并存的资金投入体系，有力地保证了新任教师培训工作的开展。我国也可以加以借鉴。①根据本国学前教育现有资源，制定新任教师分步培训战略，并在政策和法律层面对培训战略的可行性进行评估。②通过政府举办和政府购买服务等方式，落实新任教师培训的资金来源、投入方式、管理监督机制等政策细节，从而在确保公共资源使用科学性和有效性的同时，实现新任教师培训计划的预期目标。③建立监督评估体系，对资金获得、使用、效用加以监控。同时加强政府主导的监管作用，保证规范、科学、有效地使用这一专项资金。

2. 健全幼儿园新教师的入职教育制度

目前我国还没有特地为幼儿园新教师入职教育的规章政策，而教师入职教育的有效开展需要特定的规章制度来规范和引导。加上其他外界干扰，使得广大新老师在职业初期教育中的参与性不高，入职教育的效果并不明显。因此，我国相关部门应重视入园新老师职业初期教育的必要性，并出台相应的法律法规，设立专门的监管机构和人员，从法律层面将新教师的入职教育落到实处。

3. 构建幼儿园新教师职业生涯发展一体化的支持体系

开展幼儿园新教师入职教育、在职培训以及其他形式的进修学习应是环环相扣、缺一不可的完整体系。可以在高等院校开设幼儿园新任教师培训的函授、远程教育等课程，安排学校的专业教师为新任教师担任导师，导师可以根据新教师的具体情况量身定做个人规划。如此人性化的帮助在满足教师个性化发展的同时，更能有效提高新教师的综合素质。这个计划的实行必然少不了教育行政部门的大力支持与实时监督，如加大对幼儿园以及高校的财政投入，并定期对新任教师及其导师进行相关业务评估，以保证教育培训的效果和可持续性。

第七章 学前心理健康教育研究

幼儿教师是幼儿的养护者、幼儿的榜样，也是沟通幼儿与社会的中介，幼儿教师维持比较高的心理健康水平和工作满意度，是幼儿教育教学活动正常开展的重要保障，也是幼儿教师专业发展的必然要求。目前，我国幼儿教师的心理健康水平和幼儿的心理健康水平亟待提高，学前心理健康教育研究水平仍然有较大的提升空间，学前教育工作者的研究使命任重而道远。为此，本研究对单亲家庭幼儿、新入园幼儿、虐童幼儿教师等三类幼儿园特殊群体的心理健康问题进行了探讨，并提出了解决问题的建议。

第一节 单亲家庭幼儿心理健康问题、成因及对策

单亲家庭是指因为离异、分居、丧偶而导致家庭主要成员缺失的一种特殊的家庭结构类型。随着我国家庭离婚率的上升，单亲家庭数量呈现增多趋势。单亲家庭幼儿的心理健康发展水平普遍偏低，心理健康问题多。单亲家庭是当代社会客观存在的，研究单亲家庭幼儿心理问题成因及其教育对策，能使我们更好的掌握幼儿的心理问题，有助于培养他们健全的人格，使他们身心健康成长。

一、单亲家庭幼儿心理发展存在的问题

（一）情绪、情感不稳定

由于家庭成员的缺失，单亲家长容易情绪失调。在平时与幼儿的接触过程中，家长极易把这种消极的情绪传染给幼儿。幼儿由于处在恐惧和担忧中，很容易产生敌对情绪和恐惧心理。根据对家长和幼儿园教师的访谈，笔者发现，相对于双亲家庭的幼儿，单亲家庭的幼儿情感更加脆弱；他们更加独立，有着强烈的戒心和防范意识；在生活中更加敏感，过于在意外界的评论，故而难以和周围的人友好地交往。而越是不能和周围的人友好地交往，就越不能及时地把自己的想法和情绪向他人倾诉，久而久之容易走向极端，使自己的内心承受着巨大的痛苦。

（二）自卑感

单亲家庭幼儿均有不同程度的自卑感。有自卑感的幼儿经常消极地看待自己的一切。他们非常害怕困难，常常自暴自弃，在困难面前甚至不作任何努力。在平时的生活中他们通常沉默寡言，不愿与别人交流。而有的幼儿又嫉妒心非常强，他们常常在心里贬低他人。在各种活动中都喜欢争强好胜，任何方面都想要超过别人。有些幼儿经常疑神疑鬼，

一直觉得别人在背后议论自己，注意力难以集中。他们无法接受他人对自己的指点或评价，一旦家长、同伴或者幼儿园老师对他们有任何负面的评论，他们会耿耿于怀，一直记在心上，更加自卑。长期处于郁闷、过度敏感和紧张的状态。单亲家庭幼儿的自卑感导致其经常对其所处环境感到没有安全感，对拥有的人际关系感到焦虑，无法拥有和谐的人际关系，难以体会到快乐的感觉。幼儿在日常生活中一直都处在自卑的感觉中，无法走出自我，久而久之必然会影响幼儿的心理健康发展。

（三）没有安全感

单亲家庭幼儿时刻会感受到强烈的不安全感，这是一种综合性的感觉。有些处于动荡的家庭环境中的幼儿，他们得不到来自父母的温暖，时刻处于紧张的氛围当中，他们常常会担心自己被抛弃。有些经济能力较差的家庭，由于他们的经济得不到保障，幼儿时常对自己的生活充满担忧。而最大的不安全感更多的是来自他们自己内心深处的恐惧感：他们对生活充满担忧，对未知世界充满了恐惧。一旦生活中他们遇到了什么困难，这种不安全感就会变得更加强烈。他们害怕生活发生变化，对未来充满恐惧，不敢直面困难与挫折，在困难面前往往选择逃避，也不敢轻易去尝试新鲜的事物。不安全感对于单亲家庭幼儿来说是一种负面情绪，如果不加以正确引导，必将影响幼儿的心理健康发展。

（四）抑郁冷漠

对于幼儿来说，失去父（母）亲的陪伴是件十分痛苦的事情，他们在相当长的时间里无法走出阴影。笔者通过对单亲家庭幼儿的访谈和观察，发现他们在内心深处有种不被父母重视的感觉，他们觉得自己是这个世界上多余的人，不被关心和需要。当看到其他的幼儿都有父母的陪伴并且可以在父母面前撒娇时，他们的内心十分难过。他们也想父母陪伴在自己的身边，体会父母带给他们的温暖。可父母亲一方的缺失，使他们的内心备受煎熬，因此表现得沉默寡言，自我封闭。这些幼儿常常以自我为中心，对周围的人或事不闻不问。长此以往甚至可能会对周围的人和事物产生反感、漠不关心、敌对等严重的心理问题。

（五）自我调节与适应能力低

由于家庭的破裂，单亲家庭幼儿很少得到有效的教育方法，使他们的行为处于无约束的状态。一些单亲家庭幼儿由于长期生活在动荡不安的家庭环境中，他们会选择自我封闭，不愿与他人接触。因此，他们对外界环境的适应能力也变差了，自我调节能力也随之降低，很容易形成不良的行为习惯和心理问题。

二、单亲家庭幼儿心理问题成因分析

（一）亲子关系的失调

(1) 对于单亲家庭的幼儿来说，家庭主要成员的缺失使他们的心理上产生一种被父母中的一方抛弃的感觉。他们渴望能够像其他的孩子一样得到父母的温暖，可是现实的家庭情况让他们感到非常自卑，他们不愿意甚至不敢向其他人谈论关于自己家里的事情。

（2）家庭主要成员的缺失容易导致单亲家长缺少和幼儿沟通交流的机会，造成亲子关系的冷淡。当幼儿看到父（母）情绪低落，心情不好时，他们不敢将自己的想法告诉自己的父（母），也不愿将自己遇到的困难向父（母）诉说。久而久之，势必会造成亲子关系的失调。更为严重的是，有的单亲家长甚至把幼儿看做自己生活的绊脚石，把幼儿当做“累赘”，对幼儿漠不关心。

（3）家庭结构的变化使家庭氛围变得紧张，幼儿需要花费大量的时间和精力去应付这些问题。家庭人际关系的冲突使他们的心理调适能力受到的影响，他们变得对人与人之间的关系不再信任，这种不信任最终可能会扩大为对整个社会的不信任。伴随着这种心理而长大的幼儿，极有可能会产生一些严重的心理问题。

（二）监护者教养方式的失当

单亲幼儿的监护者由于处于各种压力（如心理压力、生活压力以及经济压力等）之下，在对幼儿的教育教养方式上极易走向偏颇，这种教育教养方式的偏颇，主要可以归纳为以下几个方面：

（1）监护者对幼儿的各方面的要求过于严厉。有的单亲幼儿的监护者担心幼儿因为家庭主要人员的缺失而开始不学好，而对幼儿的各方面都提出过高的要求。他们十分关注幼儿的教育，然而这样做只会给幼儿的心理带来极大的压力。幼儿的行为表现一旦与自己的期望不相符，单亲家长便会对幼儿进行严厉的教育。幼儿的尊严被这种过度的严教给剥夺，使幼儿产生“我不能干”、“我很笨”的想法，容易使幼儿对自己产生否定感，从而出现自卑、自责等心理问题。

（2）监护者对幼儿疏于管教。有的单亲家长，由于各方面压力都很大，没有时间抚养幼儿，他们被迫选择将幼儿交给自己的亲戚来抚养，生活在这种环境中的幼儿不能得到父母的陪伴，感受不到父母关爱。有的家长沉湎在自己的伤痛之中而忽略了幼儿的需求，缺少对幼儿的关心与照顾。在这种环境下成长的幼儿常常觉得自己是多余的，不被需要和重视的，因此产生了自卑的情结，严重影响了他们的人际交往能力，最终造成了他们冷漠、孤僻的性格甚至扭曲的心理。

（3）由于家庭的残缺，监护者对幼儿过度溺爱。单亲家庭中有的监护者对幼儿常常怀有一种愧疚感。在生活中对幼儿的一切要求都给予满足，一味迁就幼儿，以此来弥补对幼儿的愧疚感。监护者误以为这样做就是给幼儿最好的爱，就能对幼儿的创伤进行弥补。然而在这种家庭环境中幼儿极易出现冲动、自我控制能力差等问题。

（4）单亲家长把幼儿放在封闭的家庭环境中进行抚养，使幼儿缺乏社会交往的能力。有的单亲家庭的监护者害怕外界舆论对幼儿的心灵带来伤害，就在家中按照自己的教育方式对幼儿进行教育。幼儿由于缺乏与他人相处、交往的机会，在与他人交往的时候，必然会产生焦虑与孤独的感觉。

（三）幼儿心理调试能力不强

对于单亲家庭的幼儿来说，家庭结构的残缺对他们的心灵产生了巨大的冲击。幼儿能否顺利地应对家庭的变故带来的各种挫折，是由幼儿自身的挫折容忍力决定的。并不是所有的幼儿在面对家庭的缺损时都会产生心理问题。但是对于大部分幼儿来说，由于他们生活的阅历还相当少，对于各种突发事件的自我调节能力都还比较差，所以心灵极易受到伤害。家庭的残缺对幼儿意味着他们以后将失去和自己的父母生活在一起的机会，给他们带来了自卑感和无助感，甚至是对父母的怨恨和对他人不信任的感觉。在幼儿与他人的交往中必将被这些消极的情感所影响，造成人际交往能力的下降，甚至造成对人焦虑、交往障碍等心理问题。

（四）社会评价的压力

在我国根深蒂固的家庭观念中，孩子是由父母共同抚养、同父母生活在一起的。生活在这种文化氛围中的幼儿，在内心深处必然也会存在这种观念；加之他们思想尚未成熟，不能正确地看待家庭的变故。单亲家庭的幼儿在生活中极有可能会受到自己同伴或者社会人士的歧视，这对年幼的孩子来说是很残酷的。有的幼儿非常害怕别人向他们问起自己的家庭情况，当他们看到别的小朋友都有爸爸妈妈的陪伴的时候，他们感到非常的孤独，有时甚至偷偷地躲在角落里掉眼泪。由于社会评价的压力，单亲家庭的幼儿常常怀疑别人在背后议论或者嘲笑自己，使他们的心灵饱受痛苦。他们为了避免伤害，慢慢地开始自我封闭，不再愿意和他人交往。他们在自己的心里筑起了一道城墙，表面上十分冷漠，其实内心非常脆弱。另外，这种社会评价压力严重地影响了他们的人际关系，在与他人交往的过程中极易产生多疑的性格。

（五）经济收入的变化

由于家庭的变故，单亲家庭的人力资本和经济资本发生了巨大的变化，家庭经济收入减少，给家庭带来经济上的压力。在日常的生活中他们的正常需求得不到满足，当看到别的孩子都能得到自己想要的东西时，一股自卑感油然而生，他们也渴望能得到自己想要的东西。由于生长在特殊的家庭，他们知道有些东西是他们永远也得不到的。在访谈中笔者发现，即使同样都是单亲家庭，家庭经济状况差的幼儿在自我评价等方面明显低于家庭经济状况好的幼儿。这说明经济收入在一定程度上会影响单亲家庭幼儿的心理发展。

三、预防和优化单亲家庭幼儿心理问题的基本对策

家庭、幼儿园和社会是单亲家庭幼儿成长的环境，对于幼儿教育的发展都有着紧密的联系。因此，家庭、幼儿园和社会应重视单亲家庭幼儿的心理健康教育并且紧密联合起来，共同促进单亲幼儿心理的健康发展。

（一）家庭方面

1. 保持良好的心态

单亲家长要及时调整心态。不逃避现实，在孩子面前坦诚家庭破损的事实，告诉孩子单亲家庭也是正常的家庭，没有什么特别的地方，也可以生活得很好。要尽量多陪伴幼儿，多和幼儿交流，让他能够充分感受到来自父（母）的爱，使孩子确定自己并没有因

为家庭的破损而与其他孩子有什么不同。单亲家长要保持良好的心态，和孩子一起积极地面对未来的生活。这在一定程度上会增加孩子的安全感并有助于消除孩子的自卑心理。

2. 创造温馨轻松的家庭氛围

单亲家庭的幼儿由于缺少父母的温暖、经常处于失落的状态并且有种被父母抛弃的感觉，往往会表现出孤单、性格内向等心理问题。家庭主要成员的缺失容易导致单亲家长缺少和幼儿沟通交流的机会，造成亲子关系的冷淡。而作为幼儿，当他们看到父（母）心情不好时，他们不敢与父（母）沟通，在生活中遇到了困难也不敢向父母寻求帮助。他们会觉得自己是多余的，不被关心和需要的，这样势必会对亲子关系造成影响。如果不及时加以引导，这些幼儿的心理和行为方面会出现问题。有的幼儿会表现得孤独、胆怯、固执和不合群，还有些幼儿则会产生对一切都无所谓的态度，甚至对别人产生妒忌和仇恨等不良心理。因此，单亲家长不要根据自己的心情好坏来对待幼儿，要注意自己是幼儿的榜样和依靠，要多和幼儿互动交流。与此同时，要鼓励孩子说出心中的需要并给予适当的引导，不要无条件地满足幼儿的要求以弥补自己对孩子的内疚感。和幼儿多沟通，让幼儿明白哪些条件是可以满足的哪些是不可以的，不要简单粗暴的否定。应该尽量为孩子创造温馨轻松和谐的家庭氛围，多和孩子沟通交流，让幼儿得到倾诉的机会，释放自己压抑的心情，以利于幼儿心理健康发展和良好性格的形成。

3. 创造良好的人际交往的环境

单亲家庭中，由于单亲家长单调的角色，使幼儿缺乏形成健全的心理和人格所需的环境。所以，单亲家长应抓住各种机会带幼儿去接触社会，以身作则，让幼儿在与人交往中走出自我封闭的状态。在节假日时应多带幼儿参加各种有益的聚会，调动周围的人际资源，使幼儿在各种人际关系中形成活泼开朗的性格，给幼儿以有用的影响。在幼儿园中也要鼓励孩子多接触其他同龄伙伴，互相谦让，互相帮助。当孩子在与他人交往时应多加鼓励，孩子在与他人闹矛盾时千万不要迁就自己的孩子，要和孩子多多沟通交流，耐心教育。和谐融洽的人际关系在一定程度上对单亲家庭幼儿的心理健康发展起到积极的作用。

（二）幼儿园方面

1. 了解幼儿情况，因材施教

幼儿园老师首先得走近单亲幼儿，了解单亲幼儿的个性差异，才能对他们实施有效的教育。幼儿园老师可以从正面观察幼儿，也可以从侧面了解他们。幼儿园老师要经常注意观察单亲家庭幼儿在幼儿园内的表现，观察他们和其他小朋友的交往情况，及时发现问题，及时对他们的各种行为和心理活动进行正确的引导。在幼儿园的活动中，幼儿园老师应该从多方面关心、照顾他们，多给他们生活上的温暖和照顾，多给他们精神上的支持。幼儿园老师即在幼儿园中做孩子的教育工作，又在生活中做单亲家长的知心朋友。多体贴单亲家长，倾听他们的苦衷。把对幼儿的教育构想讲给家长听，和单亲父母共同规划对幼儿的培养。教师要对幼儿有责任感，真正的敞开心扉同单亲家庭幼儿做朋友。只有老师尤其是幼儿园主班老师用心地走近单亲家庭幼儿，多方面地了解每个单亲家庭幼儿的真实情况，才能做到对幼儿的因材施教，帮助他们健康成长。

2. 开展有益的活动，增强幼儿的自信心

幼儿园要有计划地组织一些集体活动，积极鼓励单亲幼儿参加各项活动，给他们展示自己的空间和机会。教师可以在活动中适当地照顾单亲家庭幼儿，在活动中多给他们表现的机会，增强他们的自信心，培养他们责任感和团队合作能力。他们从这些活动中可以获得来自集体的力量，让这些单亲幼儿有更多的机会和同伴交流，培养他们的人际交往能力，减少他们的自卑感，让他们从自我中走出来，增进和其他幼儿的人际关系，消除他们的孤独感，从而促进身心的健康发展。

3. 建立心理教育与咨询机构

幼儿园可以为单亲家庭幼儿和家长开设专门的心理教育课与心理咨询机构。积极的心理辅导课程不仅可以引导幼儿摆脱家庭变故带来的心理问题，与其他同伴建立良好的同伴关系，还可通过开设各种心理辅导课程，从单亲家长方面入手，指导单亲家长正确对待幼儿的心理问题。另外，幼儿园方面应及时发现单亲幼儿心理存在的问题，适时引导，多和家长沟通交流，矫正幼儿不良的心理及行为，使其和正常家庭的幼儿一样健康成长。

（三）社会方面

充分调动各项社会资源，给予单亲家庭帮助。积极引导这些单亲家长和幼儿参加社会组织的各项集体活动，提高他们的自信心，让他们感受到来自各行各业人士的关爱，走出心理阴影，积极地面对生活。

1. 重视单亲家庭幼儿的教育问题

社会相关部门应该高度重视单亲家庭幼儿的教育问题，积极开展各项活动为单亲家庭的家长和子女提供帮助。可以在每个社区建立单亲家庭幼儿教育服务点，使单亲家庭的家长在教育幼儿遇到困难时能够及时地得到帮助。还可通过各种媒体广告、公益宣传教育单亲家庭幼儿的科学方法，引起单亲家长对幼儿教育问题的重视，用正确科学的方法教育自己的孩子。

2. 发挥社区教育的优势

社区应当充分利用资源给幼儿创造良好的外部环境，减少社会舆论对单亲家庭幼儿的压力，让他们健康发展。社区可以从生活方面和精神方面给单亲家庭以适当的关心。生活上可通过募捐等方式对生活困难的单亲幼儿给予经济上的支持和帮助。平时多给单亲家庭提供各种活动的机会，增进单亲家庭亲子之间的互动，促进幼儿的人际交往能力；在精神方面，社区工作人员可以经常上门家访，了解家长及幼儿的心理状态，并及时和幼儿园的老师取得联系，了解幼儿在园状态，给每一位单亲家庭的家长和幼儿带来温暖。

第二节 虐童幼儿教师常见的心理问题分析及对策研究

教师一直是被誉为太阳底下最光辉的职业，幼儿园是祖国的花朵们成长的摇篮。近年来，幼儿园教师虐童事件时有发生：浙江温岭幼儿教师颜某揪起男童的双耳致使其双脚离地面约10厘米；山东某幼儿园教师踢伤幼儿生殖器；5岁女童因为不会简单的数学题被老师连打70多个巴掌等。这些虐童案将这些具有虐童行为的幼儿教师推向了舆论的风口浪尖，更是让整个幼儿教师群体受到大家的广泛关注。人们都在呼吁建立相应的法律，让虐待儿童的教师们受到法律的严厉惩罚；政府部门加强对民办幼儿园的管理，让不具有教师资格证的幼儿教师坚决不能上岗等等。然而，我们认为外部的约束固然很重要，但幼儿教师的心理健康状况这个内部原因更加值得大家关注。因为正是这些幼儿教师产生了不健康的心理，才会做出如此残忍的行为。所以，我们选择了这个研究课题，通过研究虐童教师的心理状况及产生的心理问题，分析这些心理问题产生的原因，然后从不同的角度来提出相应的解决策略，希望可以预防和提高幼儿教师的心理健康水平，杜绝虐童事件的发生。

一、幼儿教师虐童的现状

（一）幼儿教师虐童的主要类型

1. 身体虐待

身体虐待，是指对儿童身体有意的伤害，一般指对儿童拳打脚踢、掐脖子、开水烫、用绳吊起儿童、捆绑、灼烧等行为造成的打伤、内出血、骨折、烧灼伤等外伤和内伤的总称，是儿童虐待中最常见的一种类型。在我国，幼儿教师对幼儿实施身体虐待的案例最多。2012年，浙江温岭颜教师用双手揪起男童双耳、男童露出非常痛苦的表情，同时她还出现将幼儿头部塞进抽屉、用胶带封住男童嘴巴等虐待儿童的行为；山西某幼儿园一名女童因为不会数学运算“十加一”，被老师连打了70多记耳光；河北某幼儿园教师用针扎幼儿、逼幼儿喝尿以及逼幼儿吃鼻屎；西安某幼儿园内，一名幼儿因为没有做好操，被老师锯手腕，老师还威胁他说如果告诉家长就锯断他的手……这些幼儿教师对儿童身体的虐待给儿童的身体造成很大的伤害，不利于幼儿身体的健康发展。

2. 心理虐待

心理虐待包括以下几个方面：由于幼儿教师的言行和举止而引起孩子的不安、恐惧；无视或拒绝孩子，用语言反复伤害孩子；挫伤孩子的自尊心等。心理虐待的案例在我国比较少见，但对幼儿的心理健康造成极大的危害。湖南某幼儿园教师因为讨厌一名男童，对他长期进行忽视，造成幼儿出现自闭症状；山东某幼儿园教师因为一些幼儿丑，经常以厌恶的眼神看待幼儿，也不怎么搭理幼儿的请求，使这些幼儿产生自卑心理等。对于一名幼儿而言，有时候心灵上的伤害比身体上的伤害更恐怖，身体上受了伤，经过治疗可能痊愈，但心灵上的伤痕并非一朝一夕即可治愈，可能会影响幼儿的一生。

（二）幼儿教师虐童事件的地区差异

1. 城市幼儿教师虐童事件比农村多

近五年来被曝光的幼儿教师事件的数据进行分析，如表7-1所示。

表 7-1　　**2011—2016 年幼儿教师虐童事件统计**

近五年曝光虐童事件发生地区城乡类型	城市	农村
虐童事件发生数量	26	11

从表 7-1 中，我们可以看出幼儿教师虐童事件在城市发生的概率要比农村要高出很多，在城市内幼儿教师的压力比较大，幼儿数量也比较多，而农村本身幼儿园就比较少，上幼儿园的孩子更少，因此幼儿教师虐童事件更容易发生在城市。

2. 经济发达地区更易发生幼儿教师虐童事件

将近五年来被曝光的幼儿教师虐童事件发生的省份进行归纳总结，如表 7-2 所示。

表 7-2　　**2011—2016 年幼儿教师虐童事件发生地区统计**

近五年幼儿教师虐童事件发生地区经济发达程度类型	经济发达地区	经济欠发达地区
虐童发生数量	22	15

从表 7-2 中，我们也可以看出，在发达地区幼儿教师虐童事件的数量比欠发达地区的数量要多。在近五年被曝光的幼师虐童事件中，大部分发生在北京、上海、浙江、江苏等发达地区，少部分发生在内蒙古、云南、河南等欠发达地区。在发达城市幼儿园数量较多，幼儿教师经济压力、生存压力也比较大，更容易出现心理问题，产生虐待儿童的行为。

在我国，幼儿园已经成为虐童事件发生的重灾区。这些不断发生的虐童事件不禁让我们汗颜，本应该是孩子们最亲近的幼儿教师，大家眼中的"阳光天使"和"知心姐姐"，缘何却变成了"恶魔"和"狼外婆"。这些幼儿教师到底是基于什么样的心理才会去虐待如此天真可爱的幼儿们。然而这些被曝光的虐童事件只不过是冰山一角，还有许多的幼儿正在遭受着教师的虐待，他们正在被虐待的痛苦之中成长。虐童事件不仅是孩子们的悲哀，更是整个幼儿教育领域的悲哀。

二、虐童幼儿教师主要存在的心理健康问题

幼儿的心理健康对于幼儿的发展所起的重要作用已经成为共识，而作为幼儿身心发展的"重要他人"（significant others）——教师是幼儿情感发展和心理健康的促进者。幼儿教师的一言一行、一举一动都有可能会在幼儿的心理烙下非常深刻的痕迹。因此，幼儿教师从事幼儿教育工作的必要条件之一就是要有健康的心理。当幼儿教师心理健康状况不理想、出现心理问题时，必然会影响到孩子们的情绪。而更加严重的是，当他们心理问题严重却又不去及时地解决时，就会把"毒手"伸向身边最近的、年幼无知的幼儿们。因此，我们要分析幼儿教师存在的心理问题，找出问题产生的原因，不发现问题就不能够解决问题。通过资料收集和分析，我发现幼儿教师有以下心理健康问题：

（一）过于焦虑

焦虑是人类在与环境作斗争及生存适应的过程中发展起来的基本人类情绪，焦虑并不

意味着都是有临床意义的病理情绪，在应激面前适度的焦虑具有积极的意义，它可以充分地调动身体各脏器的技能，适度提高大脑的反应速度和警觉性。只有具备某些病理性特征同时对正常的社会功能造成影响时，才成为病理性焦虑。幼儿教师的焦虑主要来源自以下几个方面：

1. 幼儿园的工作任务沉重

幼儿教师除了基础的教学、保育工作外，还有大量的其他工作。如每到节假日，就要策划及举办节日活动，特别是六一儿童节和亲子运动会的准备工作任务更是繁重，在一般情况下，策划、排练节目等要耗费两至三个月的时间；每学期开学初，教师要对整个教室进行布置，教室里的每个区域都要规划然后进行手工制作，除此之外，平时每个月还要更换主题墙，主题墙上的东西全部要重新制作；幼儿教师还要经常地与家长进行联络沟通，了解幼儿在家的具体情况，家长提出的要求还要及时的给予解答……幼儿园过大的工作量给幼儿教师们带来沉重的压力，容易使幼儿教师产生焦虑心理。

2. 班级人数过多

由于教育资源分配不均，在我国的幼儿园中以民办幼儿园为主，公办园极少。大部分民办幼儿园办园的目的就是赚钱，而其中有一些幼儿园为了追求利益的最大化，不考虑本园的实际情况，过度招收学生，致使不同班次的人数远远超过了国家规定的标准人数（小班20~25人、中班25~30人、大班30~35人），这给幼儿教师带来了沉重的负担。例如，江西省抚州市汇嘉幼儿园的小班就有30人，中班更是将近40人。除了小中大班外还开设了大大班，只为招收更多的学生而获取更大的利润。国家规定的幼儿园不同班次的标准人数是具有科学依据的，是综合了各方面的意见以及幼儿身心发展特点、教师的心理承受水平而设置的。当幼儿教师面对过多的学生时，内心的焦虑自然而然会不断地上升。

3. 幼儿园不恰当的考核方式

在许多的幼儿园内，都会实行评级考核制度，恰当的考核制度会增加教师的积极性，但不恰当的考核制度容易给教师造成焦虑心理。在山西某幼儿教师虐童事件中，幼儿园领导对幼儿教师的要求过于苛刻：上班时几乎要一直站着、幼儿 吃饭时不能讲话、不能把饭菜弄到桌子上、幼儿午休时所有老师必须守着等。如果发现不合格的地方就扣掉老师的考核分数，同时也经常要求他们上公开课等，这些不合理的考核制度让幼儿教师的焦虑心理大大增加。

（二）自我认知存在偏差

自我认知也叫自我意识，或叫自我，是个体对自己存在的觉察，包括对自己的行为和心理状态的认知。从角色扮演的过程来看，社会角色的扮演者通常情况下都会经历社会大众对角色的期望、角色扮演者的自我认知和角色的实践三个阶段。如果作为一名幼儿教师，对自己所扮演的角色认知度不够，不了解如何成为一名幼儿教师，仅仅是将其作为谋生的一种手段，那么他们对待幼儿自然是没有什么责任感。更有甚者，对自己的虐童行为竟不以为然，没有了解其危害性。例如虐童教师颜某，当别人问她为什么要虐待儿童时，她竟然说自己只是和小孩子玩玩，没有虐待他们。在她的心里，揪起儿童双耳、用胶带封住幼儿嘴巴等行为只是玩玩而已，说明她对自我的行为欠缺正确的认识。如她一般，许多幼儿教师都对自己所谓的“玩玩”行为缺乏正确的认识，这是一种非常令人担心的现象。这种问题主要源于以下这些因素。

1. 幼儿园未对教师进行系统的培训

在中国，某些幼儿园由于园所条件差以及工资待遇比较低，难以招到合格的幼儿教师，只能降低门槛招收一些没有教师资格证、未进行培训过的人充当幼儿教师。招进这些人员后也未对其进行系统的培训，而是直接让他们上岗，许多虐童案中的幼儿教师就是这样进入幼儿教师岗位的，这些人也并不了解一个幼儿教师的具体职责，他们并非是因为热爱幼儿才选择当幼师的，只是无奈之举而已。由于未接受过系统的培训，这些人也就欠缺对自己所扮演幼儿教师这个角色的正确认知。

2. 幼师学校缺乏对学生道德素质的培养

在我国，幼儿教师大部分都是中专毕业，有些是大专毕业，本科毕业的是少之又少。这些幼师中专学校在培训学生时过于偏重钢琴、舞蹈、绘画等技能方面的训练，而忽视了对学生职业道德素质、心理学、教育学这些知识方面的教育。因此许多学生毕业后，在幼儿园工作时也认为自己拥有这些技能就是一名合格的幼儿教师了。实则不然，幼儿教师要对幼儿有爱心、耐心、责任心等，并不只是简单地照顾孩子，教孩子唱唱歌、跳跳舞就好。他们对幼儿教师、对自我的认知不够，他们抱着这样的心理去教育幼儿，是很容易出现问题的。

3. 国家对幼儿教师的培训和提升不足

大部分幼儿园会安排专门的课程、进修等来提高教师的专业能力及道德素养，但也存在一部分幼儿园未对教师的素质进行提升，而这个时候就需要国家出面加强对幼儿教师的培训。但往往教育部门很少组织活动对幼儿教师进行培训。“国培计划”是国家提高中小学教师特别是农村教师队伍整体素质的重要举措，但往往落实起来并不理想。2016 年，我们参观了某高校组织“国培计划”的培训现场，发现讲座式的培训效果是微乎其微的，大部分时间就是一个专家在上面讲讲理论的知识而已，很难调动大家学习的积极性。国家对幼儿教师的专业培训组织部够，亦使得许多幼儿教师的自我认知一直处于欠缺状态。

4. 幼儿教师缺乏自我提高的意识

一些幼儿教师并不是因为热爱幼儿才选择从事教育行业，仅仅是将其作为一种谋生的手段，抱着得过且过的心理去工作。比如前面所讲的关于“国培计划”的讲座，许多幼儿教师在现场压根就没有听培训教师所讲的内容，只是去完成上级交代的必须要参加讲座的任务而已。因此，当某些幼儿教师进入工作后，自身素质本身就不够，再加上没有想方设法提高自身的专业素养使自己成为一名合格的幼儿教师，自然就缺乏对自己以及对幼儿教师这个职业的认知，以至于对自己虐待儿童的不健康的心理状态都没有正确的认知。

（三）易冲动、自我控制能力差

冲动多指做事鲁莽，不考虑后果。感情特别强烈，理性控制很薄弱的心理现象。可表现为行为上的，也可表现为思想意识上的。如果幼儿教师容易冲动，当心情不愉快时，一时控制不住自己的情绪，就会对幼儿伸出毒手，让幼儿遭受到虐待。造成幼儿教师易冲动的原因如下：

1. 先天气质因素

气质是个人生来就具有的心理活动的典型而稳定的动力特征，共分为四种类型：多血质，黏液质，抑郁质，胆汁质。其中属于胆汁质类型的人精力旺盛、脾气暴躁，心境易发生剧烈变化。大多数幼儿教师都属于胆汁质气质类型，容易冲动，难以控制自己的情绪，因此才向幼儿施虐。

2. 幼儿的对立心理

在幼儿园内，幼儿教师面对的大多是3~6岁的幼儿，这些幼儿身心发展还不完善。这些幼儿情绪控制能力差，喜欢哭闹，同时也喜欢跟老师对着干。浙江慈溪某幼儿园教师因为两名幼儿不停地吵闹，而且又不听老师的劝导，与老师对着干，老师一时冲动做出用透明胶带封住了两个孩子的嘴巴的不良行为。当幼儿教师本身脾气容易暴躁，幼儿又不听话、与她对着干时，极易控制不住自己的情绪，对幼儿进行施暴。

3. 生活中发生不如意的事情

幼儿教师以女性为主，除了工作外，她们可能还要照顾孩子，照料好自己的家庭生活。在生活中也时常会发生一些不愉快的事情，加剧了幼儿教师的冲动行为。浙江温岭虐童女教师颜某除了对工作感到不开心外，也因为与男朋友吵架分手导致自己的心情不好，一时冲动就虐待幼儿。另外一位女教师也因为与老公吵架，要求幼儿跪下并用舌头把地板舔干净。当这些幼儿教师在工作和情感生活中都遭遇挫折时，极易产生冲动行为，做出不理智的事情。

（四）消极情绪不断积累，逐步占据主导地位

消极情绪是指在某种具体的行为中，由内因或外因影响而产生的不利于你继续完成工作任务或者正常思考的情感，其与积极情绪相对立。消极情绪包括：紧张、忧愁、愤怒、悲伤、痛苦、恐惧、憎恨等。在工作中难免会有不开心的事，会产生消极情绪，但如果不能及时的排解，就会逐步积累，越来越多，当消极情绪占据主导地位的时候，幼儿教师的心理状态肯定是处于极度不健康的状态。这些具有虐童行为的教师基本上都是消极情绪占据主导地位，她们不懂得如何去放松自己的身心、排解自己的不良情绪，而幼儿园领导也不及时采取方法帮助幼儿教师排除消极情绪。因此当幼儿教师的消极情绪累积到一定程度时，就如火山爆发般喷出，而她们喷出的对象就是那些无辜的孩子们。幼儿教师的消极情绪主要受到以下几个因素的影响：

1. 职业的倦怠感

在浙江温岭虐童案中，虐童教师颜某对自己的工作越到后期，消极情绪就越占据主导地位。通过表7-3，分析虐童教师颜某的心理变化轨迹，我们可以明显地感受到她的变化过程。

表 7-3　　　　　　　　虐童教师颜某的心理变化轨迹

应聘时	→	工作初期	→	工作中期	→	工作后期
↓		↓		↓		↓
综合成绩名列前茅	→	非常努力，常加班做教具	→	不好不坏混日子	→	表示不喜欢自己的工作

从表 7-3 中我们不难看出，进入到工作后期时，颜某已经明显的表示出自己不喜欢从事幼儿教师这份工作。颜某在与网友的聊天中也多次谈到“孩子们真调皮”，“太烦人了”，“吵死了”，“工作太没劲了”，“累的跟头牛一样”，我们通过这些言语也能明显地感知到她的情绪非常低落，对自己所处的工作环境非常失望，职业的倦怠感不断增加，进而导致不良的情绪长期累积。心理学家认为，人的心理在不舒适的环境之中，会本能地寻求存在感和掌控感。而处在这种情况下的幼儿教师颜某，将几乎没有反抗能力的幼儿作为发泄的对象，提起儿童的双耳离地、将孩子丢进垃圾桶、用胶布将孩子的嘴粘上……通过这些虐待儿童的行为来发泄自己的不良情绪，以实现内心的平衡。

2. 社会地位低下

在社会大众的眼里，教师是一份崇高的职业，都对教师这个行业赞许有加，但这只限于中小学或大学老师，许多人对幼教教师仍然存在偏见。众多人认为幼儿教师只是看孩子的，因此他们对幼儿教师并没有像对其他阶段的教师那样尊重。但幼儿教师并不只是一名所谓的“保姆”，他们亦是一名教师，他们像那些小学、中学、大学教师一样教育幼儿，甚至她们可能需要耗费更多的精力来呵护学生的健康成长。然而，当她们没有受到尊重甚至遭受到忽视时，心理自然会产生不平衡的感觉，负面情绪不断激化。

3. 工资低廉，缺乏保障

我国实行九年义务教育制度，大部分中小学都是公办学校，而幼儿园则不同，幼儿园不属于国民教育体系。与许多欧美国家幼儿园以公办园为主相比，民办园在我国占据大半江山。例如，在抚州市区就只有一所公立幼儿园，但民办园却有几十甚至上百所。民办幼儿园教师的工资非常低廉，普遍为 1000~2000 元之间（某些发达城市除外），可能不及公办园教师工资的一半。甚至有时候，有一点工作没做好，就会被扣掉部分工资。她们亦没有像公办园教师一样享受五险一金，她们缺乏国家体制的保障。微薄的收入与沉重的工作不成正比，工作又缺乏保障和稳定性，致使幼儿教师的个人成就感和主观幸福感不足，容易产生心理问题。

三、杜绝“幼儿教师虐童事件”的对策研究

虐童案的频繁发生是谁也不想见到的结果，但既然已经发生了，我们就应该要分析其发生的原因，然后不断研究出策略来杜绝虐童案的继续发生，保护我们祖国的花朵们。我们认为可以从以下几个方面来提出相应的对策：

（一）国家政府部门方面

1. 合理分配教育资源，逐步将幼儿教育纳入义务教育体系

学前教育是国民教育的基础，关系到一个民族的未来。国家应该要充分地认识到幼儿教育的重要作用，一个人如果在幼儿园接受到良好的教育，能为其一生打下良好的基础。同时，财政部门应当加大对学前教育的投资，可以适当地对民办幼儿园进行投资，改善一些幼儿园长期以来办园条件差、基础设备不足的情况。除此之外，国家也应不断将幼儿教育纳入国民义务教育体系，通过逐步增加公办幼儿园的数量以及扩大公办园的规模，来解决一些幼儿教育资源稀缺的现实问题。

2. 建立民办幼儿教师工资制度

联合国教科文组织于1966年召开各国政府间关于教师地位的特别会议通过《关于教师地位的建议》中指出：教师的工资应反映出教育对于社会的重要性，从而反映出教师的重要性以及教师从就任教职之日起便建立起来的一切责任；应比支付给需要类似的或同等资格的其他职业的工资更优厚。从我国目前情况来看，民办幼儿园教师的工资普遍较低，在很大程度上还受到幼儿园实际效益的影响，工资的稳定性不足。国家应参考在编幼儿教师的薪酬待遇，考虑到每个地方的经济发展水平，因地制宜地建立起民办幼儿教师工资制度，给予民办幼儿教师一定的工资保障。然后也应对学前教育事业进行规划，加大对幼儿教育的资金投入，从而稳步地提高幼儿教师的待遇 。

3. 定期对幼儿教师进行心理健康检查和心理问题辅导

心理健康对一个人的重要性是不言而喻的，而作为一名幼儿教师更是需要有一个健康的心理状态。如果说一对父母的心理健康出现问题，那么影响的可能只是他们的子女，而如果一名幼儿教师心理出现问题，那么影响的就是几十甚至几百个幼儿。因此，教育部门可以定期开展心理健康讲座，安排心理咨询师对幼儿教师进行心理健康检查。当发现幼儿教师出现心理问题时，应及时安排专业人员对其进行心理辅导，帮助解决心理问题。这样也可以及时了解幼儿教师的心理状态，避免悲剧的发生。

（二）幼儿园方面

1. 适当降低幼儿教师的工作量，减少其心理压力

幼儿教师除了上课之外，文案工作也是五花八门，包括家园联系册、备课教案、家访记录、听评课记录、会议记录、活动安排设计等。除此之外，还需要布置教室、排练活动等等，庞大的工作量会压得幼儿教师喘不过气来。因此，幼儿园领导应根据实际的工作要求，适当地减少幼儿教师的工作量，尤其是减少非教学任务。幼儿园应合理安排幼儿教师的工作任务，使得幼儿教师能在规定的时间内完成教育工作。

2. 建立人性化的考评和工资制度

因为幼儿教师庞大的工作量与低廉的工资是不成正比的，一个幼儿园要想留住好的幼儿教师，合适的薪酬及人性化的考评制度是必不可少的。所以，幼儿园也应根据幼儿教师的教学水平适当地增加部分工资，提高幼儿教师自我提高的积极性。例如，抚州市某幼儿园就安排各个教师上公开课，根据其教学水平，将其分为初、中、高级教师，级别越高加的工资就越多。许多幼儿园还会采取扣分制，每扣一分，教师的工资就少一些，幼儿园有时候为了利益，鸡蛋里挑骨头似的挑老师的刺，好来扣老师的分，这是完全不人性化的行为。幼儿园应收集各位教师的意见，共同商讨建立考评制度，表现好的地方应当嘉奖，不

足的地方亦应该指出来让其改善，这样才能促进幼儿教师的成长，让她们以积极的心态面对工作。

3. 严格控制班级的数量及师幼比例

国家对幼儿园不同年龄层次的班级的人数都设置了标准，这是考虑到幼儿的身心发展特点以及教师的身心承受程度的，是具有科学依据的。因此，幼儿园切勿追求利益的最大化，而不考虑教师的心理承受范围。幼儿园每个班级的人数都应该控制在标准范围内，实在是班级人数增加较多时，也应在该班级增加幼儿教师的数量。同时，幼儿园的教师基本上都是女性，一般情况下都会遇到结婚、怀孕、哺乳期以及其他各种需要请假的事情。因此，幼儿园应充分保证园内幼儿教师的数量能足以应付空缺。

4. 加强对幼儿教师的人文关怀

所谓人文关怀，是指对人自身的存在和发展中所遇到的各种问题的关注和探索，是对人的尊严、价值、意义的理解和把握，是对价值理想或终极理想的执著追求。营造一个宽松和谐的人际和工作环境关键在于幼儿园领导，领导对待幼儿教师应本着以人为本的理念，尊重她们、关爱她们，有利于形成和谐、有爱的领导与被领导的关系。作为领导，要以人文关怀温暖人心，对幼儿教师要宽大为怀，努力为教师们的工作和生活排忧解难，帮助她们创造良好的工作和生活条件。同时，还应想方设法满足不同层次教师的需要，提高自我价值。在幼儿园内，只有幼儿教师得到了领导的尊重，才会有作为主人翁的自豪感和责任感。幼儿园领导的人文关怀，能让幼儿教师对工作充满热情、对幼儿园充满爱，让她们的心理保持在健康的状态。

5. 举办丰富多彩的活动

幼儿园应积极组织并鼓励幼儿教师们参加各种活动，通过活动来释放“减负”。幼儿园可以组织老师们一起外出游玩，在玩乐中可以放松自己的身心，缓解压力和疲惫，调节自己的情绪。例如，在寒暑假，可以一起去欣赏外地的风景名胜；在普通的节假日，也可以在本地选一个景点一起游玩，可以一起去爬爬山、玩玩游戏。在自然美景中，享受大自然的快乐，从而愉悦身心。除此之外，幼儿园也可以组织体育活动，让幼儿教师参加体育锻炼。心理健康与生理健康是密不可分的，加强身体锻炼，可以提高教师的身体素质，并有助于幼儿教师的心理健康。

（三）社会大众方面

1. 尊重幼儿教师，增加对幼儿教师的社会认同感

在我国，幼儿教师是教师队伍中的特殊群体，她们的社会地位往往不能与中小学教师相比，许多人缺乏对幼儿教师的尊重。但幼儿教师对孩子们的付出是不容忽视的，她们与中小学、大学教师一样在努力促进孩子们的成长，因此她们应该得到相应的尊重。整个社会应形成尊师重教的良好社会风气，对幼儿教师要多一分宽容和体谅，多一分理解与尊重，多一分关心和爱护，让幼儿教师体会到被尊重的感觉，增加其对扮演幼儿教师这一角色的自豪感。

2. 加大社会正面的关注

近些年来，由于虐童事件的频繁曝光，社会大众一直以一个批判的态度来看待幼儿教

师这个群体。幼儿教师中固然有做的不好的一面，但社会大众不应该仅仅看见她们的不恰当行为，也应多关注幼儿教师们优秀的一面，宣扬她们的闪光点，给予她们积极、正面的表扬，这对幼儿教师这个群体也是一种鼓舞。作为网络媒体以及电视媒体等也应该对自身进行检讨，不应只关注负面消息，幼儿教师们也需要被肯定以及被鼓励。我们也应该想想，作为一名幼儿教师，每天都被网络以及电视上以偏概全的负面消息所围绕，自然内心会产生很多的压力。因此，整个社会在对待幼儿教师上应给予一个客观公正的评价，好的一面就应该表扬，不良的地方应给予批评并提出改善意见，这样才能减少社会舆论给幼儿教师带来的压力，促使他们身心健康地发展。

（四）家长方面

1. 理解和尊重幼儿教师

作为家长，应对幼儿教师给予充分的尊重，因为你们的孩子在接受她们的照顾和教导。她们不仅照顾着幼儿的生活起居，还努力让幼儿学习知识，促使孩子的身心得到健康成长。一名幼儿一天在幼儿园待的时间可长达十个小时，在这段时间内，是幼儿教师在照顾幼儿吃饭、喝水、上厕所、睡觉，同时还教育幼儿学习生活常识、提高自理能力以及获取其他文化知识。幼儿教师对孩子们的贡献和付出是很大的，理应得到家长的尊重。家长们想想，你们的孩子一天大部分时间都面对着幼儿教师，如果你们不尊重老师，老师对你们的孩子怎么会付出真心的爱呢？同时，当幼儿教师有什么不足时，也应当理解他们，不足之处可以提出来，但不应当过分批评。家长们的尊重，可以增加教师的满足感以及对孩子们的爱。

2. 勿向幼儿教师过度施压

每位家长都希望自己的孩子能在幼儿园获得知识、得到提高，希望教师能够多多关注自己的孩子。但幼儿教师教育的不只是一个孩子，她们面对的是一群孩子，应当公平对待每名幼儿。幼儿园的课程也大部分是根据幼儿的身心发展特点来开设的，许多家长怕孩子进入小学后跟不上，不断向老师施压，希望老师多教拼音数学等，这是错误的观念。拼音等是小学年龄阶段的孩子所学习的知识，在幼儿园阶段不应该向幼儿灌输这些知识。还有在幼儿园组织活动时，家长都希望自己的孩子当最耀眼的一个，向教师提出让自己的孩子做主角，这也是不应该的，幼儿园及幼儿教师们会根据班级情况及每个幼儿的特点进行安排。因此作为家长，切记不要向教师施加过多压力，这样也能降低幼儿教师的心理负担，让幼儿教师保持一个健康的心理状态。

（五）幼儿教师自身方面

1. 不断学习，加强自我认知和专业素养

作为一名幼儿教师应当加强自身的道德修养，以身言教。许多教师在从事该项工作之前，没有学习过相关的学前教育知识，因此更应当勤奋学习，不断提升自己得专业能力。一名合格的幼儿教师必定要有较高的专业素养，这样才能够驾驭幼儿教育活动并处理班级中的突发事件及幼儿的不良情绪。在现实生活中，某些老师的认识比较浅显与感性，只注意到幼儿害怕、快乐、嫉妒等情绪问题，看不到情绪背后幼儿的动机需要、精神需要等深层次的问题。弗瑞达认为，情绪是个体关注满足系统的表现，它表达了个体的关注及对这些关注的满足状态。因此，幼儿教师需要不断扩充自己的知识量，特别是要了解幼儿的身心发展规律以及情绪问题发生的动机及原因，这样才能不带着负面情绪去处理幼儿的哭闹和捣乱、吵架和打人等情绪化事件，也只有这样才能减少虐童事件的发生。

2. 学会排解忧愁、释放压力

作为一名幼儿教师，当自己遭遇不开心的事情或是感觉自己的心理压力特别大时，应正确面对，不要把不适埋藏在心里，要学会自我疏导。幼儿教师可以选择合适的时间和恰当的方式来宣泄自己的消极情绪，例如，向自己的亲人和朋友倾诉，把内心的烦恼诉说出来；进行适当的运动，让自己的身体出汗，使全身得到伸展和放松；到 KTV 或其他空旷的地方尽情歌唱，释放自己；也可以去逛逛街，买买自己喜欢的衣物，吃自己喜欢的东西等等。通过这些方式，人可以让自己的身心得到放松、愉悦自己，从而缓解内心的压力，消除不良的情绪。

3. 进行准确的自我定位

幼儿教师既要把自己的职业看做是教书育人、塑造性格、培养人格的一项庄严而又神圣的工作，也要把自己当做一个普通的为幼儿服务的服务者。作为一名幼儿教育工作者，应该明白自己服务的对象是一个特殊的群体——懵懂无知、天真可爱却又活泼好动、对事物充满好奇而又欠缺知识经验和自控能力的幼儿们，这就决定了幼儿教师需要有足够的耐心、爱心和责任心。因此，幼儿教师要放正自己的心态，明白自己作为幼儿教师应该做什么和不应该做什么。

第三节　马斯洛需要层次视角下新入园幼儿焦虑问题及解决对策

人的一辈子，是对外部环境不停适应的一生，人们一定会生活在选择与适应的过程之中，有选择就有斗争，有斗争就有压力，有压力就有顺应，也就有身心的调整。因此，社会适应是人最基本的生活方式。幼儿期是身心发育的关键期，幼儿期所受的教育将影响人一生的发展。焦虑是童年时期最普遍的一种情绪问题。由于幼儿的生理、心理都没有发育成熟，他们对于周围的世界将常会产生一种无力感，由此产生非常大的压力，而焦虑则是一种心理压力的体现。幼儿焦虑是幼儿在感知到内部或者外在环境刺激对机体存在着某种威胁，或者自己没有办法达成某种目标、克服某种问题时所产生的恼怒、痛苦、惭愧、不安等不好的情绪感受或者身心状况。幼儿的焦虑心理不仅会破坏其正常的生活与活动，还会导致幼儿的智力发育不正常。

分离焦虑（separation anxiety）是“焦虑”的一种。通常出现在与父母分离或与所爱和依赖的人分离或面临分离的威胁等情况下。表现为恐惧、焦虑紧张、不安等情绪反应。这本是一种正常心理反应，但是若过度恐惧和紧张不安，持续时间过久，则可能是神经症性分离焦虑障碍。新入园幼儿刚到幼儿园常常会表现出极大的焦虑反应，从而影响幼儿的身心健康。有些幼儿会在两周或以内恢复平静正常，然而仍有许多幼儿将保持焦虑心理许久。其具体表现有：不愿意亲人离开自己，缠住亲人，紧紧地拽住亲人的手与衣角不放松；大声地哭喊、吵闹，甚至在地上滚；脾气暴躁，使劲跺脚，捶桌子，摔东西，撕东西；黏住幼儿教师，要求老师抱着不放；出现尿裤子，尿床等紧张行为；嗜睡或望着窗外神情发呆；情绪低落，精神萎靡不振，无精打采，对谁都爱理不理；严重焦虑的幼儿会拒绝吃东西，喝水；身体骤然变瘦，体质明显下降，容易感冒；个别幼儿会出现极端的自残行为，例如，咬手指，划破手指，抓头发，锤脑袋，撞墙等；还有的幼儿甚至会表现出生理上的种种不适，如头痛、肚痛、尿频、食欲变化和睡眠结构紊乱、排便习惯改变等现象，可是一回家症状马上消失了；有的孩子则整天眼泪汪汪，嘴里不停地自言自语：我要回家，我要妈妈等等。因而，研究新入园幼儿的焦虑情况，对缓解新入园幼儿的心理不适具有重大作用。我们从马斯洛需要层次角度进行研究，探讨目前新入园幼儿的不适表现并揭示其产生的原因，从而进一步就该问题提出相关解决对策。这不仅能为家长实施家庭教育给予理论支撑，提高入园焦虑幼儿家长的家庭教育的能力，为幼儿家庭营造一个较好的教育环境，并且能够为幼儿园的一线老师提出行之有效的措施来解决幼儿入园的焦虑情况。

一、新入园幼儿分离焦虑原因

用马斯洛需要层次理论去研究新入园小班幼儿的分离焦虑，不仅可以很好地帮助人们分析新入园幼儿分离焦虑的产生根源，而且也可以为人们找到干预幼儿分离焦虑现象的可行之策。因而，从某种程度上讲，马斯洛需要层次理论为人们研究和解决新入园幼儿分离焦虑提供了一种全新的思路和范式。

我们随机抽取了南昌、九江、抚州、广州这四个地方共 10 家幼儿园的共 200 位有着入园焦虑问题的幼儿的家长进行访谈，对幼儿的焦虑表现及其原因进行了调查。将家长的观点分为四类，分别是生理的缺失，安全感的缺失，归属于爱的缺失和尊重的缺失。认为是生理缺失原因导致入园焦虑的家长有 64 人，占总人数的 32%，这部分的家长认为孩子的入园焦虑主要是因为孩子的生活能力较差，小班新入园的幼儿不能很好地适应幼儿园的新环境；认为是安全感的缺失的原因造成的家长有 74 人，这部分的家长认为幼儿之所以会有不安的表现主要是因为孩子来到陌生的环境当中缺乏安全感，这种观点占总人数的 37%；认为是因为归属于爱的缺失的家长有 39 人，他们认为幼儿产生入园焦虑的主要原因是幼儿在家庭中得到的关爱更为多，而在幼儿园当中老师不能顾及到每一个幼儿的感受，因而一些幼儿会感到缺乏爱，甚至是被忽视，这种观点占了总人数的 11.5%；认为是由于尊重的缺失而导致孩子入园困难的家长有 23 名，这些家长认为孩子的焦虑是源于孩子的行为受到了限制，因而得不到充分的尊重感，这类观点占了总人数的 12.5%。结合马斯洛需要层次理论，对以上四种原因具体分析如下。

（一）生理需要的缺失

认为孩子的入园焦虑是这一原因导致的家长所占总人数的 32%，在归纳的四类原因中排名仅次于安全需要的缺失。这说明生理需要的缺失是幼儿产生入园焦虑的主要原因之一。在生理需要的缺失当中，又将其细分为生理需要被剥夺和生理需要不能及时被满足。其中认为生理被剥夺的占 45%，这部分的观点认为孩子的生理节律破坏了，因而幼儿会产生入园焦虑。认为是生理需要无法及时满足的占 55%，这部分的观点认为是孩子的生理需要产生时没有及时给予关注的原因，如吃东西、睡觉等不能按照自身的情况来满足而必须遵守幼儿园的规定。

1. 生理需要被剥夺

新入园幼儿一般为 3 岁左右，有些幼儿甚至只有两岁左右，这个时期的幼儿身心发育处于一个快速发展期，幼儿对于睡眠，食物，水等物质的要求十分严格。所有的学习活动必须在满足其生理需要的基础上才能开展，如果简单粗暴地剥夺了幼儿的生理需求会导致幼儿情绪的不稳定等一系列的身心不良反应。在进入幼儿园前幼儿处于一种相对自由的状态，生活作息并没有严格的规定和要求，而进入幼儿园之后面临的生活作息的转变和严格的制度要求，幼儿原有的生理节律遭到破坏，导致生理不平衡。许多幼儿在家时没有良好的作息时间观念，由于要去幼儿园必须早起，所以其父母强行将幼儿的生物钟进行调整。由于幼儿对于长期适应的生活节奏无法通过家长的一个生硬的调整立即产生变化，导致幼儿睡眠的需要被剥夺，所以幼儿产生哭闹、拒绝早起、烦躁的不良反应。这种不良反应会进一步泛化。例如，幼儿通过哭闹来抗拒上幼儿园，在幼儿园活动的时候表现为不关心、不参与等消极现象。

2. 生理需要无法及时满足

在幼儿入园前，幼儿在家中常常处于一个中心位置，即家人都是以幼儿的需求为中心，对于幼儿的各种生理需求都是给予最即时最大化地满足。进入幼儿园后，幼儿没有了家长的呵护和无微不至的照料，幼儿必须要学会独立生活，也必须要遵守幼儿园各种繁琐的生活纪律与活动秩序，如独立进餐、按时睡眠、学会分享、等待等。教师既不可能随时随地照顾到每一位幼儿，也不可能对每一位幼儿的每项要求都能给予全部满足。在这种情况之下，一些生活自理能力差的幼儿，可能会出现各种各样的不适反应，如恶心、头痛、腹痛、尿频、呕吐等。还有，幼儿对食物的生理要求得不到及时满足，也会表现出哭闹、情绪低落、肚子疼痛等不良反应。

（二）安全感的缺失

认为孩子的入园焦虑是这一原因的家长所占的比例最高，占总人数的 37%，安全感的缺失是幼儿产生入园焦虑的最主要原因。安全感的缺失可分为：亲子依恋及依恋关系的缺失、对陌生环境的恐惧、对未知无法掌控这三类。其中，认为亲子依恋及依恋关系的缺失占 28%，这部分的观点认为孩子离开了熟悉的家长，亲子关系被破坏，因而幼儿会产生入园焦虑。三类中认为是对陌生环境的恐惧原因占 55%。这部分的观点认为陌生的环境会让幼儿感到恐惧从而产生焦虑；认为是对未知无法掌控占 17%，这部分的观点认为幼儿焦虑是由于不熟悉幼儿园的每日活动，不知道接下来要做什么，因而产生焦虑。

1. 亲子依恋及依恋关系的缺失

亲子依恋指儿童对某人所具有的特别亲密的难舍难分的一种情绪体验。亲子依恋的表现是，见了依恋对象有愉快体验，欢笑、安全、调皮、喊叫、亲近、拥抱、依偎、跟随等，离开了依恋对象则表现出焦虑、哭闹、不安，不愿游戏、注意力不集中等行为。

依恋理论最初是由英国精神分析师约翰·鲍尔比（Bowlby）在 1969 年提出的。他在习性学的基础上，整合了精神分析理论、信息加工理论与控制论，创立了依恋理论。他系统论述了依恋产生的生物基础、依恋的阶段性发展及其内部机制，还对依恋的主要特征进行了剖析。Bowlby（1969）认为依恋的重要性不亚于控制饮食和繁殖的行为系统，它在维持婴儿的安全和生存方面，是具有直接意义的行为控制系统。他认为依恋的表现形式主要有：分离时的紧张和寻找、重逢时的愉悦和轻松、对陌生人形成一种排斥倾向。依恋的目的在于为孩子创造一个舒适安全的环境，帮助孩子建立爱心、信任以及安全感，帮助孩子健康的发育成长。公认的依恋形成的标志是儿童的分离焦虑和与之同时出现的怯生现象。判断依恋是否建立的最可靠的办法就是考察儿童与特定看护者分离而改由他人看护时的表现。然而，分离焦虑与怯生都是依恋选择性的表现，早期儿童在对特定个体倾注其依恋情感的同时，一般都会表现出对另一些生人的疏远与排斥。这是同一问题的两个方面。因此，二者共同成为依恋形成的标志。幼儿在上幼儿园之前接触最多的便是家人，在幼儿最初成长的两三年时间里，幼儿已经与某位或某几位家人产生了强烈的亲子依恋。在这种情况下，与家人的分离则极易让幼儿产生分离焦虑。

每个儿童都会产生分离焦虑，但是焦虑的程度和焦虑的维持时间是有差异的。研究认为，分离对儿童情绪的影响主要是来自分离的原因，而不是分离的事实。由于幼儿的认知水平仍不太高，有些幼儿认为看不见的就是没有了。故导致幼儿认为与家人的分离是长期的，甚至认为家人将其送到幼儿园是一种抛弃的行为。幼儿对分离的恐惧对其心理造成极大的伤害，分离焦虑严重的情况中幼儿甚至会产生对幼儿园的恐惧与厌倦。

2. 陌生环境的恐惧

幼儿入园前，接触的环境主要为家庭，接触的人大多为自己的亲人或熟悉的邻居，而相处模式与生活方式也相对自由无约束，因此在这种熟悉的环境下幼儿能够有足够的安全感。当幼儿来到幼儿园后，面对的则是陌生的校舍、陌生的老师、陌生的伙伴、陌生的生活规则等，这不由得让幼儿感到害怕。对于认知发育尚不成熟的幼儿来说，来到这个陌生的环境意味着要离开父母，幼儿无法感受到受保护，他们感觉到的更多的是父母的抛弃，因而他们极力想要逃脱出这个环境，回到自己原先的让他们感觉安全的环境中去。

3. 对未知与无法掌控的不安

幼儿园对于幼儿是一个陌生和未知的环境，幼儿的所有活动都是自己无法控制的，对于没有选择权又必须服从的规则，幼儿会产生焦虑和恐惧。许多年轻的父母会将幼儿分离焦虑的问题丢给幼儿教师处理，自己却没有对幼儿进行入园前的准备教育，导致幼儿对于幼儿园的情况一无所知，于是到了幼儿园表现出强烈的不信任、不安全的表现。幼儿对于一日活动以及接下来要做的事情都处于未知的状态，在感到极度的不信任的时候便会产生焦虑感。

（三）归属与爱的缺失

归属与爱也是幼儿产生入园焦虑的原因之一，认为孩子的入园焦虑是这一原因造成的家长所占的比例占总人数了11.5%。在归属于爱的缺失的原因中，我们又进一步将其细化为同伴关系建立困难、师幼关系建立困难，亲子关系被破坏这三类原因。其中认为同伴关系建立困难的占30%，这部分的观点认为孩子在短暂的时间内无法建立其较好的游戏关系，因此幼儿会感到焦虑；认为是师幼关系建立困难的占了55%，这部分的观点认为教师与幼儿不能很好地产生新的依恋关系，教师不能很好地处理幼儿的情绪问题从而产生焦虑；认为是亲子关系被破坏占15%，这部分的观点认为幼儿焦虑是由于和父母亲密的依恋关系的被破坏，因而产生焦虑。

1. 同伴关系建立困难

许多心理学家都曾指出，儿童之间的交往是促进儿童发展的有利因素。与同伴的交往可以满足幼儿归属感和尊重的需要，儿童在小组中、集体中被同伴接纳并建立起友谊，同时在集体中占一定地位，但归属感无法在一对一的友谊关系中获得。归属感是指一个人属于群体和被彼此接纳的感受。当幼儿新入园时，与同伴关系的建立是一件异常困难的事情，不同于以往在家中有熟悉的小伙伴，初到幼儿园中要建立起一个良好的人际关系和同伴关系对于新入园幼儿是十分困难的，因此他们会产生烦躁、不安、无所适从等焦虑反应。

2. 师幼关系建立困难

老师是幼儿来到幼儿园最先接触到的人也是最需要建立起信任关系的人，而由于当前许多幼儿教师为专科毕业，而在她们的师范学习中偏重的是技能培训，毕业生能够胜任教学工作，却缺乏心理学教育学相关的专业知识，故对入园过渡期所产生的问题无法解决。教育理念的缺失，让幼儿教师忽视了新入园幼儿的焦虑问题。而由于对待这个问题理解程度不够深，常常导致幼儿并不能得到及时、有效的关注和帮助，许多小问题变得十分棘手。

许多教师认为，幼师的职责只是保证幼儿在幼儿园内的一切活动而忽视了与家长的沟通的必要性。然而幼儿在家庭中的教养方式、生活方式、特殊习惯这些都需要幼儿教师提前关注，对于幼儿了解的缺失极易造成了老师处理幼儿问题方式上的错误从而影响幼儿入园进展。教师对于幼儿的了解程度的增加有助于教师在最短的时间里建立起最稳固的关系，幼儿教师的主动性与对建立关系的重视程度也决定了幼儿在幼儿园的归属感的获得程度。

3. 亲子关系的破坏

亲子关系指父母与子女的关系。孩子自出生之后，相处时间最多的便是自己父母，孩子与父母之间建立了紧密的亲子关系。在幼儿初期，父母给予孩子的是无微不至的关注以及照料。当幼儿来到幼儿园后，幼儿与父母相处的时间变得十分有限，特别是在早上刚刚起床之后，孩子的意识还不是很清醒，孩子的情感需要最薄弱的时候，给予孩子需要去上幼儿园这样并不是很感兴趣又有些反感的情绪体验，让孩子与自己的父母的亲子关系遭到破坏。

在幼儿园当中，幼儿园教师与家中的父母不一样，给予不了幼儿最及时最有效的关注与回馈，让幼儿在心理上存在一定的落差，便会通过一些哭闹、撒泼打滚的方式进行表示自己的不安。

（四）尊重的缺失

尊重的缺失也是幼儿产生入园焦虑的原因之一，认为孩子的入园焦虑是这一原因造成的家长所占的比例占总人数了12.5%。将尊重的缺失原因进一步归纳得到以下三类原因：

①缺乏成人的关注；②要求自主，对抗成人的意志；③幼儿缺乏自主的空间。其中认为缺乏成人关注的占30%，这部分的观点认为幼儿园老师把幼儿当做小孩而缺乏足够的尊重，因此幼儿会产生入园焦虑；认为是要求自主，对抗成人的意志占了55%，这部分的观点认为幼儿处于第一叛逆期，常常不爱听从成人安排的事情，以反抗成人的不尊重的行为；认为是缺乏自己的空间占15%，这部分的观点认为幼儿园作为一个公共的区域，幼儿缺乏自主的活动的空间，因而产生焦虑。

1. 缺乏成人关注

每个孩子都希望自己能引起别人的注意，能从老师那里得到更多的爱，有时就会采取一些比较特别的、出人意料的行为方式。有些单亲家庭的孩子或者一些家庭中有些问题的孩子，在家中常常获得不了幸福感以及归属感，在他的心目中十分希望得到成人的认可。他希望从老师那里得到缺失的那份爱，可能第一次偶然的尿裤子使他感受到了老师像母亲一样的爱，于是就采用比较极端的方式试图持续这种关爱。不同个性的孩子表达自己心理需求的方式也不一样，这就需要老师区别对待。例如，有些性格外向的孩子往往通过一些调皮捣蛋的行为希望能引起老师的注意，而那些性格内向的孩子则采用更加隐蔽的方式。

这个时期幼儿的自我意识还没有建立起来，处于前习俗水平阶段。这一水平上的儿童已能辨识有关是非好坏的社会准则和道德要求，但他是从行动的物质后果或是能否引起快乐（如奖励、惩罚、博取欢心等）的角度，或是从提出这些要求的人们的权威方面去理解这些要求的。这一水平包括两个阶段：①惩罚和服从的定向阶段。行动的物质后果决定这一行动的好坏，不理会这些后果所涉及的人的意义或价值。他们凭自己的水平作出避免惩罚和无条件服从权威的决定，而不考虑惩罚或权威背后的道德准则。在这个阶段，儿童主要关心的是置身于苦恼和避免痛苦、自由限制和忧虑。这个阶段相当于皮亚杰的"客观责任感"。②工具性的相对主义的定向阶段。正当的行动就是满足自己需要的行动，偶尔也包括满足别人需要的行动。人际关系被看做犹如交易场中的关系。他们相互之间也有公正、对等和公平的因素，但往往是从物质的、实用的途径去对待。所谓对等，实际上就是"你对我好，我也就对你好"，谈不上什么忠诚、感恩或公平合理。儿童一心想自己的需要，但也能体会到别人也有正当的需要。从而，他有时愿意为满足各个方面的需要以平等的方式去"作出妥协"。

2. 要求自主，对抗成人的意志

就整个幼儿期来讲，服从构成了幼儿生活的主要内容。然而一味地顺从听话，势必抑制幼儿的天性，阻碍幼儿成为他自己。为此，幼儿在尊重需要的支持下表现出自主性行为——不依赖他人自由地做出判断与主张。在幼儿阶段，孩子对成人意志的反抗能力是极有限的，一旦时机成熟，便会突现出来——这是幼儿在"捍卫"自己作为一个人的尊严的标志。作为新入园幼儿，对于入园问题是十分被动的也是毫无选择权的，幼儿的自主意识的发展让幼儿对这项事情感到反感又无能为力，便表现出反抗、哭闹、撕咬等焦虑反应。

3. 缺乏自己的空间

幼儿行为控制能力虽然很弱，但他们仍渴望拥有一块领地，这块领地既是空间上的，也是心理上的。在那里，他们可以随意摆放自己的物品、玩具，给玩具分配角色、安排任务，可以讲述自己的故事，倾泻情感，保存自己的小秘密。这块领地是幼儿精神发展的庇护所，也是他们作为人之尊严的重要堡垒，就和成人的隐私一样，不让外人随便刺探。在成人眼里，也许这块领地里的一切、连同小孩子的心计均可以一目了然，但绝不可以轻易点破。因为，一旦让幼儿发觉自己的秘密全在成人的掌握与控制之中，他们的尊重需要就会遭受挫折，滋生出自卑、弱小无能之感，从而丧失基本的自尊与自信。

新入园幼儿第一次接触集体生活，所有的空间与物品都是公共的，没有独立的物理空间，在活动安排上，学校有其自己制定好的规则顺序。而在课程设计上，许多学校缺乏游戏性和科学性，过分强调知识和技能的学习，而忽略了幼儿的自主性，幼儿无法根据自己的医院支配自己的精力和时间，让幼儿在心理上也缺乏尊重感。由于尊重感的缺乏，幼儿常常会表现出闷闷不乐、拒绝参加活动、不吃饭、不睡觉等焦虑行为。

二、新入园幼儿入园焦虑解决对策

做好入园准备工作是缓解初入园幼儿焦虑问题的前提，幼儿入园遇到的最大问题就是不能适应。因为不适应，所以产生焦虑，其中包括对生活环境的不适应，对生活习惯和生活规则变化的不适应，对人际交往的不适应，还有情感上的不适应。表现为离不开父母，情感上不满足，缺乏安全感，依赖性强等，因此家长应与幼儿园积极配合，共同解决幼儿入园焦虑问题。在马斯洛需要层次视角下，解决幼儿的分离焦虑重点在于满足并建立新的需要平衡。

（一）建立生理平衡，缓解分离焦虑

1. 做好充分的物质准备

幼儿在家生活相对散漫，在入园前家长可以提前带孩子去幼儿园进行感知教育，帮助孩子了解幼儿园的日常活动，培养孩子对幼儿园的喜欢，也进一步熟悉幼儿园的所需和规则。从而给孩子买喜欢的书包及上幼儿园必备的其他物品，并且在家里就开始调整幼儿的作息时间，让幼儿在入园前后的生活时间安排不会有太大区别。家庭给予强大的家园合作的配合，给初入园幼儿准备一些平常熟悉的玩具、食物和生活用品让幼儿，让幼儿在物质上能和家庭保持基本一致，幼儿能够减少对分离焦虑的恐惧。

家庭单方面作出努力是不够的，幼儿园也应给新入园幼儿创造一个相对宽松的环境。例如，早晨到校时间的适当推后，实行半日化活动计划，以便让幼儿逐渐适应这种生理节律，待幼儿合理度过分离焦虑期时，便可逐渐提高要求。

2. 及时满足幼儿的生理需求

在入园前，父母应注意孩子的每一个习惯养成，每一个好习惯的养成都距离孩子成功适应幼儿园生活更进了一步。中午睡午觉，饭前便后要洗手，自己的事情自己做等，每一个习惯都很重要。有好习惯的小朋友不仅能够更好更快地适应幼儿园的新生活，还能在幼儿园中表现更出众受到同伴的喜欢。幼儿的自理能力相对较差，但一些基本的自理能力还是需要家长在小朋友入园前就帮其建立的。良好的自理能力让幼儿在陌生环境中不会因为家人不在身边而手足无措，也提高了幼儿独处的可行性。例如，自己穿简单的衣服，自己吃饭，自己上厕所等。提早做好这些基本的准备，让幼儿在幼儿园中哭闹的几率大大降低

了。幼儿相对独立的能力能够帮助其不依托于老师来解决生理需求。

新入园的幼儿在语言情感表达上有所欠缺，老师需要更多地给予关注。对于新入园幼儿的生理需要要尝试性多问几遍，确保幼儿的生理需要能够及时得到满足。对于十分严重的幼儿，幼儿教师应该让其父母在幼儿园多陪同一会儿或者让专门老师陪伴照顾幼儿。

（二）建立安全感平衡，转移分离焦虑

1. 处理好依恋关系

孩子的焦虑一方面是自身的原因产生的，很大程度上也是家长传染给孩子的。许多家长对于初入园自己心理上就存在恐惧，便无形中将幼儿园过度美化，给孩子一个并不真实的想象，最终导致孩子由于心理预期不同，心理落差大而产生入园焦虑。家长应该对孩子入园有一个正确的心理判断，应该是正面的、积极的、乐观的，同时，对于可能出现的情况也应该提前有心理准备。家长遇到孩子出现这种情况时，应当自己先保持镇定，并且试图安慰孩子，了解孩子的需求并且尽量的给予孩子一些正面的回馈。孩子有焦虑表现时，家长应积极配合老师共同解决问题，而不是帮助孩子逃避现实。家长应该和孩子说明在幼儿园是暂时的活动时间，父母的离开不代表抛弃。让幼儿即使离开了依恋着依旧能够安心地参与幼儿园活动，而不是沉浸在分离焦虑之中。

让孩子感觉到温暖与爱，让其对老师产生依恋是解决入园焦虑的一大法宝。对于新入园幼儿所表现出来的焦虑，老师应该细心的对待，多给予其一些关心。例如抱抱、轻轻地拍拍、摸摸头等能让孩子感觉到亲人的温暖，而不只是老师的照顾。老师对于孩子的关爱不仅体现在具体的身体的接触上面，还体现在具体的活动中能能够尊重幼儿，用一些可爱的、幼儿喜欢的情景和角色扮演来充实幼儿的园内活动。教师在日常的语言用词应该十分注意，给予幼儿一些“宝宝”、“宝贝”、“小亲亲”这样十分亲昵的小名字，可以让幼儿感到亲切与温暖，从而缓解幼儿的不安与陌生感。

2. 创造温馨的环境

长期在封闭的环境下，见熟悉的人只会让幼儿的依恋程度加深。家长应该多带孩子去一些不同环境的场所从而增长孩子见识，同时也能增加孩子与同龄儿童相处的机会。幼儿在与同龄人的接触当中能够很好地促进他的社会化的发展，并且能够进一步加强孩子对陌生环境的接受能力与提高初步的与他人交往的能力。在不同环境中接触陌生人，能够让孩子容易接受新的环境，对于陌生人能够逐渐建立起信任，在与他人交往方面也能建立起自信心。

幼儿对新鲜的事物总是感兴趣的，一个温馨可爱的校园环境，能够降低孩子对陌生环境的恐惧也能增加对幼儿园的好感及兴趣。孩子的注意力并不能集中特别久，因此通过好的环境来吸引孩子的注意力，分散孩子分离焦虑是一个不错的方法。在游戏中孩子是快乐的，也是最容易学到东西的。组织有趣的游戏，再现生活场景，让孩子有熟悉感，帮助孩子抒发自己的对家的想念。在游戏中建立良好的同伴关系，游戏中孩子很容易互相亲近，组织合作类的游戏能够让孩子们快速玩在一起，互相接纳对方。

3. 熟悉规则，消除恐惧

在入园前，幼儿园可以向家长发放幼儿园生活活动的简介，将一些幼儿园的设施、房

间以及活动剪影做成影集的形式向家长介绍，并且通过这种方式让幼儿了解幼儿园的环境和活动组织形式。新入园幼儿还不熟悉幼儿园的规则，对于幼儿园的时间安排和活动安排都是陌生的，幼儿园老师应在幼儿入园后，第一时间对于幼儿园的制度和规则进行解释说明。幼儿了解幼儿园的情况后，能够将规则内化，便很快能消除幼儿的恐惧感与不安。

在幼儿入园前，家长也应该给幼儿建立起相应的规则意识，如按时午睡、按点吃饭、喝水等。在生活常规方面与幼儿园当中做到同步，能够帮助幼儿在入园后熟悉作息时间并且很快地适应相应节奏的生活。幼儿园当中的规则与一日常规教师也应该遵守，因为只有在遵守常规的基础上才可以给予幼儿更多的熟悉感，消除陌生感，从而建立安全感。

（三）建立归属与爱的平衡，消除分离焦虑

1. 建立和谐同伴关系

好的开始是成功的一半。幼儿最常接触的人群除了家长就是同龄的游戏或者是活动的小伙伴，幼儿之间良好同伴关系的建立对于幼儿适应新的环境具有十分重要和不可代替的作用。幼儿之间必要有效的沟通与活动能够帮助幼儿在新的环境当中很快地找到归属感。教师可以在对幼儿有了一定了解之后，给予幼儿一定的活动自主性，设置一些需要共同合作完成的游戏或者活动。并且在活动当中帮助幼儿与幼儿之间建立起伙伴的关系，开展一些诸如“找朋友”，“我爱我的幼儿园”这样的主题活动。让幼儿在活动中、游戏中就与新的伙伴有一些熟悉感、让幼儿喜欢集体活动，体验集体活动与合作活动的乐趣。在与新的同伴建立良好互动关系的过程中，便能喜欢上新的集体，热爱新的环境。

2. 建立良好师幼关系

幼儿教师对于幼儿了解程度的高低决定了与其相处中面临问题的多少，幼儿入园前教师对幼儿进行一个系统的了解，包括其家庭背景、身体健康、喜好、特殊情况等，这些都能帮助老师判断孩子的状况以及为孩子在校问题找到根源和解决方案。每个孩子的情况不一样，了解孩子的差异性和特殊性也为老师因材施教建立了基础。幼儿教师应主动积极对待每一位新入园幼儿，幼儿教师的态度很大程度上决定了师幼关系的建立。

3. 正确处理亲子关系

从儿童心理发展的角度看，依恋是儿童成长过程中应该并且必须形成的一种社会性情感；依赖则是儿童在成长过程中应尽力避免产生和形成的一种心理倾向或行为习惯。但是应当指出，过分的依恋对儿童身心发展也是有不利影响的。在儿童发展过程中，儿童的依恋倾向只是随着年龄的增长而逐渐减弱，对学前儿童完全不让他们对成人有一点依恋感是脱离幼小儿童的客观实际的。良好的亲子依恋关系能让幼儿平稳的对待与亲人的分离。当幼儿处于分离焦虑时，主要的原因是家长没有正确处理幼儿入园焦虑问题，家长应该在家建立起安全型的依恋关系。在入园前应该和孩子建立起安全信任的关系，家长应有意识的锻炼幼儿独处能力和与家人分离能力，这样有利于缓解幼儿的入园焦虑问题。

（四）建立尊重感平衡，解决分离焦虑

1. 成人给予更多积极关注

在家庭中，父母常常对幼儿的行为十分关注，但幼儿需要的更多是积极关注。家长在

家庭中应对幼儿好的行为进行不断强化，以培养幼儿的自信心，让幼儿对自己的能力有正确的认识。幼儿教师应对幼儿的正面行为及时给予表扬，对于幼儿的勇敢尝试给予鼓励，幼儿感受到来自老师的积极关注，便能够更好地将注意力集中在当下的活动中从而缓解分离焦虑。

2. 给予幼儿自主机会

家长在幼儿园物品的选择上尽量尊重孩子的意愿，让其感受到上幼儿园是快乐的，调动其上幼儿园的积极性，让其认为上幼儿园是主动的不是被迫的。幼儿的日常活动中，多给予幼儿一些可供选择的机会做一些自己想做的事情。教师应当在与新入园幼儿的交谈中多提出一些开放性问题，给予幼儿表现自己的机会，让幼儿对幼儿园的活动产生兴趣。在活动设计中，应多设计一些幼儿有能力完成但又有一些难度的游戏，幼儿的活动积极性调动起来了，幼儿的分离焦虑情绪自然能够得以缓解。

3. 给予幼儿适当的空间

幼儿园对于幼儿是一个陌生的环境，幼儿园环境的改变会引起幼儿的不安，幼儿园环境适当的调整与精心的布置将会给予幼儿足够的安全感与新鲜感。例如，布置温馨的娃娃家的区角和各种超市、小食、冷饮店的环境的创设，会让幼儿感觉与家庭中和平常生活中的环境十分贴近，从而达到幼儿来到新的环境依旧有熟悉感甚至更喜欢的、更热爱的情况出现。并且在设计了相应的区角活动区之后，组织相应的角色模仿的活动，让幼儿在活动的愉快氛围当中，尽情地愉快玩耍，从而与新环境与新的伙伴尽快建立新的良好的伙伴关系，从而忘记入园的不安与焦虑。

参 考 文 献

[1] 颜之推．颜氏家训［M］．北京：北京联合出版社，2011：3-212.

[2] 陈鹤琴．陈鹤琴全集（第5卷）［M］．江苏：江苏教育出版社，1991：25-69.

[3] 黄瑾．学前儿童数学教育与活动指导［M］．上海：华东师范大学出版社，2014.

[4] 潘月娟．幼儿数学教育与活动指导［M］．北京：高度教育出版社，2013.

[5]［日］松居直．我的图画书论［M］．上海：上海人民美术出版社，2009.

[6] 许卓娅．学前儿童艺术教育［M］．上海：华东师范大学出版社，2015.

[7] 德菲舍尔·德库特曼．逻辑狗儿童思维升级训练系统［M］．第一阶段．国际文化出版公司，2012，7.

[8] 傅安球．离异单亲家庭子女心理［M］．杭州：浙江教育出版社，2011.

[9] 秦海燕．颜之推家庭教育思想研究［D］．福州：福建师范大学，2010：34-38.

[10] 袁时萍．颜氏家训家庭伦理思想及现代启迪［D］．重庆：西南大学，2011：15-20.

[11] 张翠芹．陈鹤琴"活教育"思想及其对当今幼儿教育的启示［D］．南京：南京师范大学，2007.

[12] 盛于蓝．福禄贝尔"恩物"与蒙台梭利"教具"的比较研究［D］．金华：浙江师范大学，2011.

[13] 官晓清．蒙台梭利教具及其使用方法研究［D］．福州：福建师范大学，2013.6.

[14] 王慧宁．中日现代绘本艺术比较研究［D］．苏州：苏州大学，2009：1-63.

[15] 吴琼．幼儿园教育小学化的调查研究——以大连开发区为例［D］．大连：辽宁师范大学，2011.

[16] 马程程．幼儿早期阅读兴趣的影响因素研究［D］．长春：东北师范大学，2011.

[17] 夏诗贤．基于支架式教学的幼儿园科学教学活动设计研究［D］．济南：山东师范大学，2014.

[18] 朱博文．支架式教学在中班幼儿绘画教育中的应用及其效果分析［D］．大连：辽宁师范大学，2013.

[19] 张丽．幼小数学教学衔接问题研究［D］．桂林：广西师范大学，2010.

[20] 张瑶．创造性游戏中幼儿自主性发展研究［D］．济南：山东师范大学，2016.

[21] 李睿彤．家园合作中父亲参与的现状—问题及对策研究［D］．济南：山东师范大学，2015.

[22] 李萌．幼儿父亲角色研究［D］．南京：南京师范大学，2015.

[23] 尹清清．家庭教育中父亲参与现状调查及对策研究［D］．福州：福建师范大学，

2015.
[24] 孙娓娓．西北地区农村民办幼儿园家园合作的个案研究［D］．兰州：西北师范大学，2009.
[25] 崔美兰．农村民办幼儿园安全现状—问题及对策研究［D］．石家庄：河北师范大学，2010.
[26] 白鹭．幼儿园安全教育问题与对策研究——以重庆市三所幼儿园为例［D］．重庆：西南大学，2009.
[27] 赵璐．农村留守儿童教育问题调查研究［D］．兰州：兰州大学，2014.
[28] 雷盛刚．农村留守儿童家庭教育问题研究［D］．南昌：江西师范大学，2015.
[29] 刘小林．农村幼儿园户外游戏活动研究［D］．临汾：山西师范大学，2014.
[30] 牛雪丽．青岛市幼儿教师职业倦怠成因及对策分析［D］．青岛：青岛大学，2015.
[31] 李亚炜．父母焦虑与幼儿入园适应关系的研究［D］．天津：天津师范大学，2015.
[32] 张晶．山西省幼儿园骨干教师专业能力发展研究［D］．贵阳：贵州师范大学，2014.
[33] 李康耀．幼儿园教育“小学化”问题思考［J］．北京教育学院学报，2011，25（2）：43-46.
[34] 陈秋．浅谈大班幼儿早期阅读活动中的阅读方法［J］．读与写，2016（10）：255.
[35] 庄燕．浅谈如何激发幼儿早期阅读兴趣［J］．幼教研究，2015（1）：240.
[36] 陈艳．幼儿早期阅读兴趣培养的重要价值及其方法探索［J］．荆楚学刊，2014（16）：68-72.
[37] 陈雅典．幼儿绘本多元阅读教学的实施策略［J］．学前教育研究，2015（10）：70-72.
[38] 虞永平．文化、民间艺术与幼儿园课程［J］．学前教育研究，2004（1）：31-32.
[39] 王艳芳．在“逻辑狗”游戏活动中的成长［J］．学前教育（幼教版），2014（6）：22-23.
[40] 朱萍．浅谈“逻辑狗”思维训练在幼儿教育中的应用［J］．新课程研究旬刊，2016（12）：121-122.
[41] 钟建春．“逻辑狗”家族系列在中国［J］．学前教育（幼教版），2014（2）：58-60.
[42] 周希冰．试论数学教育中的幼小衔接问题［J］．学前教育研究，1997（4）：41-43.
[43] 朱静．自信心训练在幼儿攻击性行为矫正中的应用［J］．基础教育研究，2013，15（14）：57-59.
[44] 何国强．动画在幼儿攻击性行为中的影响及其对策［J］．现代中小学教育，2015，31（4）：89-92.
[45] 魏晓娟，冯维．攻击性儿童的社会认知特点及教育干预［J］．江西教育科研，2014（2）：31-33.
[46] 张文新，等．3~4岁儿童攻击行为发展的追踪研究［J］．心理科学，2003，26（1）：49-52.

[47] 张亚. 学前儿童告状行为的特点及原因探析 [N]. 临沧师范高等专科学校学报, 2007, (3): 18-23.
[48] 姜姝. 在园攀比行为的原因及对策 [J]. 佳木斯职业学院学报, 2016 (3): 82-86.
[49] 邹昕. 幼儿攀比现象调查与矫正策略研究 [J]. 兰州教育学院学报, 2014 (2): 108-112.
[50] 冯永刚. 儿童负性攀比心理的表现、危害及家庭教育策略 [J]. 教育导刊, 2014 (7): 63-65.
[51] 简凌云. 幼儿园区域游戏中的幼儿自主性培养策略 [J]. 家教世界·现代幼教, 2015 (11): 9-11.
[52] 和建花. 全国农村留守幼儿的状况、问题及对策 [J]. 学前教育研究, 2009 (1): 19-22.
[53] 王海纳. 农村留守儿童的幼儿教育问题研究 [J]. 教育观察旬刊, 2013 (12).
[54] 刘秀丽, 刘航. 幼儿家长家庭教育观念现状及问题 [J]. 东北师大学报 (哲学社会科学版), 2009 (5): 192-195.
[55] 王玲. 3—6 岁幼儿家长教育观念调查分析 [J]. 潍坊学院学报, 2012, 12 (3): 106-107.
[56] 林永红. 让"开放日"成为家园互动的有效平台 [J]. 教育教学论坛, 2014, (47): 241-241.
[57] 刘天娥, 程虹. 有效提高家长开放日质量的路径探析 [J]. 当代学前教育, 2012, (2): 40-42.
[58] 徐莹莹, 陈思思. 幼儿园家长开放日活动过程的分析与建议 [J]. 基础教育研究, 2015, (21): 83-86.
[59] 毕甜甜, 邹海瑞. 幼儿园户外活动场地研究的现状、问题与建议 [J]. 幼儿教育, 2016 (5): 86-90.
[60] 陈丽. 对农村幼儿园开展户外活动的现状及对策的研究 [J]. 新课程 (小学), 2016 (3): 205.
[61] 谢蓉, 曾向阳. 幼儿教师职业倦怠的缓解与职业幸福感的提升 [J]. 学前教育研究, 2011 (6): 67-69.
[62] 梁慧娟, 冯晓霞. 北京市幼儿教师职业倦怠的状况及成因研究 [J]. 调查与研究, 2004 (5): 32-35.
[63] 李永占. 河南省农村幼儿教师职业倦怠现状、影响因素及对策 [J]. 平顶山学院学报, 2016, 31 (1): 112-116.
[64] 程杨. 论幼儿园教师职业倦怠的成因和应用对策 [J]. 学术研究, 2015 (1): 212-213.
[65] 沙鑫冲, 邵明星. 幼儿园"虐童"事件频发的缘由及对策分析 [J]. 现代中小学教育, 2013 (11): 84-86.
[66] 李梅. 幼儿园"虐童"事件探析 [J]. 山东警察学院学报, 2013 (2): 79-87.

[67] 史文秀．马斯洛需要层次理论视野下的新入园小班幼儿分离焦虑及其缓解［J］．内蒙古师范大学学报（教育科学版），2010（12）：61-63.
[68] 韩妍容，张晓梅．《幼儿园教师标准》与幼儿教师专业能力培养［J］．教育探索，2014，7：142-143.
[69] 龙梅．单亲家庭子女心理障碍的分析与对策［J］．贵州教育，2011（20）：21-22.